Manifest der Demokratischen Zivilisation

Zweiter Band

Die kapitalistische Zivilisation

Unmaskierte Götter und nackte Könige

Abdullah Öcalan
Manifest der demokratischen Zivilisation

Zweiter Band

Die kapitalistische Zivilisation

Unmaskierte Götter und nackte Könige

Bibliografische Information der Deutschen Bibliothek
Die Deutsche Bibliothek verzeichnet diese Publikation in der Deutschen Nationalbibliografie; detaillierte bibliografische Daten sind im Internet über http://ddb.de abrufbar.

Die kapitalistische Zivilisation: Unmaskierte Götter und nackte Könige
Manifest der demokratischen Zivilisation, Band II
ISBN 978389771-074-0 (PB)
ISBN 978389771-448-9 (HC)

Aus dem Türkischen: Reimar Heider
Titelmotiv: Hîlala Zêrîn Sîn (Sin, der Goldene Halbmond) von Ercan Altuntaş, Öl und Naturfarben auf Papier, 90 x 48 cm

Erscheint in der International Initiative Edition
Internationale Initiative »Freiheit für Abdullah Öcalan – Frieden in Kurdistan« (Hg.) – Postfach 100511, 50445 Köln
www.freeocalan.org

Postfach 8020, 48043 Münster – Tel. (0251) 9178790
www.unrast-verlag.de – kontakt@unrast-verlag.de
Mitglied in der assoziation Linker Verlage (aLiVe)
in Zusammenarbeit mit

Mezopotamien Verlags GmbH
Gladbacher Str. 407 B, 41460 Neuss – Tel. +49 (0) 2131/4069093
www.pirtuk.eu – info@pirtuk.eu
ISBN 978-3-945326-99-2 (PB)
ISBN 978-3-945326-98-5 (HC)

Erstveröffentlichung 2009 bei Mezopotamien Verlag, Neuss
Kapitalist Uygarlık – Maskesiz Tanrılar ve Çıplak Krallar Çağı

MIX
Papier aus verantwortungsvollen Quellen
FSC® C083411
www.fsc.org

1. Auflage März 2019
Umschlag und Satz: Internationale Initiative
Druck: CPI-books – Clausen & Bosse, Leck

Inhalt

Anmerkungen des Übersetzers

Das Manuskript dieses Buches wurde vom Autor in seiner Zelle ausschließlich handschriftlich erstellt und von ihm später nicht überarbeitet. Es enthält keine ausdrücklichen Fußnoten. Sämtliche Fußnoten in der deutschen Ausgabe stammen daher von Übersetzern und Herausgeberinnen. Anmerkungen des Autors im Manuskript, die als Fußnoten verstanden werden könnten, sind in Klammern im Text belassen worden.

Zitate verwendet der Autor häufig aus der Erinnerung, da er in der Isolationshaft über äußerst beschränkte Arbeitsmöglichkeiten verfügt. Wo es möglich war, haben wir versucht, das Originalzitat ausfindig zu machen, und es als Fußnote ergänzt. Da sich die weitere Argumentation aber häufig auf das erinnerte Zitat bezieht, wurde es im Text meist in der Form belassen, wie es im Manuskript steht.

Der Autor verwendet eine Reihe von Bindestrich-Konstruktionen wie *ana-kadın*, *tanrı-kral*, *tanrı-devlet*, *ulus-devlet*. Diese werden in der Übersetzung meist in annähernd gleicher Form als Mutter-Frau, Gott-König, Gottes-Staat, National-Staat wiedergegeben, auch wenn das zusammengesetzte Wort im Deutschen normalerweise gebräuchlich ist.

Wenn die Übersetzung nicht eindeutig auf nur einen Begriff im Türkischen verweist oder der Originalausdruck als Fachbegriff gelten kann, so steht er in Klammern, z. B.: Stamm (*kabile*), Stamm (*aşiret*), Schatten Gottes (*zıllullah*). Dabei wurde nicht immer der türkische Ausdruck verwendet, sondern bei Namen und religiösen Ausdrücken gelegentlich die DMG-Umschrift des Arabischen (z. B. *ʿIbāda* statt *ibadet*). Ortsnamen wurden gemäß dem Original türkisch belassen, wo der Autor nicht eine kurdische Namensform verwendet (z. B. Diyarbakır statt Amed) und eingedeutscht, wenn sie im Deutschen unter anderen Namen bekannt sind (z. B. Konstantinopel statt Konstantinopolis).

Die Schwierigkeit der Übersetzung bestimmter Konzepte, auf die Radha D'Souza in ihrem Vorwort hinweist, gelten auch für die deutsche Ausgabe. So wurde das von ihr diskutierte Konzept *qawm* (türkisch: *kavim*), das keine direkte deutsche Entsprechung besitzt, je nach Zusammenhang als ›Stamm‹, ›Volksstamm‹ oder ›Volk‹ übersetzt.

Ein häufig verwendeter Begriff ist *iktidar*, Macht. Es umfasst im Türkischen auch die jeweils herrschenden Personen (die, die an der Macht sind) und hat patriarchale Konnotationen, da auch die sexuelle Potenz mit demselben Wort ausgedrückt wird. Gleichzeitig grenzt der Autor diesen Begriff der Macht nicht ausdrücklich vom Begriff der Herrschaft ab. Daher ist im Deutschen auch die Übersetzung ›Herrschaft‹ möglich, so in der emblematischen Überschrift »Kapitalismus ist nicht Wirtschaft, sondern Herrschaft.« Da der Autor sich aber auf die Machtbegriffe von Foucault und Braudel bezieht, wurde *iktidar* fast durchgängig als ›Macht‹ wiedergegeben. In Begriffen wie Hegemonialmacht, die sich auf Staaten beziehen, steckt dagegen das türkische Wort *güç*.

Vorwort

von Radha D'Souza

Beim Schreiben dieses Vorworts kann ich mich nicht des Gefühls erwehren, um wie viel aufregender meine Auseinandersetzung mit Öcalans Text sein würde, wenn ich ihm von Angesicht zu Angesicht gegenübersitzen und mit ihm bei einigen Tassen Tee, wie es im Osten bei sozialen Zusammenkünften üblich ist, die in diesem Band angesprochenen Themen diskutieren könnte. Es steht zu hoffen, dass Öcalan aus der Haft entlassen und es möglich sein wird, ihn selbst über diesen Text sprechen zu hören. Öcalan verfasste diesen Essay 2008 als »Verteidigungsschrift« in der Form einer Eingabe an den Europäischen Gerichtshof für Menschenrechte. Dass ein Antrag an ein Gericht die einzige Möglichkeit für Öcalan war, der Welt außerhalb des Gefängnisses seine Gedanken mitzuteilen, legt Zeugnis vom Zustand der Welt ab. Wir leben in einer Welt, in der die »Demokratie« unsere Freiheiten einsperrt und in der die Gedanken eines Menschen für Staaten, die sich im Besitz der tödlichsten Waffen befinden, die die Welt jemals hervorgebracht hat, zu einem »Sicherheitsrisiko« werden. Aber dennoch ist es, inmitten von Horrorvisionen der Zukunft und der kognitiven Dissonanz, die uns heute umgibt, zugleich auch seltsam beruhigend, dass die uralte Weisheit, nach der »die Feder mächtiger ist als das Schwert«, immer noch zuzutreffen scheint.

Ich kann Öcalans Text nur als Frau aus Südasien lesen. Er ist voller Worte, Begriffe, historischer Bezugnahmen, Ereignisse, Denkweisen, Anspielungen, Analogien und vieler anderer Dinge, die mit den Quellen gemeinsamer interkultureller Bedeutungen zu tun haben. Der Mittlere Osten befindet sich geografisch und kulturell in der Mitte zwischen Okzident und Orient. Südasien und der Mittlere Osten haben enge historische, kulturelle, intellektuelle und politische Verbindungen miteinander, die bis auf die ersten Zivilisationen in den Flusstälern des Euphrats und des Tigris (Mesopotamien), des Nils (Ägypten) und des Indus (Indien) zurückgehen. Nichts demonstriert die Nähe unsrer Zivilisationen zueinander besser als die Sprache Urdu. Geboren aus der Kommunikation zwischen Arabern, Persern, Turkvölkern und Indern stellt Urdu die Verkörperung der Begegnung der Zivilisationen des Mittleren Ostens, Persiens und Indiens dar. Vor der Kolonisation unserer Länder, unserer Völker und unseres Denkens durch

Europa fanden die großen philosophischen und politischen Debatten und kulturellen Interaktionen der jeweiligen Zeit zwischen den Intellektuellen des Mittleren Ostens, Persiens und Südasiens statt. Das Zusammenfließen griechischen und indischen Denkens an den Ufern des Tigris unter dem Kalifat der Abbasiden im achten und neunten Jahrhundert führte zum Aufblühen von Philosophie und Dichtung und von Wissenschaft und Musik in den Zentren Bagdad, Kufa und Sinjar. Heute sind dies Orte der Zerstörung und beispielloser menschlicher Tragödien. Die emotionalen Bedeutungen dieser Orte, wie sie den Kindern in Südasien durch Geschichten und Märchen wie etwa den Possen des Nasreddin Hodscha oder Rumis Geschichte vom Papageien und dem Kaufmann auf der Reise nach Hindustan vermittelt werden, liefern uns unbewusst Elemente unseres Verständnisses der heutigen geopolitischen Ereignisse der Region. Für viele junge Europäer und Nordamerikaner sind Kufa und Sinjar vielleicht nur die Namen von Orten, von denen sie flüchtig in den Fernsehnachrichten hören, aber in Südasien haben diese Ortsbezeichnungen einen historischen Widerhall. Beim Lesen des Texts habe ich mich gefragt, ob heute Euro-Amerikaner und asiatische Leser aus dem Mittleren Osten nicht vielleicht ganz unterschiedliche Dinge daraus mitnehmen werden.

Der ausgedehnte intellektuelle Austausch, der unsere Vergangenheit im Mittleren Osten und in Südasien bereicherte, wird auf den Müllhaufen der Geschichte verfrachtet, wo man sich, wenn überhaupt, nur in exklusiven, in den Betonkellern weit entfernter Universitäten versteckten Kreisen akademischer Experten an ihn erinnert. Öcalan muss sich, genau wie ich, beim Schreiben über unsere Geschichte und Kultur, unseren Schmerz und unser Leid als Nationen und Völker des begrifflichen Vokabulars von Bookchin und Braudel, von Foucault und Hegel, von Marx und Weber bedienen, um überhaupt mit seinen Adressaten im Mittleren Osten oder in Südasien kommunizieren zu können. Wer würde es verstehen, wenn ich von Schah Waliullahs (1703-1762) Werk über den Aufstieg und Niedergang von Imperien und seine Staatstheorien sprechen würde? Doch andererseits kennen viele gebildete Menschen in Indien, der Türkei und im Mittleren Osten Schah Waliullahs europäische Zeitgenossen Montesquieu oder Vico oder Gibbon, die ebenfalls über den Staat und den Aufstieg und Fall von Imperien geschrieben haben. Wer im Mittleren Osten weiß etwas über die Freiheitskämpfe in Indien und wer in Indien weiß etwas über die Freiheitskämpfe im Mittleren Osten, während in beiden Regionen schon Schulkinder sich ganz gut mit der französischen, russischen und amerikanischen Revolution auskennen? Wer uns kontrolliert, herrscht über uns. Wer über uns herrscht, hat die Kontrolle darüber, was wir wissen, wie wir es wissen, und wie viel wir wissen. Öcalans Thema in dieser Schrift ist die »Mentalität«, die uns, sogar mit unserer Zustimmung, der zerstörerischen Macht des Kapitalismus unterwirft. Diese »Mentalität« macht uns zu Komplizen bei der Zerstörung der Gesellschaft. Dabei ist es Öcalans Ziel, Wege zur Neuschaffung »der Denkmuster« zu finden, die wir brauchen, um das soziale Leben ins Zentrum unserer Überlegungen zu stellen.

Öcalan beginnt diesen Band mit einer Untersuchung des »Selbst«, eine Tradition, die im Osten tiefe Wurzeln hat. Er verortet sich selbst in der langen Geschichte des Mittleren Ostens und seiner Konfrontation mit dem Kapitalismus. Er beendet sein Buch mit dem Versuch, »die Trennung von Subjekt und Objekt zu überwinden, ohne sie zu verleugnen«, eine nichtdualistische Herangehensweise, die ebenfalls tief in den intellektuellen Traditionen des Ostens verwurzelt ist. Der rote Faden, der sich durch das Buch zieht, besteht in den antagonistischen Beziehungen zwischen Staaten und Gemeinschaften, aber es endet mit einem Aufruf, einen » ›Globale[n] Demokratische[n] Konföderalismus‹ und regionale demokratische Konföderalismen für Asien, Afrika, Europa und Australien« auf die Agenda einer neuen Politik zu setzen. Diese Ideen erinnern an Ubaidullah Sindhis 1922 im Kontext des indischen Freiheitskampfs formulierte Losung einer Konföderation von Nationen in Indien, Asien und auf der ganzen Welt. Dazwischen fasst Öcalan in vier kurzen Kapiteln die vielfältige Geschichte der menschlichen Zivilisation von den ursprünglichen kommunitären Gesellschaften über die Zivilisationen Sumers, Babylons, Ägyptens, Indiens, Chinas, Phöniziens, der Meder, Persiens, Griechenlands, Roms, des Islams und des Christentums bis hin zur modernen Zivilisation zusammen. Was diesen Zivilisationen im Gegensatz zu den ursprünglichen kommunitären Gesellschaften gemeinsam ist, ist der Aufstieg des Staates als repressivem Apparat, der Macht zentralisiert und sich Reichtum aneignet. Öcalan betrachtet die Institution des Staates als den Mühlstein um den Hals der Menschen, der ihre Fähigkeit, als menschliche Wesen zu leben, zermürbt und zunichtemacht.

Die Staaten haben die Menschen schon immer unterdrückt, aber der kapitalistische Staat ist dabei im Hinblick auf die Techniken der Unterdrückung am fortgeschrittensten. Er zerstört auch noch die nackten Bedingungen, die für das Bestehen einer Gesellschaft unentbehrlich sind. Wissenschaft und Technik haben eine außerordentliche Konzentration von Macht über das

Leben der Menschen und das Schicksal der Menschheit ermöglicht. Die Menschen haben schon immer gegen staatliche Unterdrückung rebelliert. In der vielfältigen Geschichte ihrer Rebellionen liegen die Geheimnisse des für den Neuaufbau der Gesellschaft notwendigen konstruktiven Wissens und die Möglichkeiten alternativer Formen des Lebens in dieser Welt verborgen. Daher »müssen Widerstand, Rebellion und der Aufbau des Neuen zu unserer Lebensweise werden«, eine Lehre, die die im Westen fälschlich »Mystiker« genannten Dichter-Heiligen des Ostens über die Jahrhunderte hinweg immer wieder gepredigt haben. Es ist sinnlos, nach Macht zu streben, wenn wir doch wissen, dass sie korrumpiert, oder die Staatsmacht zu erobern, wenn wir doch wissen, dass sie bisher noch immer zu Unterdrückung geführt hat. Aber wir haben die Pflicht zu kämpfen, wenn die Mächte des Bestehenden die Bedingungen, die für das Leben notwendig sind, zerstören. Rebellion sollte die Schwester der gleichermaßen wichtigen Pflicht zum Wiederaufbau unserer Lebensbedingungen sein. Dieser Wiederaufbau der Bedingungen menschlichen Lebens ist nur in kommunitären sozialen Ordnungen möglich. Öcalan sorgt sich darüber, dass die Verleugnung des sozialen Lebens das Leben »sinnentleert und zu seiner Zerschlagung und Zerrüttung führt«. Dabei kontrastiert er zwei soziale Ordnungen miteinander, die immer koexistiert haben und von denen er die eine als die staatliche und die andere als die demokratische Zivilisation bezeichnet. Diese beiden Zivilisationen können koexistieren, wenn jede die Identität der anderen anerkennt und respektiert. Für mich als südasiatische Leserin spiegelt Öcalans Auseinandersetzung mit der Macht einen Ansatz wider, der an die Traditionen des Sufismus, der Bhakti, des Sikhismus und des Buddhismus erinnert. Er lässt mich an einen Vers von Hazrat Nizamuddin Auliya von 1325 denken:

> Du bist nicht mein Weggefährte
> Folge deinem eigenen Pfad
> Mögest du wohlhabend sein
> Und ich nur ein Knecht

In Anlehnung an die Traditionen östlicher Dichter-Heiliger schreibt Öcalan, dass »militärische Siege meist nicht Freiheit, sondern Sklaverei« bringen. Die Ablehnung von weltlicher Macht und weltlichem Reichtum erfordert einen anderen Typus von Macht (Widerstandsfähigkeit) und Reichtum (menschliche Bande), der es erlaubt, die universalen Sinnzusammenhängen des Lebens und des menschlichen Schicksals zu realisieren. Die Quelle dieses

Typs von Macht und Reichtum ist nur in menschlichen Gemeinschaften zu finden. Der Kapitalismus vergiftet die Quellen dieser Art von Macht und Reichtum, die im gesamten Lauf der Geschichte die Widerstandskraft der Gemeinschaften aufrechterhalten hat.

Für Marx war der Ausgangspunkt für seine Analysen des Kapitalismus die Entstehung der Warenproduktion als vorherrschender gesellschaftlicher Produktionsweise. Die von europäischen Kaufleuten und Eliten eingeführte Warenproduktion entwurzelte die bäuerliche Bevölkerung, schuf eine im Sumpf von Armut und der Qualen der Urbanisierung versinkende städtische Arbeiterklasse und war von staatlicher Unterdrückung der Armen und der Desintegration der gesellschaftlichen Ordnung begleitet. Als politischer Exilant aus Preußen suchte Marx die Antworten auf seine Forschungsfragen in der europäischen Sozialgeschichte. Aus dieser zog er den Schluss, dass Klassen und Klassenkämpfe die primären Triebkräfte der Geschichte seien und dass der Staat lediglich »der geschäftsführende Ausschuss der Bourgeoisie« sei. Für Öcalan ist der Ausgangspunkt die Verdrängung und Auflösung kohärenter, historisch gewachsener, besonders bäuerlicher Gemeinschaften, die von den Reichen in West und Ost ihrer Heimatländer und ihrer Identität, Kultur und Geschichte beraubt wurden. Auch Öcalan wendet sich in seiner Suche nach Antworten der Geschichte zu, aber für ihn ist diese Geschichte die größere Geschichte von Imperien, Kolonialismus und Imperialismus. Die Geschichte der Institution des Staates ist engstens mit dem Aufstieg der Imperien verbunden. Die Gemeinschaften gingen den Staaten voraus und tatsächlich waren es ihre Arbeit und ihr natürliches Potential, die die Staaten und Reiche der verschiedenen Zivilisationen überhaupt erst möglich machten.

Öcalans Ansatzpunkt ist das, was die Marxisten der Neuzeit als die »nationale Frage« problematisiert haben, eine Frage, die sich nach dem Tod von Marx im Lauf der russischen Revolution stellte. Konfrontiert mit der äußeren Aggression der Großmächte (Großbritannien, Frankreich, Österreich) und internen Rebellionen in den russischen Kolonien griff die russische Revolution zu ganz anderen Lösungen als das Osmanische Reich, das sich ebenfalls der äußeren Aggression Großbritannien, Frankreichs und Italiens und Rebellionen in seinen Kolonien gegenüber sah. Der revolutionäre russische Staat bot seinen Kolonien einen »New Deal« an, das heißt, eine Auflösung der ungleichen Verträge mit dem zaristischen Russland und eine neue verfassungsmäßige Basis für erneuerte Bündnisse der Kolonien mit dem russischen Staat. Im Gegensatz dazu wurden die osmanischen Kolonien in Europa und im Mittleren Osten vom osmanischen Staat abgespalten und mit Gewalt in ein Bündnis mit den Großmächten gezwungen. Aber am Ende unterdrückten beide die bäuerlichen Gemeinschaften und gaben der urbanen Industrialisierung den Vorrang. Der Weltkrieg verwandelte das Problem des Kolonialismus in ein Problem der kulturellen Identität und setzte die »nationale Frage« auf die Agenda der internationalen Politik. Während der gesamten Zeit nach dem Zweiten Weltkrieg waren nationale Unterdrückung und nationale Konflikte ein Charakteristikum der fälschlich so genannten Nationalstaaten. Der Kampf der Kurden ist eine der Auseinandersetzungen, deren Geschichte bis zum Ersten Weltkrieg zurückgeht. Diese Konflikte werden oft von den Großmächten manipuliert, deren Macht und Reichtum auf dem Großkapital basieren. Dabei werden Nationalitätenkonflikte in der Regel auf der Basis der Forderung nach einem unabhängigen Staat ausgefochten. Öcalan geht an die alte »nationale Frage« auf eine neue Art heran. Seiner Meinung nach hat die neuere Geschichte gezeigt, dass konkurrierende Ansprüche auf Staatlichkeit nur zur Zerstörung genau der Gemeinschaften geführt haben, in deren Namen diese Kämpfe geführt wurden. Sein Ausgangspunkt ist die Ära nach dem Zweiten Weltkrieg, als der globale Kapitalismus in »Obermesopotamien, dem fruchtbarsten Landstrich des berühmten fruchtbaren Halbmonds«, der Heimat einer der ältesten, aus Flusstälern hervorgegangenen Zivilisationen und auch die Heimat Öcalans ist, »einen Höhepunkt erreichte«.

In Europa bezeichnen Nationalität und moderne Staatlichkeit ein und dasselbe, was die Rede vom National-Staat erklärt. In den Kolonien waren Nationalität und Staatlichkeit nie gleichbedeutend. Stattdessen nahmen sie ihre Gestalt durch Kolonialkriege und innerimperialistische Rivalitäten an. Moderne politische Ideologien einschließlich des Liberalismus, Marxismus, Sozialismus und Anarchismus tendieren dazu, Nationalität mit essentialistischem Ethnozentrismus oder religiösen Fundamentalismus auf der einen und mit Staatlichkeit auf der anderen Seite in eins zu setzen. Gemeinschaften und Gesellschaft als Ausgangspunkte für ein Verständnis des Kapitalismus veranlassen Öcalan, einen anderen Forschungsweg einzuschlagen. Für Öcalan ist die Triebkraft der Geschichte der Konflikt zwischen einem repressiven Staat, der politische und ökonomische Macht in sich konzentriert, und den Kämpfen der Gemeinschaften um ihr Überleben. Diese Formulierung befreit die »nationale Frage« aus essentialistischen oder etatistischen Interpretationen und stellt sie auf eine neue historische Basis. Der Konflikt zwischen Gemeinschaften und Staaten findet sich in sämtlichen Zivilisationen. Die Geschichte kann nicht auf Klassen und Klassenkämpfe reduziert werden, die lediglich einen Aspekt des Kampfs zwischen Staat und Gemeinschaften darstellen. Die Entstehung der kapitalistischen Ausbeutung und der staatlichen Macht haben in allen menschlichen Zivilisationen tiefe Wurzeln. Wo immer es einen Staat gibt, gibt es auch Geldhändler und Grundeigentümer, die die politische Klasse an der Macht halten. Im Osten wurde die Macht der Kaufleute und Finanziers nie legitimiert. »In der gesamten Geschichte der Zivilisation, insbesondere in mittelöstlichen Gesellschaften, haben diese marginalen Gruppen von Maklern und Wucherern immer existiert. [...] Niemand, nicht einmal die despotischste Regierung, wagte es, diese Gruppen zu legitimieren.« Während es wichtig ist, verlorengegangene kulturelle und philosophische Ressourcen aus der intellektuellen Geschichte des Mittleren Ostens wiederzugewinnen, müssen wir gleichzeitig auch erkennen, dass der Orientalismus diese Traditionen verfälscht hat und dass es keine Rückkehr zu einer reinen Vergangenheit geben kann, die es ohnehin nie gab. Der Kampf verschiedener Gemeinschaften um ihr Überleben hat im gegenwärtigen Kapitalismus, der die Grundlagen der Sozialität selbst zerstört, einen kritischen Punkt erreicht. Der Konflikt zwischen mächtigen Staaten und widerständigen Gemeinschaften, ein Konflikt, der sämtliche anderen Konflikte formt und antreibt, hat heute eine ganz neue Dringlichkeit angenommen.

Ginge ich von der Annahme aus, dass Liberalismus, Sozialismus, Marxismus und Anarchismus die einzig möglichen politischen Theorien und dass die griechisch-römischen philosophischen Schulen die einzigen Schulen der Philosophie seien, die uns als Quellen für unser begriffliches Repertoire dienen können, würde ich aus oben Gesagtem zweifellos den Schluss ziehen, dass Öcalan sich gegen den Liberalismus, die Ideologie des Kapitalismus stellt und daher eine Synthese von Marxismus und Anarchismus, den beiden konsistent antiliberalen Ideologien in der Auseinandersetzung mit Kapitalismus und Moderne, anstrebt. Aber Öcalan erlaubt mir, der südasiatischen Frau, keine derart schablonenhafte Schlussfolgerung. In seiner Kritik der westlichen Philosophie schreibt er ganz explizit, »das östliche Denken« scheine »diese Tatsache«, nämlich die Einheit von Körper und Geist, »begriffen zu haben«, was in dem Sprichwort »Was immer existiert, existiert im Menschen« zum Ausdruck komme. Die Grußformel im indischen Alltag, bei der die Grüßenden *namasté* sagen, drückt genau die Realität aus, auf die Öcalan anspielt. Tatsächlich heißt *namasté* – gebildet aus den Wortwurzeln des Sanskrit *namaha* und *as té* – »Ich grüße (*namaha*) dieses (*as té*)«, oder einfacher gesagt, »Ich grüße dieses Universum, das in dir verkörpert ist.« Indem wir einander grüßen, anerkennen wir das Universum, das in jedem von uns existiert. In diesem Beispiel zeigt sich, wie zutiefst philosophische Konzepte unser kulturelles Vokabular durchdringen.

Und wie könnte ich Öcalans Erwähnungen des Martyriums Hussein ibn Alis and Mansur al-Halladschs ignorieren? Wie könnte ich den profunden Einfluss von Denkern wie Shahab al-Din Suhrawardi auf das südasiatische Denken ignorieren? Diese Referenzen auf die Philosophie, Geschichte und Metaphorik des Ostens bedeuten, dass wir, um Öcalans politische Schlussfolgerungen richtig einschätzen zu können, zunächst einmal die philosophische Orientierung des vorliegenden Textes verstehen müssen. In den folgenden Abschnitten versuche ich ganz kurz, zwei der Konzepte zu beleuchten, die für Öcalans Analyse der Moderne, des Staats und der Gemeinschaft zentral sind. Bei dem einen handelt es sich um die Frage von Dualismus und Nicht-Dualismus in der Philosophie und bei dem anderen um den Komplex der ineinander verwobenen Konzepte von Nation und Staat. Ich möchte hier darlegen, dass diese beiden Konzepte, das eine aus der Philosophie und das andere aus dem Bereich der politischen Theorie, in der (hier im weitestmöglichen Sinn verstanden) westlichen und östlichen intellektuellen Tradition immer sehr verschiedenen verstanden und behandelt worden sind. Ich hoffe, dass mein Versuch, diese Hintergründe explizit zu machen, den Lesern zu einem besseren Verständnis der Argumente Öcalans verhilft. Im vorliegenden Text geht es um philosophische Reflexionen. Wie Öcalan schreibt, »ist Geschichtsschreibung ohne Philosophie unmöglich«.

In seiner Analyse der Gesellschaft verfolgt Marx die Entwicklung aller Arten von Dualismen und Gegensätzen auf die Entstehung des Kapitalismus zurück. In den *Grundrissen* sagt Marx, in den vorkapitalistischen Gesellschaften hätten sich die Gemeinschaften auf die organische Einheit von Natur und Mensch gegründet. Dann habe der Kapitalismus diese organischen Gemeinschaften gewaltsam auseinandergerissen, indem er die Bande der Menschen mit dem Land und der Natur zerschnitten habe. Die Kommodifizierung habe die Beziehungen der Menschen zur Natur in private Eigentumsverhältnisse und die Beziehungen zwischen den Menschen in Arbeits- und Klassenbeziehungen verwandelt. Die gewaltsame, bei lebendigem Leib vollzogene Abtrennung der Natur vom Menschen durch die Warenproduktion, so Marx, habe alle möglichen Dualismen wie den Dualismus zwischen Natur und Kultur, Kapital und Arbeit, Staat und Bürger, Öffentlichem und Privatem, Wirtschaft und Politik, öffentlichem

Recht und Vertragsrecht, Wirtschaftswissenschaft und Ethik und so weiter in die Gesellschaft eingeführt. Öcalan dagegen setzt hier an der »wissenschaftlichen Methode« an, die auf dem Dualismus zwischen Subjekt und Objekt gründet. Dabei wurzeln die Dualismen zwischen Subjekt und Objekt, Körper und Geist, Materiellem und Spirituellem, Körper und Materie bereits in der griechisch-römischen philosophischen Tradition, also lange vor dem Aufstieg des Kapitalismus. Tatsächlich haben die Kategorien und Konzepte der griechisch-römischen intellektuellen Traditionen das konzeptuelle Repertoire für den Kapitalismus und die rechtlichen und ideologischen Ressourcen für die positivistische Wissenschaft geliefert.

Wenn wir uns statt der Soziologie oder der politischen Ökonomie der Philosophie zuwenden, sehen wir, dass der Dualismus die dominante Denkweise in der westlichen Philosophie ist. Bereits bei Thales von Milet (gest. 547 v. Chr.) können wir einen beginnenden Geist-Materie-Dualismus erkennen. Der britische Philosoph Roy Bhaskar hat festgestellt, dass im Westen bestimmte philosophische Probleme schon von Platon an immer wieder auftauchen. Dabei ergeben sich Dualismen aus Antagonismen (These versus Antithese), die ihrerseits weitere Antagonismen produzieren. Daraus folgt ein endloser Kreislauf von These und Antithese, da jede Synthese wieder eine neue These und Antithese und den Konflikt zwischen ihnen hervorbringt. In dieser Art dualistischen Denkens sind die Konflikte dauerhaft und endlos und sind in Wirklichkeit sogar die Triebkraft des Lebens selbst. Die Philosophie der Wissenschaft analysiert die Dualismen, trägt aber nichts dazu bei, sie zu überwinden. Öcalans Kritik der wissenschaftlichen Methode besagt, dass sie auf einen philosophischen Dualismus basiert. So schreibt er: »Die Trennung von Subjekt und Objekt geht bis auf Platon zurück. Die berühmte Dichotomie Platons von der Welt der Ideen und ihrer einfachen Abbilder bildet die Grundlage sämtlicher weiteren ähnlichen Dichotomien.« Der philosophische Dualismus richtet sein Augenmerk auf die Identifizierung von Differenzen, Gegensätzen, Gegenüberstellungen und Handlungen als den Quellen von Konflikten. Philosophie und positivistische Wissenschaft des Westens gehen von der Auffassung aus, dass Kämpfe und Konflikte für Vorankommen, Bewegung, Evolution, Fortschritt und Geschichte notwendig sind. In dieser Tradition haben Tatsachen, empirische Phänomene und die materielle Welt das Primat über Ontologie oder Kosmologie. Die auf »Dichotomie von Subjekt und Objekt« gegründete positivistische Wissenschaft, so Öcalan, bedeutet »die Legitimierung von Sklaverei«.

Im Gegensatz dazu ist in den östlichen intellektuellen Traditionen der Nicht-Dualismus die vorherrschende Denkweise. Konzepte wie Einheit in Vielfalt, Einheit in Dualität und Einssein der Formen des Lebens führten die östlichen Philosophen zur Entdeckung der zugrundeliegenden Einheit, die scheinbar einander entgegengesetzte Phänomene zusammenhält. Konflikte und Kämpfe dürfen nicht verleugnet werden, aber dabei sollte die grundlegende Einheit der Welt ebenfalls anerkannt werden. Ist es nicht ein Wunder, dass die Welt trotz all unserer Differenzen, Konflikte und Antagonismen so lange weiterbestanden hat? Dass das Universum »in Einheit agiert«? Und dass wir trotz aller fünfhundert Jahre währenden »wissenschaftlichen« Bemühungen des Kapitalismus immer noch nicht sagen können, wir hätten die Natur »erobert«? Wenn überhaupt etwas, finden wir jetzt heraus, dass die Natur »zurückschlägt«, um ihre Ansprüche wiederherzustellen, und wir erkennen mehr und mehr, dass die Natur dies mit ökologischer Vehemenz tut. Östliche Philosophen stellten Fragen nach den Kontinuitäten im Leben und dem Wunder der kosmologischen Einheit, die die Grundlage von so viel Vielfalt und Differenz ist. Die Menschen sind einzigartig, weil sie Instinkte, Intelligenz und Intuition besitzen, mit denen sie empirische, rationale und ontologische Realitäten erfassen können. Im Osten drehten sich die Fragen der Philosophie um die ewige Natur des LEBENS, das trotz der Regelmäßigkeit von Tod und Zerstörung weitergeht; der Zusammenhalt von Gesellschaft und Geschichte bleibt ungeachtet der Vielfalt, der Differenz und des Unfriedens im gesellschaftlichen Leben bestehen. Wie Öcalan schreibt, »erscheint als der einzige Zweck des Lebens, das Geheimnis des Universums in der Auflösung dieses Gegensatzpaars [von Leben und Tod] zu finden.«

Die östlichen Philosophen haben die Antworten auf ihre Fragen in der Ontologie und Kosmologie gesucht. Sie haben Wahrnehmung und empirische Phänomene als zweitrangig gegenüber ontologischen Wahrheiten über das LEBEN behandelt, Wahrheiten, die ihrer Auffassung nach ewige waren. Diese philosophischen Ideen führten zur Entstehung einer »nicht-dualistischen« Wissenschaft, die das Angewiesensein des menschlichen Lebens auf die Natur, das Angewiesensein des Lebens des Einzelnen auf das kommunitäre, kollektive Leben und schließlich das innere Leben der Individuen in all seinen ästhetischen, ethischen, emotionalen, psychologischen und spirituellen Aspekten anerkannte. Diese ontologischen Wahrheiten bedeuteten, dass die östliche Wissenschaft die Rolle der Wissenschaft nicht als endlose, für die Eroberung durch den Menschen offene Grenze, sondern als Gabe, als Geschenk der Natur, Gottes oder wessen auch immer betrachtete, das genutzt werden kann, um das Leben zu nähren, und das zwar bereichert werden kann, aber immer auch für künftige Generationen bewahrt werden muss. Das Leben der Einzelnen war flüchtig, während das LEBEN selbst ewig war. Die Individuen waren Treuhänder der Gaben der Natur und die Wissenschaft musste sich bei der Erforschung der Natur über den Platz der Menschen im Universum Rechenschaft ablegen. Da es eine Gabe ist, kann das Geschenk der Natur von niemandem angeeignet und in Privatbesitz genommen werden. So postulieren die ersten Zeilen des Rigveda, »Das Leben lebt vom Leben«, ein tiefes ökologisches Prinzip: Wenn wir wollen, dass das Leben weitergeht, müssen wir dafür sorgen, dass es erhalten bleibt. Der Jainismus hat seit dem siebten Jahrhundert v. Chr. die Methodologie der *anekantavada* oder die Philosophie der Vielseitigkeit vertreten. *Anekantavada* fordert uns dazu auf, uns von dualistischen Argumente wie »A hat recht und B hat unrecht« oder umgekehrt abzuwenden und stattdessen zu fragen: »Wenn A recht hat und B ebenfalls recht hat, was am Wesen der Realität lässt dann A sehen, was A sieht und B, was B sieht?« Geist und Materie, Wirtschaftliches und Politisches, materielles und spirituelles Leben sind in den intellektuellen Traditionen des Ostens keine antithetischen Beziehungen. Um zu leben, muss man seinen Lebensunterhalt verdienen, aber um dies auf anständige Art zu tun, ist ein tiefes Engagement des Geistes nötig, genau wie für ein geistiges Leben die Erfüllung biologischer Bedürfnisse (Nahrung, Kleidung, Unterkunft und Ähnliches) erforderlich ist.

Das nicht-dualistische Denken brachte einen ganz anderen Typ politischer Philosophie hervor. Politik ist ethisches Handeln. Wenn es zu Auseinandersetzungen, Uneinigkeit und Spaltungen kommt, wenn Staaten und Könige tyrannisch werden, wenn die Reproduktion der menschlichen Lebensbedingungen unmöglich wird, müssen die Menschen rebellieren, ja, es ist sogar ihre Pflicht, zu rebellieren. Dabei ist Zweck der Rebellion, die Gesellschaft wieder in ihr Recht einzusetzen und die Bedingungen wiederherzustellen, die für den Weiterbestand des menschlichen Lebens nötig sind. Die Sufi-Pir, die Bhakti-Heiligen und die Sikh-Gurus bestanden alle auf der Einheit des Lebens »in dieser Welt«, die auf Gemeinschaften (der Zivilgesellschaft) und Staaten (der politischen Macht) basiert, und des Lebens »in der anderen Welt«, das sich mit den Zwecken, dem Schicksal und den Lebensumständen des Menschen sowie dem Platz der Menschheit im Universum befasst. Politik als ethisches Handeln muss die beiden Dimensionen des Lebens und des LEBENS, des empirischen Lebens und des kosmischen Lebens hier und jetzt sowohl in dem, was wir tun als auch darin, wie wir es tun, zusammenbringen. Die Gegenwart ist der Ort, an dem die Vergangenheit und die Zukunft miteinander koexistieren.

Der Osten hat nie eine Theorie der »göttlichen Rechte« von Königen als ideologische Rechtfertigung für deren Macht entwickelt. Das erste Prinzip des Islam, »Es gibt keinen Gott außer Allah«, ist eine Versicherung gegen den Despotismus von Königen und unterwirft diese einem höheren Gesetz. Im Lauf der gesamten Geschichte haben Volksrebellionen Könige gestürzt und mächtige Staaten und Imperien in Staub verwandelt. Der Osten entwickelte auch kein Erbrecht wie das der Erstgeburt, das dem ältesten männlichen Nachkommen unter Ausschluss der anderen Söhne und Töchter das Land zuspricht. Der älteste Mann der Familie ist zweifellos privilegiert, aber gleichzeitig hat er auch zusätzliche Pflichten, die von ihm verlangen, treuhänderisch Land für die erweiterte Familie zu verwalten und Verantwortung für die alten, kranken und bedürftigen Verwandten und die arbeitsunfähigen Mitglieder der Gemeinschaft zu übernehmen. Dementsprechend erlangte die Institution des Privateigentums im Osten nie dieselbe historische Stabilität und Kontinuität wie in den europäischen Gesellschaften. Dies eröffnet uns verschiedene Perspektiven auf diese geschichtlichen Abläufe. So könnten wir sagen, dass Macht und Reichtum im Westen zu stabilen Staaten und Reichen sowie landbesitzenden Aristokratien führten, aber dass diese politische Stabilität auf Kosten des inneren Zusammenhalts der Gemeinschaften ging, während der Osten kolonisiert und unterworfen wurde und häufig einen chaotischen Anschein erweckte, aber seine Gemeinschaften inmitten des politischen Chaos stabil blieben. Ihre innere Widerstandskraft fordert bis zum heutigen Tag die Macht von Staaten und Imperien heraus.

Öcalan befürchtet, dass die Ausbreitung der Moderne zur Desintegration von Gesellschaften führt, die bisher widerständig geblieben waren. Die Moderne hat »das gesellschaftliche Leben negiert und sinnentleert«, was »zu seiner Zerschlagung und Zerrüttung führt«. Es ist daher wichtig für uns, orientalistische Herangehensweisen an Kultur und Denken des Mittleren Ostens zu überwinden und stattdessen in ihnen philosophische und konzeptuelle Ressourcen zu entdecken, die wir brauchen, um dem Zerfall von Gesellschaft und Gemeinschaft entgegenzutreten, der die für das menschliche Leben notwendigen Bedingungen zersetzt. Dieser Text versucht als Ganzes, dualistische Ansätze zu überschreiten, indem er sich von oppositionellen Konzeptualisierungen à la Natur versus Mensch (wie in der liberalen Wissenschaft) oder à la Gemeinschaften versus Staat (wie im anarchistischen Denken) oder à la Politik versus Ökonomie (wie im sozialistischen Denken) wegbewegt und sich bemüht, eine Synthese verschiedener Herangehensweisen an die Moderne zu entwerfen, indem er sich einen nicht-dualistischen Blick auf verschiedene, einander entgegengesetzte Ideologien zu eigen macht. Die Leser müssen sich dieser philosophischen Unterschiede erinnern, wenn sie die Einschätzungen Öcalans nicht mit den Vorbehalten und Einschränkungen verschiedener modernistischer Lösungen verwechseln wollen, die von diversen westlichen politischen Theorien für die Probleme der Moderne angeboten werden.

Öcalan greift zur Satire, wenn er schreibt, »Hegel kommentiert dies auf prächtige Weise. Über den Staat in der Person Napoleons sagt er: ›Der Staat ist die göttliche Idee, wie sie auf Erden vorhanden ist.‹ Napoleon hingegen bezeichnet er als ›Gott, der auf Erden wandelt‹. Diese Art, die Dinge zu beschreiben, hat mich verzaubert wie keine andere in meinem Leben und war mir sehr nützlich.« Die Kritik des Nationalstaats zieht sich als ein roter Faden durch diesen Text. Leider bin ich des Türkischen nicht mächtig und muss mich daher auf eine Übersetzung des Texts – und noch dazu eine englische – verlassen. Ungeachtet dieser Beschränkung möchte ich die Aufmerksamkeit der Leser auf zwei Worte lenken, die für Ideen, die für den europäischen National-Staat konstitutiv sind, von zentraler Bedeutung sind. Hegel liefert mehr als jeder andere europäische Philosoph das Bindeglied zwischen den Konzepten von Nation und Staat. Das Wort *qawm* im Arabischen, Türkischen, Persischen und in Urdu wird oft als »Nation« übersetzt, während das Wort *watan* als »Heimatland« interpretiert wird. Aber in den Sprachen des Mittleren Ostens und Südasiens haben die Worte *qawm* und *watan* nicht denselben begrifflichen Inhalt wie im Englischen.

Die symbiotische Verbindung von Nation und Staat in der europäischen Moderne folgt einem bestimmten Verständnis von Nation und Staatlichkeit. Das *Oxford English Dictionary* definiert »Heimatland« als das »Geburtsland einer Person oder eines Volkes«. Außerdem charakterisiert dasselbe Wörterbuch »Nation« als eine »Ansammlung von Personen, die durch gemeinsame Abstammung, Geschichte, Kultur oder Sprache miteinander verbunden sind und innerhalb eines bestimmten Staates oder Territoriums leben«. Ein Staat wird definiert als »eine Nation oder ein Territorium, die/das als organisierte politische Gemeinschaft unter einer einheitlichen Regierung betrachtet wird«. Der National-Staat schließlich ist ein »souveräner Staat, in dem die meisten Bürger oder Untertanen auch durch Faktoren miteinander verbunden sind, die eine Nation definieren, wie etwa Sprache oder gemeinsame Abstammung«. Hier muss man darauf hinweisen, dass im Englischen alle vier Worte sich auf das Kriterium des Territoriums beziehen. Diese Definitionen bergen eine historische Sequenz, bei der »Heimatland« eine grundlegende, an die Geburt gebundene Identität mit dem Land und der National-Staat das Zusammenfließen von Familie, Zivilgesellschaft, Staatsbürgerschaft und Staatlichkeit auf dem Gipfel der historischen Entwicklung repräsentiert. Die Idee des National-Staats vereint die Konzepte der historisch gewachsenen Gemeinschaft und der historisch entstandenen Institution des Staates, der ein definiertes Territorium hat. In Europa waren Nationen und Staaten gleichbedeutend und entwickelten sich gemeinsam. Aber der konzeptuelle Inhalt der Worte *qawm* und *watan* unterscheidet sich von dieser Konstellation.

Im Osten sind Territorialität und historisch gewachsene Gemeinschaften nicht notwendigerweise gleichbedeutend. So können etwa *qawms*, das heißt, historisch gewachsene Gemeinschaften vorliegen, ohne dass es ein Territorium dazu gibt. Genauso ist es möglich, dass mehrere *qawms* zu ein und demselben *watan* gehören, was einfach bedeutet, dass mehrere historisch gewachsene Gemeinschaften ein gemeinsames Heimatland haben. Diese wichtigen Bedeutungsunterschiede gehen bei der Übersetzung verloren. In der Moderne gab es daher echte Schwierigkeiten bei der Übersetzung von Konzepten wie *qawm* und *watan* in das moderne politische Vokabular des Begriffsgespanns National-Staat. Je nach Wesen und Typ der antikolonialen Nationalismen in verschiedenen Teilen der islamischen Welt wie der arabischen Halbinsel, dem Maghreb, der Türkei, Persien und Südasien entwickelten sich die Fortbildung des Wortes *qawm* zum heutigen *qawmiya*, übersetzt als »Nationalismus«, und die von *watan* zu *wataniya*, übersetzt als »Patriotismus« oder »Staatbürgerschaft«, auf ganz verschiedene Weise und nahmen in unterschiedlichen Regionen unterschiedliche Bedeutungen an. In Südasien, einem vielfältigen Kontinent, in dem viele *qawms* über lange Zeit hinweg einen gemeinsamen *watan* teilten, forderten die Führer der antikolonialen Ghadar-Bewegung ein radikal anderes Verfassungsmodell für Azad Hindustan (das freie Indien) nach dem Ende des britischen Kolonialismus. Ihre Vision eines freien Hindustans bestand in der Etablierung einer Konföderation von *qawms* in einem gemeinsamen *watan*. So riefen sie zur Schaffung einer »Föderation der Republiken Indiens« auf, in der jeder *qawm* Hindustans Teil einer Föderation sein und Hindustan die Heimat aller sein würde, die dort lebten und es als Heimat betrachteten. Unglücklicherweise behielten die modernistischen Bedeutungen von Nation und Staat die

Oberhand und die Kämpfe um die Kontrolle von Nationalstaaten und blutige Spaltungen dauern bis heute an. Die bloße Tatsache, dass gemeinsame Worte mit denselben Bedeutungen im Rahmen der spezifischen Kontexte antikolonialer Bewegungen verschiedene Bedeutungen annahmen, legt eine gewisse Vorsicht im Hinblick darauf nahe, wie Ideen über Nation, National-Staat und Gemeinschaften im Englischen und in den Sprachen des Ostens interpretiert werden. Ebenso sollte sie unsere Aufmerksamkeit dafür schärfen, wie wir Öcalans Gegenüberstellung von Gemeinschaft und Staat im vorliegenden Text lesen. Wenn wir Gemeinschaft als *qawm* und den Staat als territoriale Autorität verstehen, werden die Argumente dieses Werks im Hinblick auf die Versöhnung von Staat und Gemeinschaft leichter verständlich.

Angesichts der Bedingungen, unter denen der folgende Text geschrieben und als an den Europäischen Gerichtshof gerichtete »Verteidigungsschrift« herausgeschmuggelt wurde, wäre es unfair, ihn zu lesen, als sei er von einem gelehrten Philosophen verfasst worden, der im komfortablen Ambiente einer Universität schreibt. Aus genau diesem Grund liegt der Wert dieser Schrift in der Tatsache, dass sie von einer Person stammt, die sich in realen Kämpfen in der realen Welt engagiert hat und dies selbst nach siebzehn Jahren Isolationshaft auch weiterhin tut. Es ist erfrischend zu sehen, wie die Philosophie in die Politik zurückkehrt.

Vorwort der englischen Erstausgabe von 2017.

Einführung

Zu den ersten Dingen, die ich bei der Ausarbeitung meiner Stellungnahme gegen das kapitalistische System[1] tun muss, gehört die Befreiung von seinen geistigen Prägungen. Im Islam spricht man zu Beginn jeder Arbeit die Formel *bismillah*, im Namen Gottes, und auch der Kapitalismus besitzt ähnliche heilige Phrasen. Wenn wir uns also vom Kapitalismus befreien wollen, müssen wir vor allem anderen seine gebetshaften Losungen zurückweisen. Zu den genannten heiligen Phrasen des Kapitalismus gehört zunächst die ›wissenschaftliche Methode‹, die er uns aufnötigt. Diese Methode ist nicht die Ethik oder ›Moral der Freiheit‹, die durch das gesellschaftliche Leben herausdestilliert wurde und ohne die keine menschliche Gesellschaft jemals existieren kann. Ganz im Gegenteil handelt es sich um die Mentalität eines im höchsten Grade versklavten Lebens, w elche das gesellschaftliche Leben negiert und sinnentleert und zu seiner Zerschlagung und Zerrüttung führt; es ist die materielle und ideelle Kultur, die diesem Leben zugrunde liegt.

Beim Versuch, mich von diesem Denken und dieser Kultur zu befreien, kann mein Hauptargument nur *ich selbst* sein. Descartes, der – vielleicht unbewusst – mit seiner Philosophie dem Kapitalismus den Boden bereitete[2], zweifelte an allem. Zuletzt blieb ihm nur er selbst. Hätte er auch an sich selbst zweifeln sollen? Noch wichtiger: wie kam er in diese Lage? Wir können einige Beispiele aus der Geschichte anführen, wo andere Personen etwas Ähnliches durchmachten. Die ersten Beispiele, an die wir uns erinnern sollten, sind die sumerischen Priester, die Gott erschufen, der Prophet Abraham, der an Gott zweifelte – das jüngste Beispiel hierfür ist Mohammed und seine erneute Suche nach Gott –, und die ionischen Skeptiker. In solchen historischen Momenten besitzen sowohl das neue Denken als auch das frühere Denken, welches zurückgewiesen werden muss, die Eigenschaft, die Gesellschaft radikal zu prägen und sie in verschiedene Richtungen zu lenken.

1 Dieses Buch ist Teil einer Eingabe in einem Beschwerdeverfahren beim Europäischen Gerichtshof für Menschenrechte (EGMR) in Strasbourg.

2 René Descartes (1596-1650) gilt als Vater des methodologischen Skeptizismus und Schlüsselfigur der wissenschaftlichen Revolution. In seiner philosophischen Methode ist die Skepsis die erste von vier Regeln. Siehe auch Abdullah Öcalan: *Zivilisation und Wahrheit*, Münster 2019, Erster Teil.

Zumindest bieten sie ein fundamentales Paradigma. Der eigentliche Grund für den Zweifel ist die Untauglichkeit des alten, verwurzelten Denkens (oder auch der ideologischen Strukturierung) angesichts des sich abzeichnenden neuen Lebensstils. Die für das neue Leben notwendigen neuen Denkmuster zu entwickeln, ist dagegen äußerst schwierig und erfordert einen radikalen persönlichen Sprung vorwärts. Ob Prophet, Philosoph oder Jäger nach wissenschaftlichen Entdeckungen: Letztlich suchen sie alle aus dem gleichen Bedürfnis heraus Antworten. Wie sollen die neuen Denkmuster, die *conditio sine qua non*[3] des neuen gesellschaftlichen Lebens, gestaltet werden? Der große Zweifel ist die Besonderheit dieser Zwischenstufe.

Die Lebensläufe von Erasmus von Rotterdam, René Descartes und Baruch de Spinoza an dem Ort, der im siebzehnten Jahrhundert die Wiege des dauerhaften Aufstiegs des Kapitalismus darstellte (ungefähr die heutigen Niederlande), tragen so die Spuren eines historischen Abschnitts.

Meine Kindheit fällt in die 1950er Jahre, in denen der Vorstoß des globalen Kapitalismus einen Höhepunkt erreichte. Der Ort, an dem sie stattfand, ist Obermesopotamien, der fruchtbarste Landstrich des berühmten fruchtbaren Halbmonds, der von den Gebirgen Taurus und Zagros umsäumt wird, wo noch heute tief verwurzelte Denkmuster existieren und die Innovationen der Jungsteinzeit und der städischen Zivilisation lange Zeit von Bedeutung waren: die Vorgebirge, welche die Entwicklung der Zivilisation beförderten, die prachtvollen Gegenden, wo der Übergang zum Neolithikum stattfand und wo Opfer dargebracht wurden (so in den Kulten der Tempel, deren erste, von zwölftausend Jahre alten steinernen Stelen umgebene, in der Nähe von Urfa gefunden wurden[4]).

Geradezu wie Zeus den Prometheus an den Kaukasus schmiedete, verurteilten mich die Wächter des kapitalistischen Systems konsequent zu einem Leben in völliger Einsamkeit in einem Kerker auf der Insel İmralı. Das macht es für mich unausweichlich, die Systemgegnerschaft in meiner Persönlichkeit zu analysieren. Anders gesagt, wenn wir uns diese geschichtlichen Tatsachen nicht vor Augen führen und von Neuem analysieren, können wir den Sinn nicht erfassen. Wenn ich mich nur auf die Republik Türkei versteifte, handelte ich wenig anderes als der Stier, der beim spanischen Stierkampf stets das rote Tuch angreift. Zweifellos ist hier die Republik Türkei auf einen

3 *conditio sine qua non* = absolut notwendige Bedingung.

4 Göbekli Tepe, die vielleicht bedeutendste archäologische Fundstätte des letzten Jahrhunderts, liegt nur einige Dutzend Kilometer von Öcalans Geburtsort entfernt. Hier wurden die ältesten steinernen Bauwerke der Menschheit entdeckt.

Stierkämpfer reduziert; das ist die Rolle, die ihr zugewiesen wurde, die sie ständig und gewinnbringend spielen soll. Wir müssen – *ich* muss – jedoch feststellen, wer dieses brutale Spiel tatsächlich inszeniert und was dies für unser aller Leben bedeutet.

Um nicht in Irrtümer zu verfallen, welche die Gesamtheit der Gesellschaft angehen, sollten wir uns besonders das Beispiel von Karl Marx vor Augen führen. Zweifellos war Marx eine der führenden Persönlichkeiten, die den Kapitalismus analysieren und die Welt von ihm befreien wollten. Doch mittlerweile ist allgemein akzeptiert, dass es den gigantischen Bewegungen für soziale Veränderung, die von ihm inspiriert waren, letztlich nicht gelang, zu etwas anderem als den besten Dienerinnen des Kapitalismus zu werden. In diesem Sinne werde ich natürlich kein simpler Jünger des Marxismus sein.

Ich möchte verständlich machen, warum ich den Versuch einer Definition meiner Identität bei den grundlegenden Parametern beginnen lasse. Welche sind dies? Der Übergang zum Neolithikum, die Überbleibsel neolithischer Mentalität und Lebensgewohnheiten, die Machthierarchien und Staatskulte, die auf der urbanen Zivilisation beruhen, und schließlich die Spiele des Kapitalismus, die mit keiner anderen Ära vergleichbar sind.

Sogar von einer noch tiefer liegenden Schicht muss ich sprechen: Die Besonderheiten, welche die menschliche Spezies ausmachen, ihre Risiken und wie sie das Leben erleichtern.

Beim Schreiben dieser Zeilen bin ich mir bewusst, an welch einem Ort ich innerhalb der Grenzen der Legitimität, die der Kapitalismus zieht, festgehalten werde. In werde nicht leugnen, dass ich innerhalb dieser Grenzen lebe oder zu einem Prometheus gemacht werde. Ich entwickele ein Bewusstsein dafür, welche Kraft und welchen Sinn die Initiativen beinhalten, auf deren Entwicklung ich meine ständigen Bemühungen konzentriere.

Beginnen wir mit bekannten Beispielen, die schriftlich überliefert sind: Mani, der sich gegen die Macht der Sassaniden stellte, der Imam Hussein, Mansur al-Halladsch und Suhrawardi, die gegen die Mächtigen des Islam aufbegehrten, Hunderte Heilige beiderlei Geschlechts in der Tradition Jesu, Opfer der Macht, die in der Tradition Buddhas den Grausamkeiten den Rücken kehrten, diejenigen, die in den Flammen der kirchlichen Inquisition verbrannten, und die Opfer der Gräuel des Kapitalismus bis hin zum Völkermord sind nur die extremen Beispiele. Ihnen allen ist gemeinsam, dass sie auf dem Bewusstsein des Lebens beharrten, dass sie den Vorhang wegschieben wollten, der zwischen ihnen und dem Leben gewebt werden sollte. Das war ihr Verbrechen.

Wenn die Dualität von Leben und Tod in ein schweres Dilemma verwandelt worden ist, so sind die Gründe dafür mit Sicherheit gesellschaftliche. Im Grunde gibt es weder den Tod in dem Sinne, wie er uns präsentiert wird, noch hat das Leben, das stets beworben wird, etwas mit Leben zu tun. Unser Leben tritt uns als Simulation, als mechanische Imitation gegenüber. Um das Leben auch nur ein wenig respektieren zu können, müssen wir uns aus diesem verfluchten Kreislauf befreien.

Ich bin nun beinahe sechzig Jahre alt. Im Grunde habe ich mir die Neugier eines Vorschulkindes auf das Leben bewahrt. Das ist immer noch mein Kriterium. Ich wachse nicht in die Kriterien des Kapitalismus hinein. Innerhalb derer ist das Leben entweder voller Täuschung oder aber völlig unbedeutend. Oder alles zugleich: Simulakrum[5], Täuschung, Betrug, Gewissenlosigkeit, Hässlichkeit, Ignoranz. Und doch müssen wir das Leben höher halten als alle anderen Werte. Wer richtig leben will, steht vor der Aufgabe, das Leben zu verstehen. Verstehen bedeutet zu leben, Leben ist da, um zu verstehen. Ich glaube nicht, dass es daneben noch eine andere zutreffende Interpretation des Kosmos gibt. So schwierig, fast unmöglich die Verwirklichung auch sein mag, ich beharre darauf, dass es der absolute Sinn ist, der das Leben vorwärtstreibt. Keine Kraft kann stärker sein als die Kraft des Sinns. Anders gesagt: jede andere Kraft erweist sich gegenüber der Kraft des Sinns als bloße Täuschung und Inszenierung von Stärke.

Kehren wir zu meiner eigenen Lebenswirklichkeit zurück. Ich wollte ausdrücken, dass diese angeblichen Parameter des Lebens weit davon entfernt sind, meine Neugier auf das Leben zu befriedigen. Vielmehr waren sie die eigentlichen Ursachen, warum ich in tiefen Zweifel verfiel. Ich zweifelte nicht nur an ihnen, sie ekelten mich an.

Wo der Sinn des Lebens nicht mehr verteidigt wird, wo Sinnlosigkeit als Sinn präsentiert wird, dort breitet sich der Krebs unaufhaltsam aus. Der Grund dafür ist definitiv ein gesellschaftlicher. Es gehört zu den simplen Tatsachen der Anthropologie, dass Krebs eine gesellschaftliche Krankheit ist. Wo Sinnlosigkeit regiert oder ein blindes Anhäufen von Materie die Zelle umschließt, dort beginnt der Krebs.

---

5 Die Begriffe Simulakrum und Simulation werden vom französischen Philosophen Jean Baudrillard in *Agonie des Realen* (franz. Originaltitel: *Simulacres et Simulation*, Berlin 1978) diskutiert. Laut Baudrillard zeichnet sich das Simulakrum in der durch Massenmedien geprägten Welt dadurch aus, dass eine Unterscheidung zwischen Original und Kopie, Realität und Imagination unmöglich geworden ist.

Der Respekt gebietet mir, einige Fragen zu beantworten. In den Tagen, da ich diese Zeilen schreibe, haben die oberste Exekutive der Republik Türkei und die oberste Exekutive des kapitalistischen Systems, die US-Regierung, gemeinsam erklärt: »Die PKK ist der gemeinsame Feind der USA, der Türkei und des Irak.« Dank meiner Lebenserfahrung besitze ich ein tiefes Verständnis für den Sinn von Zeit und Ort meiner Gefangenschaft, wenn ich diese Erklärung höre.

Worauf ich hinauswill ist: Die kapitalistische Lebensweise ist nichts für mich. Selbst wenn ich mich manchmal nach ihr sehne, bin ich mir völlig bewusst, dass mir ein derartiger Lebensstil nicht gelingen kann. Mir ist auch klar, dass ich niemals ein »Ehe-Mann« sein kann, weder im vorkapitalistischen Sinne des Ehemanns noch im kapitalistischen. Aus Sicht des Systems mag ich in einer lächerlichen Situation sein. Aber ich halte das System für furchtbar blutig, repressiv und ausbeuterisch. Die Feststellung, dass ein solches Leben widerlich und ekelerregend ist, gehört als Gegenparameter oder Gegenparadigma notwendig zu meiner Lebensphilosophie. Ich bin sicher, dass ich mich nicht selbst überschätze. Doch dass ich mich als Mensch selbst verteidige, ist sowohl ein Grundmerkmal des Lebens als auch meine Pflicht gegenüber denen, die hohe Ansprüche an das gesellschaftliche Leben stellen. Wenn es mir um ein sinnvolles Dasein als Mitbürger geht – auch wenn ich die von den Mächtigen vorgegebene Bedeutung dieses Wortes ablehne – so betrachte ich es als meine moralische Pflicht, dementsprechend zu leben. Es geht nicht darum, zu leben oder nicht zu leben, sondern richtig zu leben. Selbst wenn uns das richtige Leben nicht gelingen sollte, das Wichtigste ist, sich niemals von dieser Suche abbringen zu lassen und Reisender auf diesem Weg zu sein.

Im kapitalistischen System existiert ein Verrat, der mehr als je zuvor in der Geschichte über die Loslösung von Worten und Taten hinausgeht. In diesem System scheinen die Worte stets dazu zu dienen, die Taten zu dementieren. In der konkreten Knechtschaft des hegemonialen Systems spielt die Tat mehr als je zuvor lediglich die Rolle eines mechanischen Geräts.

Aus vielen historischen Beispielen wissen wir, dass der Versuch, ein Programm und eine Form für ein freies Leben zu entwickeln, auf vielfältige Arten in die Irre geführt werden kann, wenn wir die Natur des Kapitalismus auf der Stufe des globalen Empire nicht analysieren. Jedes zu sprechende Wort, jede zu tuende Tat, anders gesagt: Theorie und Praxis können im Spielfeld des Gegners ihre Rolle nicht selbst festlegen. Wenn wir gegen die Begriffe und die Praxis der kapitalistischen Moderne, deren Hegemonie seit mindestens vierhundert Jahren andauert und deren Kult intensiver betrieben wird als die fanatischste Religion, nicht eine Haltung wie Heilige, Propheten oder Buddhisten entwickeln, werden wir nur stupide Wasser auf die Mühlen des Systems gießen. Viele antikapitalistische Strömungen sind entstanden. Doch es hat sich gezeigt, dass die überwältigende Mehrheit von ihnen nicht mehr leisten konnte, als Wasser auf die Mühlen des Systems zu gießen.

Ich halte den Kapitalismus auf dem Gipfel der Globalisierung keineswegs für stark. Vielleicht war er sogar noch nie so schwach wie heute. Eigentlich ist er jederzeit naiv und zerbrechlich. Es gelingt der Gesellschaft jedoch nicht, sich gegen ihn auf die richtige Weise zu verteidigen. Es ist mehr als eine Metapher, wenn wir das kapitalistische Hegemoniestreben als ein gesellschaftliches Krebsgeschwür bezeichnen. Doch können wir dies nicht als ein Schicksal wie andere Schicksalsschläge interpretieren. Vielmehr müssen wir den Kapitalismus als das schwächste hegemoniale System betrachten. Notwendig ist dagegen – und sei es nur eine einzige Person – die Gesellschaftlichkeit richtig zu leben. Immer wieder sahen wir in der Geschichte, dass diejenigen, die gegen den »starken Mann« oder den Hegemon kämpften, dieselben Waffen wie er benutzten. Sowohl im Denken als auch im Handeln führt dieselbe Methode zu ähnlichen Ergebnissen. Genau das passiert immer wieder. Im Kampf gegen Rom entstanden mehrere neue Rom. Und schon früher: Der Stadtstaat, dessen Original Uruk war, pflanzt sich immer noch im »neuen Irak« fort[6]. Wenig verändert sich, sehr vieles wiederholt sich.

Auf der anderen Seite dürfen wir die Hegemonie nicht überschätzen. Gesellschaften haben Herrschaft, Ausbeutung und Repression nicht freiwillig angenommen, und sie haben auch nie gedacht, dass sie ohne Herrschaft nicht leben können. Auch von manchen Denkweisen müssen wir uns befreien: »Völlig neue Gesellschaft«, »Abfolge von Gesellschaftsformen, die sich voneinander völlig unterscheiden« – all dies sind gänzlich hohle Begriffe. Gesellschaften entwickeln sich als die Daseinsweise der menschlichen *Spezies*, und sie ähneln einander.

Blinde Liebe – egal, ob Liebe zur Macht oder sexuelle Liebe – kann zu den beschämendsten Situationen und in die größte Ignoranz führen. Wenn sie jedoch mit Sinn aufgeladen ist, besitzt Liebe den Wert des Nirvana oder

---

6 Der Autor spielt hier auch darauf an, dass der Name »Irak« vermutlich von Uruk herstammt.

fenafillāh[7], des Verschmelzens mit der Wirklichkeit; sie ist *anā l-ḥaqq*[8], sie ist die Durchsetzung der gerechten und freien Gesellschaft, also der Zustand vollständiger Demokratie.

Ich bin sicher, dass ich gut daran getan habe, mich der Dorfgesellschaft nicht zu ergeben. Falsch war, die kapitalistische Moderne für das Licht zu halten. Ein großer Fehler war mein radikaler Bruch mit der Dorfgesellschaft, die ich leider erst spät analysierte, die noch nicht demokratisiert und erst recht weit entfernt von grundlegenden Kategorien wie Nationalstaat und Industrie war. Dies ist ein Grund für meine tiefe Traurigkeit. Mein Vater, den ich selten erwähne, sah in mir nicht nur die Lebensenergie, sondern sagte mir auch eine bittere Wahrheit ins Gesicht: »Bei meinem Tod wirst du keine Träne vergießen.« Er war beinahe so weise wie meine Mutter. Er glaubte an die alte Welt. Er stammte aus der Welt der Werktätigen und war im Grunde ein Demokrat. Ich versuche immer noch zu verstehen, wie die kapitalistische Göttlichkeit auf mich eine derart verfluchte und irreführende Anziehung ausüben konnte.

Karl Marx wollte den Kapitalismus mittels eines eher positivistischen Ansatzes analysieren. Diese Analyse blieb unvollendet. Die Themen Macht und Staat hat er nicht einmal angefasst. Diesen Ansatz fand ich immer zu oberflächlich. Ich begreife das Phänomen der Ausbeutung. Doch erschien sie mir immer wie eine Folge. Etwas vom Ende her anzugehen ist ein Ansatz, der stets mit Mängeln behaftet ist, und bedeutet politisch das vollständige Fehlen von Verteidigung. Marx lebte in revolutionären Zeiten, um ihn herum fanden die Revolutionen von 1848 statt. Er beobachtete genau, wie die Bourgeoisie die Macht eroberte und die Feudalherren sie verloren und sich transformierten. Er interessierte sich brennend für die politische Ökonomie und den Sozialismus.

Das Phänomen der Macht, das die breite arme und werktätige Multitude der Gesellschaft umschlang wie ein Krake und sich reorganisierte, begriff er nicht. Er konnte nicht einmal verhindern, dass seine eigene Systematik ihr letztlich als Instrument diente. Er bemerkte nicht, dass das theoretische und praktische Modell, das er vorschlug, zur Aufrechterhaltung des kapitalistische Hegemoniestrebens beitrug. Dass China, das jüngste Beispiel für den aus dem Marxismus kommenden Realsozialismus, zur stärksten Stütze des

7 Begriff aus der islamischen Mystik, der das Aufgehen in Gott bezeichnet.

8 Wörtlich: »Ich bin die (göttliche) Wahrheit«. Von Mansur al-Halladsch im zehnten Jahrhundert geprägter, sufistischer Ausdruck für das Einssein mit Gott.

hegemonialen Kapitalismus der USA herabgesunken ist, hängt eng mit diesem blinden Fleck zusammen.

Der wesentliche Grund für die Stärke der kapitalistischen Hegemonie ist der Wettlauf um freiwillige Sklaverei, den sie verursacht hat. Wenn heute der Lohn hoch ist, wird sich dann auch nur ein einziger Arbeiter gegen die Lohnarbeit stellen? Die Lage ist wirklich traurig.

Wenn ich über den Kampf gegen den Kapitalismus nachdenke, fällt mir immer die Beziehung eines Ehepaars ein. Wenn der Ehemann der Ehefrau ein nach den Maßstäben der Umgebung angemessenes Leben bietet, ist es schwer, diese Frau zum Kampf gegen ihren Mann zu bewegen. Genauso schwer ist es, einen Arbeiter, der einen satten Lohn erhält, zum Kampf gegen seinen Herrn, den Kapitalisten, zu bewegen. Der Arbeiter, der für einen Mindestlohn bereits Luftsprünge vor seinem kapitalistischen Herrn vollführt, ist gegenüber den gesellschaftlichen Multituden ein Handlanger der Systematik seines Herrn. Von Befreiung wollen wir erst gar nicht anfangen zu reden. Und wenn die Armee der Arbeitslosen lawinenartig anwächst, dann fühlt sich der Arbeiter mit sicherem Arbeitsplatz genauso sicher wie der staatliche Beamte – vielleicht noch sicherer.

Außerdem: Wo sich die staatliche Bürokratie proletarisiert, gibt es ebenso viel Bürokratisierung in den Reihen des Proletariats. An der Spitze findet eine Art Mischung von bürgerlichem und feudalem Adel statt, an der Basis eine Vermischung von Arbeitern und Beamten.

So, wie ich sie heute analysiere, ist die Stadtgesellschaft, die mich wie ein Magnet von der Dorfgesellschaft wegzog, der eigentliche Ort des gesellschaftlichen Problems. Die Hauptverantwortliche für den inneren Verfall der Gesellschaft genauso wie für den Bruch mit der Natur ist die Stadtgesellschaft und die mit ihr einhergehende Gesellschaftlichkeit. Genauer gesagt: die Gesellschaft der Stadt der staatlichen Klassenzivilisation. Selbst die primitivste Klangesellschaft ist dem Leben gegenüber weniger ignorant als die zivilisierte Gesellschaft der Stadt. Ganz im Gegenteil: Wenn die zivilisierte Stadtgesellschaft auf ihrer kapitalistischen Stufe unaufhörlich Massaker an der Umwelt anrichtet, liegt dies wahrscheinlich an der verinnerlichten systematischen Ignoranz.

Eine Intelligenz, die mit der emotionalen Intelligenz gebrochen hat, und eine Sexualität, die ihren Sinn längst verloren hat, sind die Hauptsymptome der kanzerogenen Wirklichkeit des Kapitalismus. Ob man sich zum Machterhalt auf nuklearen Terror verlässt oder für billige Arbeitskraft eine Überbevölkerung fördert, die die Welt nicht mehr tragen kann – all dies hängt mit der Substanz des Systems zusammen, insbesondere mit seiner Machtformation. Weltkriege, Kolonialkriege und Machtkämpfe, die auf allen Ebenen geführt werden und die Gesellschaft bis in ihre Kapillaren hinein beeinflussen, bedeuten nichts anderes als den Bankrott des Systems.

Liberalismus und Individualismus werden oft als die ideologische Hauptachse des Kapitalismus bezeichnet. Ich behaupte jedoch, dass kein System so sehr wie der Kapitalismus mit seiner ideologischen Hegemonie die Stärke besessen hat, das Individuum gefangen zu halten.

Nun mag man einwenden: »Die Sprache, die du benutzt, ist inhaltlich immer noch nicht weit von der Legitimität des Systems entfernt. Auch du bist ein Produkt des Systems.« Doch der Ort, an dem ich mich befinde, ist der Gegnerschaft zum System würdig. Mir ist tief bewusst, dass ich als Antikapitalist gerichtet werde und als solcher richte. Natürlich reicht dieses Richten weit über die Justiz hinaus. Unzählige Volkskulturen wurden in den letzten vierhundert Jahren in der Mühle der kapitalistischen Hegemonialbestrebungen zermahlen und vernichtet. Meine Geburtsregion ist geradezu ein Friedhof alter Kulturen. Wo immer du gräbst, wird dir eine Kultur entgegenspringen. Die Kurden, zu denen ich mich zählen muss und die sich immer noch nicht ganz begrifflich fassen können, sind wie die stummen Zeugen dieser Friedhofsruhe der Kulturen. Es ist bitter, das selbst die Gräber der Kulturen, die beinahe alle Innovationen der Geschichte geschaffen haben, vor der Auslöschung stehen. Die Gräuel im heutigen Irak sind in gewisser Weise die Rache der Kulturen.

Wir müssen die Kultur des Mittleren Ostens gegen den Kapitalismus verteidigen. Zweifellos können wir diese Aufgabe nicht erfüllen, ohne den Orientalismus zu überwinden. Ein erneuter Islamismus wäre jedoch von Kopf bis Fuß lediglich ein völlig hohles Derivat des Orientalismus. Das bringt uns zur Frage, was denn bleibt, wenn wir den Orientalismus in seiner rechten und seiner linken Interpretation zusammen mit dem Islamismus überwunden haben. Genau hier muss meine eigentliche Verteidigung beginnen. Sonst werde ich nicht über eine Position als Sprecher eines Systems herauskommen, das schon längst aus Erbrochenem besteht. Das wäre keine Verteidigung, sondern ein papageienhaftes Nachplappern.

Der Ort des Sieges des Kapitalismus waren die nordwestlichen Ufer Europas und die Insel Großbritannien. Seit vierhundert Jahren setzt der Kapitalismus seinen Siegeszug auf der Ebene des Weltsystems fort. Ins Straucheln geraten ist er in den alten Kulturzentren des Mittlern Ostens. Eigentlich ist der Kapitalismus selbst das letzte verlorene Kind dieser

Kultur, das seine Herkunft verleugnet. Der Konflikt zwischen beiden ist viel tiefer als gemeinhin angenommen. Der gegenwärtige Krieg gleicht einer Neuinszenierung von Alexander der Große gegen Dareios III. mit Amateurschauspielern. George W. Bush gibt den Alexander, Ahmadineschad spielt den Dareios. Der dialektische Widerspruch liegt tief unter der Oberfläche und drückt sich in vielen Formen aus. Der Widerspruch besteht nicht nur zwischen den herrschenden Cliquen. Auch die Gegnerschaft zwischen der Gesellschaft und der Herrschaft ist in umfassender Weise Teil des Geschehens geworden.

Was sich in meiner Person ausdrückt oder was ich zumindest ausdrücken möchte, sind komplette Formen der Gegnerschaft zur Herrschaft. Dass der Kapitalismus überall Profit absaugt, ist nur eine ihrer Formen. Dagegen zu sein, reicht nicht aus, um Sozialist zu sein. Außerdem verspricht das allein auch keineswegs Erfolg. Solange wir nicht alle Formen des Widerstandes und des freien Lebens ineinander verschränkt in Worten und Taten, geradezu wie ein Orchester praktizieren, werden wir nicht weiter kommen als zum Absingen von Liedern wie »Fluch über Akkad« und die »Nippur-Klage«[9].

Was ich durchmache, betrachten meine FreundInnen und GenossInnen als schlimme Tragödie. Jedoch steht fest, dass wir das freie Leben nicht erkannt hätten, wenn diese Tragödie nicht stattgefunden hätte. Wo alles wertlos ist, wie sollten wir uns da einander in die Augen sehen? Als ein Sohn, der nicht einmal um seinen Vater weinen kann, von welcher Würde des Lebens hätte ich sprechen können? Damit kein Missverständnis aufkommt: Im Jahr, als mein Vater starb, hatte ich an den Hängen des Berges Ararat die erste Reise durch Kurdistan mit dem Ideal einer freien Identität begonnen[10]. Es heißt, die Kurden der dortigen Region Serhat sprächen immer noch voll Hochachtung von dieser Rundreise. Unser Aufbruch, mehr ein Marathon als ein Marsch zur Freiheit, dauert nun genau fünfunddreißig Jahre an. Wie wird dieser Marathonlauf enden, bei dem jeder Atemzug, jeder Ort, jede Person, die sich ihm anschließt, als legendär gelten kann?

Selbst wenn ich Armeen wie Alexander besessen hätte und von Sieg zu Sieg geeilt wäre, es wäre sicher kein Sieg der Freiheit gewesen. Ohnehin bringen militärische Siege meist nicht Freiheit, sondern Sklaverei. Nur, wenn wir uns selbst, unsere FreundInnen und GenossInnen verteidigen, können Siege

9 Gesänge aus dem dritten Jahrtausend v. Chr. über die Kriege zwischen sumerischen Stadtstaaten.
10 1976 brach ein Großteil der späteren Kerngruppe der PKK ihr Studium ab und reiste in verschiedene Gebiete Nordkurdistans, um die soziokulturelle Situation zu erforschen. Dies diente der Vorbereitung für die spätere revolutionäre Organisierung. Vgl. *Gilgameschs Erben*, Münster 2018, Band 2, S. 344.

einen Wert besitzen. Mich selbst gegen den Sieg der Macht zu verteidigen halte ich für mindestens ebenso notwendig wie die Verteidigung gegen die Macht. Wenn ich Armeen besessen hätte, wäre es für mich der schwerste Kampf gewesen, mich gegen ihren Sieg zu verteidigen.

In unserer Welt liegt das Leben am Boden. Es hat seinen Sinn vollständig verloren. Es herrschen Lüge, Selbstbetrug und Hässlichkeit, und ein Schweigen über all dies. Wenn ich es seit nunmehr neun Jahren in einer Einzelzelle aushalte, hat das auch damit zu tun, dass es draußen noch schlimmer ist als im Kerker von İmralı.

Meine Verteidigung, deren erster Band sich gegen den Prozess der Zivilisation als Hauptstrom richtete, wird mit der Analyse des kapitalistischen Hegemoniestrebens weiter in die Tiefe gehen. Es gibt eine Reihe von Anzeichen, dass das System an sein Ende gelangt, und wirklich weise Menschen sind derselben Überzeugung. Das eigentliche Problem ist, welche tragfähigen, freiheitlichen, demokratischen und egalitären Auswege aus dem Chaos in der Gesellschaft Fuß fassen werden.

In einer Zeit, da selbst das kapitalistische System versucht, sich vor sich selbst zu retten, ist es verständlich, dass wir beim Aufbau der Gesellschaftlichkeit besonders sorgfältig vorgehen müssen. Die Sozialismen aus zweihundert Jahren wurden vom Kapital assimiliert. Ihre Kämpferinnen und Kämpfer besaßen große Menschheitsideale und verdienen, dass wir ihrem Andenken treu bleiben. Also müssen wir alles dafür tun, verhängnisvolle Fehler zu vermeiden, um nicht ein ähnliches Schicksal heraufzubeschwören. Und mehr als das: wir dürfen nicht so tun, als hätten Sokrates, Buddha und Zarathustra ihr letztes Wort gesprochen und schwiegen nun. Wenn wir die Umsetzung ihrer Ideen nicht für aktuell halten, dann haben wir von der Philosophie der Freiheit nichts verstanden. Wenn wir auf den Schmerz und das Ächzen der Menschheit nicht reagieren, wenn wir den Raubbau an der Natur nicht stoppen, wenn wir keine Antwort auf den Verrat an der Liebe finden – von welchem Leben reden wir dann überhaupt?

Auf die Frage nach der Wissenschaftlichkeit meiner Verteidigung, antworte ich mit der Gegenfrage: welche Wissenschaftlichkeit?

Wenn Wissenschaft im Grunde »Erkenne dich selbst!« bedeutet, so bringt uns entgegen der landläufigen Meinung nichts mehr davon ab als der Positivismus, den sich das System als offizielle Ideologie zugelegt hat. Religion und Metaphysik, die der Positivismus ja so sehr kritisiert, stehen der Wissenschaft vielleicht vergleichsweise viel näher. Das gilt natürlich zunächst für die Humanwissenschaft. Wenn wir uns jedoch die als

Naturwissenschaften bezeichneten Disziplinen genau ansehen, können auch diese in letzter Konsequenz als Humanwissenschaften gelten. Vielleicht ist die seichteste Metaphysik und Religion der Positivismus selbst. Auf keiner Stufe ihrer Geschichte wurde die Menschheit derart grausam entfesselt wie gleichzeitig stramm gefesselt. Nie zuvor wurden Natur und Gesellschaft so mit Herrschaft überzogen. All dies wurde erst durch die positivistische Religion und Metaphysik möglich.

Solange das »Erkenne dich selbst!« nicht gewährleistet ist, wird keine wissenschaftliche Anstrengung umhinkommen, in dogmatischen Religionen und Philosophien zu enden. Mit »Erkenne dich selbst!« meine ich kein anthropozentrisches Denken. Es geht mir darum, dass Kosmos und Chaos nur durch Innenschau, durch unsere Intuitionen begreifbar sind, die tiefgehende Erfahrungen nicht ausschließen. An geeigneter Stelle werde ich zeigen, dass Wissenschaft auf der Grundlage der Dichotomie von Subjekt und Objekt die Legitimierung von Sklaverei bedeutet. Ich werde weiterhin zeigen, dass auch Subjektivismus durch Überschätzung oder Unterschätzung des Selbst auf das Gleiche hinausläuft. In gleicher Weise werde ich darstellen, wie wissenschaftliche Objektivität einer entsetzlichen Parteinahme für Kapitalismus und Hegemonie gleichkommt.

Unsere Philosophie begreift das Leben als ein Ganzes und lädt alles mit Bedeutung auf: von der Ahnung des Sinnes in den Augen eines Pferdes bis zum Versuch, den Sinn in einer Vogelstimme herauszufinden, vom großen Respekt vor weisen Alten bis zum Versuch, auf die Neugier im Blick eines scheuen Mädchens eine Antwort zu geben. Sie geht von einer Wissenschaft aus, welche die Gründe für die massive Ignoranz bei der Produktion von Kindern als Folge einer Auffassung von Sexualität, die schlimmer als ein Genozid ist, beim Menschen und bei dem hegemonialen System analysiert. Diese Wissenschaft versucht, alle Stufen der Evolution im Selbst zu verstehen.

Der Kapitalismus hat die Wissenschaft nicht entwickelt, sondern ausgenutzt. Der Gebrauch der Wissenschaft im Dienste der Herrschaft zur Erzielung von Profit führt nicht nur zu den schlimmsten moralischen Missständen, sondern macht Hiroshima zu etwas Universalem: Er setzt dem sinnvollen Leben ein Ende. Bedeutet mediales Leben und Simulation den Sieg der Wissenschaft, oder bedeuten sie den Verlust von Sinn? Ich rede hier nicht von Technologie und wissenschaftlichen Entdeckungen; mir geht es um die Aussage, dass der Positivismus als szientistische Religion keine Wissenschaft ist.

Ohne Befreiung von der Herrschaft der positivistischen Wissenschaftlichkeit können wir uns von keiner Herrschaft der Macht befreien, besonders nicht von der des Nationalstaats. Der Positivismus ist die wahre Götzenreligion unserer Zeit.

Letztlich nagte an mir, ähnlich wie an Descartes, ständig die Krankheit des Zweifels. Ich begann, keinen Wert anzuerkennen, an den ich hätte glauben oder mich binden können. Dies rührte von meinem tragischen Verlust der alten Kultur her und von meiner Furcht, die vor mir wie ein Riese – ein Leviathan – aufragende demokratische Moderne, nicht erreichen zu können. Nur mit Mühe konnte ich an mich selbst glauben, mich auf den Beinen halten. Zweifellos war das eine merkwürdige Situation. In solchen Fällen kennen die Gesellschaften Wege, die Herzen und Hirne ihrer Mitglieder zu binden. Eine weitere Merkwürdigkeit war jedoch, dass ich nicht an die Existenz einer Gesellschaft glaubte. Unter diesen Bedingungen verlor ich meinen Glauben an Familie und Dorf. Mein Universitätsstudium, meine revolutionäre Haltung, davor meine Religiosität – all das diente immer dazu, dass meine Freunde es sehen sollten. Dabei war ich auch sicher kein Nihilist. Es gab nichts, was ich mit ganzem Herzen verstand, sodass ich radikal danach hätte handeln können. Komischerweise hielt mich meine Umgebung, vor allem meine Lehrer, für intelligent und überzeugt. Ich dagegen war sicher, dass ich halb verrückt, halb normal war. Im Rückblick stelle ich jedoch fest, dass diese lange Zeit gar nicht so unnütz war. Bruch und fehlende Bindung bedeuten auch, auf der Suche nach der Wirklichkeit mit einem reinen Tisch zu beginnen.

Diese Besonderheit meiner Persönlichkeit trug dazu bei, dass ich die strukturelle Krise des hegemonialen Systems besser erkennen konnte. Ich erwarb die Fähigkeit, die Geschichte zu interpretieren. Eine chaotische Situation nicht zu fürchten, sondern ihr einen Sinn zuzuschreiben, erwies sich als ideal dafür, einen Ausweg zu finden. Die Erkenntnis, dass dogmatische Überzeugungen, der Glaube an gradlinigen Fortschritt, wissenschaftliche Gewissheiten und starre Gesetzmäßigkeiten derselben herrschenden Mentalität entsprangen, beruhigte mich zutiefst. Die Dimensionen erahnen zu können, welche die Funktionsweise der Natur im Menschen erreicht hat, führte zu einer wahren Explosion des Bewusstseins. Sobald ich die Selbstentfremdung überwand, die der Angst und dem Zweifel zugrunde lagen, entwickelte ich eine Auffassungsgabe und Interpretationsfähigkeit, die mir das nötige Bewusstsein und den nötigen Mut gaben, mit jeder Situation fertig zu werden.

Auch ohne tiefe Forschungen und ohne Rückgriff auf konjunkturelle Phasen war ich in der Lage, den Kapitalismus selbst als ein Krisenregime einzuschätzen. Die kapitalistische Stufe der Zivilisation auf der Grundlage von Stadt, Klasse und Staat war keinesfalls die höchste Stufe der menschlichen Vernunft. Ganz im Gegenteil war sie die Stufe, auf der die traditionelle Vernunft, auf der sie beruhte, verbraucht war und die Vernunft der Freiheit in all ihrem Reichtum zum Vorschein kam. In diesem Sinne können wir das Zeitalter der kapitalistischen Moderne als Zeitalter der Hoffnung interpretieren.

Erster Teil

Faktoren der Entstehung des Kapitalismus – Der Einbrecher im Haus[11]

11 Der gesamte erste Teil stützt sich stark auf Fernand Braudels dreibändige *Sozialgeschichte des 15.-18. Jahrhunderts*, München 1985–86, insbesondere den zweiten Band. Braudel verwendet das Modell eines Hauses: Das Fundament bildet das materielle Leben »im Sinne des allerelementarsten Wirtschaftens« (2:21). Das darüber liegende Geschoss nennt er »Marktwirtschaft« und das oberste »Kapitalismus« oder »*wahren* Kapitalismus«, den er als »Gegen-Markt« (2:246) beschreibt. Eine sehr gute Kurzeinführung in Braudels Modell bietet der schmale Band *Die Dynamik des Kapitalismus*, Stuttgart 1991. Eine noch kürzere Einführung von Immanuel Wallerstein findet sich unter http://ocalanbooks.com/downloads/DE-Wallerstein-Braudel-überden-Kapitalismus.pdf .

Es kann zum besseren Verständnis des Kapitalismus beitragen, ihn als diejenige Religion zu interpretieren, über die am meisten geredet und die am meisten praktiziert wird. Europa war der Ort, an dem der Kapitalismus seinen Sieg errang. Vertreter einer Europa eigenen Mentalität versäumten nicht, durch dieses ausgedehnte Reden und Handeln die existenzielle Realität des Kapitalismus zu mystifizieren, wie es bei jeder Religion zu beobachten ist. Das schließt auch die Christen, Sozialisten und Anarchisten ein, die sich am schärfsten gegen den Kapitalismus positionierten. Eurozentristisches Denken und eurozentristische Vernunft sind eine eigene Denkschule, die seit dem sechzehnten Jahrhundert in einen Prozess der Hegemonie als Weltsystem begonnen hat. Meiner Meinung nach hat diese Schule sich erfolgreicher als die sumerischen Priester, die göttliche Systeme errichteten, darauf spezialisiert, die gesellschaftliche Wirklichkeit zu mystifizieren. Eine wesentliche Rolle für das westeuropäische Denk- und Vernunftsystem spielt die ›wissenschaftliche Methode‹.

Ich rede nicht von der Wissenschaft als Erkenntnis über die Natur, einschließlich des Menschen. Die Wissenschaft als gemeinsamer Schatz der Menschheit ist so anonym, dass sie keinem Individuum, keiner Gemeinschaft, Institution oder Nation zugerechnet werden kann. Wenn wir unbedingt von einer göttlichen Heiligkeit sprechen müssen, dann sollte diese Auszeichnung in diesem Sinne an die Wissenschaft gehen. Doch die ›wissenschaftliche Methode‹ besitzt in der europäischen Terminologie einen ganz anderen Stellenwert. Sie ist der Prototyp des modernen Diktators (und aller Formen des totalitären und autoritären Diktats), oder besser: Sie ist sein Samen, der in die Gebärmutter gelangt. Der Begriff ›Methode‹ bedeutet Weg oder Art und Weise. Wenn die Methode auch zunächst positive Wirkung entfalten und zu Erkenntnissen beitragen mag, so führt doch ein langfristiges Festhalten an ihr zu einer Diktatur des Denkens. Ein Beharren auf der Methode im Namen der Wissenschaft kann zur gefährlichsten Diktatur führen. Dass der nationalistische Etatismus der Deutschen, die als schärfste Verteidiger der wissenschaftlichen Methode auftraten, den Faschismus gebar, bestätigt diese Einschätzung.

Zweifellos fand in Westeuropa eine geistige Revolution statt. Aber die Interpretation, dass es diese Revolution war, die zum Eurozentrismus geführt hat, ist falsch. Außerdem übernahm diese Revolution alle ihre Prämissen von geistigen Entwicklungen außerhalb Europas.

Max Weber hatte großen Anteil daran, die kapitalistische Entwicklung auf den europäischen Rationalismus zurückzuführen. Er versuchte, diese These in seinem Werk »Die protestantische Ethik und der Geist des Kapitalismus« zu etablieren. Zwar ist die Rationalität einer der entscheidenden Faktoren für die Entstehung des Kapitalismus, doch lässt sich dieses Phänomen nicht allein durch eine Reduktion auf Rationalität und Recht erklären.

In der marxistischen Soziologie wird der Sieg des Kapitalismus als System auf die wirtschaftliche Produktivität zurückgeführt. Demnach war der Kapitalismus produktiver als alle vorherigen Produktionsweisen, vergrößerte den Mehrwert und schaffte es, ihn in Kapital zu verwandeln. Dies habe zu seinem Sieg geführt. Dass der Marxismus Faktoren wie Geschichte, Politik, Ideologie, Recht, Geografie, Zivilisation und Kultur zu wenig Platz einräumt, kann als sein grundlegender Mangel gelten. Der Marxismus hat nicht verhindern können, zu einer Denkschule zu werden, die leicht einen ökonomischen Reduktionismus verfallen konnte. Der analytische Wert von sozioökonomischen Erklärungen lässt sich natürlich nicht leugnen. Doch wenn deren Position im Verhältnis zu anderen wesentlichen Faktoren nicht ausreichend geklärt wird, besteht immer das Risiko, dass diese Erklärungen in Dogmatismus abgleiten – trotz aller wissenschaftlichen Ansprüche. Meist trat genau dies ein.

Eine Reihe von Meinungen führt die kapitalistische Entwicklung direkt auf die Herrschaft und ihre besser sichtbare rechtliche Form, den modernen Staat, zurück. Innerhalb eines gesellschaftlichen Ganzen reichen die Wurzeln von Machthierarchien sehr weit zurück. Ihre Rolle bei der Verwaltung des materiellen Lebens ist dafür ein wesentlicher Faktor. Doch Zwang allein ist nicht fähig, das materielle Leben, die Wirtschaft und deren Extrem, den Kapitalismus, zu gebären. Der Staat spielte als Ordnungsfaktor, Förderer und Hemmschuh stets mehrere Rollen gleichzeitig.

Dass der Kapitalismus in Nordwesteuropa seinen Sieg errang, führt uns die Wichtigkeit des geografischen Faktors, des Ortes vor Augen. Oft heißt es, Amsterdam sei die Wiege des Kapitalismus gewesen. Doch wie bei anderen Faktoren auch ist der Anteil der Geografie an der Erklärung begrenzt. Sie ohne Übertreibung zu würdigen, macht ihre Bedeutung klarer.

Die Stärke von Interpretationen basierend auf zivilisatorischen und kulturellen Faktoren steht außer Frage. Der Kapitalismus fällt im Grunde mit der Stufe des Verfalls der zivilisatorischen Entwicklung zusammen. Dies ist die These, die ich schwerpunktmäßig verfolgen möchte. Der Ort, an dem der Hauptstrom der Zivilisation sich in den Ozean ergießt (symbolhaft der Atlantik vor der Küste Amsterdams), ist auch das Ende dieses Systems. Zweifellos ist das System über den Ozean geschwappt; es gelang ihm, unter einer neuen Hegemonie des Nationalstaats USA die Globalisierung auf die Spitze zu treiben. Doch zeigen die extreme Mediatisierung des Lebens und seine Charakteristik als Simulakrum, die Vorherrschaft von Gesellschaft des Spektakels und Konsumgesellschaft, die Befeuerung von Sehnsüchten statt ihrer Befriedigung, das Einsickern der Macht in alle Kapillaren der Gesellschaft und Äußerungen über das Ende der Geschichte von seinen eigenen Ideologen deutlich *den* chaotischen Charakter des Systems.

Eine Wirklichkeit ohne Geschichte, ohne Zeit, ist nicht denkbar. Entwicklung, Evolution, Diversität, das Entstehen von Unterschiedlichkeiten werden erst durch Geschichte möglich. Ein letztgültiges Wort lässt sich nur auf eine Weise sprechen: Keine Form besitzt das Privileg der Ewigkeit. Begriffe wie ›Ewigkeit‹, ›bis zum jüngsten Tag‹, ›der letzte Prophet‹, ›unabänderliches Gesetz‹, ›Kontinuität‹ oder ›nie endender Fortschritt‹ waren für die Gestaltung von Gesellschaften effektiv. Zur Entstehung derartiger Begriffe trugen verschiedene Faktoren bei, wie die dogmatische Erstarrung von Denken und Glauben, die Bestrebungen der herrschenden Mächte, durch sie ihre Macht zu festigen, und der Versuch privilegierter Kreise, ihre Beute dauerhaft zu sichern. Die Behauptung, der Liberalismus als zentrale Ideologie des Kapitalismus sei das letzte Wort der Geschichte, ist die modernistische Wiederholung dieses alten Spiels.

Eine Definition des Kapitalismus darf ihn nicht beschreiben, als sei er ein zu einer bestimmten Zeit in einem einzigen Zentrum geschaffenes Denken und Handeln, das seither unveränderlich ist. Unter Kapitalismus sollten wir im Grunde eine Handlungsweise verstehen, die entstand, als das Potenzial zum Mehrprodukt gesellschaftlich möglich wurde. Opportunistische Personen und Gruppen nisteten sich in gesellschaftlichen Nischen ein und beanspruchten parasitisch das Mehrprodukt für sich. Dies wurde dann systematisiert. Ihre Anteil an der Gesellschaft überstieg niemals ein oder zwei Prozent. Ihre Stärke beziehen sie aus ihrem Opportunismus und ihrer Organisiertheit. Ihre Erfolge erzielen sie aber nicht nur durch ihre bessere Organisierung, sondern in einer zunehmend gespaltenen Gesellschaft auch durch die Kontrolle über die Objekte des Bedarfs sowie Preismanipulationen am Schnittpunkt von Angebot und Nachfrage. Wenn die offiziellen gesellschaftlichen Kräfte diese Wucherer nicht in die Schranken weisen, sondern sich stattdessen bei ihnen verschulden, sie im Gegenzug als Steuerpächter ständig privilegieren, können diese Gruppen, die an den Rändern jeder Gesellschaftsform existieren, sich als die neuen Herren der Gesellschaft legitimieren. In der gesamten Geschichte der Zivilisation, insbesondere in mittelöstlichen Gesellschaften, haben diese marginalen Gruppen von Maklern und Wucherern immer existiert. Doch aufgrund der Verachtung der Gesellschaft ihnen gegenüber konnten sie niemals den Mut aufbringen, aus ihren Nischen heraus und ins Tageslicht zu treten. Niemand, nicht einmal die despotischste Regierung, wagte es, diese Gruppen zu legitimieren. Sie wurden nicht nur verachtet, sondern als höchst gefährliche, korrumpierende Kraft angesehen; moralisch galten sie als Wurzel allen Übels.

Dass in den letzten vierhundert Jahren von Westeuropa mehr Kriege, Plünderungen, Massaker, Ausbeutung und Naturzerstörung ausgingen als jemals irgendwo zuvor in der Menschheitsgeschichte, hängt mit dem hegemonialen System zusammen. Zweifellos fanden an derselben Stelle auch die größten Kämpfe dagegen statt. Daher können wir diesen Zeitraum nicht als für die Menschheit völlig verloren verurteilen.

Ich versuche in meinen Schriften, die Errungenschaften des Westens für die Menschheit mit den alten positiven Werten des Ostens zu synthetisieren, um so einem sinnvollen Aufbruch einen Lichtstrahl anzubieten.

A Rationalismus

Bei der Geburt des Kapitalismus wird dem Faktor des Rationalismus eine wesentliche Rolle zugebilligt. Wir werden Zeugen einer Denkkategorie namens ›westliches Denken‹. Rationalismus wird als etwas präsentiert, dass irgendwie eine Besonderheit der westlichen Gesellschaftsform sein soll. Diese Annahme enthält das Werturteil, alle anderen Gesellschaften hätten in ihrer Geschichte zu wenig Vernunft abbekommen. Es heißt, der Westen habe seine Vernunft gebraucht und so die Wissenschaft geschaffen; als die Wissenschaft dann ihre Stärke bewies, tendierte das System unausweichlich zur Hegemonie. Die Ernsthaftigkeit dieser Behauptung wird durch die Tatsache unterstrichen, dass wir heute tatsächlich von einem kompletten hegemonialen System umzingelt sind, das dieser Rationalität entsprungen ist. Um jedoch die Art der Vernunft dieses Systems, das sich nur noch durch eine Politik des nuklearen Terrors auf den Beinen hält, definieren zu können, müssen wir zunächst die Vernunft selbst und damit die Besonderheiten definieren, die den Menschen als biologische Spezies ausmachen.

Wir können uns dem Problem aus zwei Richtungen nähern: von der biologischen Spezies und von der gesellschaftlichen Entwicklung her. Wir wollen eine Definition versuchen, in der sich beide überschneiden und ergänzen.

1. Geist und Mensch

Wir können vom Geist der Spezies Mensch sprechen. Wir müssen dann fragen, welche Bedeutung die Vernunft im System der Lebewesen oder gar auf der Mikro- und Makroebene besitzen kann. Um gedankliche Vorstellungen von subatomaren Teilchen, ihrer Vielfalt, ihrer Besonderheiten und auch eine Entwicklung erklären zu können, müssen wir zwangsläufig von einer Art Vernunft sprechen. Teilchen und Wellen, die sich auf unvorstellbar kleinem Raum wie dem Inneren eines Atoms mit ebenso unvorstellbarer Geschwindigkeit bewegen und sich ständig ineinander umwandeln, führen zu einer fantastisch vielfältigen Entwicklung. Sie sind die treibende Kraft aller Entwicklung im Universum. Nicht nur die subatomare Welt, auch die Vielfalt der physikalischen und biologischen Welt rührt daher. Achtung: Wir bewegen uns hier an der Grenze zur Metaphysik.

Ähnliche Überlegungen können wir über das Makro-Universum anstellen. Das Universum ist eine Existenz aus Existenzen grundlegender Kategorien wie belebt-unbelebt, endlich-unendlich, ähnlich-unterschiedlich, Materie-Energie und Anziehung-Abstoßung, also ein Ganzes. Subatomar und makrokosmisch sind das grundlegende dialektische Gegensatzpaare des gleichen Ganzen. Zeit und Raum stellen sich als Einheit von Tiefe und Breite dar. Die Frage, warum das Universum existiert, erscheint metaphysisch, doch sie ist keineswegs unangebracht. Vergessen wir nicht: Es sind Menschen, die diese Frage stellen, also gesellschaftliche Wesen. Die Phänomenologie akzeptiert keine Existenz außerhalb der wahrgenommenen. Wir sind das, was wir wahrnehmen, fühlen oder gar denken. Die Metaphysik hingegen ist nichts anderes als die Summe dessen, was sich in Gefühlen und Gedanken widerspiegelt. Ich bin mir der verführerischen Eigenschaften des Gegensatzpaars Positivismus-Metaphysik bewusst und möchte unterstreichen, dass seine Überwindung notwendig ist. Es erscheint nicht möglich, mit diesen Dualismen das Universum zu verstehen. Die Trennung von Geist und Körper ist die philosophische, ja religiöse Verirrung, die am meisten zur Negation des Lebens geführt hat. Tatsächlich hat das Universum kein solches Problem.

Selbst in der Organisierung des primitivsten Lebewesens finden wir Elemente einer fantastischen Intelligenz. Ihr erstes Merkmal ist, dass sie sich innerhalb weniger Augenblicke teilt und somit den Weg hin zur Unendlichkeit einschlägt. Das allererste Lebewesen, das sich hervorgebracht hat, ist keineswegs im Nichts verschwunden. Der Widerstand, den dieses Lebewesen zur Durchsetzung der eigenen Existenz geleistet hat, löste eine Entwicklung aus, die letztlich bis zum Intelligenz-Potenzial der menschlichen *Spezies* geführt hat. Wie konnte das Lebendigkeits-Potenzial dieses einzelligen Lebewesens sich ausdifferenzieren und bis zu einem Lebewesen wie dem Menschen reichen, das eine fantastische Intelligenz besitzt? Und nicht nur für lebendige Zellen, auch für die kleinsten Mikrokosmen sind Vermehrung und dafür Ernährung aus der Umgebung und ausreichender Schutz fundamental. Subatomare Teilchen können ihre Probleme von Vermehrung, Ernährung und Selbsterhaltung vielleicht nur auf der Ebene des Mikrokosmos lösen. Sie stoßen an die Grenzen endloser Vermehrung, Ernährung und Sicherheit. Hier finden wir vielleicht schon eine Antwort auf unserer Suche nach der universalen Intelligenz. Betrachten wir also dieses Universum nicht als etwas außerhalb von uns selbst. Überall in uns und um uns herum befinden sich Mikrokosmen. Unser Streben nach Fortpflanzung, Nahrung und Schutz ist vielleicht ein vereinter Ausdruck dieser Welt, dieses Mikrokosmos. Vielleicht besitzt der Makrokosmos dieselbe Daseinsform? An die Grenzen von Raum und Zeit zu gehen, bis zur Grenze der Unendlichkeit zu wachsen und eine selbstbewusste Intelligenz gehören definitiv zu seinen Merkmalen. Möglicherweise spiegelt sich auch der Makrokosmos in der menschlichen Intelligenz wider.

Mir ist klar, dass ich hier extrem spekuliere. Doch es ist auch klar, dass wir das Potential an Intelligenz beim Menschen nicht als etwas interpretieren können, dass einfach so vom Himmel gefallen ist. Wäre denn eine vom Dasein, von der Evolution abstrahierte Intelligenz vorstellbar? Wie realistisch erscheint es, die Intelligenz als eine nur dem Menschen eigene Besonderheit zu denken? Selbst der Tod erscheint für das Verständnis des Lebens und damit des Daseins notwendig. Wir können uns vorstellen, dass wir das Leben nicht bemerken könnten, wenn es keinen Tod gäbe. Ohne Veränderung endlos zu leben, würde im Grunde bedeuten, *nicht* zu leben. Denn eine Umgebung, in der es nichts zu bemerken gibt, ist eine Umgebung, in der es nichts gibt. Somit erscheint der Tod eigentlich als unausweichlich für die Verwirklichung des Lebens. Wenn wir ihn also wie einen Segen betrachten müssen, warum fürchten wir uns vor dem Tod, als sei er das Ende des Lebens? Anstatt den Tod zu fürchten, erscheint es mir angemessener, uns ins Universum einzubringen, indem wir das Leben verstehen, das er ermöglicht, und daraus Schlüsse zu ziehen. So, wie der Tod unausweichlich ist, ist auch das Leben unausweichlich. Besser ausgedrückt: Es erscheint als der einzige Zweck des Lebens, das Geheimnis des Universums in der Auflösung dieses Gegensatzpaars zu finden.

Was also geschieht, wenn dieser Gegensatz aufgelöst wird und die höchste Stufe des Verstehens des Lebens erreicht wird? Diese Frage erscheint mir gleichzeitig unangebracht und doch sehr notwendig. Eine Situation vollendeten Wissens, wie das Lösen des Geheimnisses des Universums, können wir als endgültigen Sieg des Lebens bezeichnen. Wir können das Paradies der heiligen Schriften, das Nirvana des Buddhismus und den Zustand der vollständigen Ekstase im Sufismus als die Heiligung und endlose Feier des Lebens interpretieren.

Manche westlichen Denker zeichnen, gestützt auf den Stand der Beobachtungen, eine Kosmogonie, in der nichts irgendeinen Sinn hat, in der das Leben durch reinen Zufall und nur auf unserem Planeten entstand und zusammen mit allem anderen mit dem Ende des Sonnensystems untergehen wird. Das ähnelt der Vorstellung von der Hölle. Es gibt tatsächlich Argumente, die dieses Konstrukt stützen. Doch ist dieses Konstrukt für den Anspruch auf die Lösung der Frage nach dem Leben äußerst unfruchtbar.

Wir kennen weder das Universum ganz, noch die volle Bedeutung des Lebens. Wenig spricht für derartige Konstrukte. Selbst unsere Welt erlaubt kein Leben, für das es kein geeignetes Umfeld gibt. Sie ist jedoch lebendig und gerecht genug, jedem Lebewesen gemäß seiner Möglichkeiten ein Lebensumfeld zu bieten, wenn die Zeit dafür gekommen ist.

Es ist wichtig, die Entstehungsgeschichte der menschlichen Spezies nicht anthropozentristisch darzustellen. Genauso wäre es aber eine große Respektlosigkeit gegenüber dem Lauf des Universums, sie zu banalisieren. Der Positivismus, der das Phänomen Mensch vom gesamten Universum abstrahiert erklärt, ist die schlechteste aller Metaphysiken. Ich bin überzeugt, dass dir dem Leben sinnvoll und mit Respekt begegnen, wenn wir den Zusammenhang zwischen dem Positivismus als vulgärstem Materialismus und dem Kapitalismus darstellen.

Zusammenfassend scheint es, dass wir die Chance haben, das Universum am besten durch die Spezies Mensch zu begreifen. Dieses Potenzial zu erkennen, ist das Eine, eine ganz andere Stufe ist es, es zu verwirklichen. Das östliche Denken, das auf dem Sprichwort »Was immer existiert, existiert im Menschen«[12] beruht, scheint diese Tatsache begriffen zu haben. Ich muss nochmals betonen, dass ein Denken, das zur Egozentrik und zum Anthropozentrismus neigt, die gesamte belebte und unbelebte Natur im Dienst des Menschen sieht. Offenbar führt diese Auffassung, die die philosophische Basis für das hierarchische, autoritäre und totalitäre Machtverständnis liefert, zu einer spekulativen Vernunft, die vom Leben maximal weit entfernt ist. Richtiger: Sie ist das Produkt dieser Vernunft. Manche ökologischen Philosophien, die den Menschen als Katastrophe für die gesamte Natur betrachten, scheinen das Gegenteil zu vertreten, laufen aber auf dasselbe hinaus. Die Entstehung der menschlichen Spezies als Katastrophe für die Natur zu betrachten, ist Produkt einer äußerst beschränkten Philosophie, die nur eine sehr dünne Verbindung zum Leben besitzt. Einer Evolution, die bis zum Menschen reicht, nicht den angemessenen Wert zuzubilligen, hängt mit Systemen zusammen, die entweder wenig mit dem Leben zu tun haben oder auf der Grundlage extremer Ausbeutung konstruiert worden sind.

---

12 Der Autor bezieht sich vermutlich auf einen überlieferten Ausspruch des Sufi-Mystikers Hadschi Bektasch, der diese Philosophie zum Ausdruck bringt: »Was immer du suchst, such es in dir selbst. / Es ist nicht in Jerusalem, nicht in Mekka, nicht auf der Pilgerfahrt.«

Eine Evolution, die bis zum Menschen reicht, stellt uns vor ernste moralische Probleme. Doch bevor wir uns diesen zuwenden, sollten wir den Zusammenhang zwischen Vernunft und Gesellschaft definieren.

2. Vernunft und Gesellschaft

Je mehr die menschliche Spezies das eigene Intelligenzpotenzial vergesellschaftet, desto mehr bringt sie dieses Potenzial zum Vorschein. Noch wichtiger ist, dass die biologische Struktur des Menschen Gesellschaftlichkeit erzwingt. Kein anderes Lebewesen ist derart auf Gesellschaftlichkeit angewiesen wie der Mensch. Für ein menschliches Kind endet die Kindheit erst nach einer Zeitspanne von fünfzehn Jahren, während der es nicht ohne Gesellschaft leben kann. Bei der Geburt ist das menschliche Kind sehr schwach. Alle Tierjungen können innerhalb kürzerer Zeit überleben, meist innerhalb von Tagen oder noch früher. Menschliche Gesellschaftlichkeit ist viel komplizierter und erfordert ein tiefgehendes Verständnis. Eine menschliche Spezies, die ihre Gesellschaftlichkeit einbüßt, müsste sich entweder zu einer affenähnlichen Art zurückentwickeln oder aussterben. Alle Lebewesen als jeweilige Art und als Gesamtheit aller Arten verspüren das Bedürfnis nach einer spezifischen Form des Zusammenlebens. Die Gesellschaft als Besonderheit der menschlichen Spezies jedoch besitzt ontologisch eine weit über das bloße Zusammenleben hinausgehende Qualität.

Die Gesellschaft als ›zweite Natur‹ begrifflich zu fassen, drückt einen tiefer greifenden Ansatz aus. Gesellschaftlichkeit bedeutet, dass die Intelligenz aufhört, nur potenziell zu sein, und in den Prozess ihrer Aktivierung eintritt. Gemeinschaft erfordert ständige gedankliche Entwicklung. Gesellschaftliche Entwicklung ist im Grunde gedankliche Entwicklung und wird erst durch diese möglich. Ernährung, Vermehrung und Sicherheit entwickeln sich zusammen mit einer zunehmenden Gesellschaftlichkeit weiter. Klarer ausgedrückt: Ernährung, Vermehrung und Sicherheit, die allen Lebewesen zueigen sind, stellen einen Ausdruck von Intelligenz und die starre, instinktive Form des Lernens dar. Handlungen von Lebewesen sind Handlungen des Lernens. Verallgemeinert können wir sagen, dass die gesamte Entwicklung des Universums an Intelligenz und Lernen erinnert. Die Gesellschaft als zweite Natur ist in gewisser Weise eine höhere Stufe, ein Widerschein der ersten Natur.

Ich bin der Überzeugung, dass in einem Denken und Handeln, das die erste Natur bevorzugt, ohne die Gesellschaftlichkeit als zweite Natur zu zu berücksichtigen, eine riskante Verirrung liegt. Wenn der Mensch nun einmal ein Produkt der zweiten Natur ist, so müssen wir zunächst diese Natur zu begreifen versuchen, um den Menschen verstehen zu können. Daher bin ich nicht davon überzeugt, dass eine Wissenschaft der ersten Natur objektiv sein und unabhängig von der zweiten Natur betrieben werden kann. Diese Vorstellung erscheint mir immer wie eine Verirrung. Ich denke, dass Physik, Chemie und sogar Biologie nicht unabhängig von der zweiten Natur und den Humanwissenschaften sein sollten. Ich bin mir im klaren, dass ich das Revier der religiösen Gesetzgebung streife. Doch im Grunde geht es ja darum, aufzuklären, ob die Aufspaltung in Subjekt und Objekt sinnvoll ist, wo doch alle Gesetze, die die erste Natur betreffen, durch den Menschen mithilfe der zweiten Natur ausgesprochen werden. Wie sehr können wir zwischen den Wissenden und dem Gewussten differenzieren? Die noch brennendere Frage ist jedoch: Ist die dichotomische Gegenüberstellung von Wissenden und Gewusstem nicht die grundlegendste Verirrung? Die erste und die zweite Natur als Objekt und Subjekt zu positionieren, erscheint mir als die Grundlage sämtlicher den Menschen eigenen Fehlentwicklungen und aller gesellschaftlichen Vorgänge, unter denen wir leiden. Dieses logische System hält im Kapitalismus die gesamte Gesellschaft in Gefangenschaft und Ausbeutung. Noch schlimmer, es schreckt auch nicht davor zurück, dieselbe Logik von Repression und Ausbeutung auf die Elemente der ersten Natur auszudehnen.

Die Gesellschaftlichkeit, die als Lösung für die tragische Situation der menschlichen Spezies auftritt, wird auf bestimmten Stufen der Entwicklung sowohl innerhalb der Gesellschaft als auch für die natürliche Umwelt zum Problem. Mit dem Hinweis, dass wir andere Faktoren, vor allem die Wirtschaft, später zu definieren versuchen werden, wollen wir zunächst die Entwicklungen in der geistigen Dimension interpretieren.

Eine wichtige Feststellung ist, dass das Denken, das am Ende der biologischen Evolution das Niveau des menschlichen Gehirns erreichte, durch die gesellschaftliche Evolution sowohl aktiviert als auch ausdifferenziert wurde. Ich hatte bereits erwähnt, dass die Gesellschaftlichkeit ein Denken ermöglicht, das aus dem Schlaf erwacht und ständig arbeitet. Dass das Denken ständig arbeitet, führt wegen der Evolution wiederum zu einer Weiterentwicklung des Gehirns. Auch wenn es viel Zeit benötigt, ist das aktive gesellschaftliche Leben der Hauptfaktor, der das Denken voranbringt. Erklärungen durch individuelle Genies erscheinen mir nicht sehr überzeugend. Jede Intelligenz beruht auf spezifischen gesellschaftlichen Situation.

Aus dem gegenwärtigen anthropologischen Wissen können wir ableiten, dass während der längsten Zeit des gesellschaftlichen Lebens Jagen und Sammeln praktiziert wurden und die Menschen in einer Zeichensprache kommunizierten, die der verwandter Arten ähnelt. Auf dieser Stufe können wir nicht von einem ernsthaften Problem sprechen, das von der Gesellschaftlichkeit herrührte. Noch herrschte die natürliche Evolution und stellte ein Gleichgewicht in der Gesellschaft sicher. Das Niveau der Intelligenz war emotional; besser gesagt: Der emotionale Charakter der Intelligenz war der vorherrschende. Wesentliche Eigenschaft der emotionalen Intelligenz ist die Funktion durch Reflexe. Auch Triebe gehören zur emotionalen Intelligenz. Dies ist die älteste Art der Intelligenz, sie reicht bis zur ersten lebenden Zelle zurück. Sie funktioniert durch eine sofortige Reaktion auf einen Reiz, geradezu automatisch. Auf diese Weise erfüllt sie am effektivsten die Funktion des Schutzes. Das können wir selbst bei Pflanzen beobachten. Ihre am weitesten entwickelte Form findet sie bei der menschlichen Spezies. Kein Wesen besitzt eine solche Intelligenz, die auf fünf Sinnen und der Koordination zwischen ihnen basiert. Zweifellos sind Sinne wie Hören, Sehen und Geschmack bei vielen Lebewesen besser ausgeprägt als beim Menschen. Doch die menschliche Spezies sticht durch fünf Sinne und ihre perfekte Koordination heraus.

Die wichtigste Eigenschaft der emotionalen Intelligenz ist ihre Verbindung zum Leben. Der Schutz des Lebens ist ihre Hauptfunktion. Diese ist hoch entwickelt und sollte niemals unterschätzt werden. Sie arbeitet fehlerlos in dem Sinne, dass auf Reize unmittelbar eine Reaktion erfolgt. Fehlt diese Intelligenz, gerät das Leben in höchste Gefahr. Respekt und Wertschätzung für das Leben hängen mit dem Niveau der emotionalen Intelligenz zusammen. Die Natur achtet auf ihr Gleichgewicht. Wir können auch von einer Intelligenz sprechen, die das natürliche Leben ermöglicht. Unsere gesamte Gefühlswelt schulden wir dieser Form der Intelligenz.

Die allseitige Entwicklung der emotionalen Intelligenz bei der menschlichen Spezies verbessert die Möglichkeit, Verbindungen zwischen den Sinnen herzustellen. Alle Sinne wie Hören, Sehen und Geschmack, rufen untereinander Assoziationen hervor und fördern so intelligente Handlungen. Menschliche Gemeinschaften kamen lange mit Zeichensprache aus, bevor sie in Zusammenhang mit der Entwicklung der physiologischen Bedingungen des Sprechens zu einer ›symbolischen‹ Sprache gelangten. Grundlage der symbolischen Sprache ist der Übergang zum abstrakten Denken durch Worte. Sich anstelle von Gesten durch Begriffe verständigen zu können, war eine der großen Revolutionen in der Geschichte der Menschheit. Damit wurde es notwendig, Dingen und Ereignissen, die zur Befriedigung der Grundbedürfnisse der Menschen dienen, Namen zu geben. Die Namensgebung bedeutete das Erreichen einer großen Stufe. Gleichzeitig wurden auch die Beziehungen zwischen verschiedenen Namen begrifflich gefasst. Die Eigenschaften der durch Namen repräsentierten Dinge und ihre Funktionen führten zu Verben und Konjunktionen. Mit dem Übergang zu einem System von Sätzen war die Sprachrevolution vollbracht.

Dies bedeutete eine neue Denkweise. Wörter im Geiste aneinanderzureihen, ermöglichte es, über Dinge und Ereignisse in deren Abwesenheit nachzudenken. Dies war der Beginn der spekulativen oder theoretischen Intelligenz. Es handelt sich um eine enorme Entwicklung: Wir sehen eine Art der Intelligenz, die sowohl äußerst nützliche als auch sehr gefährliche und schädliche Ergebnisse hervorbringen kann. Ihre wesentliche Eigenschaft ist, dass sie losgelöst von Emotionen funktioniert. Wir können sie auch als die Intelligenz definieren, die zu spekulativem oder analytischem Denken führt. Der wichtigste Vorteil der analytischen Intelligenz oder Vernunft ist, ohne große Mühe über das gesamte Universum nachdenken zu können; es ist die Fähigkeit, der Fantasie freien Lauf zu lassen. Die analytische Intelligenz errichtet eine fantastische Welt der Ideen. Die Fähigkeit, Pläne, Fallen und Komplotte zu schmieden, bildete sich aus: Durch Imitation der Natur lassen sich alle möglichen Erfindungen bewerkstelligen. Der Erwerb der Fähigkeit, das gewünschte Ziel durch List und Tücke zu erreichen, wurde zur Hauptquelle von Problemen innerhalb und außerhalb der Gesellschaft.

Das Ineinandergreifen der analytischen und der emotionalen Dimension der Intelligenz ist an sich eine großartige, dem Menschen eigene Fähigkeit. Wichtiger ist jedoch, zu welchem Zweck die analytische Intelligenz eingesetzt wird. Die Gesellschaft bemerkte diese Zweischneidigkeit bereits früh. Ihre Antwort war, die Moral als grundlegendes Organisationsprinzip zu verankern. Ohne gesellschaftliche Moral lässt sich die analytische Intelligenz nicht bändigen. Beispielsweise kann jemand im Zorn durch Verwendung von ein wenig analytischer Intelligenz jedes Lebewesen, das er nicht haben will, jede menschliche Gemeinschaft auslöschen. Die Gesellschaft wollte diese Gefahr bändigen, indem sie die Moral zum bedingungslosen Prinzip erhob. Jede Gemeinschaft machte es sich zur großen Aufgabe, ihre Mitglieder zur Moral zu erziehen. Das grundlegende Gegensatzpaar von Gut und Böse in der Moral hängt mit dieser zweifachen Funktionsweise der analytischen Intelligenz zusammen. Wenn sie auf nützliche Weise funktioniert, wird sie von der Moral des Guten belohnt; wenn sie anfängt, schädlich zu werden, wird sie als böse abgestempelt und verurteilt. Besser ausgedrückt: Böses wird in jeder Moral als etwas, das nicht sein soll, unterdrückt und bestraft – bis die Moral des Guten die Oberhand gewinnt.

Jedoch erreichte diese gesellschaftliche Lösung nie die Stärke, Böses absolut zu verhindern. In den Spalten der Gesellschaft gibt es stets solche, die listig Fallen und Komplotte aushecken. Außerdem gibt es eine sehr alte Kultur, die dabei eine wichtige Rolle spielt: die Jagd. Prinzip der Jagdkultur ist es, andere Lebewesen zu überlisten und in Fallen zu locken. Diese Kultur reicht zurück bis ins Tierreich, ja ihre Wurzeln gehen sogar bis zu den Pflanzen zurück. Diese Wurzeln sind auch die biologischen Wurzeln der analytischen Intelligenz. Die Jagdkultur, die in der menschlichen Gesellschaft anders aussieht, verbindet sich mit der entstandenen analytischen Intelligenz zu einer Synthese und gewinnt früh die Fähigkeit und die Kraft, innerhalb der Gesellschaft und gegenüber der ökologischen Umwelt eine Hierarchie aufzubauen. So begann die Katastrophe. Die Trennung in Himmel und Hölle verläuft parallel zur Fähigkeit der analytischen Intelligenz, eine gesellschaftliche Hierarchie zu errichten. Als sich in der hierarchischen Gesellschaft eine Handvoll ›starker Männer‹ über der Gesellschaft positionierte, führte dies für sie zu einem Leben, das die Vorstellung eines Paradieses beflügelte. Für die Gesellschaft unten jedoch begann der Weg in die Hölle, der immer tiefer hinabführte. Dabei blieb stets unverständlich, warum die Hölle überhaupt existierte und wo ihr Ausgangspunkt lag.

Das erste Opfer des ›starken Mannes‹ war die Frau. Wegen ihrer stärkeren Verbindung zum Leben ist bei der Frau die natürliche emotionale Intelligenz stärker entwickelt. Die Frau ist Mutter ihrer Kinder und leistet anstrengende und schmerzhafte Arbeit. Sie ist die Hauptverantwortliche für das gesellschaftliche Leben. Sie ist sich des Lebens bewusst und weiß auch besser, wie es bewahrt und erhalten wird. Sie sammelt; dies ist sowohl eine Folge der emotionalen Intelligenz als des Lernens von der Natur. Die anthropologische Forschung zeigt, dass die gesellschaftliche Akkumulation für einen langen historischen Zeitraum um die Frau herum stattfand und dass die Mutter-Frau[13] im Mittelpunkt des Wohlstandes und der Werte stand. Wir können leicht schließen, dass sie auch die Mutter – die Schöpferin – der Mehrwerte war. Es ist verständlich, dass der starke Mann, dessen wesentliche

13 Der Begriff ›Mutter-Frau‹ (*ana-kadın*) wird vom Autor häufig verwendet, aber nirgends definiert. Gemeint ist damit nicht ›die Frau, die auch Mutter ist‹, sondern eher ›Mutter *und* Frau als solche‹.

Rolle die Jagd war, diese Akkumulation im Blick hatte. Wenn es ihm gelänge, die Kontrolle über sie zu erlangen, würde ihm dies bedeutende Vorteile einbringen. Die Frau bis hin zum Sexualobjekt zu erniedrigen, zum Vater (beziehungsweise Herren) der Kinder zu werden und über all die anderen materiellen und ideellen kulturellen Errungenschaften zu verfügen regte den Appetit des Mannes mächtig an. Die organisierte Form von Stärke, die er durch die Jagd erworben hatte, gab ihm die Chance, die erste gesellschaftliche Hierarchie zu errichten. In derartigen Phänomenen, Ereignissen und Entwicklungen sehen wir, wie die analytische Intelligenz erstmals innerhalb der Gesellschaft böswillig gebraucht und dies dann systematisiert wird.

Der Übergang vom Kult der heiligen Mutter zum Kult des Vaters verschaffte der spekulativen Intelligenz auch den Panzer des Sakralen. Wir können die starke Hypothese formulieren, dass das patriarchale System auf diese Weise Wurzeln schlug. Durch beweiskräftige Funde im Euphrat-Tigris-Becken können wir den glorreichen Aufbruch der patriarchalen Mentalität sogar datieren. Dieses Denken entstand zwischen 5500 und 4000 v. Chr. in Niedermesopotamien, verbreitete sich dann in ganz Mesopotamien und wurde zur dominierenden Kultur. Aus archäologischen Aufzeichnungen können wir auch ableiten, dass vor dieser Kultur, während des gesamten Mesolithikums und Neolithikums, eine matriarchale Gesellschaft vorherrschte, die auf der Fruchtbarkeit der Hänge und Ebenen vor allem Obermesopotamiens beruhte. Auch in der schriftlichen Kultur stoßen wir auf eine Reihe von Hinweisen darauf. Im Glauben und in der Sprache der neolithischen Gesellschaft waren weibliche Elemente stark ausgeprägt.

Wir können davon ausgehen, dass ein gesellschaftliches Problem in ernsthaftem Ausmaß erstmals in den patriarchalen Gemeinschaften entstand, die einen zunehmenden Kult um den ›starken Mann‹ hervorbrachten. Dieser Beginn der Sklaverei der Frau bereitete auch der Sklaverei des Mannes, vor allem der Kinder, den Boden. Je mehr Sklavinnen und Sklaven Erfahrungen beim Akkumulieren von Mehrprodukten und Werten sammelten, umso stärker wurden sie Kontrolle und Herrschaft unterworfen. Macht und Autorität gewannen stetig an Bedeutung. Die Zusammenarbeit einer privilegierten Gruppe aus dem ›starken Mann‹, dem erfahrenen Alten und dem Schamanen bildete ein Machtzentrum, gegen das nur schwer anzukommen war. In diesem Zentrum entwickelte die spekulative Intelligenz ein mythologisches Narrativ, um die eigene geistige Dominanz zu sichern. Die mythologische Welt der sumerischen Gesellschaft, die uns aus der Geschichte geläufig ist, drehte sich um den vergöttlichten Mann, der bis zum Schöpfer von Himmel und Erde erhöht wurde. Die Göttlichkeit und Heiligkeit der Frau wurden weitestgehend erniedrigt und dann ausgelöscht, während der Mann als der absolut Starke und Souveräne dargestellt wurde. So wurde durch ein großes Netzwerk aus Mythen und Legenden alles in eine Beziehung von Herrscher und Beherrschten, Schöpfer und Geschöpfen gehüllt. Die Gesellschaft wurde dazu gebracht, diese mythologische Welt zu verinnerlichen, und mit der Zeit wurde sie zum grundlegenden Narrativ. Anschließend erfolgte die Umwandlung in Religion. Wir haben es nun mit einer spekulativen und institutionalisierten Form des Denkens zu tun, die keine Grenzen mehr kennt.

Die so entstandenen hierarchischen Verhältnisse stellen das erste System von Ausbeutung, Repression und institutionalisierter Autorität dar. Legitimiert wurde es durch eine im Patriarchat verwurzelte Mythologie und die daraus entstandenen Denkschablonen. Wir beobachten diese Entwicklung auf verschiedenen Stufen bei vielen Gemeinschaften, wenn auch in unterschiedlicher Intensität und unterschiedlichen Formen. Die Intelligenz, die Repression und Ausbeutung ermöglicht, kann nicht die emotionale Intelligenz sein. Ein Denken, welches das gesellschaftliche Problem auslösen kann, ist undenkbar, solange es nicht die Stufe der analytischen Intelligenz erreicht und durch die Ränkespiele der Jagdkultur ergänzt wird. Diese Mentalität muss erfundene Legenden produzieren, um ihre eigentliche Funktion zu verheimlichen.

Zweifellos können wir auch sehr positive Denktraditionen und Institutionen anführen, die durch die Vereinigung der spekulativen Intelligenz mit der emotionalen Intelligenz geschaffen wurden. Es wäre falsch, die gesamte geistige Welt hierarchischen Mächten zuzuschreiben. Aus diesem Grunde beobachten wir in diesen Phasen viele gnadenlose Kämpfe zwischen Mentalitäten und Ideen genauso wie physische Kämpfe. So gelangen wir an die Wurzel vieler Phänomene und Ereignisse in Religion, Philosophie, Ethik und Kunst, die wir ideologischen Kampf nennen. Die in Mythologien und Religionen zuhauf anzutreffenden Konflikte sind im Kern wirtschaftliche und politische Kämpfe. Bis zur Entstehung der kapitalistischen Mentalität wurden alle Kämpfe im Bereich der wirtschaftlichen und politischen Macht stets unter einem Schleier von mythologischen und religiösen Erscheinungen dargestellt. Der Staat repräsentiert die dauerhafte Institutionalisierung der hierarchischen Strukturen. Die Wandlung der Machtstrukturen von individueller zu institutioneller Repräsentation hängt mit der Klassengesellschaft zusammen, die mit der Urbanisierung einherging, die wir auch als Zivilisation[14] bezeichnen.

Städtische und Klassengesellschaften werden meist im Zusammenhang mit dem kapitalistischen System begrifflich gefasst. Doch es ist viel wichtiger, ihre Wurzeln zu erklären. Kein gesellschaftliches Verhältnis, dessen Ursprung oder Wurzeln nicht geklärt ist, ergibt einen hinreichenden Sinn. Die Stadt als Gebilde stellt eine Verdichtung von Beziehungen dar, die noch nicht vollständig analysiert ist. Dabei ist die Entstehung der Stadt mindestens so wichtig wie die Entstehung des Kapitalismus und bedarf einer Erklärung. Meiner Meinung nach ist die Aussage, die Stadt trage protokapitalistische Züge, nicht falsch. So wie der Markt ein Ort von Beziehungen ist, der den Kapitalismus genährt hat und über dem er errichtet wurde, so können wir die Stadt als den Ort definieren, an dem der Markt sich entwickelte und dauerhaft wurde. Auf unser Thema bezogen beruht die Stadt auf dem Markt als Ort, wo die Entwicklung der spekulativen Intelligenz am weitesten fortgeschritten ist. Die Stadt selbst ist ein Gebilde, das wegen seiner Markteigenschaft analytisches, abstraktes Denken erfordert und als Werkzeug einer Sozialisierung dient, die genau dieses Denken hervorbringt. Sie ist ein Milieu, das historische Entwicklungen beschleunigt. Hier wird die mythologische und religiöse Welt vernünftiger, die Wissenschaft gleichermaßen beschleunigt und verzerrt und die Philosophie auf den Weg gebracht. Hier wirkt eher die analytische Intelligenz.

Der Ausdruck von Begriffen in der abstrakten Welt und der Kunst machen die Stadt zu etwas noch Prächtigerem. Unter Verhältnissen der grenzenlosen Spekulation, die von der emotionalen Intelligenz gelöst existiert, werden durch eine gigantische Welt von Symbolen dem gesellschaftlichen Denken vielerlei Fallen und Komplotte injiziert. In der städtischen Umgebung entwickelt sich die Vernunft. Doch welchen Charakter besitzt diese Vernunft? Fördert sie Erleuchtung und Aufklärung, oder fördert sie eher die Dunkelheit? Diese Fragen sind noch nicht beantwortet. Die Stadtgesellschaft ist das wesentliche Beziehungsgeflecht, das Krieg und Ausbeutung, Macht und Klassen produziert. Die Stadt bringt die Mehrheit ihrer Bevölkerung dazu, Klassen großartig zu finden, und begeht gleichzeitig systematisch Massaker an der Umwelt. Selbst wenn ländliche Gemeinschaften in ihren Mythologien und religiösen Ausdrucksformen auch eine Verbindung zur analytischen Intelligenz aufweisen, spielen sie

14 Auch im Deutschen steckt im Begriff ›Zivilisation‹ das lateinische *civis*, Städter.

doch eine positivere Rolle. Ihre Götter und anderen Glaubensformen spiegeln ihre authentischen, emotionsgeladene Welt wider. Ihre Götter sind freundlich, barmherzig, verzeihend und gnädig; sie mindern Leid, sie helfen bei Schwierigkeiten. Mit der Urbanisierung der mythologischen und religiösen Formen erschienen die abstrakten und strafenden Götter, die die Menschen auf die Probe stellen und stets angefleht werden müssen. Sie verursachen Leid, sie lieben das Herrschen. In diesen Formen spiegelt sich im Grunde das wider, was einer Ware geschieht, wenn sie auf dem Markt zirkuliert. Der Markt und die Götter der Stadt sind eng miteinander verknüpft.

Klassen entstanden durch die Sprengung der Beziehungen von Klans, Familien und Stämmen, die – oft über Blutsbande – hierarchischen Gruppen von Machthabern loyal waren. Deren obere Gruppen wurden zum Staat, die unteren Gruppen wurde zu Regierten. Dieser gnadenlose Prozess der Entfremdung hängt mit dem Zurückdrängen der emotionalen Intelligenz zusammen. Je mehr die unterdrückten Klassen den regierenden Klassen gegenüber loyal sind, desto mehr legitimieren sie auch deren geistige Herrschaft und ihren eigenen Verfall. Dies war der Moment, als die Unterdrückten zu Verdammten wurden. Die Zustimmung zur gnadenlosen Ausbeutung ist der Tiefpunkt der Verarmung an beiden Arten der Intelligenz. Tiefer kann man nicht fallen. Der Mangel an Geist ist die schlimme Situation, in der Gesellschaft abgehängt zu sein. Wenn an der Spitze eine abstrakten, spekulative Intelligenz herrscht, die Opfer und Untertanen hervorbringt, dann sind unten entsprechend viele einfältige Bettler und Sklaven entstanden, denen es an Intelligenz mangelt.

Wenn wir die Geschichte bezüglich ihres Denkens in Abschnitte einteilen wollen, so haben wir das Altertum, in dem die mythologische und religiöse Ebene überwogen (rund 5000 v. Chr. bis 500 n. Chr.), das theologische Mittelalter, die Synthese von Religion und Philosophie (500 bis 1500 n. Chr.) und das Zeitalter der Moderne, in dem Philosophie und Wissenschaft sich trennten (1500 bis heute).

Die Dogmatisierung der Mythologie bringt die Religion hervor. Mythologie ist nicht dasselbe wie Religion. Religion erfordert unveränderliche Glaubenssätze und Anbetungsformen. Sie ist vollständig fiktiv. Grundlage der Religion ist der Glaube an Fiktionen. Der einzige positive Aspekt der Religion ist, dass sie am Übergang zum abstrakten Denken einen tiefen Riss in der Gesellschaft produziert und so zum wissenschaftlichen und philosophischen Denken zwingt und ihm so ungewollt den Boden bereitet. Philosophisches und wissenschaftliches Denken entwickeln sich in dialektischem Zusammenhang mit dem religiösen Denken. Philosophie und Wissenschaft tragen tiefe Spuren der Religion.

Zwar speist sich die Philosophie überwiegend aus der spekulativen Intelligenz, doch stellt das Bestreben, das Konkrete zu verstehen, stets die Verbindung zur Beobachtung her. Sie kappt nie vollständig die Verbindung zur emotionalen Intelligenz. Die Fähigkeit zur Abstraktion ist die höchste Form des Denkens. Ihr Beitrag zur Wissenschaft überwiegt gegenüber dem Beitrag der Religion.

Die Wissenschaft unterscheidet sich eigentlich kaum von der Philosophie; Wissenschaft können wir auch als Philosophie mit erweiterter experimenteller Basis interpretieren. Beide versuchen, durch Beobachtung und Versuch die Natur zu verstehen. Das ist auch gut so. Der wichtigste Mangel jedoch ist, dass sie auf die Frage nach dem Warum, die die Religion stellt, keine Antworten hat. Das Wie der Natur zu beantworten, ist zum Leben zu wenig. Ein grundloses und zweckloses Universum zu postulieren, ist keine besonders wünschenswerte Herangehensweise. Eine Wissenschaft, die auf die Frage nach dem Warum des Lebens nicht antwortet, kann nicht verhindern, zum Instrument der versklavenden Macht zu werden.

Ich muss hier die starke These ins Feld führen, dass die Trennung der Wissenschaft von Philosophie und Religion (in Bezug auf die Problematik von Ursache und Zweck) eng mit der kapitalistischen Mentalität zusammenhängt. Die Begründung ist folgende: Religion, Philosophie und auch die Mythologie sind das Gedächtnis der Gesellschaft, ihre Identität und ihre geistige Verteidigungskraft. Obwohl sie stark verzerrt und in ihr Gegenteil verdreht wurden, sind sie alle soziologische Tatsachen. Eine Gesellschaft, deren Verbindung mit ihrem Gedächtnis, ihrer Geschichte, gekappt ist, und die Wissenschaft einer solchen Gesellschaft werden immer kurzsichtig der Macht dienen. Dies ist es, was der Kapitalismus bewirkt. Im Kapitalismus wurden Mythologie, Religion und Philosophie nahezu zur Bedeutungslosigkeit verdammt. Warum? Ganz offensichtlich, weil Religion, Philosophie und Legenden die kapitalistischen Elemente, die Wucherer und Spekulanten, die in den Spalten der Gesellschaft lauerten über Tausende von Jahren stets ausgrenzte und ihnen die Legitimität versagte. Solange Religion, Philosophie und Legenden im gesellschaftlichen Denksystem ihren Ort behaupten und die emotionale Intelligenz in der Gesellschaft überwiegt, kann der Kapitalismus nicht dominieren. Wo diese Mentalität und daher eine moralische Umgebung herrscht, kann keine Macht dem Kapitalismus

Legitimität verleihen, ihn als ein sozioökonomisches System darstellen und verteidigen.

Der Soziologe Max Weber definiert die protestantische Konfession als eine Gedankenwelt, die dem Kapitalismus geistig den Boden bereitet und ihm einen moralischen Passierschein ausstellt. Diese Einschätzung trifft teilweise zu, wir können sie aber aus zwei Richtungen kritisieren.

Erstens ist der Protestantismus eine besonders schwache Religion. Sie steht der kapitalistischen Art von Wissenschaft besonders nahe. Noch wichtiger: Mit dem Protestantismus begann das Zeitalter der nationalen Religionen. Er ist eine Art Vorstufe zum Nationalismus. Der Nationalismus wiederum ist eine pure Ideologie des Kapitalismus. Auf die großen Religionskriege in Europa einmal aus dieser Richtung zu blicken, wird zu ihrem Verständnis beitragen.

Die Kapitalisten feierten ihre ersten Siege dort, wo Religiosität schwach ausgeprägt oder die Bevölkerung zum Protestantismus übergegangen war (Holland, England, USA). Dies waren gleichzeitig Ländern, in die sich die verschiedensten Konfessionen und Sekten geflüchtet hatten. Mir geht es hier nicht darum, religiöse Orthodoxie zu verteidigen. Vielmehr möchte ich darauf hinweisen, dass die protestantische Moral als die am schwächsten ausgeprägte im Christentum den Kapitalismus leicht gewähren lässt. Hier weiche ich von Weber ab. Was er positiv bewertet, interpretiere ich als negativ.

Zweitens: Es mag paradox erscheinen, doch die kapitalistische Mentalität erlangte Legitimität, als die religiöse Mentalität am Ende ihres langen historischen Marsches angekommen oder zumindest stark geschwächt war. Ich sehe die Wissenschaft keinesfalls als Produkt einer kapitalistischen Entwicklung. Vielmehr kam es zu einem unglücklichen zeitlichen Zusammentreffen: Die wissenschaftliche Revolution und die kapitalistische ökonomische Revolution in Westeuropa ereigneten sich praktisch im selben Jahrhundert. Diese Gleichzeitigkeit bot den Konstrukteuren der kapitalistischen Mentalität die Gelegenheit, die Lüge zu verbreiten, der Kapitalismus habe die Wissenschaft geboren. Zweifellos lebten Individuen, die zur Wissenschaft beitrugen, in Gesellschaften, die sich rapide kapitalistisch entwickelten. Doch diese Tatsache darf nicht zur Tautologie verleiten, dass der Kapitalismus die Wissenschaftler hervorgebracht habe. Wissenschaftler hatten Widersprüche zum religiösen Denken, aber ihre Mehrheit ließ sich auch nicht zu einer kapitalistischen Mentalität herab.

Tatsächlich hat sich der Kapitalismus alle Formen des Denkens zunutze gemacht, wie er aus Spekulationen mit Waren und Geld Profit und Kapital geschlagen hat. Er wog alle Denkweisen ab, packte die ihm nützlichen in neuen philosophischen und religiösen Schulen zusammen und warf sie unter den Namen Liberalismus und Positivismus wieder auf den Markt. Interessant dabei, dass er das Geschick oder auch die Gerissenheit aufbrachte, diese wie einen nagelneuen Anzug mit hoher Profitmarge zu verkaufen, also sie in der Gesellschaft zu etablieren und zur herrschenden Mentalität zu machen.

Die Mentalität des Kapitalismus können wir aus verschiedenen Blickwinkeln definieren. Zunächst einmal ist diese Mentalität eklektisch und passt sich flexibel jeder Umgebung an. Die Betrugswahrscheinlichkeit ist hoch. Einerseits ist sie dogmatischer als die starrsten religiösen Dogmen, andererseits ist sie absurder und spekulativer als die abstraktesten Philosophien. Sie ist als Positivismus und Liberalismus ein beschränkterer Götzendienst als der sämtlicher Götzenanbeter. Der Kapitalismus kastrierte die Wissenschaft durch den Positivismus und wendete sie gegen die Welt des Glaubens und der Religion, während er mit dem Liberalismus einen für die Gesellschaft ruinösen Individualismus in einen national-etatistischen Gott verwandelte, der den Egoismus bis zum Völkermord treibt. Kein religiöses Denken hat im gleichen Maße wie der Kapitalismus Kriege, Unterdrückung und Folter hervorgebracht. In keiner anderen Gesellschaft war der individuelle Geist so unverantwortlich und profitgierig, wie in der Gesellschaft, in der der Kapitalismus den Sieg davongetragen hat. Keine andere Gesellschaft hat so viele Tyrannen, Völkermörder, Assimilierer und Diktatoren hervorgebracht.

Der Kapitalismus ist ein Monopolsystem, das über der Welt der Waren und des Geldes errichtet wurde. Mit dem Aufbau des heutigen Finanzethos hat er die menschliche Gesellschaft in Denkschablonen gepresst, von denen die Nimrods und die Pharaonen nur träumen konnten. Er bringt die Menschheit weltweit dazu, vor abscheulichen Götzen niederzuknien. Dies können wir als geistigen Bankrott und geistige Korruption betrachten. Daher ist es wichtig, dass wir genauer betrachten, worin das kapitalistische Ethos besteht.

Halten wir zunächst fest, dass eindimensionale Definitionen bezüglich des Kapitalismus Folge von geistigen Anstrengungen sind, die unter dem starken Einfluss des Systems stehen. Auch bei Marxisten und Anarchisten, die als besonders antikapitalistisch gelten und behaupten, wissenschaftliche Soziologie zu betreiben, lassen sich derartige Interpretationen beobachten.

Dass Marx selbst beim Versuch, sämtliche rechtlichen, politischen und ideologischen Formen zu erklären, die wirtschaftliche Basis als ihre Quelle darstellte, war möglicherweise der wichtigste unter den Gründen, die zum Misserfolg des Sozialismus geführt haben, für den so große Kämpfe geführt wurden. Wir müssen uns im Klaren sein, dass eine menschliche Gemeinschaft ohne eine geistige Form lange Zeit gekannt und ausprobiert zu haben, ihre Art des materiellen (wirtschaftlichen) Lebens nicht errichten und zum System ausbauen kann. Systemanalysen, die die geistige Entwicklung im Dunkeln lassen, können nicht verhindern, selbst der Hegemonie dieser Systeme zu dienen. Das gilt auch, wenn die eigene Mentalität auf der Gegnerschaft zu diesem System beruht. Vorhandene herrschende System sichern ihre Herrschaft vor allem über ihre Mentalität und ihre politischen Institutionen. Das materielle Leben kann nur innerhalb dieses Rahmens geregelt werden. Marx' Behauptung, er stelle die hegelsche Dialektik vom Kopf auf die Füße, war keine Korrektur, sondern ein schwerer Irrtum. Mittlerweile ist gut verstanden, dass der hegelsche Idealismus als Höhepunkt des metaphysischen Denkens ein Meilenstein auf dem Weg zum deutschen Nationalstaat war. Erwähnen können wir in Zusammenhang mit dem metaphysischen Denken auch seine Vorgänger Martin Luther, den Gründer der Ideologie des Protestantismus, und Immanuel Kant, der gegen einen starren Optimismus die Subjektivität ins Feld führte und teilweise die Moral berücksichtigte. Auch wenn es paradox erscheinen mag, führte Karl Marx diese Linie im Namen eines proletarischen, antikapitalistischen Systems fort. Die Folge war, dass die deutsche Ideologie den Faschismus und einen Führer wie Hitler gebar.

Niemand sah diese Gefahr in der Frage der Mentalität besser als der deutsche Philosoph Friedrich Nietzsche. Die Arbeiten Nietzsches zur Mentalität zeugen von einer wahren Gegnerschaft zur kapitalistischen Moderne. Es ist ein großer Verlust, dass er sie nicht ausgebaut und in eine politische Philosophie und Praxis verwandelt hat. Die Anstrengungen späterer französischer Philosophen (Deleuze, Guattari, Michel Foucault u. a.) und des Italieners Antonio Gramsci sind absolut nicht ausreichend und wurden nicht in politische Institutionen umgesetzt. Die Praxis des Realsozialismus war objektiv gesehen mindestens einhundertfünfzig Jahre lang eine Komplizenschaft mit der kapitalistischen Moderne im Namen der Linken. Die Erfahrungen Sowjetrusslands und Chinas bestätigen dieses Urteil in bemerkenswerter Weise. In den entsprechenden Abschnitten werde ich dieses Thema ausführlich behandeln.

Die Kritiken der Anarchisten, besonders der ersten klassischen Vordenker Proudhon, Bakunin und Kropotkin, zur Geburt des Kapitalismus sind in vielerlei Hinsicht erhellender. Die Anarchisten waren besser in der Lage, die ideologischen und politischen Dimensionen des Kapitalismus zu erkennen. Da ihnen jedoch eine richtige politische Philosophie fehlte und sie ihre Ideen nicht institutionalisieren konnten, weil sie außerdem von Themen der Moral und Geschichte wenig Ahnung hatten, verkamen sie letztlich zu einer ideologischen Ware für den Kapitalismus. Ich muss erneut betonen, dass eine geistige[15] Anstrengung, die nicht in kompetente politische, moralische und historische Anstrengungen und Praktiken gegossen wird, nicht verhindern kann, von ihren Gegnern benutzt und entweder durch Vernichtung oder Assimilation wirkungslos gemacht zu werden. Bittererweise teilen die antikapitalistischen geistigen Anstrengungen das Schicksal von historischen geistigen Anstrengungen und Strömungen wie dem Christentum, dem Buddhismus, dem Zoroastrismus und dem Manichäismus und vielen anderen. Zweifellos behaupte ich nicht, dass diese Lehren vergeblich gewesen und eine Erlösung vom Schicksal unmöglich seien. Wenn dies so wäre, würde ich weder diese Zeilen schreiben noch einer Moral der Freiheit eine Bedeutung beimessen. Mir geht es hier im Wesentlichen um eine Kritik.

Der heutige Kapitalismus ist gemäß unserer gesamthistorischen Definition der jüngste Abschnitt der Zivilisation. Wenn gegen ihn und seine historischen Fundamente erfolgreich zu einem alternativen System gelangen wollen, müssen wir unter der Anleitung von geistigen Anstrengungen die Bausteine der politischen Philosophie, politischer Institutionen und des Handelns im materiellen Leben mit Liebe zu einem Ganzen zusammenfügen.

Politische und militärische Gewalt sind wichtig für die Hegemonie des kapitalistischen Systems. Doch was diese Hegemonie wirklich aufrechterhält, ist die Kontrolle und Lähmung der Kulturindustrie. Wir können behaupten, dass die gemeinschaftliche Mentalität unter der Einwirkung des Systems rückständiger als die von Menschenaffen ist und die Menschen manipulierbar gemacht hat. Die Ordnung in Zoos ist ein erhellendes Beispiel dafür, dass eigentlich die gesamte Gesellschaft wie ein Zoo organisiert ist. Im Zoo sind die Tiere zum Anschauen da, und verschiedene Philosophen haben festgestellt, dass sich die Gesellschaft in eine Gesellschaft des Spektakels verwandelt hat. Da wäre zunächst die Sexindustrie, damit verknüpft weiterhin die Sportindustrie und die Kunst- und Kulturindustrie sowie große mediale Werbekampagnen. Die emotionale und die analytische Intelligenz

15 Hier wie an vielen anderen Stellen verwendet der Autor den Begriff *zihniyet*, der je nach Zusammenhang als *Denken*, *Denkweise*, *Mentalität*, *Ethos* oder *Ideologie* übersetzt wird.

werden ständig einem intensiven Bombardement unterzogen und so ihrer Funktionen beraubt. Damit wurde die mentale Eroberung der Gesellschaft des Spektakels vollendet.

Die Lage dieser Gesellschaft ist schlimmer, als wenn sie nur kapituliert hätte. Das System handhabt sie, wie es will. Der erste Versuch einer Gesellschaft des Spektakels, der Faschismus, wurde eigentlich nicht besiegt. Seine Protagonisten wurden liquidiert. Aber das System setzte während des kalten Krieges und danach durch den Nationalstaat und globale Finanzunternehmen überall die Gesellschaft des Spektakels durch.

Heutzutage sind alle Gesellschaften materiell und ideell vom Kapitalismus erobert; diese Eroberung ist um ein Vielfaches vollständiger als jegliche Eroberung von Gesellschaften durch große Reiche wie Sumer, Ägypten, Indien, China oder Rom.

Zwar weist die Stufe des Empire, des Gipfels der Hegemonie (wobei die vorherigen Stufen Kolonialismus und Imperialismus waren), objektiv chaotische Züge und zahlreiche Verfallserscheinungen auf. Doch wir müssen uns auch klar machen, dass das kapitalistische System durch Manipulation der Gesellschaft, also durch Verstärkung der geistigen Hegemonie, versucht, diese Verfallsprozesse zu kompensieren.

Die Präsentation von Sexualität in industrialisierter Form ist dabei ein entscheidender Faktor. Menschen sind dazu gebracht worden, Erfolg in ihrer sexuellen Leistung zu suchen. Dabei besitzt die Sexualität die lehrreiche Funktion, auf das Leben aufmerksam zu machen und es zu verewigen. Bei den meisten Lebewesen, von Einzellern bis zur menschlichen *Spezies*, können wir die Funktion der Sexualität so definieren. Daher ist die Sexualität sinnvoll und geradezu heilig. Menschliche Gemeinschaften haben sie in der Geschichte meist in dieser Richtung interpretiert. Die anthropologische Forschung bestätigt dies. Wenn es Beziehungen gibt, die nicht zur Ware gemacht oder industrialisiert werden dürfen, dann sind dies vor allem die sexuellen Beziehungen. Denn sie betreffen die Heiligkeit, Erhabenheit und Fortführung des Lebens. Sie tragen auch die Verantwortung, anderes Leben nicht zu gefährden.

Der Missbrauch von Sexualität ist eines der wichtigsten hegemonialen Instrumente. Sie wurde nicht nur zur Ware gemacht und in eine gigantische Industrie verwandelt; gleichzeitig wurde die Sexualität in der Gesellschaft sowohl korrumpiert als auch zu einer patriarchalen, sexistischen Religion gemacht, die viel schlimmer ist, als die Vergöttlichung des Phallus in verschiedenen religiösen Kontexten. Diese neue religiöse Demonstration wurde besonders bei jedem einzelnen Mann effektiv. In Literatur und anderen Künsten hat sie eine tragende Rolle eingenommen und wurde in eine Droge verwandelt. Die chemischen Drogen sind unbedeutend gegenüber dieser neuen Religion der Sexualität. Alle Individuen der Gesellschaft sind durch mediale Reklame (nicht nur durch offensichtliche Werbung) geradezu zu Perversen gemacht worden. Alle werden benutzt: Junge, Alte, selbst Kinder. Die Frau wurde in das ausgeklügeltste Sexobjekt verwandelt. Der Frau wurde eine Mentalität eingeimpft, die sie glauben macht, sie sei nichts wert, wenn sie nicht ständig sexuelle Reize aussendet. Der heilige Herd der Familie wurde in einen Ort des Sexes verwandelt. Von der heiligen Mutter und der weiblichen Göttlichkeit ist nichts geblieben als nutzlos in die Ecke geworfene Ehefrauen. Eine bittere, traurige Situation. Dass gleichzeitig mit der künstlichen Empfängnisverhütung die Frau ganz zum Sexobjekt gemacht wurde, hat diese Entwicklung auf die Spitze getrieben.

Doch auch die entgegengesetzte Situation ist durch das System unerträglich geworden. Viele Kinder, besonders Söhne, haben zu wollen ist im Kern eine patriarchale gesellschaftliche Tradition. Im Zusammenspiel mit der Medizintechnik wurden die Frauen der Unterschicht auf Gebärmaschinen reduziert. Die schwere Aufgabe Kinder großzuziehen wird so den Armen aufgehalst, um den Bedarf an jungen Arbeitern zu decken. Auf der anderen Seite entsteht so unausweichlich eine Degeneration der Familie. So werden mehrere Fliegen mit einer Klappe geschlagen. Frauen und Männer der Oberschicht korrumpieren die Bedeutung des Begriffs ›Nachwuchs‹ indem sie einen angeblichen Mangel auf diesem Gebiet durch Retortenbabys, adoptierte Kinder und Haustiere decken. Gleichzeitig versuchen sie, ewig sexy zu bleiben, und ritualisieren so begeistert die neue Sex-Religion. Das Ergebnis ist ein belastender, sinnloser Anstieg der Population, eine nie dagewesene Arbeitslosigkeit und eine Krise der Umwelt, die die Belastung durch den Menschen nicht mehr tragen kann. Wie diese Problematik angegangen werden muss, beabsichtige ich im folgenden Band »Soziologie der Freiheit« zu behandeln.

Die Industrialisierung der Kultur, mit anderen Worten die verbreitete warenförmige Produktion in diesem Bereich, ist das zweite sehr effektive Mittel der Versklavung. Kultur im engeren Sinne stellt die geistige Welt von Gesellschaften dar. Denken, Geschmack und Moral sind ihre drei grundlegenden Themen. Für die politische und wirtschaftliche Macht im System ist es eine Sache von Jahrhunderten, die kulturellen Elemente zu belagern und zu kaufen. Die gesamte Geschichte hindurch betrachteten die

Kräfte der Zivilisation es als unentbehrlich für ihre Legitimität, kulturelle Elemente an sich zu binden. Die wirtschaftlichen und politischen Mächte haben dies frühzeitig erkannt und entsprechende Vorkehrungen gegen diese Elemente getroffen. Die Assimilation der Kultur durch die Herrschenden reicht bis zur Entstehung der Hierarchien zurück. Sie ist das eigentliche Lenkungswerkzeug. Ohne kulturelle Hegemonie können Wirtschafts- und Machtmonopole nicht herrschen. Systeme die auf Gewalt und Ausbeutung beruhen, können sich durch bloße Gewalt allenfalls kurzfristig durch Plünderung aufrechterhalten; sobald es nichts mehr zu plündern gibt, zerstreiten sie sich oder zerfallen.

In der kapitalistischen Moderne ist die Rolle der Kultur maßgeblich. Die Kultur, als Gesamtheit des Geisteslebens in allen gesellschaftlichen Sphären, wird zunächst assimiliert (an die wirtschaftliche und politische Macht angepasst), und anschließend zu einer Industrie gemacht, um sie umfassend und intensiv auf alle gesellschaftlichen Gruppen der Welt (Nationen, Völker, Nationalstaaten, Zivilgesellschaft und Unternehmen) zu übertragen. Bereiche wie Wissenschaft, Philosophie, Literatur und die anderen Gebiete der Kunst, Geschichte, Religion und Recht werden zu Objekten und Waren gemacht. Bücher, Filme, Zeitungen, Fernsehen, Internet und Radio fungieren als Waren dieser Industrie. Hier geht es nicht nur um gigantische materielle Profite aus kulturellen Waren. Ihre eigentliche zerstörerische Funktion erfüllen sie, indem sie die geistige Gefangenschaft auf ein nie dagewesenes Niveau heben, Klassen, Nation, Stämme und alle möglichen Gemeinden bilden und so eine sinnfreie, amorphe, formlose und launische Masse erschaffen, schlimmer als eine Rinderherde. Die wesentlichen Architekten dessen sind die Nationalstaaten, die globalen Konzerne und die Medienmonopole. Im Grunde interessiert sie an der Gesellschaft nichts als die Möglichkeit, Geld zu verdienen und auszugeben. Selbst die Ärmsten der Armen werden dazu gebracht, im Leben an nichts anderes zu denken, als viel Geld zu verdienen, um zumindest einen Tag lang so leben zu können, wie sie es wünschen.

Beachten wir, dass Verarmung als kulturelles Phänomen benutzt wird. Während selbst im ungeliebten Mittelalter Verarmung zu Aufständen führte, wurde es unter der heutigen offiziellen kulturellen Hegemonie zum Ziel, einen Lohn gezahlt zu bekommen. Dies zeigt den Sieg des Systems im kulturellen Bereich.

Der schlimmste Aspekt der Gefangenschaft, in die die Hegemonie der vom System hervorgebrachten Kulturindustrie und der mit ihr verwobenen Sexindustrie geführt haben, ist, dass sie freiwillig erfolgt, ja sogar als Explosion der Freiheit bezeichnet wird. Mit Sicherheit ist dies die stärkste Stütze und das stärkste Legitimationsinstrument der kapitalistischen Ordnung. Das Stadium des Empire des Kapitalismus ist nur durch den Ausbau der Kulturindustrie möglich. Daher erfordert der Kampf gegen das kulturelle Hegemoniestreben den beschwerlichsten geistigen Kampf. Solange der Kampf gegen den kulturellen Krieg, den das System mit Eroberung, Assmilation und Industrialisierung führt, in Inhalt und Form nicht entwickelt und organisiert wird, hat kein Kampf für Freiheit, Gleichheit und Demokratie eine Chance auf Erfolg. Die Probleme in dieser Hinsicht werde ich im Band »Soziologie der Freiheit« zu diskutieren versuchen.

Der Sport funktionierte von Anfang an als ein Spiel zur Vorbereitung der gesellschaftlichen Beteiligung. Sportliche Spiele dienen der erfolgreichen Teilnahme am Leben. Sie spielen gewissermaßen die Rolle einer gesellschaftlichen Übung. Dagegen setzte eine Industrialisierung des Sports erst mit dem Niedergang des Römischen Reiches ein. So verhält es sich mit der Institution der Gladiatoren.

Der Kapitalismus mit seinem Drang zur Industrialisierung hat von Anfang an den Charakter des Amateursports zerstört, ihn in Berufssport verwandelt und in die Herrschaft integriert. Damit ist er ein weiterer wichtiger kommodifizierter Bereich der Betäubung. Anstatt sich durch Sport mit Spaß und Ausdauer an der Gesellschaft zu beteiligen, geht es nun um Geldverdienen, das Aufwiegeln zu fanatischer Konkurrenz und die Verwandlung der Gesellschaft in eine passive Zuschauermasse. Die Kultur der Arena (den Löwen zum Fraß vorwerfen und Gladiatoren zwingen, einander zu töten) wurde auf alle Bereiche des Sports ausgedehnt. Applaus und Rekord sind die beiden dominanten Bilder. Anhänger einer Mannschaft zu sein, wurde wichtiger als einer Religion und Philosophie anzuhängen, es wurde geradezu zur Seuche. So erhielten die Regierenden ein weiteres effektives Mittel, um leichter zu lenken. Welche Religion oder welche Philosophie kann für die Regierung eines Nationalstaates die Rolle spielen, die beispielsweise der Fußball spielt?

In einer groben Analyse können wir feststellen, dass durch die Verwandlung von Sex, Sport und Kultur in Industrien die Kunst der Lenkung ihren Höhepunkt erreicht hat. Die globale Herrschaft des Kapitals und die Herrschaft des Nationalstaates können nicht stattfinden, ohne dass Sex, Kunst/Kultur und Sport industrialisiert werden. Ich muss nochmals darauf hinweisen, dass wir hier nicht Sexualität, Kultur und Sport an sich schlechtmachen und kritisieren. Wir kritisieren die Tatsache, dass sie, obwohl sie zu den wesentlichsten Bereichen der Gesellschaftsbildung und -verstetigung zählen, korrumpiert und industrialisiert wurden.

Ein weiteres wichtiges Instrument der geistigen Herrschaft ist die virtuelle Welt, die Medienorgane gestützt auf die geistige Hegemonie des Kapitalismus betreiben. Die Virtualisierung des Lebens ist die extremste Ausweitung der analytischen Intelligenz. Ein furchtbares Ereignis wie einen Krieg virtuell zu präsentieren, genügt möglicherweise bereits, um die Moral zu korrumpieren. Ein Leben, das der menschliche Körper und Geist nicht erfahren können, galt seit jeher als ein unechtes Leben, ein Fake-Leben. Wenn es nun ›virtuell‹ genannt wird, so befreit es dies nicht von seiner Unechtheit. Wir beschuldigen hier nicht die technische Entwicklung, die das virtuelle Leben in den Bereich des Möglichen gerückt hat; wir diskutieren die Technik in Bezug auf ihren Missbrauch und ihre Eigenschaft, den menschlichen Geist zu lähmen. Blind genutzte Technik ist die gefährlichste aller Waffen. Der wesentliche Faktor, der zum virtuellen Leben drängt, ist die Kontrolle der Technik durch den Kapitalismus und sein Bestreben, Milliarden zu lenken. Das Leben wird nicht mehr gelebt, es wird ständig virtualisiert; dies wiederum ist eine Art Tod im Stehen. Simulakra sind der konkreteste Zustand des virtuellen Lebens. Jedes Ereignis, jede Beziehung, jedes Werk zu simulieren macht den Menschen nicht wissender, sondern dümmer. Die Imitation aller Werke der Zivilisation löst keine Entwicklung aus, sondern führt zur Hegemonie der Imitationskultur. Die Differenzierung, die die Essenz des Lebens bildet, duldet keine Wiederholung. Nicht einmal die Geschichte wiederholt sich. Imitation ist das Gegenteil von Entwicklung. Das virtuelle Leben hingegen beruht auf grenzenloser Wiederholung. Alle imitieren einander und werden so einander ähnlich. So erschafft man Schafherden. Das Finanzzeitalter kann ohne virtuelles Leben nicht existieren. Es kann nur durch grenzenlose Verdummung funktionieren, und diese erfolgt durch virtuelles Leben.

Dem etwas entgegenzusetzen ist die grundlegendste Aufgabe des freien Lebens. Das freie Leben zu definieren und zu organisieren, ist die unverzichtbare Grundvoraussetzung für das Überleben der Gesellschaften. Die vordringlichen Probleme, welche die Soziologie der Freiheit beantworten muss, liegen auf diesem Gebiet.

Den Erfolg des Systems bei der Ausweitung des virtuellen Lebens können wir aus mehreren Richtungen interpretieren.

Erstens bedeutete die Lockerung der funktionellen Bindung der Gesellschaft an Moral und Religion, das säkulare Recht über Moral und Religion zu stellen und sich die Gesellschaft zu unterwerfen. Religion und Moral werden erlaubt, insoweit sie dem System dienen. Recht und Laizismus sind im Kern die Instrumente des Übergangs der gesellschaftlichen Kontrolle auf die kapitalistische Herrschaft. Sie liquidierte Religion und Moral mit den Waffen des Laizismus und des Rechts, um sowohl die Kreise der alten Aristokratie als auch ihre Leibeigenen zu kontrollieren, neue Bereiche für Kapital und Arbeitskraft zu erschließen und Reserven zu bilden. Sie hat sie aber nicht vollständig beseitigt. Als intensiv genutzte Instrumente der Zivilisation sind Religion und Moral als »letztes Wort der Zivilisation« auch für das kapitalistische System durchaus notwendig. Allerdings unter der Bedingung, dass sie sich weder an der wirtschaftlichen und politischen Herrschaft beteiligen, noch ihr Steine in den Weg legen. In dieser Funktion wurden religiöse Reformation und Rechtsstaat zu den Hauptindikatoren der kapitalistischen Moderne. Sie spielen als Instrumente eine wesentliche Rolle für den Übergang zur kapitalistischen Wirtschaft und Gesellschaft. Gleichzeitig sind sie die Instrumente zur Lösung von Problemen der Mentalität des Systems.

Der zweite Erfolg ist die Verwendung der ›wissenschaftlichen Methode‹. Die Trennung in Subjekt und Objekt ist geradezu der Schlüssel zur geistigen Hegemonie. Das auf den ersten Blick für die wissenschaftliche Methode unverzichtbare Objektivitätsprinzip bildet eigentlich eine notwendige Vorstufe für die Dominanz der Subjektivität. Um zu regieren, muss man Subjekt sein. Den Regierten fällt natürlich die Rolle des Objekts zu. Objekt zu sein, bedeutet, verdinglicht zu werden, wie ein Ding regiert zu werden. Es handelt sich um den methodischen Ausdruck dafür, dass das Subjekt die Macht erlangt, Dinge, also auch die Natur als Ding, zu regieren, wie es will. Noch dazu mit dem Segen der Wissenschaft. Die Trennung von Subjekt und Objekt geht bis auf Platon zurück. Die berühmte Dichotomie Platons von der Welt der Ideen und ihrer einfachen Abbilder bildet die Grundlage sämtlicher weiteren ähnlichen Dichotomien. Deren mythologische Grundlagen dagegen können wir in fantastischer Weise in den sumerischen und ägyptischen Gesellschaften beobachten. Die eigentliche Wurzel liegt darin, dass die in der Hierarchie Obenstehenden zu Göttern erhöht und die Untenstehenden zu Untertanen und Knechten gemacht werden. Von Schöpfer und Geschöpfen, von Gott und Knechten als geistiger Ausdruck der Dichotomie von Herrscher und Beherrschten kommen wir über Wort und Ding, perfekte Ideen und einfache Abbilder nach und nach zur Dichotomie von Subjekt und Objekt. Dazu gehört auch die Trennung von Seele und Körper. Die politische Bedeutung all dessen ist die Negation der Demokratie und die Ermöglichung von Oligarchie und Monarchie.

Wir müssen uns klar machen, dass mit dem Kapitalismus das analytische Denken die trickreichsten und verschwörerischsten Formen angenommen hat. Die Börse ist der prägnanteste Ausdruck dieser Tatsache; hier führt spekulative Intelligenz zu gigantischen Profiten. Die Spekulation und die spekulative Intelligenz werden im System zu Zwillingen. Dasselbe gilt für Politik und Militär. Der Krieg beruht auf List und Gerissenheit. Er ist der Höhepunkt der Jagdkultur. An der Börse, in der Politik und beim Militär wurde die spekulative Intelligenz in bisher ungekanntem Maße zum Instrument für Manipulation und Komplotte. Für Gewissen und Emotionen ist dabei keinerlei Platz. Auf dem einen Gebiet werden mit Atombomben und anderen grausamen Waffen Menschen zerfetzt, auf dem anderen Gebiet lassen sich ohne körperliche Anstrengung in ein paar Tagen Milliarden verdienen. Wir können behaupten, dass der Kapitalismus seinen Charakter am offensten an der Börse, in der Politik und im Krieg zeigt. Es gibt keinen menschlichen Wert und keine menschliche Emotion, die der Kapitalismus für Profit nicht verletzt.

Dabei ist die emotionale Intelligenz die *conditio sine qua non* für das Leben. Ein Bruch mit dieser Art der Intelligenz hat eine langsame Auslöschung des Lebenssinns zur Folge. Ökologische Katastrophen sind gewissermaßen Vorboten einer apokalyptischen Gefahr für das Leben. Verantwortlich dafür ist die Verwandlung einer verzerrt gebrauchten spekulativen Intelligenz, die über die Anreicherung mit Sprache, Macht, Stadt und Staat, Wissenschaft und Kunst zu einem globalen Leviathan, dem Weltreich des globalen Kapitals geworden ist. Diesen Leviathan aufzuhalten, erfordert größte Anstrengungen der emotionalen Intelligenz. Um ihn unschädlich zu machen, müssen wir die Repression gegen das freie Leben zurückschlagen. Wir müssen ihm das Leben nehmen, bevor er Leben auf diesem Planeten unmöglich macht. Hauptaufgabe der Soziologie der Freiheit wird sein, die theoretische Perspektive für diesen lebenswichtigen Akt zu erarbeiten und ihn erfolgreich angemessen zu strukturieren.

B Ökonomismus

Ansichten, die die Entstehung des Kapitalismus für eine natürliche Folge der wirtschaftlichen Entwicklung halten, gehören in diese Gruppe. Insbesondere der Marxismus wurde in dieser Hinsicht auf eine Art Ökonomismus reduziert, indem er den Kapitalismus begriff, als sei er ein wirtschaftliches Modell. Die politische Ökonomie machte er geradezu zur Königsdisziplin der Sozialwissenschaften. Bestimmte Entscheidungen, die das als ›moderner Staat‹ bezeichnete Gebilde in Bezug auf das wirtschaftliche Leben getroffen hatte, wurden zur wissenschaftlichen Disziplin erhoben.

Bei der Entstehung dieser Ansicht spielte eine große Rolle, dass Kapital durch Gewinne beim Ausnutzen von Marktpreisen gebildet wurde. Es entstand eine Tendenz, die so tat, als sei eine kapitalistische Entwicklung möglich, die gänzlich unabhängig von Geschichte, Gesellschaft, Herrschaft und zivilisatorischer Entwicklung allgemein ist. Paradoxerweise gestanden besonders diejenigen, die als besonders antikapitalistisch gelten, dem Kapitalismus eine Position zu, die ihm nicht gebührt, und kämpften dann angeblich gegen ihn.

Die englischen politischen Ökonomen können wir verstehen. Von den politischen Ökonomen des Landes, in dem der Kapitalismus seinen Sieg errungen hat, können wir erwarten, dass sie die neue Wirtschaft als Modell hinstellen. Dass Karl Marx sich auf dieses Modell konzentrierte und die politischen Ökonomen kritisierte, war bedeutsam und sehr erhellend. Bedauerlich ist, dass Marx' Werk unvollendet blieb und die ihm nachfolgenden Marxisten ihn völlig karikierten. Als wichtigster Mangel bei Marx darf gelten, dass er den Zusammenhang von Kapitalismus, Macht und Staat nicht systematisch analysierte. Er versuchte, die Rolle der Ideologie zu klären. An manchen Stellen fand er starke Worte für die Mentalität des Kapitalismus. Aber sein größter Irrtum war, die Perspektive des Positivismus einzunehmen, der Lieblingsideologie der Aufklärung, die schon lange das intellektuelle Klima prägte. Er war überzeugt, Sozialwissenschaft wie Physik betreiben zu können, daran glaubte er, ohne zu zweifeln. Diese Herangehensweise machte sein ansonsten sehr wertvolles Werk »Das Kapital« weniger ergiebig und führte dazu, dass es weniger als Forschungsarbeit denn als religiöser Text interpretiert wurde. Auch was seine Jünger zustande brachten, ist bekannt. Lenin gelang es in seinen Arbeiten zu Imperialismus, Monopolkapitalismus und Themen wie »Staat und Revolution« nicht, die Philosophie der

Aufklärung zu überwinden. Dass er trotz vieler Ansichten, die zur Analyse des Systems beitrugen, nicht die Kapazität erreichte, die kapitalistische Moderne zu überwinden, war ein Hauptfaktor für die Erfolglosigkeit des sowjetischen Experiments.

Auch die Kommentare der Anarchisten zum Kapitalismus waren überwiegend ökonomisch. Tendenziell gingen sie davon aus, dass der Kapitalismus zusammenbrechen werde, wenn er wirtschaftlich ins Verderben getrieben wird. Das durch Positivismus verkrüppelte Denken geht so: Die Wissenschaft hat Gesetzmäßigkeiten. Die Ökonomie ist eine Wissenschaft. Deswegen hat auch sie Gesetzmäßigkeiten. Nach diesen Gesetzmäßigkeiten wird der Kapitalismus als System nicht überleben, weil er Krisen produziert. Zu tun ist, den Ablauf dieser Gesetzmäßigkeiten zu beschleunigen. In der Folge wird der Kapitalismus zerschlagen und der Kommunismus errichtet werden!

Derartigen Ansichten liegt eine falsche Definition der gesellschaftlichen Wirklichkeit zugrunde. Die Gesellschaft besitzt meist eine Systematik, die weit außerhalb von der Ideologie der Aufklärung angenommenen liegt. Meist ist sie sogar chaotisch. Die Gesellschaft mit all ihren geistigen und institutionellen Strukturen unterscheidet sich qualitativ von allen Definitionen, die ihr die sogenannten positiven Wissenschaften einschließlich der Ökonomie geben; wenn sie aktiv ist, ist sie meist chaotisch. Daher muss sie mit ganz anderen Ansätzen analysiert und entsprechend müssen andere Aktionen entwickelt werden.

Im Lichte dieser Kritik können wir die Zusammenhänge zwischen der Wirtschaft und der Ordnung des Kapitals besser verständlich machen. Die erste Feststellung, so paradox das klingen mag, muss sein: Der Kapitalismus ist keine Wirtschaft. Den Kapitalismus als politisches Regime zu analysieren, wird uns helfen, den in ihm liegenden Profit besser zu begreifen. Dabei müssen wir vermeiden, ihn auf Macht und Staat zu reduzieren. Wir sollten also nicht vom Ökonomismus auf eine machtzentrierte Sichtweise verfallen. Hätte der Soziologe Max Weber in seinem Werk *Die protestantische Ethik und der Geist des Kapitalismus* den Kapitalismus selbst als Sekte interpretiert, wäre er der Wirklichkeit wahrscheinlich nähergekommen. Fernand Braudel wollte das Entstehen des Kapitalismus mit seiner Eigenschaft erklären, ein Monopol über die Preisbildung am Markt zu errichten. All dies sind bedeutende Analysen, einschließlich derer von Marx, doch ihr gemeinsamer Mangel ist, so zu tun, als müsse eine Erklärung zwangsläufig ökonomisch sein.

Meiner Meinung nach steht der Kapitalismus in einer langen Tradition einer militärisch-politisch-kulturellen Organisierung, die listenreich den Raub gesellschaftlicher Werte, besonders der materiellen Akkumulation, betreibt und seit dem sechzehnten Jahrhundert in Westeuropa nach und nach zur herrschenden Gesellschaftsform wurde. Seine Geburt können wir auch als das moderne Glied in einer Traditionskette definieren, die mit der ersten Gruppe von Plünderern begann, die sich um einen ›starken Mann‹ scharte und die gesellschaftlichen Werte raubte, die sich um die Mutter-Frau gebildet hatten. Der Kapitalismus in England und Holland, davor bereits in den italienischen Stadtstaaten wie Genua, Florenz und Venedig, war der Akt von Gruppen mit fortgeschrittener spekulativer Intelligenz, die eng mit dem Staat verflochten waren und wie Mitglieder einer Sekte ihren ganz eigenen Lebensstil hatten. Durch ökonomische Neuerungen, die sie geschickt entwickelten, waren sie in der Lage, mit Geld profitable Wuchergeschäfte zu machen. Durch Preismanipulationen an Märkten in aller Welt rissen sie immense Werte an sich und schreckten auch nicht davor zurück, häufig Gewalt anzuwenden. Je nach Ort und Zeit können wir sie Dynastien, Aristokraten oder Bourgeoise nennen. Der einzige, aber wichtige Unterschied zu den Räubern in Altertum und Mittelalter ist, dass sie überwiegend in den Städten aufgestellt und mit der Staatsautorität verfilzt waren und die Gewalt in der Hinterhand behielten und wenn nötig verdeckter einsetzten. Angeblich galten die Regeln der Wirtschaft, und sie verdienten ihr Geld gemäß dieser Regeln dank ihrer Intelligenz und ihres Ausgangskapitals. Wenn wir jedoch die Geschichte des Kapitals gründlich erforschen, sehen wir, dass dies nichts als ein Ammenmärchen ist.

In den Kolonialisierungkriegen, in den die ursprüngliche Akkumulation stattfand, gab es keinerlei wirtschaftliche Regeln. Staaten wie Portugal, Spanien, Holland, England, Frankreich und vor ihnen Städte wie Venedig und Genua sicherten sich ihre Kolonien, ihre ursprüngliche Kapitalakkumulation, vollständig durch Gewalt. Diese Feststellung fällt weder bezüglich der Märkte in Nachbarländern noch in den Kolonien schwer. Aus den vierzig Räubern wurden angesehene Herren. Die modernen vierzig Räuber bürgerliche Herren zu nennen, ist nichts als eine Mode. Die ›Wirtschaftswissenschaften‹ genannten Disziplinen führen weiterhin ihre Hauptfunktion aus, den Kern der Sache zu verhüllen. Welche Theorie auch immer sich erfolgreich präsentiert, wird als Meisterwerk gefeiert und mit Preisen bedacht. Keine Wissenschaft hat die Realitäten so ins Gegenteil verdreht wie die Wirtschaftswissenschaften. Die größte Verzerrung durch die spekulative Intelligenz erleben wir auf dem Feld der politischen Ökonomie. Die kapitalistische Moderne besitzt als einziges System das Privileg, vollständig auf einer solchen gefälschten Wissenschaft aufzubauen.

Die Wirtschaft, also die Beschaffung der materiellen Lebensgrundlagen, ist das Grundproblem aller Lebewesen. Die Wirtschaft ist das Material, mit dem die Evolution stattfindet. Ein lebendiger Organismus als System unterzieht Objekte aus der äußeren Umgebung, die für das eigene Verdauungssystem geeignet sind, einer metabolischen Umwandlung und ermöglicht so die eigene Weiterexistenz. Dies ist eine universelle Regel; die Evolution ermöglicht die Kontinuität des Lebens durch Differenzierung. Um die extreme Vermehrung einer Art zu verhindern und ihre Angriffe auf andere Arten und damit deren Ausrottung zu verhindern, beachtete oder ermöglichte sie stets ein gewisses Gleichgewicht. Dass sich Mäuse extrem vermehren und alle Pflanzen fressen, verhindert sie mit Schlangen; für Herden von Schafen, Ziegen und Rindern gilt das gleiche mit Raubtieren; so hat sie ein gewisses Gleichgewicht bewahrt und den Arten die Entwicklung ermöglicht. Auf die Frage, warum die natürliche Evolution dies tut, können wir nur antworten, indem wir das Ergebnis betrachten. Ich denke, der Hauptgrund ist, dass so die Entwicklung und Verstetigung des Systems der Lebewesen gewährleistet wird. Sollen wir dies nun Grausamkeit der Natur nennen oder Gerechtigkeit? Diese Diskussion gehört nicht hierher. Die Fragen jedoch, ob dies das Produkt einer tiefen Intelligenz oder etwas Primitives ist, ob dies in die Metaphysik fallen soll oder nicht, sind meiner Meinung nach sinnvolle Fragen über das Universale, über die wir mit analytischer Intelligenz nachdenken sollten. Wir können auch eine Verbindung zum Existenzialismus herstellen.

Die wichtigste Antwort darauf ist, dass das Universum stets auf Kompetenz achtet. In gewisser Weise scheint das Universum im Laufe der Zeit Kompetenz und Perfektion anzustreben. Wie sonst können wir eine bis zum Menschen reichende Evolution und die Entwicklung des Menschen in einer kleinen Gesellschaft erklären? Gäbe es nur Löwen oder Rinder und würden sie auf die Umgebung losgehen, hätte sich das Leben nicht entwickeln und fortsetzen können. Die gewaltige Evolution hat in ihrem Lauf bis zum Menschen auch Dinge wie Gewissen und Moral ermöglicht. Was ist ihr Sinn? Mitleid und Gerechtigkeit! Die Essenz dieses Prinzips wurde auch so ausgedrückt: »Schaf und Wolf gingen zusammen, wenn sie nicht ganz anders dächten.«[16] Hier liegt etwas Universales verborgen. Ist es möglich, dass Lamm und Wolf Geschwister werden? Menschliches Handeln hat gezeigt, dass dies möglich ist. Es ist schlechthin unverzichtbares Ziel des Menschseins, so zu denken und handeln, dass der Mensch nicht des Menschen Wolf ist. Den Menschen dem Menschen zum Wolf zu machen, ist das grausame Prinzip des Kapitalismus. Einstmals hatten ja Schafe und Wölfe dieselben Vorfahren, erst später entwickelten sie sich auseinander. Warum sollten sich beide nicht wieder in Richtung eines freundschaftlichen Miteinanders entwickeln? Das ist zumindest theoretisch möglich, und praktische Beispiele gibt es zuhauf.

Ich erwähne dies aus folgendem Grund: Es ist offensichtlich sinnlos, wenn der Kapitalismus eines der wenigen Beispiele in der natürlichen Evolution, die grausam erscheinen mögen, zum Ausgangspunkt für seine Geburt macht. Wenn die Evolution von den ersten Algen im Meer bis zu den Moosen an Land und von ihnen zu prächtigen Bäumen führt, dabei ein reiches System von pflanzenfressenden – als sich nicht gegenseitig fressenden – Tieren hervorbringt; warum sollen wir dann für das menschliche Leben nicht diese zum Modell nehmen, sondern solche, die wir auch als Krebsgeschwüre der Evolution interpretieren können? Ich erwähne dies als Vorbemerkung, um zu zeigen, dass es in der natürlichen Evolution keine Tatsachen gibt, welche die Theorien über die Geburt des Kapitalismus bestätigen. Das gilt auch für entgegengesetzte Prinzipien wie die ständige Vergrößerung einer Reservearmee von Arbeitslosen, um sie zu zwingen, für geringen Lohn zu arbeiten.

Die Biologie hat festgestellt, dass die heute auf der Grundlage von Gesellschaftlichkeit weiterexistierende menschliche Spezies alle früheren evolutionären Prozesse in sich birgt[17]. Wenn wir diese wissenschaftliche Feststellung ohne Rückgriff auf die positivistische Religion interpretieren wollen, stehen wir vor einem großartigen und wichtigen Befund. Diese Eigenschaften der menschlichen Spezies sowie die moralische Urteilskraft oder auch den freien Willen werde ich im folgenden Band ›Soziologie der Freiheit‹ diskutieren; bei der Zusammenfassung der rhythmischen Entwicklung, die der natürlichen Evolution nicht widerspricht, werde

16 Im Lied *Güzelliğin on para etmez von* Âşık Veysel Şatıroğlu, einem der herausragenden Volkssänger der anatolischen Aşık-Tradition im zwanzigsten Jahrhundert. Die Zeile lautet im Original: *Koyun kurt ile gezerdi // Fikir başka başka olmasa.*

17 Diese sogenannte ›biogenetische Grundregel‹ wurde zuerst 1866 von Ernst Haeckel formuliert: »Die Keimesentwicklung ist eine gedrängte und verkürzte Wiederholung der Stammesentwicklung.«

ich versuchen, zu zeigen, warum wir das zivilisatorische Leben, das auf Brennpunkten von Staat und Macht aufbaut, die tumorartig anwachsen und mit extremer Urbanisierung, Hierarchien und Klassen einhergehen, in die Kategorie von ›extremer Verlöwung‹ oder im Gegenteil ›extremer Verrinderung‹ einordnen müssen.

Zunächst muss ich betonen, dass derlei Entwicklungen zwar ihre Wurzeln in der Evolution haben, wenn auch nur in geringem Maße, wir sie (z. B. Kannibalismus) bei der Evolution der menschlichen Spezies aber als eine Art Krankheit, Verirrung oder Überbleibsel interpretieren können. Wir müssen auch klar verstehen, dass der natürliche Rhythmus der Evolution nicht in dieser Art verläuft. Die Zivilisation allgemein, besonders ihre kapitalistische Stufe, kann nicht die Besonderheiten eines Überbleibsels ausnutzen und darauf ein gesellschaftliches System (die zweite Natur) aufbauen. Das müssen wir in diesem Zusammenhang nicht nur aussprechen (dies ist auch eine Aufgabe für Akademikerinnen und Akademiker), sondern wir müssen es als fundamentales Lebensprinzip interpretieren. Sonst würden wir von vornherein unsere Interpretationen der Gesellschaft verkrüppeln.

Fernand Braudels Kommentare zur Entstehung des Kapitalismus beruhen auf umfassender Beobachtung und zahlreichen komparativen Studien. Indem er sie in eine Ganzheit von Geschichte, Gesellschaft, Macht, Zivilisation und Kultur und räumliche Entwicklung einbettet, klärt er auch das Problem der Methode. Er hütete sich vor positivistischen Herangehensweisen. Karl Marx, der unter dem starken Einfluss der Aufklärung positivistische Wissenschaft zugrundelegte, hatte den Anspruch, die Ökonomie zur Wissenschaft zu machen. Daran hatte auch Anteil, dass die Soziologie gerade erst im Entstehen begriffen war. Wissenschaftliche Gewissheit und lineares Fortschrittsdenken waren als Glaubenssätze tief im damaligen Denken verankert. Die Romantik versuchte, diese Linie zu zerstören, schaffte aber durch ein Abgleiten in den Volontarismus noch schwerere intellektuelle Probleme. Nietzsches Ansatz, der Relativismus, Zyklen und emotionale Intelligenz betonte, fand wenig Fortsetzung. In diesem intellektuellen Tumult konnte sich der Liberalismus ungehindert ausbreiten. Der Kapitalismus erhob die Physik (einschließlich Chemie, Mathematik, Biologie) durch Positivismus zur Philosophie, besser: zur Religion; in gleicher Weise machte er die soziale Realität durch den Liberalismus zur Philosophie oder Religion. Infolge des so errungenen Sieges im ideologischen Kampf schien der Weg der Globalisierung des Systems im neunzehnten Jahrhundert abgesteckt. Der wirtschaftliche Kampf war bereits vorher gewonnen worden. Führen wir diese Kritik und diese Interpretation ein wenig aus:

In Zusammenhang mit ihrer mentalen Entwicklung suchten Gemeinschaften stets die Objekte des materiellen Bedarfs und wollten sie weiterentwickeln; ihre Hauptsorgen waren Nahrung, Unterkunft, Fortpflanzung und Schutz. Um ihre Grundbedürfnisse zu befriedigen, begnügten sich die ersten Gemeinschaften mit dem, was sie vorfanden. Sie wohnten in Höhlen, schützten sich an Seeufern und in Wäldern und räumten der fruchtbaren Mutter Vorrang ein. Nach und nach kam die Jagd dazu. Sowohl der Bedarf an Schutz als auch der Verzehr von Fleisch führten zur Weiterentwicklung dieser Kultur. Zu einer bestimmten Zeit der gesellschaftlichen Entwicklung gab es Spannungen zwischen der überwiegend mit dem Sammeln befassten Frau und dem auf die Jagd spezialisierten Mann. Daraus ergaben sich verschiedene kulturelle Evolutionen. Beide Seiten entwickelten sich einseitig weiter und bildeten kulturelle Akkumulationen in der Form des ›Löwenmannes‹ und der ›Rinderfrau‹ heraus. So entstanden wohl zuerst die verschiedenen Auffassungen von Wirtschaft. In der Jungsteinzeit (Neolithikum) erreichte die Kultur der Frau ihren Höhepunkt. Nach der letzten Kaltzeit, also ab circa 15 000 v. Chr., gab es an der Südflanke des Taurus-Zagros-Gebirgssystems eine reichhaltige Flora und Fauna, die zur Vorstellung eines paradiesischen Lebens führte. Diese Zeit hat den Mainstream der gesellschaftlichen Entwicklung von damals bis heute, über die geschriebene Geschichte und die Zivilisation bis hin zur Globalisierung geprägt. Auch die bis heute bestehenden linguistischen Gruppen sind das Produkt jener Zeit.

Bezüglich des Kapitalismus ist das einzig Relevante, was wir über diese lange Zeit sagen können, dass die Jagdkultur den Mann langsam zum Hegemon machte. Soweit es sich feststellen lässt, war die neolithische Kultur, die sich ab 10 000 v. Chr. etablierte, überwiegend weiblich geprägt. Der Weg zur neolithischen Revolution führte über das Verlassen der Höhlen in der Phase des Sammelns, das Bauen zeltartiger Hütten in der Nähe der Höhlen und das Aussäen und Vermehren von Pflanzen. Heutige archäologische Grabungen haben gezeigt, dass sich diese Kultur in ganz Obermesopotamien, insbesondere an der Innenflanke des Taurus-Zagros-Systems entwickelte (Bradostiyan, Garzan, Amanos und Mitteltaurus mit den bedeutenden Fundorten Nevala Çorî, Çayönü und Çemê Xalan[18]).

18 Çemê Xalan (Hallan Çemi) an einem Nebenfluss des Tigris war eines der ältesten gefundenen Dörfer der Menschheit aus dem elften Jahrtausend v. Chr., Nevala Çorî (Nevalı Çori) eine

Auch ein Mehrprodukt, ein Surplus, wurde akkumuliert, wenn auch ein sehr geringes.

Die Wirtschaft, wenn auch noch nicht als Begriff, können wir im Kern vielleicht erstmals mit dieser Art der Akkumulation beginnen lassen. Das Wort Ökonomie stammt ja bekanntlich aus dem Griechischen, wo οἰκονομία soviel wie Hauswirtschaft bedeutet. Die Entstehung der ersten sesshaften, Landwirtschaft betreibenden Familien um die Frau herum und die Möglichkeit, verschiedene (zunächst gut haltbare) Nahrungsmittel in Speichern aufzuheben, ist die Geburtsstunde der Wirtschaft. Doch die Akkumulation gilt nicht dem Handel oder dem Markt, sondern der Familie. Dies muss die menschliche, die wirkliche Wirtschaft sein. Eine weit verbreitete Geschenkkultur verhinderte, dass sich Begehrlichkeiten auf diese Akkumulation richteten. Das Prinzip »Zuviel Besitz weckt Begierden« stammt vermutlich aus jener Zeit. Die Geschenkkultur ist eine wichtige Form der Wirtschaft. Sie harmoniert besonders gut mit dem Entwicklungsrhythmus der Menschen.

Auch den Beginn der Kultur des Opfers können wir in jener Zeit ansetzen. Der Begriff ›Gott‹ entstand angesichts der steigenden Erträge als Ausdruck des Respekts vor der eigenen Identität. Dies ist verständlich. Erträge bringen Dankbarkeit mit sich. Da ihre Quelle die Evolution der Gemeinschaft war, wurden die Herausbildung einer eigenen Identität, ihre Erhöhung und Anbetung sowie als weitere Entwicklung der geistigen Welt die Darbringung von Gaben zu Kulturelementen der Ackerbaurevolution. Archäologische Funde und die konkreten Begriffe der Muttergöttin und der heiligen Mutter bestätigen dies auf bemerkenswerte Weise. Die weite Verbreitung von figürlichen Darstellungen von Frauen gehören dabei zu den wichtigsten Hinweisen.

Doch das Befürchtete sollte später doch eintreten: Als die infolge von Erfahrung und geistiger Entwicklung angestiegene Akkumulation von Mehrprodukt durch Verschenken nicht mehr aufgebraucht wurde, setzte es sich der jagende Mann, wieder ›mit dem Finger am Abzug‹, zusätzlich zum eigenen Beruf in den Kopf, mit dem Überschuss Handel zu treiben und baute dies in seine Kultur ein. Die Akkumulation von verschiedenen Produkten in verschiedenen Gegenden brachte das auf, was wir Handel nennen. Die

Siedlung am Euphrat aus dem zehnten Jahrtausend. Beide Fundorte sind seit den 1990er Jahren in türkischen Stauseen versunken und unwiederbringlich zerstört. Einzig Çayönü bei Amed (Diyarbakır) ist noch erhalten. Dort lässt sich eine Siedlungsgeschichte über rund viertausend Jahre ab dem zehnten Jahrtausend nachvollziehen.

gegenseitige Befriedigung von Bedürfnissen durch Produkte brachte als zweite große gesellschaftliche Arbeitsteilung den Handel und den Beruf des Händlers hervor; er wurde legitimiert, wenn auch unter Vorbehalten. Denn die transportierten Produkte förderten die Arbeitsteilung, dies wiederum machte Produktion und Leben ergiebiger. Wenn auf der einen Seite Nahrung und Textilien, auf der anderen Seite Erzlagerstätten reichlich vorhanden sind, wird Handel sinnvoll.

Ab dem vierten Jahrtausend v. Chr. weitete sich der Handel aus. Die Zivilisation, die um Uruk als erstem Stadtstaat in Niedermesopotamien entstand, errichtete von Elam im Südwesten des Iran bis in die Gebiete des heutigen Elazığ und Malatya in Obermesopotamien Handelskolonien. So wurde auch die Tür für koloniale Ausbeutung aufgestoßen. Für die vor der Urukzeit im fünften Jahrtausend vorherrschende Ubaid-Kultur (die erste wirklich patriarchale Kultur in vorstaatlicher Zeit) wurde keine Kolonialisierung gefunden. Handel und Kolonialisierung gehen Hand in Hand. Die wesentlichen Handelsgüter waren Keramik- und Textilprodukte gegen Gegenstände aus Metall und Holz. Gleichzeitig mit Handel und Händlern bildeten sich Märkte heraus. Zentren, an denen früher geschenkt und geopfert worden war, verwandelten sich in Märkte. Die Händler, die gewissermaßen das Privileg erwarben, Preise für Produkte aus verschiedenen Gegenden festzusetzen, können wir als Urkapitalisten bezeichnen. Denn wegen der Möglichkeit, Preise festzulegen, erlangten sie eine bis dahin nicht dagewesene Akkumulation von Waren.

Ich möchte auch darauf hinweisen, dass mit dem Warentausch unter dem Einfluss des Handels auch der Prozess der Kommodifizierung, also des zur-Ware-Werdens begann. Der Übergang von der Geschenkwirtschaft zum Tauschwert hatte noch nicht stattgefunden. Für die Gesellschaft war der Gebrauchswert der Waren entscheidend. Der Gebrauchswert ist die Eigenschaft von Waren, mit der man einen Bedarf befriedigt. Dieser Wert ist der eigentliche Wert für den Menschen. Der Tauschwert dagegen ist ein sehr umstrittener Begriff, und seine korrekte Definition ist von großer Wichtigkeit. Meiner Meinung nach ist es äußerst zweifelhaft, ihm die menschliche Arbeit zugrundezulegen. Das gilt auch für Marx' diesbezügliche Analyse. Der Tauschwert besitzt stets einen spekulativen Aspekt, egal ob wir ihn durch abstrakte oder durch konkrete Arbeit zu beschreiben versuchen. Nehmen wir den ersten Händler aus Uruk, der in einer Kolonie am Ufer des Euphrat Töpferware gegen Stein- und Metallwaren tauscht. Wenn wir fragen, wer den Tauschwert zunächst festsetzt, könnte die erste Antwort ›das

Niveau des gegenseitigen Bedarfs‹, die zweite ›der Händler in Eigeninitiative‹ lauten. Wenn zum Beispiel der Bedarf groß ist, kann der Händler einen beliebig hohen Preis für seine Ware festlegen, ihn beispielsweise verdoppeln. Nichts als sein eigenes Gewissen bzw. seine eigene Stärke können ihn davon abhalten. Wo bleibt also die Rolle der Arbeit?

Ich lasse den Faktor Arbeit dabei nicht völlig außer Acht, doch ich behaupte, dass er nicht der eigentlich entscheidende ist. Dies können wir bei allen Warentauschvorgängen der Geschichte beobachten. Abhängig vom freien Wettbewerb kann der Warentausch gelegentlich auf dem Wert der Arbeit in nahezu äquivalenter Weise erfolgen. Dies ist jedoch ein Tausch Arbeit gegen Wert, der eher auf theoretischer Ebene Gültigkeit besitzt. In der Praxis ist die Spekulation entscheidend. In manchen Situationen findet eine extreme Akkumulation von Waren statt. Dann fällt der Wert der Waren unter Null, um sie zu vernichten wird zusätzliche Arbeit benötigt. Da wir nicht sagen können, dass der Wert der Arbeit unter Null gefallen ist, kann die Arbeit nicht das entscheidende Kriterium sein. Wieder ist die Macht des Händlers entscheidend, der die Möglichkeit besitzt, Mangel und Überfluss zu schaffen. Weiterhin werden Waren ja mithilfe von Waren produziert. Waren werden durch die historische Akkumulation von Tausenden namenlosen Arbeiterinnen und Arbeitern produziert. Durch welchen Mechanismus wird all den Erbringern dieser geronnenen Arbeit ihr verdienter Lohn zuteil? Wenn wir dazu noch den Anteil kreativer Handwerker oder gar das gesamte notwendige gesellschaftliche Handeln addieren, stellen wir fest, dass die [von Marx] ›lebendige Arbeit‹ genannte Art der Arbeit keinen sinnvollen Preis besitzen kann und daher auch ihre Entlohnung nicht denkbar ist.[19]

Hier verrät sich das Handicap oder auch die Täuschungsabsicht der englischen politischen Ökonomie. Bekanntlich waren England und Holland die ersten Länder, in denen der Kapitalismus als System seinen Sieg errang. Bedingung dafür war eine theoretische Begründung, die dem Kapitalismus Legitimität verlieh. Eine akzeptable Theorie war besonders wichtig, um die Tatsache der spekulativen Gewinne zu bemänteln. Den Weisen der politischen Ökonomie fiel es zu, eine neue Version der mythologischen Erzählung aus Uruk, der ersten Händlerreligion, zu präsentieren, im Kern also eine neue Religion des Kapitalismus zu erfinden. Errichtet wurde keine politische Ökonomie, sondern eine neue Religion, wie alle Religionen nach

19 Marx unterscheidet zwischen der ›lebendigen Arbeit‹ als dem Wert schaffenden Prozess menschlicher Tätigkeiten und der ›vergegenständlichten Arbeit‹, die sich in den hergestellten Produkten ausdrückt.

und nach mit einer heiligen Schrift und ausufernden Konfessionen. Die politische Ökonomie wurde entwickelt, um den spekulativen Charakter des Kapitalismus (Anhäufung von Waren zur Manipulation von Preisen, Ausnutzung regionaler Unterschiede) zu vertuschen, der selbst die Raubzüge der Vierzig Räuber übertrifft. Sie ist das verlogenste und räuberischste Werk der spekulativen Intelligenz. Die Arbeitswerttheorie wurde dabei zum Köder an der Angel. Ich frage mich wirklich, wie sie dazu ausgewählt wurde. Ich bin überzeugt, dass ein wesentlicher Grund dafür das Hinhalten der Werktätigen war. Selbst ein Genie wie Karl Marx konnte sich nicht zurückhalten, bei dieser Jagd den Köder zu schlucken. Diese Kritik zu leisten tut mir sehr weh. Aber das mindeste, was ich aus Respekt vor der Wissenschaft tun kann, ist, meine Bedenken auszudrücken.

Betrachten wir dieses Thema noch etwas ausführlicher:

Die zweite große Welle des Handels erleben wir mit den Kolonien Aššurs im zweiten Jahrtausend. Wir können feststellen, dass kein Despotismus so sehr wie der Despotismus Aššurs Zivilisation gestützt auf Handel und Handelskolonien schuf. (Auf die Verbindung zwischen Kapitalismus und Macht werde ich im folgenden Abschnitt eingehen). Aššur war die erste Macht, die in ihrer Zeit (2000–600 v. Chr.) den Handel extrem ausweitete und in der gesamten damals bekannten Welt Kolonien gründete. Selbst die phönizischen Händler, die ungefähr zur selben Zeit mit der ägyptischen Zivilisation im Rücken Experten für Handel und Koloniegründung waren, blieben dagegen zweitrangig. Beide Mächte – wie später England, Holland und Portugal – rissen durch einen mit enormer Grausamkeit einhergehenden Handel gigantische Werte an sich. Wenn man diese Verquickung von Handel und Tyrannei in der Geschichte des gigantischen assyrischen und phönizischen Reichtums untersucht, kann man klar sehen, dass die europäischen Kolonialisten (Spanien, Portugal, Holland, England, Belgien etc.) auf diesem Weg weitergegangen sind. Die Assyrer rühmten sich damit, Türme und Wälle aus menschlichen Schädeln aufzuschichten. Die Moral und Kultur, die auf Raub errichtet wurde, hält den Libanon und den Irak immer noch im Würgegriff; beide Länder sind immer noch Gegenstand schmerzhafter Kriege. Nicht umsonst hat die Römische Republik die phönizische Kolonie Karthago in Schutt und Asche gelegt und haben die Meder 612 v. Chr. die damalige assyrische Hauptstadt Ninive in eine Ruine verwandelt.

Auf Handelszivilisationen müssen wir ein besonderes Augenmerk richten. Einer der häufigsten Gründe für Kriege und Staatsgründungen ist die Sicherheit von Händlern und Kolonien, besser gesagt: der Schutz ihrer

Interessen. Es ist bekannt, das sich auch die heutigen Kriege im Mittleren Osten im Kern um die Politik der Kontrolle des Ölhandels drehen. (Leider ist im Irak – der Name kommt von Uruk –, dem Schauplatz der allerersten Handelskriege, der jüngste dieser Kriege immer noch gnadenlos im Gange.) Wir könnten noch viele weitere Beispiele aufzählen, doch das ist wohl nicht nötig.

Als der Kapitalismus näherrückte und das Zentrum der Zivilisation sich nach Europa verlagerte, sehen wir wieder den Handel in der Hauptrolle. Die mittelöstliche Handels- und Händlerzivilisation machte ihren letzten Zug mit dem Islam im Mittelalter. Chadīdschas späterer Mann, ihr Angestellter Mohammed, legte die Grundlage für diese Handelszivilisation als Ergebnis der Konkurrenz mit assyrischstämmigen und jüdischen Händlern und Wucheren, gestützt auf Medina und Mekka. Und wieder spielte die Gewalt eine Hauptrolle. Unter dem religiösen Mantel des Islam lebten die alten Städte des Mittleren Ostens durch den Handel wieder auf. Nach der Niederlage der Byzantiner und Sassaniden fiel ihnen ein großes Netz von Städten und Märkten wie Aleppo, Bagdad, Kairo und Damaskus in die Hände. Durch Handelsnetze von China bis zum Atlantik und von Indonesien bis nach Zentralafrika erfuhr der Handel geradezu eine Globalisierung. Es bildete sich ein ausgedehnter Markt für Waren und Geld. Juden, Armenier und Assyrer akkumulierten große Mengen Geldes.

Die europäische Zivilisation beruht vollständig auf diesem Erbe. Laut der Geschichtsschreibung wanderte die mittelöstliche Handelskultur, die mit den muslimischen Händlern einen weiteren Zug machte, ab dem dreizehnten Jahrhundert unter der Führung der italienischen Städte Genua und Florenz nach Europa. Die Hauptgründe für den Reichtum dieser Städte waren Geld und Handel. Bis zum sechzehnten Jahrhundert führten sie den Handel zwischen Europa und dem Mittleren Osten an. Vielleicht erstmals in der Geschichte setzte sich der Kapitalismus auf der Ebene einer Stadt sowohl vom Begriff her[20] als auch in der Praxis durch. Die Hauptrollen dabei spielten die Piraterie auf dem Mittelmeer und das Preismonopol zwischen dem östlichen und westlichen Mittelmeer. Auch Zwang und in ihrem Schatten die Spekulation gingen wieder Hand in Hand. Handel vergrößerte Kapital, Kapital vergrößerte die Stadt, die Stadt den Markt, der Markt

20 Dies bezieht sich auf den Begriff ›Kapital‹, ein Lehnwort aus dem Italienischen *cavedal*, das seit 1260 belegt ist. Der Begriff ›Kapitalismus‹ wurde erst im zwanzigsten Jahrhundert populär, noch Marx verwendete ihn überhaupt nicht.

die Spekulation. So brach die Morgendämmerung der kapitalistischen Zivilisation an.

Einen Prototyp dieser Stufe hatte es in der klassischen athenisch-römischen Antike (ca. 500 v. Chr. bis 500 n. Chr.) gegeben. Dass in diesem Zeitalter das Kapital nicht den Sieg davontrug, lag am großen Übergewicht der Landwirtschaft und an Niederlagen in religiösen Kriegen. Nach seinen Erfolgen in den italienischen Städten des vierzehnten bis siebzehnten Jahrhunderts breitete sich der Kapitalismus nach Nord- und Nordwesteuropa aus. Spanien hatte er bereits zuvor erobert. Die Entwicklung der Händler und des Handels, die eine lange Vorgeschichte mitbrachten, überschritt im sechzehnten Jahrhundert erstmals die Grenzen einer Stadt und setzte zum Sieg in einem ganzen Land an.

Mitte des siebzehnten Jahrhunderts war ein Markt entstanden, der sich über die ganze Welt erstreckte. Afrika und Amerika waren kolonialistischer Herrschaft unterworfen worden. Die Seewege nach Indien und China über den Atlantik und Südafrika waren erschlossen, das Osmanische Reich so beiseite gedrängt. Europa erlebte eine intensive Urbanisierung. Erstmals begannen die Städte über die landwirtschaftlichen Flächen zu triumphieren. Feudale Königreiche verwandelten sich in moderne, monarchistische Staaten. Das letzte islamische Imperium, das Osmanische Reich, erlitt eine Niederlage nach der anderen. Die Renaissance hatte im vierzehnten Jahrhundert in Italien begonnen und sich über ganz Europa ausgebreitet. Die religiöse Reformationsbewegung war in den nordeuropäischen Ländern erfolgreich gewesen. Das Zeitalter der Religionskriege neigte sich seinem Ende zu. Noch wichtiger: alle kulturellen und zivilisatorischen Werte Chinas, Indiens, des Islam und selbst Afrikas und Amerikas waren nach Europa geleitet worden. Auf der einen Seite entstand der moderne Staat, auf der anderen Seite entstanden die Nationen.

Diese gesamte Geschichte, Kultur, Handelserfahrung, Zivilisation, politische Kraft und vermarktete Welt standen hinter dem Kapitalismus, als er seinen Siegeszug antrat. Wäre ohne diese Vorbedingungen, auf die sie angewiesen war, die kapitalistische Wirtschaft zu ihrem Sprung nach vorne in der Lage gewesen? Was heißt in der Lage; wäre das Kapital selbst überhaupt denkbar gewesen? Die Zivilisation tat ihren ersten Schritt in Niedermesopotamien in der Stadt Uruk mit der Herausbildung von Städten, Klassen und Staaten. Ihren zweiten großen Schritt tat sie mit dem Handel und den Städten Phöniziens und Ioniens. Der dritte große Schritt war entsprechend, nachdem alle genannten Bedingungen in idealer Weise in Italien,

Holland und England erfüllt waren, der Sieg einer sich global marktübergreifend und marktfeindlich ausbreitenden kapitalistischen Wirtschaft auf der Basis von Großhandel und Urbanisierung. Dies ist es, was heute unter der Führung der USA immer noch stattfindet.

Fernand Braudel, der beharrlich schrieb, der Kapitalismus sei eine Wirtschaftsform, die »marktfeindlich«[21] ist und auf »spekulativen«[22], »monopolistischen Preismanipulationen«[23] beruht, kam der Wahrheit beim Thema der sogenannten Ökonomie näher als Karl Marx.

Im Spiegel der Geschichte sehen wir eine wirtschaftliche Handlungsweise oder Form, in der die Beschlagnahme der akkumulierten Güter raffiniert erfolgte und ideologisch verpackt wurde. Dies fand in einer gesellschaftlichen Atmosphäre statt, die mit Herrschaft durchsetzt ist, im Inneren den Markt so weit wie möglich ausgedehnt hat, in der die Stadt begonnen hat, das Land zu beherrschen, und Religion und Moral zurückgedrängt wurden. Bei dieser neuen Form der Aneignung war die Preisbildung durch das Zusammentreffen von Angebot und Nachfrage auf dem Markt und der Ausdruck dieses Preises mithilfe von Geld im Vergleich zu früheren Zeiten weit fortgeschritten und verlieh die Möglichkeit zum Spielen. Statt der früheren Geldverleiher und Wucherer blühten nun Banken, Anteilsscheine, Papiergeld, Kredite, Buchhaltung und Unternehmen und bildeten die Themen des modernen ökonomischen Katechismus. Was fehlte, war eine wissenschaftliche Erklärung; diese versuchten im Mutterland des Kapitalismus die englischen politischen Ökonomen und ihre sozialistischen Gegner wie Karl Marx zu liefern, die sie paradoxerweise später an ihre Seite zogen.

Während die als kapitalistische Wirtschaft bezeichnete Plünderungsordnung alle Gesellschaften und Landschaften der alten und neuen Welt ausbeutete und von Neuem versklavte, alle Machtzentren und damaligen Staaten durch Schuldendienst – eine Form des Raubes – an sich kettete, die blutigsten Kriege der Geschichte führte und sich Zustimmung für ihre Hegemonie verschaffte, indem sie die Gesellschaft manipulierte, erklärte Karl Marx den Kapitalismus für revolutionär gegenüber der alten

21 Braudel spricht wörtlich von einem Gegenmarkt (2:141) bzw. Gegen-Markt (2:246). Alle Zitate aus *Fernand Braudel: Sozialgeschichte des 15.–18. Jahrhunderts*, München 1986, Band 2: *Der Handel.*

22 »Kapitalismus, d. h. Spekulation« (2:501).

23 »Diese herausragende Stellung [des Kapitalismus] an der Spitze der Kaufmannsgesellschaft ist sein wohl entscheidendster Zug, verhilft sie ihm doch zu zweierlei: zum rechtlich verankerten oder auch nur faktisch bestehenden Monopol, und zur Möglichkeit der Preismanipulation.« (2:407)

Gesellschaft. Meiner Meinung nach begründeten er und seine Nachfolger sowie ähnliche Denkschulen damit keine Wissenschaft. Das Kapital ist eines der gegen das Kapital geschriebenen Werke mit den größten Defiziten und lädt daher zu falschen Interpretationen ein. Dabei mache ich Marx hier keinen Vorwurf. Ich weise nur darauf hin, dass in diesem Werk die Dimensionen Geschichte, Staat, Revolution und Demokratie fehlen bzw. zu kurz kommen. Die europäischen Intellektuellen, denen strukturell ein hohes Maß an Wissenschaftsgläubigkeit zueigen war, produzierten – wenn auch unabsichtlich und aufgrund ihrer objektiven Situation – mit ihren auf dem Kapital basierten Forschungen keine Wissenschaft und Ideologie auf antikapitalistischer Grundlage für die als ›werktätig‹ bezeichneten Gruppen. Der Liberalismus erkannte diesen Mangel, also die Analyse des Kapitalismus in seiner Entstehungszeit als ›revolutionär‹, und benutzte dies perfekt. So assimilierte er durch die Kraft der modernistischen Ideologie, des Nationalstaates und des Industrialismus in der Folge zuerst die deutschen Sozialdemokraten, anschließend die realsozialistischen Systeme einschließlich Russlands und Chinas und zuletzt die Systeme der nationalen Befreiung. So gewann er auch den Klassenkampf, der so erbittert und engagiert geführt worden war. Alle drei Strömungen erlitten gegen den Liberalismus eine klare Niederlage, und leider haben sie bisher dazu keine klare Selbstkritik geleistet.

Wenn die Analysen des Kapitalismus, dieses Krieges gegen die Arbeiterklasse, die Gesellschaft und die Geschichte, tatsächlich wissenschaftlich gewesen wären, wären diese Intellektuellen gegen das System nicht derart unterlegen und – was noch schlimmer ist – ihr Erbe wäre nicht so verschleudert worden. Ich verweise nochmal darauf, dass ich im folgenden Band ›Soziologie der Freiheit‹ diese Diskussionen ausweiten werde. Hier möchte ich versuchen, die sogenannte ›kapitalistische Wirtschaft‹ besser zu definieren und ihre Funktionsweise zu analysieren. Ich finde es unnötig, hier einzelne Begriffe aus dem ökonomischen Jargon wie Mehrprodukt, Mehrwert, Arbeitswert, Lohn, Profit, Preis, Monopol, Markt und Geld auszuführen. Zu diesen existieren unzählige Untersuchungen; ich werde sie beiseite lassen und mich weiter mit den Faktoren befassen, die zu diskutieren ich für notwendiger halte. Das wird mich nicht daran hindern, bei Bedarf auch diese Themen zu berühren.

Begriffsbildungen im ökonomischen Bereich wie ›Profit‹ und ›Lohn‹ und im sozialen Bereich ›Bourgeoisie‹ und ›Proletariat‹ sind die ersten Schritte, um ein System, das die gesamte historische Akkumulation der vom Kapitalismus zerschlagenen Menschheit gnadenlos und mit raffinierten

Methoden assimiliert und zuletzt unseren Planeten Völkermorden und nuklearem Terror ausgesetzt hat, auf positivistische Weise zu verwissenschaftlichen. Zu behaupten, dass der sogenannte Proletarier durch seine Arbeit ganz alleine den Wert schafft, anschließend der Kapitalist – eine Art Besitzer des Proletariers – aus diesem Wert wegen seines Einsatzes von Geldkapital und Produktionsmitteln Profit abzweigt, als sei dies eine wissenschaftliche Feststellung, ist die Grundlage des ökonomistischen Ansatzes. Dies muss wohl das Denken sein, das ›ökonomischer Reduktionismus‹[24] genannt wird. Den Wert derart losgelöst von Geschichte, Gesellschaft und politischer Macht auch nur zu denken, ist schon äußerst problematisch. Selbst wenn wir das Individuum als Kapitalisten oder Proletarier vergöttlichen, lässt sich mit diesem Denken kein Wert bilden. Die historisch-gesellschaftliche Qualität der wirtschaftlichen Werte ist ganz offensichtlich. Dass bereits der Tausch in früheren Zeiten als schändlich galt und Überschüsse verschenkt wurden, liegt an der heiligen Bedeutung, die dem Wert zugemessen wird. Immer noch sagen Bauern nicht »Ich habe produziert«, sondern »Ich profitiere davon, dass meine Vorfahren das Gut bewirtschaftet haben« oder gar »Gott sei Dank für seine Gaben«. So drückt er aus, was er für die Quelle hält – auf einfache, aber viel sinnvollere Weise als die sogenannten Wissenschaftler.

Und wie sollen wir den Gegenwert der Arbeit definieren, die eine Mutter aufbringt, bis sie den Proletarier, den sie neun Monate lang in ihrem Lieb getragen hat, unter Tausend Mühen zu einer Arbeitskraft macht? Wie sollen wir die Besitzverhältnisse und die Anteile an den Produktionsmitteln festlegen, die in jahrtausendelanger Akkumulation angefertigt und von den Kapitalisten gestohlen wurden? Vergessen wir nicht, dass der Wert eines Produktionsmittels niemals der Preis ist, zu dem es auf dem Markt verkauft wird. Allein die Erfindungen in der technischen Ausrüstung einer Fabrik sind das Produkt der akkumulierten Kreativität von Tausenden von Erfinderinnen und Erfindern. Wie können wir den Wert ihrer Arbeit feststellen, und wem sollen wir ihn bezahlen? Können wir die gesellschaftlichen Anteile ignorieren, ohne die Moral vollständig zu negieren? Ist es mit Gerechtigkeit vereinbar, diese historisch-gesellschaftlichen Werte allein unter zwei Personen aufzuteilen? Außerdem haben beide Personen eine Familie und ein gesellschaftliches Umfeld, die sie schützen und sich um sie kümmern. Haben diese keinerlei Anrecht? Diese Fragen könnten wir noch weiter

24 Gemeint ist die Rückführung von Phänomenen aller Art auf wirtschaftliche Verhältnisse.

treiben und auch zuspitzen, aber dies genügt, um zu zeigen, wie problematisch die Dichotomie von Profit und Lohn ist.

Setzen wir die Besitzer von Profit und Lohn nun einmal als Bourgeois und Proletarier in Beziehung. Wie sehr lässt sich die Behauptung, diese Klassen seien bei ihrer Entstehung beide revolutionäre Klassen gewesen, die als Geburtshelferinnen einer neuen Gesellschaft gegen die alte fungiert hätten, mit der Wirklichkeit in Einklang bringen? Diese Allianz hat nirgends in der Geschichte eine Entsprechung. Auch Beispiele, die bestätigen, dass diese beiden später, wie es der Hauptwiderspruch erforderte, in einem radikalen Konflikt aufeinandergeprallt wären, sind so wenige, dass sie nicht ausschlaggebend sind. Und diese sind nur die Fortsetzung alter Konflikttraditionen. Entscheidend und im konkreten Leben beobachtbar ist Folgendes: Ähnlich, wie der Sklave eine Gliedmaße am Körper des Pharao war, verhält es sich mit dem Arbeiter gegenüber der Bourgeoisie. In der Geschichte gibt es keine erfolgreiche Aktion der Sklaven gegen ihre Herren. Selbst das oft zitierte Beispiel des Spartakus war ein Aufstand, der letztlich von der Sehnsucht ausging, selbst Herr zu sein. Wir wissen, dass der Aufstand kein anderes Programm besaß.

Vergessen wir nicht, dass Chef und Arbeiter, die auf dem Erbe der jahrtausendealten Beziehung zwischen Herr und Sklave aufbauen, mit tausend Knoten aneinander gebunden sind. Mit wenigen Ausnahmen gibt es keine Arbeiter, die radikale Aufstände gegen ihre Chefs durchgeführt haben und damit erfolgreich waren. Das Verhältnis war ganz überwiegend von einer grundlegenden Abhängigkeit bestimmt. Wir müssen wissen, dass ›Arbeiteraufstand‹ genannte Ereignisse meist von Halbbauern und gegen eine drohende Arbeitslosigkeit geführt wurden. Aufstände hängen mit der Wirkung auf die gesamte Gesellschaft zusammen. Dieses Wirkverhältnis spiegelt sich auch im Verhältnis Chef-Arbeiter wider. Viel wichtiger als der problematische Kampf des Arbeiters gegen den Chef und für seine Rechte ist, Widerstand gegen die Proletarisierung zu leisten, also dagegen zu kämpfen, Arbeiter oder Arbeitsloser zu sein. Der sinnvollere und ethischere gesellschaftliche Kampf ist der Widerstand gegen das Proletariat-Sein und der Kampf gegen das Arbeiter-Sein oder Arbeitslos-Sein. Die jeweils unterdrückten Sklaven, Leibeigenen und Arbeiter sollten wir niemals rühmen. Ganz im Gegenteil sind das Nicht-zum-Sklaven-Werden, Nicht-zum-Leibeigenen-Werden und Nicht-zum-Arbeiter-Werden die Handlungen und Verhältnisse, die wir rühmen sollten. Die Herren zu erkennen und zu definieren und anschließend ihren Dienern den Kampf vorzuschlagen, ist die gemeinsame Tendenz aller Opportunismen. In der Geschichte war es stets diese Mentalität, die sämtliche Arbeitskämpfe und Kämpfe für Rechte ins Leere laufen ließ. Kurz gesagt: Mit diesen ersten ›wissenschaftlichen‹ Begriffen können wir weder eine sinnvolle Soziologie betreiben noch erfolgreich gesellschaftliche Kämpfe entwickeln. Dabei möchte ich festhalten, dass ich nicht die Arbeit, den Wert, den Profit und die Klasse leugne, sondern vielmehr die Art und Weise für falsch halte, wie sie beim Aufbau von Wissenschaft verwendet wurden. Ich will damit sagen, dass eine falsche Soziologie aufgebaut wurde.

Der Kapitalismus findet in den obersten Stockwerken des gesellschaftlichen wirtschaftlichen Lebens statt. Zunächst beruhte er auf der Akkumulation von Kapital des Großhändlers durch Monopolpreise am Markt. Kapital ist definiert als Geldwert, der sich ständig vergrößert. Insbesondere im Handel zwischen Märkten, die weit voneinander entfernt lagen und große Preisdifferenzen auswiesen, wurde eine große Akkumulation von Werten abgezweigt. Der zweite Weg zur Kapitalvergrößerung war der durch Zinsen und Steuerpacht[25] im Gegenzug für Kredite an Staaten. Weiterhin sind Bergbaubetriebe und Zeiten von Mangel und Krieg zu nennen. Außer in den Handel wanderte das Kapital in Landwirtschaft, Industrie und Transport, sofern es profitabel erschien. Mit der industriellen Revolution wurde der industrielle Sektor der Hauptbereich für Profite. In beiden Phasen versuchten die Kapitalisten Angebot und Nachfrage zu manipulieren, um sowohl Produktion als auch Konsum bestimmen zu können, und vergrößerten ihre Profite, sofern das gelang. Während für den Kapitalismus in seiner Anfangs- und Reifephase der Großhandel und die Industrie die profitabelsten Bereiche waren, ist dies heute überwiegend der Finanzsektor. Finanzinstrumente wie Geld, Aktien, Banken und Kreditinstrumente sorgen für eine Beschleunigung, Verdichtung und Expansion von Profiten. So entstehen im Vergleich zu den Profiten große spekulative Blasen. Auf diese Weise werden krisenhafte Phasen zu untrennbaren Bestandteilen der Wirtschaft.

Weitere Methoden, um Profite aufzublähen, sind Lohnsenkungen durch Vergrößerung der Arbeitslosigkeit und die Verlagerung von Investitionen in Länder, in denen die Arbeiter für weniger Lohn arbeiten. Wir halten

---

25 Steuerpacht (oder *iltizam* im Osmanischen Reich) bedeutet, dass jemand vom Staat das Recht übertragen bekommt, Steuern einzutreiben, von denen ein bestimmter Betrag dann an den Staat abgeführt wird. Die tatsächlich eingetriebene Summe war oft um ein Vielfaches höher. Derartige Systeme existierten z. B. im antiken Griechenland und Römischen Reich, im Osmanischen Reich bis zum Ende des neunzehnten Jahrhunderts.

fest: Diese Form der Wirtschaft hat ihre Ursprünge in den uralten Kulturen der Jagd und des Handels, bekam die Chance zur Weiterentwicklung durch die Macht, Preise zu manipulieren, befreite sich von gesellschaftlicher Kontrolle, indem sie Moral und Religion schwächte, machte politische Macht durch Schulden abhängig und wuchs durch die Errichtung von Monopolen auf Märkten. Letztlich kann sie nicht leugnen, eine Wirtschaft der Plünderung zu sein. Die Hinwendung des Kapitalismus zur Industrie zum Zwecke des Profits und die Strukturierung von Produktion und Konsum entlang von Profitraten lädt dem gesellschaftlichen Gefüge und der natürlichen Umwelt immer unerträglichere Lasten auf. Die dadurch ausgelösten Krisen, Zusammenbrüche und Fäulnisprozesse begleiten ihn seit seiner Geburt. Zweifellos ist der Kapitalismus nicht die gesamte Wirtschaft. Weder der Handel, noch die Landwirtschaft und die Industrie, noch die Zirkulation, Techniken und Märkte sind Erfindungen des Kapitalismus; ganz im Gegenteil: Sie sind grundlegende gesellschaftliche und wirtschaftliche Institutionen, die durch den Kapitalismus schwer ausgebeutet und geplündert werden. Der Kapitalismus wird durch Geschichte und Zivilisation bestimmt und lebt in enger Wechselwirkung mit der Politik.

So habe ich versucht klarzumachen, dass der Ökonomismus eine Auffassung und Denkrichtung ist, welche durch die Definition der kapitalistischen Wirtschaft die entsprechenden Tatsachen erheblich verzerrt. Ich bin überzeugt, dass ich auf der Grundlage dieser Kritik und durch die gemeinsame Diskussion historisch-gesellschaftlicher, politischer und zivilisatorisch-kultureller Zusammenhänge eine richtige Definition ein wenig aufklären konnte.

C Kapitalismus, politische Macht und Recht

Schon die ersten Keime des Kapitalismus wurzelten im Mutterboden politischer Macht und des Rechts. Der Kapitalismus hat von allen Machthabern und ihrem jeweiligen Recht profitiert. Wenn es ihm nutzte, wurde er zu ihrem stursten Verteidiger; wenn jedoch seine Interessen beeinträchtigt wurden, schreckte er nicht davor zurück, sie mit allen möglichen Arten von Verschwörungen – wenn nötig sogar mit Revolutionen – zu stürzen. Manchmal beteiligte er sich in allerkühnster Weise sogar am Spiel mit Revolutionen. Besonders in Zeiten von Krisen und Chaos führte er Machtkämpfe und inszenierte Putsche faschistischer oder vorgeblich staatskommunistischer Art; er führte die umfassendsten kolonialistischen, imperialistischen und imperialen Kriege aller Zeiten.

Besonders betonen müssen wir, dass keine andere Wirtschaftsform so sehr wie der Kapitalismus einen Panzer der Herrschaft benötigt, dass also der Kapitalismus ohne Herrschaft gar nicht hätte entstehen können. Die »Wissenschaftler« der politischen Ökonomie behaupten, dass erstmals in der Geschichte Profit, Mehrprodukt und Mehrwert durch eine wirtschaftliche Methode außerhalb der Macht, nämlich durch die freiwillige Einheit von Kapital und Arbeit, entstanden seien und dies das fundamentalste Charakteristikum des Kapitalismus sei. Dies gilt sogar als Grundannahme. Hier stehen wir vor einer theoretischen Erzählung, die mindestens so verzerrt ist wie die Arbeitswerttheorie: Irgendwoher entstand auf friedliche Weise Kapital; infolge ebenfalls friedlicher Verhältnisse trennten sich Bauern, Leibeigene und Handwerker von ihren Produktionsmitteln und kamen zusammen, gingen geradezu eine glückliche, revolutionäre Ehe ein, bildeten als Teilwerte eine Synthese und hoben die neue Wirtschaftsform auf die Bühne der Geschichte! So oder so ähnlich wurde die Geschichte geschrieben. Linke und rechte große politische Ökonomen behandeln in all ihren Texten diese Behauptung wie einen unverrückbaren Glaubenssatz. Ohne diese Behauptung keine politische Ökonomie! Wer dazu noch die Konkurrenz auf dem Markt ergänzt, hat in Bezug auf die wesentlichen Prinzipien ein vollständiges Buch der politischen Ökonomie verfasst.

Ich finde es unnötig, hier eigene Behauptungen aufzustellen. Die monumentale, dreibändige *Sozialgeschichte des 15.–18. Jahrhunderts*, das fantastische Ergebnis einer dreißigjährigen Forschungsarbeit des Soziologen und Historikers Fernand Braudel, straft mit ihren äußerst umfassenden Beobachtungen und einem vergleichenden Ansatz diese Erzählung klar Lügen. Braudel stellt hier einige Thesen auf: Erstens ist der Kapitalismus »Gegen-Markt«[26] (*anti-marché*). Zweitens steckt der Kapitalismus bis zum Hals in Verbindungen zu Macht und Herrschaft. Drittens war er schon immer, vor der industriellen Revolution und danach, monopolistisch. Viertens entstand er nicht von innen und unten durch Wettbewerb, sondern wurde von außen und oben von Monopolen – durch Plünderung – erzwungen. Dies sind die Leitideen des Werkes. Es hat zwar auch Mängel und einigem stimme ich nicht zu, doch im Kern und von der Richtung seiner Interpretation her handelt es sich um eine äußerst wertvolle historisch-soziologische Interpretation. Es ist ein guter Anfang, um die Verwüstungen und Verzerrungen, welche die englischen politischen Ökonomen, die französischen Sozialisten und die deutschen Philosophen und Historiker in den Sozialwissenschaften angerichtet haben, zu korrigieren.

Eine Wirtschaftsordnung, in der Kapitalist und Arbeiter freiwillig und in freiem Wettbewerb die Akkumulation ihrer Arbeit und ihre Kräfte vereinigt hätten, gibt es nicht. Selbst Märchen und Sagen könnten nicht weiter von den Tatsachen entfernt sein. Alle kapitalistischen Elemente, ob einzelne Personen oder Klassen, und ihre wirtschaftlichen Kräfte könnten keine Sekunde bestehen, würden sie nicht mit Macht geschützt; ohne diesen Schutz könnten sie nicht herrschen. Ebenso könnte es ohne umfassende Belagerung durch die Macht, allein durch freien Wettbewerb, in einer Stadt weder einen Handel mit Waren noch einen Markt für Arbeitskraft geben. Vor allem könnten ohne die Schaffung einer gnadenlosen und ungerechten Zwangsatmosphäre Leibeigene, Bauern und städtische Handwerker nicht von Scholle und Werkbank losgerissen werden. In Europa beantworteten vom vierzehnten bis zum neunzehnten Jahrhundert die Werktätigen in Landwirtschaft und Handwerk diese erzwungene Entwurzelung von ihren Erwerbsmitteln mit zahlreichen Rebellionen und Aufständen. Tausende Menschen wurden hingerichtet, Millionen Menschen in Bürgerkriegen getötet, in Gefängnissen und Anstalten zerrüttet. In Konfessions- und

26 »Und schließlich haben wir neben oder vielmehr über dieser Schicht noch die Zone des Gegen-Marktes, in der Cleverness und das Recht des Stärkeren herrschen. Hier liegt der eigentliche Bereich des Kapitalismus – gestern wie heute, vor wie nach der industriellen Revolution.« *Fernand Braudel: Sozialgeschichte des 15.–18. Jahrhunderts, Band 2: Der Handel*, München 1986, S. 246.

Nationskriegen wurden Blutbäder angerichtet. Koloniale und imperialistische Kriege konsolidierten diese Bilanz.

An all diesen Gewaltfaktoren können wir den von außen aufgezwungenen, monopolistischen und plündernden Charakter bei der Geburt des Kapitalismus gut beobachten. Welche politisch-ökonomische Rhetorik kann diese Tatsachen ins Gegenteil verdrehen?

Um die Tatsachen noch konkreter zu sehen, müssen wir die Kriege des sechzehnten Jahrhunderts genau betrachten, die den Kapitalismus zum Sieg führten. Die wichtigsten Protagonisten der Macht und des Kriegs in diesem Jahrhundert waren in Spanien die Kaiser und Könige des dortigen Arms der Habsburger-Dynastie, in Frankreich die Könige des Hauses Valois, in England das Haus Tudor, das von den schottischen Stuarts abgelöst werden sollte, und – am merkwürdigsten – in Holland das aufstrebende Fürstentum der Oranier, das noch nicht einmal einen Namen hatte[27], aber eine Kettenreaktion auslösen sollte.

Mit dem Abschluss der Reconquista, dem Zurückdrängen und der endgültigen Vertreibung der Muslime aus Spanien und Portugal, im Jahre 1492 erstarkten die Könige und Kaiser aus dem Hause Habsburg, die schnell imperiale Gelüste entwickelten und sich als Erben Roms betrachteten. Insbesondere als Konstantinopel 1453 dem Hause Osman in die Hände fiel und die österreichischen Habsburger die führende Kraft im Krieg gegen die Osmanen wurden, benutzten sie diese Darstellung als Begründung. Auch die französische Königsfamilie, das Haus Valois, strebte nach einem Imperium und betrachtete sich als wahren Erben Roms. Das britische Königreich und das Oranier-Fürstentum Holland führten eine Art Vorform eines nationalen Befreiungskrieges, um von diesen beiden Reichen nicht geschluckt zu werden. Nacheinander sollten das schwedische Königreich, das Herzogtum Preußen und sogar das Großfürstentum Moskau, das an der Schwelle zum Zarentum stand, auf sich aufmerksam machen. Tatsächlich standen das britische Königreich und das Oranier-Fürstentum das gesamte sechzehnte Jahrhundert hindurch vor der Gefahr, entweder vom spanischen oder dem französischen König geschluckt zu werden. Wäre dies gelungen,

27 Die protestantischen Provinzen der Niederlande kämpften im Achtzigjährigen Krieg 1568–1648 gegen die spanisch-habsburgische Herrschaft. Währenddessen waren die Vereinten Niederlande eine Republik und die Fürsten des Hauses Oranien-Nassau regierten als Statthalter. Insofern hatten weder die Niederlande einen eigenen Namen (es gab ja auch die Spanischen Niederlande), noch das Regime, das Elemente einer Konföderation von Stadtstaaten, einer Republik und einer Monarchie enthielt. Der Autor spricht durchgehend vereinfachend vom »Fürstentum der Oranier«.

wären die von der kapitalistischen Entwicklung beherrschten nordwesteuropäischen Städte, allen voran in England und den Niederlanden, mit hoher Wahrscheinlichkeit auf das Niveau der Städte Venedig, Genua und Florenz herabgesunken[28].

Der wesentliche Faktor, warum diese sehr erstarkten kapitalistischen Städte nicht in ganz Italien den Sieg des Kapitalismus herbeiführen konnte, war ihre politische Schwäche. Genauer gesagt endeten die Herrschafts- und Eroberungskriege, die die spanischen, französischen und österreichischen Könige gegen Italien (und somit um die Reichtümer der Städte) führten, mit der Kapitulation dieser Städte. Sie mussten sich mit einer begrenzten wirtschaftlichen und politischen Kraft zufriedengeben. Deshalb verzögerte sich sowohl die Einheit Italiens als auch die Vollendung des Kapitalismus in Italien, der sich zunächst nicht im ganzen Land ausbreiten konnte. Hier spielte die Gewalt, wenn auch nur vorübergehend, die entscheidende Rolle. Die Reaktion der italienischen Stadtkapitalisten war ähnlich wie die aller kapitalistischen Elemente: Als Gegenleistung für ihren Verzicht auf den Anspruch politischer Souveränität machten sie diese Staaten finanziell von sich abhängig. Sie hatten also keine Hemmungen, sich an einer Geben-und-Nehmen-Politik zu beteiligen. Denn der Kapitalismus als neue Religion bildet sich um die Gleichung Geld–Geld' (G–G')[29].

Weder das Königreich England noch das Oranier-Fürstentum wurden besiegt. Dafür gab es zwei wesentliche Gründe. Zum einen vergaben die kapitalistischen Elemente Kredite an diese Staaten, zum anderen betrieben sie gemeinsam mit den Staaten den Fernhandel zur See. Die Konzentration auf See- anstelle von Landstreitkräften war dann auch ausschlaggebend für ihren Sieg. In diesem Prozess zeigten sich zwei wichtige strategische Entwicklungen:

1. Das Königreich England und das Fürstentum Holland legten das Schwergewicht auf ein Staatsmodell, das sich im kapitalistischen Stil neu organisierte und entsprechend handelte. Diese beiden Staaten waren die ersten, die sich aus regelmäßigen Steuereinnahmen speisten, ihre Haushalte ausglichen und sich auf eine rationale Bürokratie und eine professionelle

---

28 Nach Fernand Braudel blieb bei den italienischen Städten die kapitalistische Entwicklung auf der Stufe von Stadtstaaten stehen, während die Niederlande und England den Sprung zum nationalen Kapitalismus schafften: »Es gibt also zwei Phasen: Weltwirtschaften, die durch Städte begründet und beherrscht werden, und ›nationale‹ Weltwirtschaften.« Fernand Braudel: *Die Dynamik des Kapitalismus*, S. 85.

29 Mit dieser Formel beschreibt Marx den Kreislauf des Geldkapitals. Vereinfacht gesagt bedeutet die Formel, dass aus Geld mehr Geld wird.

Armee stützten. Mit ihren überlegenen Seestreitkräften besiegten sie die spanische und die französische Flotte. Ihre Souveränität über den Atlantik und später über das Mittelmeer entschied auch den Ausgang der Kolonialkriege und leitete den Absturz Spaniens und Frankreichs ein. Die Erfolge der spanischen und französischen Königreiche zu Land wurden für sie wegen ihrer Verschuldung zu teuren Pyrrhussiegen. Es ist weithin Konsens, dass die Neuerungen in der staatlichen Struktur Englands und Hollands für das weitere Schicksal der kapitalistischen Wirtschaft entscheidend waren. Wir sehen wieder, wie an einem kritischen Wendepunkt politischer Zwang eine entscheidende Rolle für die wirtschaftliche Formation spielt. Was den italienischen Städten nicht gelang, gelang London und Amsterdam.

2. In Spanien, Frankreich und Österreich fand in diesem [sechzehnten] Jahrhundert, verglichen mit England und Holland, eine gegensätzliche politische Entwicklung statt. Alle drei Staaten strebten eher ein Reich an, das sich am Vorbild Roms orientierte. Heiraten führten zu engen verwandtschaftlichen Verbindungen, aber auch zu Konflikten. Das Königreich England verabschiedete sich früh vom Traum eines europäischen Reichs und strebte stattdessen ein Weltreich an. Obwohl die Staaten Spanien, Frankreich und Österreich angesichts des Sieges des kapitalistischen Systems eine Reihe von Reformen einleiteten, mit dem Ziel, moderne Monarchien zu werden, blieben sie doch im Kern politische Instrumente nach dem Muster des alten gesellschaftlichen Systems. Sie waren weit von einem modernen Steuersystem, einer modernen Bürokratie und einer professionellen Armee entfernt. Ihre Haushalte waren nicht ausgeglichen, sondern sie verschuldeten sich ständig. Für die Turbulenzen infolge der kapitalistischen Entwicklung fanden sie nur ungenügende Lösungen. Ihnen fehlte nicht nur die vollständige Unterstützung der eigenen Kapitalisten, sondern Schulden und Steuerpacht entfachten sogar heftige Konflikten mit ihnen. Wegen der Vorstöße in Richtung Zentralisierung und Absolutismus hatten sich zudem die Konflikte mit der feudalen Aristokratie verschärft. Wegen des Widerspruchs zwischen Stadt und Land war die gesamte Gesellschaft in Aufruhr. Allein die Aufstände schnürten diesen Monarchien bereits die Luft ab. Die verdeckt erfolgte Unterstützung von Oppositionellen durch England und Holland führte zu einigen revolutionären Ausbrüchen. Natürlich können bei Revolutionen die Absichten und die tatsächlichen Folgen manchmal weit auseinanderklaffen, wie wir an der Großen Französischen Revolution sehen.

Die gleichen Mächte, die in Italien den politisch-gesellschaftlichen Sieg der kapitalistischen Wirtschaft verhinderten, also die Monarchien Frankreich, Spanien und Österreich, unterlagen mehrfach gegen England und Holland, die sich produktive Staatsmodelle zugelegt hatten, welche von urbanen Kapitalisten finanziert wurden. Ein weiteres Mal wird hier deutlich, wie entscheidend das Verhältnis der Wirtschaftsform und der Zwangssysteme für die Entstehung strategischer Resultate war. Das Europa des sechzehnten Jahrhunderts funktionierte ganz wie ein Labor, mithilfe dessen wir die Zusammenhänge zwischen Gewalt, Herrschaft und Wirtschaft verstehen können. Als würde die gesamte Geschichte der Zivilisation aus dem Grab steigen, ihre eigene Erzählung vortragen und sagen: »Je besser du das Europa des sechzehnten Jahrhunderts verstehst, desto besser verstehst du mich!«

Eine kurzer Abriss der geschichtlich-gesellschaftlichen Entwicklung des Verhältnisses zwischen Gewalt und Wirtschaft wird das Thema besser erhellen:

a) In den Zeiten vorzivilisatorischer Gesellschaften lockte der »starke Mann« mit der ersten Gewaltorganisation nicht nur Tiere in die Falle. Die gleiche Organisation hatte es auf die Akkumulation des Familien-Klans abgesehen, das Produkt der emotionalen Arbeit der Frau. Hier haben wir die erste ernsthafte Gewaltorganisation und die Plünderung der ersten Wirtschaft, der Hauswirtschaft. Usurpiert wurden die Frau selbst, ihre Kinder, ihre Verwandten und all ihre materiellen und ideellen Werte. Auf dieser Grundlage gingen der Schamane als Proto-Priester, der Scheich als erfahrener Alter und der starke Mann als Besitzer der Gewaltorganisation ein Bündnis ein, um die historisch erste und am längsten andauernde Hierarchie (heilige Herrschaft), die patriarchale, zu etablieren. Dies beobachten wir bei allen Gesellschaften auf einer ähnlichen Stufe. Offenbar spielt diese Hierarchie von ihrer Entstehung bis zur Stufe der Entstehung von Klassen, Städten und Staaten im gesamten soziale und wirtschaftliche Leben die entscheidende Rolle.

b) Als Staat bezeichnen wir die wirtschaftliche Formation in der Zeit der Zivilisation, die mit der Entstehung von Klasse, Stadt und Staat begann, und das Machtzentrum, das sich in der Person des Priester-König-Kommandanten manifestiert. Religion, Politik und Armee sind miteinander verschränkt und bilden die Herrschaft als Institution. Grundlegendste Eigenschaft dieses System ist, dass es sich in der Form des Staatskommunismus organisiert. Es handelt sich um eine Wirtschaftsform, die ich »Pharaonensozialismus« genannt habe, ohne zu wissen, dass vor mir auch Max Weber diesen Begriff verwendete[30]. Die Mütterwirtschaft existiert als Überbleibsel in der patriarchal-feudalen Stammeswirtschaft weiter. Im Pharaonensozialismus werden die Menschen ganz einfach als Arbeitssklaven verwendet. Ihre Rechte bestehen aus einer Schüssel Suppe, gerade so viel, dass sie nicht wegsterben. Die Tausenden Keramikschüsseln, deren Überreste noch heute in alten Tempel- und Palastgebäuden zu finden sind, belegen diese Verhältnisse.

Die in Form des Staates organisierte Gewalt betrachtet es als ihr Recht, was immer sie in wirtschaftlicher Hinsicht in ihrer Reichweite findet, zu plündern. Plünderung wird als eine Art Recht desjenigen betrachtet, der Gewalt einsetzt. Gewalt ist göttlich und heilig. Was immer sie tut, ist rechtschaffen und erlaubt. Besonders ihn ihrem Zentrum, den mittelöstlichen, chinesischen und indischen Zivilisationen, betrachtete der politische Überbau oder die politische Kaste den Unterbau als eine Art Wirtschaft, die sie nach Belieben steuern konnte. Markt und Konkurrenz waren noch nicht entstanden, auch einen Begriff wie den wirtschaftlichen Sektor im heutigen Sinne gab es noch nicht. Handel gab es zwar, doch war diese Aktivität eine der wesentlichen zwischen den Staaten. Handel war noch lange nicht privat. Das Staatsmonopol war gleichzeitig das Handelsmonopol. In der Peripherie zwischen Staaten blühten gelegentlich Marktstädte, die sich dann in kurzer Zeit selbst zu Stadtstaaten entwickelten. Da der Handel in jener Zeit mit Karawanen betrieben wurde, gab es gleichermaßen Raub durch »den starken Mann« – später die »vierzig Räuber«, »Piraten« und »Banditen« – wie Raub durch Staaten.

c) In der graeco-römischen Zivilisation waren autonome Städte, Märkte und Handel schließlich weit verbreitet und wurden intensiv betrieben. Dabei trat das Römische Reich das Erbe früherer Staaten an. Die ihm vorangegangenen despotischen Staaten Babylon und Aššur, die ihrerseits das Erbe von Uruk und Ur angetreten hatten, leisteten einen Beitrag zu Wirtschaft und Zivilisation, indem sie vielleicht als erste ein großes Netz von Handelsniederlassungen knüpften. (Die drei Begriffe Markt, *karum* – akkadisch/assyrisch für Handelsniederlassung – und *kâr*, also Profit, gehen hier gewissermaßen ineinander über.) Erste Handelskolonien wurden bereits in der Uruk-Zeit[31] und sogar noch früher gegründet. Zunehmender Austausch und die Bildung von Märkten bereiteten den Aufstieg des Staates Aššur zum

30 Max Weber spricht in *Wirtschaft und Gesellschaft* (1922) vom »pharaonischen Staatssozialismus«.
31 Also ab 3500 v. Chr.

ersten prachtvollen Reich auf der Weltbühne vor. Reiche befriedigen im Wesentlichen das Bedürfnis nach Sicherheit für das Wirtschaftsleben. Der Handel – das Rückgrat Aššurs – und die *karum*-Handelsagenturen erforderten eine politische Organisierung im Stile eines Reiches. Das Assyrische Reich gilt als das grausamste der Geschichte und als Paradebeispiel für Despotismus, und dessen Grundlage wiederum war der Kapitalismus im Entwurfsstadium, den wir als Handelsmonopolismus bezeichnen. Der assyrische handelsmonopolistische Kapitalismus brachte im Überbau die grausamste imperiale Regierung hervor.

Der graeco-römischen politischen Macht gelang es, dem Erbe Aššurs noch die von den Phöniziern gegründeten Handelskolonien hinzuzufügen und so noch komplexere Strukturen im politischen Überbau und der wirtschaftlichen Basis zu schaffen. Austausch war nun weit verbreitet, es gab autonome Städte, Märkte, Handel und Wettbewerb, wenn auch nur in begrenztem Maße. Wir beobachten eine Urbanisierung, die dem Leben auf dem Lande beinahe die Waage hielt. Das Land produzierte mittlerweile ein zum Tausch mit den Städten vorgesehenes, größeres Mehrprodukt. Der Handel mit Textilien, Nahrungsmitteln und Metallen hatte sich ausgeweitet. Wegenetze waren von China bis zum Atlantik geknüpft worden. Die politische Macht im Iran verwandelte sich wegen des Ost-West-Handels in ein langlebiges Handelsimperium. Dieses Reich übte massiven Druck aus und hätte beinahe Griechenland und Rom unter seine Hegemonie gebracht. Es bildete den wesentlichen Damm, der die Stämme und politischen Mächte Chinas, Indiens und Zentralasiens daran hinderte, im Westen einzufallen. Gleichermaßen bildete es einen Damm gegen Eroberungen des Westens in Richtung Osten. Nur für kurze Zeit (330–250 v. Chr.) gelang es Alexander und seinen Nachfolgern, diesen Damm zu durchbrechen und die Wehre zu öffnen.

Die graeco-römische Zivilisation repräsentiert auch den Zivilisationsraum, in dem wir auf viele frühe Beispiele einer kapitalistischen Wirtschaft stoßen. Das Maß an Autonomie der Städte, Austausch und Preisbestimmung auf dem Markt und die Existenz von Großhändlern zeigt, dass man bis an die Schwelle des Kapitalismus gelangt war. Doch verhinderten die Stärke des Landes gegenüber der Stadt und die Organisation als Reich (diese stützte sich im Wesentlichen auf die ländliche Wirtschaft) verhinderten, dass der Kapitalismus zum herrschenden gesellschaftlichen System wurde. Die Kapitalisten blieben meist auf der Ebene der Großhändler. Ihre Eingriffe in Produktion und Industrie waren recht gering. Außerdem standen sie vor ernsthaften Hindernissen durch die politische Macht. Die Sklaverei war noch weit verbreitet, die Arbeitskraft hatte kaum eine Chance auf Freizügigkeit. Frauen wurden als Konkubinen, Männer als Sklaven mit ihrem ganzen Körper ge- und verkauft. Der entscheidende Faktor einer Sklavenwirtschaft ist zweifellos die Gewalt. Schon die Sklaverei, als wirtschaftlicher Wert allein betrachtet, zeigt, dass zwischen Gewalt und Wirtschaft (als Wirtschaft, die auf dem Raub des Mehrprodukts fußt) eine nicht wegzudiskutierende Beziehung besteht. Die politische und militärische Kaste im System des alten China und Indien hat von ihrer Entstehung bis zur kapitalistischen Ausbeutung die gesamte untergeordnete Gesellschaft als eine Art wirtschaftlichen Sektor betrachtet, den zu regieren sie als Pflicht und natürliches Recht ansah, genauer: als ein gottgegebenes Recht.

Der Begriff der Ökonomie stammt aus der Welt der griechischen Antike. Seine Interpretation als »Gesetz der Familie« verweist einerseits auf die starke Verbindung zur Frau, andererseits auf die Position der traditionellen politischen Macht. Sie spielte als politisches Monopol für die Wirtschaft die Rolle, welche im Zeitalter des Kapitalismus die wirtschaftlichen Monopole spielen. An dieser Stelle muss ich unterstreichen, dass eine enge Korrelation zwischen dem politischen Monopol und dem wirtschaftlichen Monopol besteht, meist bedingen beide einander. Athen und Rom blieben paradoxerweise dem Kapitalismus verschlossen, weil ihre politische Stärke zu groß war. Weil sie andererseits im Vergleich zum Land sehr klein waren, reichte ihre Stärke nicht, um eine aus der Stadt entspringende Wirtschaftsform zu errichten. In dieser Ära lernte die Zivilisation Kapitalisten kennen, doch reichten die Bedingungen noch nicht aus, um eine Veränderung des Systems herbeizuführen.

d) In der mittelalterlichen islamischen Zivilisation spielte der Handel eine schwergewichtige Rolle. Mohammed und die islamische Religion waren in wirtschaftlicher Hinsicht eng mit dem Handel verbunden. Die Tatsache, dass die arabische Aristokratie zwischen dem byzantinischen Reich und dem Sassanidenreich eingeklemmt war und sich über den Handel entwickelte, war der wesentliche soziale und wirtschaftliche Faktor beim Aufstieg des Islam. Bekanntlich stützte sich der Islam seit seiner Entstehung auf das Schwert. Dass Juden und Assyrer (Nachfahren des assyrischen Reiches) im Handel und bei Geldgeschäften vorherrschend waren, erklärt die Konflikte, die die arabische Aristokratie mit ihnen hatte. Sie drängte die beiden politischen Monopole, Byzanz und das Sassanidenreich, in die Enge. Dies demonstriert einen bemerkenswerten Zusammenhang zwischen Gewalt und Wirtschaft auf dieser Stufe der Geschichte und in dieser uralten Region.

Das Mittelalter war in gewisser Weise das »Zeitalter des Islam«. Die Regierungsform des Reiches war für die Sicherheit des Handels notwendig, doch gleichzeitig wurde dies zum Grund für die Einschränkung des Handels. Die Verwandlung des Handelskapitals in eine kapitalistische Produktionsweise wurde ständig verhindert. Das gesellschaftliche Geflecht in ländlichen Regionen stand unter der strengen Kontrolle von Religion und Moral, und die gewisse Freiheit, die das Kapital in den Städten gewann, konnte es nicht in politische Stärke ummünzen. Obwohl es ein ausgedehntes Netz städtischer Märkte gab und die Städte enorm wuchsen, waren sie nicht stark genug, um die italienischen Städte zu überflügeln. Der Grund dafür liegt sicherlich nicht in der Technologie, sondern in Faktoren, die vom religiösen und politischen Monopol herrühren. Dass oft der Besitz von Händlern beschlagnahmt (*müsadere*) wurde, gehörte zum System[32].

Dass der Islam keinen Kapitalismus gebar, sollte ihm zugutegehalten werden. Dass er noch immer die Rolle eines ernsthaften Hindernisses gegenüber dem Kapitalismus spielt, kann, wenn es in positiver Weise gebraucht wird (ich denke an Dinge wie das umma-Verständis des Islam – eine Art Stammes-Internationalismus –, die Ablehnung von Zinsen, Hilfe für Mittellose u. ä.), einen wichtigen Beitrag zu Projekten für gesellschaftliche Freiheit leisten. Doch müssen wir auch klar sehen, dass der gegenwärtige Islam-Radikalismus einen rechten und mit wirtschaftlichem Nationalismus aufgeladenen neo-islamischen Kapitalismus in sich trägt.

Es waren die Araber und die Berber unter der Führung der Umayyaden-Kalifen von Córdoba, welche die islamische Zivilisation kulturell nach Europa trugen. In wirtschaftlicher und kommerzieller Hinsicht waren es dagegen die Händler der italienischen Städte. Die Osmanen im Sinne des politischen Monopols trugen zu diesem Einfluss nur wenig bei. Der Einfluss der Osmanen auf Europa lag vielmehr darin, dass die politischen und religiösen Mächte Europas sich verstärkt dem Kapitalismus zuwandten, um sich gegen das Osmanische Reich behaupten zu können. Wären die Osmanen nicht gewesen, wären die religiösen und politischen Monopole Europas vielleicht weniger auf eine kapitalistische Organisation von Wirtschaft, Politik und Militär angewiesen gewesen. Ein weiteres Mal sehen wir, wie Stärke

---

32 Müsadere bezeichnet das in vielen muslimischen Staaten übliche Recht des Herrschers, unlauter erworbenen Besitz zu beschlagnahmen.

Stärke hervorbringt und wie dies die Suche nach neuen Wirtschaftsweisen beschleunigt.

Der entscheidende Beitrag des Mittleren Ostens zur Entstehung des Kapitalismus in Europa hängt mit dem Christentum zusammen. Mit dem Verweis, dass ich dieses Thema in »Soziologie der Freiheit«, dem dritten Band dieses Werkes, ausführlich zu behandeln hoffe, belasse ich es dabei, an Max Webers Werk »Die protestantische Ethik und der Geist des Kapitalismus« zu erinnern. Zusätzlich könnten wir anführen, dass der Mittlere Osten bis zum zehnten Jahrhundert die Moral Europas bestimmte, dass er bei der Geburt des feudalen Europa (sowohl politisch als auch religiös) eine wesentliche Rolle spielte und dass die Kreuzfahrer den Mittleren Osten ein weiteres Mal nach Europa trugen. All dies waren unverzichtbare, entscheidende und prägende Einflüsse.

Wenn wir diese äußerst kurz zusammengefasste historisch-gesellschaftliche Darstellung mit unserer Einschätzung des sechzehnten Jahrhunderts zusammenführen, wird die politische Macht im Mittleren Osten und ihr Einfluss auf die Geburt des Kapitalismus besser verständlich. Wir können getrost feststellen, dass sie manchmal verzögernd und behindernd, manchmal aber auch beschleunigend oder gar als Ferment wirkte. Der Gleichung »Staatsmonopol = kapitalistisches Monopol« kommt man im kapitalistischen System am nächsten.

Ich möchte nun kurz auf einige Aspekte des Verhältnisses des Rechts zum neuen System eingehen. Das Recht ist eine Institution, die sich meist aufdrängt, wenn sich Handel, Märkte und Beziehungen zwischen Städten entwickeln. Gesellschaften, in denen das Recht ins Spiel kommt, sind Gesellschaften, in denen die Moral erodiert, die Rolle der Gewalt zunimmt und zu Chaos führt und sich Probleme der Ungleichheit stark bemerkbar machen. Da die größten Probleme bezüglich Moral und Ungleichheit in Städten durch die Klassenspaltung und um Märkte herum entstehen, ist das Recht für die staatliche Ordnung unverzichtbar. Ohne Recht ist es schwierig, wenn auch nicht unmöglich, einen Staat zu führen. Das Recht lässt sich als Zustand definieren, in dem die Handlungen der politischen Macht des Staates eine dauerhafte, geregelte und institutionalisierte Form angenommen haben. Recht bedeutet gewissermaßen den eingefrorenen, ruhigen, stabilen Staat. Es ist die Institution, die mit dem Staat am engsten verknüpft ist. Der Zusammenhang von Handel und Staat wurde von seinem Beginn bis zur Stufe des Kapitalismus immer komplexer und komplizierter. Von Babylon bis Rom existierten in vielen Staaten Gesetzestexte, die wir als

Recht bezeichnen können. Diese Texte enthalten überwiegend Regelungen zur Eigentumssicherung und gegen den Verlust von Leben. Das Recht dient dazu, die Probleme der Politik zu lindern, trägt manchmal aber auch zu ihrer Verschärfung bei. Entgegen der landläufigen Meinung ist es nicht seine Aufgabe, eine Gleichbehandlung aller Bürger zu garantieren, sondern die bestehenden Ungleichheiten zu legitimieren und auf einem akzeptablen Niveau zu halten sowie die politische Macht unantastbar zu machen. Kurz, es kommt der Wahrheit näher, das Recht als die dauerhafte Ordnung des politischen Machtmonopols zu definieren.

Wichtiger ist das Verhältnis von Recht und Moral. Moral ist wie der Kitt einer Gesellschaft. Es gibt keine Gesellschaft ohne Moral. Die eigentliche Funktion der Moral, die als erstes Organisationsprinzip der menschlichen Gesellschaft auftritt, betrifft die Frage, wie analytische Intelligenz und emotionale Intelligenz zum Wohle der Gesellschaft geordnet werden sollen, wie aus ihnen Prinzipien und Haltungen gemacht werden können. Moral behandelt die gesamte Gesellschaft gleich, aber beachtet auch die Rolle und das Recht von Unterschiedlichkeiten. Zu Beginn repräsentiert sie das kollektive Gewissen der Gesellschaft. Die Institutionalisierung der Hierarchie und der politischen Macht als Staat versetzte der moralischen Gesellschaft den ersten Schlag. Die Spaltung in Klassen bereitete auch der Spaltung der Moral den Boden. So begann das Problem mit der Moral. Die politische Elite versuchte dieses Problem durch Recht, die Priester dagegen mit der religiösen Methode zu lösen. In diesem Sinne beziehen sich sowohl das Recht als auch die Religion auf die Moral. Während die dauerhaften, geregelten und institutionalisierten Mechanismen der Politik und der politischen Macht das Recht darstellen, versuchen die Konstrukteure der Religion, entsprechende Funktionen durch andere dauerhafte, geregelte und institutionalisierte, auf die Moral bezogene Strukturen – also durch die Religion – zu erfüllen und so die Krise der Moral zu lösen. Der Unterschied zwischen beiden ist, dass das Recht die Kraft besitzt, Sanktionen zu verhängen, während die Religion das nicht tut und auf Gewissen und Gottesfurcht setzt.

Da die Moral die Fähigkeit des Menschen zu wählen voraussetzt, ist sie eng verknüpft mit Freiheit. Moral bedarf der Freiheit. Eine Gesellschaft drückt ihre Freiheit im Grunde durch ihre Moral aus. Daher hat, wer keine Freiheit besitzt, auch keine Moral. Der effektivste Weg, um eine Gesellschaft zu zerrütten, ist, ihre Verbindung zur Moral zu kappen. Den Einfluss der Religion zu schwächen, ist nicht so verheerend wie die Schwächung der Moral. Verschiedene Ideologien, politische Philosophien oder Wirtschaftsweisen, die selbst schon gewissermaßen zu Religionen geworden sind, können ein religiöses Vakuum füllen. Die Lücke jedoch, die durch die Auflösung der Moral entsteht, wird durch Gerichtsurteile und Unfreiheit gefüllt. Die Ethik als Theorie der Moral hat die Aufgabe, die Existenz als Grundproblem der Philosophie zu untersuchen, die immer drängender werdende Frage der Moral zu erforschen und ihre fundamentale Rolle wiederherzustellen. Die Funktion der Moral muss korrekt dargestellt werden. Solange sie nicht zum Grundprinzip des Lebens wird, wird die Moral weiterhin als ein Problem in der Gesellschaft bestehen, das nichts von seiner Bedeutung verliert.

Wenn es um die Geburt der kapitalistischen Wirtschaft geht, so besitzen Recht und Moral im Rahmen dieser kurzen Definitionen im Zusammenhang mit politischer Macht große Bedeutung. Solange Religion und Moral, ja sogar das feudale Recht nicht ausgehöhlt und stellenweise durchbrochen werden, kann sich die kapitalistische Wirtschaft in der Gesellschaft kaum etablieren. Das soll nicht heißen, dass wir die Haltung der alten Oberklasse zur Religion oder ihre Moral verteidigen. Wir behaupten, dass sich die Prinzipien der großen Religionen und großen Morallehren und -traditionen mit einem System oder Regime wie dem des Kapitalismus nur äußerst schwer vereinbaren lassen. Selbst die politischen Gewalten haben in diesem Zusammenhang nur geringen Einfluss. Der Verfall von Religion und Moral bedeutet auch das baldige Ende für die politischen Gewalten.

Die Diskussionen des sechzehnten Jahrhunderts um Reformation, Recht und Moralphilosophie betreffen offensichtlich die Geburt des Kapitalismus. Da ich die Bedeutung politischer Konflikte und die Rolle der Stärke bereits skizziert habe, werde ich dies nicht wiederholen.

Die protestantische Reformation und die Folgen der durch sie ausgelösten Diskussionen und Kriege waren wesentliche Faktoren, die das Schicksal des neuzeitlichen Europas bestimmten. Als Max Weber die Rolle der protestantischen Moral untersuchte, hat er meiner Meinung nach den wichtigsten Punkt vernachlässigt. Der Protestantismus hat die Geburt des Kapitalismus erleichtert, gleichzeitig der Religion und der Moral im Allgemeinen, dem Katholizismus im Besonderen einen herben Schlag versetzt. Der Protestantismus trägt keine geringe Verantwortung für die großen Sünden des Kapitalismus. Mir geht es hier nicht darum, Religion und Katholizismus zu verteidigen; ich behaupte jedoch, dass der Protestantismus die Abwehrkräfte der Gesellschaft stark geschwächt hat. Wo immer der Protestantismus sich entwickelte, machte der Kapitalismus einen Sprung nach vorn. Der Protestantismus spielte die Rolle einer Art Trojanischen Pferdes für den Kapitalismus.

Einige Denker warnten eindringlich vor den negativen Auswirkungen der protestantischen Reformation und dem neuen Leviathan, den sie geschaffen hatte. Nietzsche sollten wir vielleicht als ersten Vordenker betrachten, der sich gegen die kapitalistische Moderne stellte. Solche Denker sind als Suchende nach einer antikapitalistischen, freien Gesellschaft und einem freien Individuum auch heute noch wichtig.

Thomas Hobbes und Hugo Grotius waren die bedeutendsten Köpfe in den Diskussionen über das Recht; sie gaben dem Recht einen neuen theoretischen Rahmen, um den Weg für den Leviathan (den kapitalistischen Staat) freizumachen. Das Gewaltmonopol vollständig in die Hände des Staates zu legen, bedeutete, die Gesellschaft zu entwaffnen. Die Folge war eine nie dagewesene Stärkung des zentralistischen Nationalstaates, die sich bis zum Faschismus immer weiter steigerte. Die Regel der Unteilbarkeit der Souveränität ist eine Theorie, um alle gesellschaftlichen Kräfte zugunsten des Staates zu entmachten; sie beraubt die Gesellschaft angesichts des kapitalistischen Ungeheuers ihrer Instrumente zur Selbstverteidigung. Diese beiden Denker erklärten den Menschen zum Wolf des Menschen, gleichzeitig brachten sie die frohe Botschaft des Machtmonopols des Monarchen. Damit waren sie Türöffner für alle Aspekte des kapitalistischen Monopols. Noch einmal: politisches Monopol = wirtschaftliches Monopol. Niccolò Machiavelli war ein weiterer bedeutender Denker des sechzehnten Jahrhunderts. Völlig unverschleiert rät er[33] für den politischen Erfolg sich wenn nötig an keinerlei moralische Regel zu halten. Damit sprach er dieses Prinzip, das bis in den Faschismus führen sollte, bereits mehrere Jahrhunderte zuvor aus.

Um nicht falsch verstanden zu werden: Es wäre falsch zu denken, ich beschuldigte und kritisierte alle Anstrengungen der Reformation. Ich vertrete die Meinung, dass die Religion nicht nur ein paar Mal, sondern häufig reformiert werden muss. Ich sage insbesondere, dass der Islam eine Reformationsbewegung braucht, die tiefer geht und beständiger ist als die christliche Reformation. Natürlich sind dafür Persönlichkeiten und Kapazitäten notwendig, aber es ist eine Aufgabe, die zwingend notwendig ist, um den mittelöstlichen Despotismus zu überwinden. Ich werde dieses und verschiedene verwandte Themen im vierten Band dieses Werkes mit

33 In seinem bekanntesten Werk, *Der Fürst* (1513).

dem Titel »Zivilisationskrise im Mittleren Osten und die Lösung der demokratischen Zivilisation«[34] noch diskutieren.

Die Bewegungen von Renaissance und Aufklärung hier auszuführen, gehört nicht zu den Aufgaben dieser Zeilen, denn dies sind Bewegungen anderer Jahrhunderte. Außerdem betreffen sie den Kapitalismus nur indirekt, wenn überhaupt. Doch auch hier wäre eine Verallgemeinerung falsch. Innerhalb dieser Bewegungen gab es Strömungen, die dem Kapitalismus den Weg ebneten, genauso wie solche, die diesen Weg versperren wollten. Dass die kapitalistischen Elemente ihre Gegner durch die Kraft des Geldes assimilieren wollten, ist verständlich. Genauso versuchten die Mächtigen die Opposition zu fesseln. Doch es gab auch große Philosophen der Freiheit und Reformatoren (wie Giordano Bruno oder Erasmus von Rotterdam), Utopisten und Kommunarden. Durch sie dienten diese Zeiten auch der gesamten Menschheit.

Ich möchte noch einmal festhalten: Im Zeitalter von Renaissance, Reformation und Aufklärung richteten sich alle Zivilisationen auf, sie wurden mit neuem Leben gefüllt. Sie drückten sich in Worten und Bildern aus, sie wurden zu Melodien, sie wurden vergöttlicht und versklavt, sie führten Krieg und schlossen Frieden, sie siegten und unterlagen. Doch schließlich stellten sich die kapitalistischen Elemente, die jahrhundertelang in den Ecken und Ritzen der Gesellschaft auf der Lauer gelegen hatten, im Chaos dieser apokalyptischen Jahrhunderte als die am besten vorbereiteten, organisierten und mit Organisation und materieller Stärke ausgestatteten heraus. Mit Gewalt, der Macht des Geldes und intellektuellen Leistungen beuteten sie ihre Umgebung aus, assimilierten und unterstellten sie nötigenfalls mit Gewalt ihrer Souveränität. So krönten sie das kapitalistische System zum Sieger. Dieser Siegeszug dauert bis heute an.

34 Originaltitel *Ortadoğu'da Uygarlık Krizi ve Demokratik Uygarlık Çözümü.*

D Der Raum des Kapitalismus

Die Frage der räumlichen Verortung einer Gesellschaft verdient Beachtung. Dazu gehört ein Verständnis von der geografischen Umgebung, in der eine menschliche Gesellschaft sich entwickelt. Dieses ist ein weites Feld. Wir können die Diskussion der Entstehung des Raumes bei der Entstehung des Sonnensystems beginnen. Wir könnten zum Thema der Geografie eine ganze Reihe von Fragen und Antworten hinzufügen: über die Entwicklungsstadien unseres Planeten, des dritten im Sonnensystem, die Entstehung der Schichten der Atmosphäre, der Meere und Ozeane, des Regens und der Flüsse, die Herausbildung der Gesteinsschichten und des Erdbodens, die ersten lebendigen Zellen im Ozean, die ersten Algen und das Pflanzenreich, die ersten Bakterien und das Tierreich, den Zusammenhang von Tieren und Pflanzen, die Evolution beider, und die Frage, auf welcher Stufe der Evolution aus den Primaten, unseren menschenähnlichen Vorfahren, die menschliche Spezies entstanden ist.

Ob die historische Entwicklung nun linear oder spiralförmig verläuft, in jedem Fall besteht offenbar eine enge Verbindung zwischen Menschen und ihrer geografischen Umgebung. Wären Atmosphäre, Pflanzen, Tiere, Boden und Trinkwasserquellen auch nur einen Tag abwesend, wäre dies das Ende der menschlichen *Spezies*. All dies scheint wie das Werk einer großartigen Intelligenz; doch schon eine kurzfristige Störung könnte das Ende allen menschlichen Lebens bedeuten. Deswegen müssen wir uns ganz allgemein den Zusammenhang zwischen Menschen und ihrer geografischen Umwelt stets vor Augen führen. Wenn dies unterbleibt, wird eine wissenschaftliche Erforschung der Gesellschaft unmöglich. Dabei sind bis vor Kurzem Wissenschaft, Philosophie und Religion betrieben worden und Tausende Werke verfasst worden, die so tun, als sei dieses Verhältnis zu vernachlässigen. Merkwürdigerweise haben sich die Mythologien, die wir ja für so unrealistisch halten, viel mehr mit Themen befasst, die wir als die Beziehung zwischen Mensch und geografischer Umwelt ansehen können. Das Desinteresse der Wissenschaft hieran muss wohl eine Folge des Bruchs der analytischen Intelligenz mit der emotionalen Intelligenz sein.

Auf der Stufe der *longue durée*[35], der langen Dauer des Lebens in Klans, der ersten gesellschaftlichen Form menschlicher Gemeinschaften, war der

35 Der von Fernand Braudel geprägte Begriff ›lange Dauer‹ (*longue durée*) charakterisiert die zeitlich langsamste Entwicklungsform historischer Prozesse, die mehrere Jahrtausende umfassen

Einfluss des Raumes, also der geografischen Bedingungen deutlicher. Dass bis zum Ende der letzten Kaltzeit keine sprunghafte Weiterentwicklung der Klangesellschaft stattfand, sollten wir nicht auf eine mangelhafte innere Evolution zurückführen, sondern eher darauf, dass die geografische Umgebung dies nicht hergab.

Die mehreren Millionen Jahre, die für das Leben in Klans angenommen werden, sind für die innere Evolution eine ausreichende Dauer. Also war es die äußere Umgebung, die keine Gelegenheit zur Entwicklung gab. Nach einhelliger geografischer Meinung hatte sich zum Ende der letzten Kaltzeit (ca. 20 000 v. Chr.) eine geografische Umgebung gebildet, die in den Grundzügen mit der heutigen vergleichbar ist. Bis dahin hatte die menschliche *Spezies* auf den Erdteilen, die viel später Asien, Europa und Afrika genannt wurden, gelebt (vermutlich aber weder in Amerika noch auf den meisten Inseln im Ozean) und verschiedene Entwicklungsstufen durchgemacht. Gegen Ende der letzten Kaltzeit trat die Menschheit mit dem Homo sapiens, dem »denkenden Menschen«, in eine neue Ära.

Verschiedene anthropologische und archäologische Forschungen deuten darauf hin, dass ab 20 000 v. Chr. sich drei kulturelle Gruppen abzuzeichnen begannen. Die erste Gruppe sind die Semiten, die mit der letzten Auswanderungswelle aus Afrika kamen. Ihnen gelang es, sich in Nordafrika, auf der arabischen Halbinsel und stellenweise bis an den Rand des Taurus-Zagros-Gebirgssystems auszubreiten (bis zur Stufe der Zivilisation stark, später je nach den Kräfteverhältnissen). Die zweite Gruppe sind die Asiaten und amerikanischen Ureinwohner, deren einer Zweig sich von Sibirien aus über die Beringstraße auf dem amerikanischen Kontinent, der andere Hauptzweig sich bis an die Westküste des Pazifik, auf die Inseln Ozeaniens, in Zentralasien und stellenweise bis nach Osteuropa (die finno-ugrischen Völker) ausbreiten konnte. Die größten Gruppen hierin bilden die heutigen Chinesen, Japaner und Turkvölker. Im weiten, fruchtbareren Gebiet zwischen diesen Gruppen entstand die indoeuropäische Gruppe. Dies ist diejenige Gruppe, welche die Zivilisation und ihre Vorstufe, die neolithische Ära der Landwirtschaft, initiierte. Die anderen Gruppen weiter nördlich und südlich gingen mit Verzögerung zu Neolithikum und Zivilisation über, und meiner Meinung nach ist dieser Übergang kaum vorstellbar ohne einen kulturellen Transfer von den Indoeuropäern.

---

kann. Er beabsichtigt damit, Geschichte nicht mehr als Aneinanderreihung einzelner Daten, sondern als zusammenhängendes Ganzes zu verstehen.

Es ist Konsens in den betreffenden Wissenschaften wie Anthropologie, Archäologie, Geologie und Biologie, dass die hügeligen Ausläufer des Taurus-Zagros-Gebirgssystem (*Hilly Flanks*) die besten Bedingungen für diesen Übergang boten. Entscheidende Elemente dieser idealen Lage waren die vorhandene Flora und Fauna, die Fülle von Regen und Gewässern, Klima und Geologie; gleichzeitig die räumliche Position als Hauptsiedlungsgebiet und Durchgangsort zwischen Afrika, Asien und Europa. Die führende Kerngruppe innerhalb der Indoeuropäer, die von den Gründern der Zivilisation »Arier« genannt wurden (wahrscheinlich benutzten die Sumerer als erste dieses Wort aufgrund ihrer Verbundenheit zur Pflanzenkultur auf den Hügeln und Feldern[36]), spielten in diesem Raum eine Hauptrolle bei der Einführung des neolithischen Ackerbaus und später des Zeitalters von Stadt, Staat und Zivilisation sowie bei der Ausbreitung in den Rest der Welt. Da der erste Band dieses Werkes dieser Thematik gewidmet ist, werde ich mich hier nicht wiederholen.

Unser eigentliches Thema ist, die Rolle der Geografie bei der Frage zu untersuchen, wie die kapitalistische Wirtschaft in den bis dahin ziemlich unbedeutenden Niederlanden und auf den britischen Inseln ihren Sieg erringen konnte.

Heutige Sozialwissenschaftler verengen die Rolle der Geografie eher auf »Geopolitik« und »Geostrategie« und versuchen sich an Interpretationen, die den Kern ignorieren. Dabei ist der Zusammenhang zwischen historischer Gesellschaftlichkeit und Geografie sehr grundlegend und müsste vordringlich behandelt werden. Es ist wohl sinnvoller, sich mit Wurzeln zu befassen als mit Zweigen. Eine Untersuchung der Zeitalter und Zivilisationen aus geografischer Perspektive ist ein Muss für eine sinnvolle Anthropologie und für geschichtliches Wissen. Geschichte ohne Raum gibt es nicht. Ohnehin denken wir ständig in den wesentlichen Dimensionen der Dualität von Zeit und Raum im Universum. Ihre gegenseitige Beeinflussung, Transformation und Fähigkeit zur Vereinigung werden in der Wissenschaft ständig diskutiert und evaluiert.

Doch kehren wir zu unserer Geschichte vom »starken und listigen Mann« zurück. Nebenbei bemerkt: Ich glaube, dass wir tatsächlich eine Verbindung zwischen Geschichten sowie Wissen und Wissenschaft herstellen müssen.

---

36 Der Autor geht von einer Herkunft des Begriffs von sumerisch ar, Pflug bzw. indogermanisch *ar(ə)*, pflügen aus. Vgl. https://indogermanisch.org/pokorny-etymologisches-woerterbuch/index.htm#ar_%C9%99.htm Für eine ausführlichere Herleitung siehe Abdullah Öcalan: *Gilgameschs Erben*, Münster 2018, Band 1, S. 128.

Ich bin davon überzeugt, dass eine Wissenschaft ohne Geschichten keinen Sinn ergeben kann. Insofern ist der »starke und listige Mann«, dessen Geschichte wir erzählt haben, einer der Begriffe, die zu Eckpfeilern der Sozialwissenschaften gemacht werden sollten. Das ist notwendig, damit wir in die Lage versetzt werden, eine Reihe von gesellschaftlichen Verhältnissen besser interpretieren zu können. Außerdem kann in Bereichen, wo unzählige Ereignisse und Beziehungen eine Rolle spielen, eine Wiedergabe als Geschichte ein Instrument darstellen, das wertvolle Beiträge zur Wissenschaft liefert. Da die religiöse Richtung, die sich Positivismus nennt, eine derart große Vielzahl von Ereignissen und Beziehungen nicht feststellen und zählen kann, wird es wohl ein besserer Weg sein, die Wissenschaft durch Rückgriff auf Religion, Moral und Kunstrichtungen weiterzuentwickeln, die alle dem Formulieren von Geschichten ähneln.

Der starke und listige Mann legte also einen Weg zurück, der mit dem Übergang zum patriarchalen Mann begann und über viele Windungen, Labyrinthe und Komplotte bis in die Machtzentren von Supermächten führte. Es ist wichtig, die Orte zu erforschen, an denen sich dieser Mann oder diese Männer mal offen sichtbar und manchmal versteckt aufgehalten haben. Wir werden sie besser verstehen, wenn wir sie uns als eine strategische Kraft vorstellen, die ständig taktiert und gesellschaftliche Vorstöße (wirtschaftlicher, politischer und militärischer Art) unternimmt.

Der ›starke und listige Mann‹ stürzte sich auf die Hauswirtschaft der Frau wie ein Dieb auf seine Beute. Sie nur zu plündern, genügte ihm nicht. Viel schlimmer: Er verwandelte den heiligen Herd der Familie in eine Räuberhöhle, in der er die Frau einer andauernden Vergewaltigung unterzog – in die Höhle der vierzig Räuber. Sein seelischer Zustand blieb stets der eines Verräters, der weiß, was er tut. Er pflanzte die ersten Samen der Kapitalakkumulation in zwei Räumen. Diese Akkumulation begann, als er erstens aus der Umgebung der Hauswirtschaft das Haus selbst besetzte, und zweitens, als er gegen das legitim gewordene offizielle Monopol des Staates als Privatmonopolist im Lager der Vierzig Räuber oder in der Nähe Orte in Beschlag nahm. Weil der ›starke und listige Mann‹ die Beobachtung durch Gesellschaft und Staat scheut, bewegte er sich schon früh mit List und Masken zwischen den Orten. Er legte Hinterhalte. Wenn er eine Gelegenheit sah, gerierte er sich als Löwe und sprang auf die Beute. Manchmal fing er seine Beute mit der List des Fuchses. Wie ein Chamäleon wechselte er die Farbe je nach der Umgebung. Er wurde zum Spezialisten des Handels an marginalen Punkten. Er beobachtete genau die Städte und ländlichen

Gebiete, welche die Zivilisationen nicht erreichen konnte. Er wurde zum Meister darin, sich in den Ritzen der Gesellschaft niederzulassen. Er spielte eine ausbalancierende Rolle und wusste, wie er beide Seiten ausrauben kann. Er wusste genau, dass der Handel über kurze Entfernungen wenig, der Fernhandel dagegen maximalen Profit abwerfen würde. Zu den Grundregeln seines Berufes als Händler gehörte es, profitable Bereiche zu wittern und sich dorthin zu wenden. Es wirkt erhellend, sein Handeln als strategische Piraterie dieser Handelswege einzustufen. Das ist mit der Redensart »Das Kapital hat kein Vaterland« gemeint.

Wenn also Stadt, Markt und Handelsplätze die Vorbedingungen für seine Existenz sind, könnte man fragen, warum dieser kapitalistische Typ seinen Sieg an diesen Orten nicht früher deklariert hat. Dabei möchte ich betonen, dass der Kapitalismus als System nicht unmittelbar mit hoch entwickelter Wissenschaft und Technologie zusammenhängt. So, wie er in Amsterdam erfolgreich zur Welt kam, hätte er auch in Uruk geboren werden können. Denkbar ist, dass er es dort nützlicher fand, ein kollaborierender Händler, Produzent oder Landbesitzer zu bleiben, anstatt das System zu übernehmen. Der eigentliche Grund ist jedoch, dass das religiöse, politische und militärische Monopol ihm keine Gelegenheit gab, seine Vorherrschaft zu errichten. Diese erprobten und legitimierten Machtzentren sahen vielleicht ein viertes Zentrum als zu viel und wegen ihrer eigenen Struktur auch als bedrohlich für die eigene Existenz an.

Wir sehen, dass der ›starke und listige Mann‹ hie und da versuchte, als viertes Monopol das System zu übernehmen. Doch stets unterlag er. Ich glaube, dass dies der Hintergrund sein könnte, warum viele Städte unerwarteterweise trotz günstiger geografischer Lage zu Ruinen wurden. Sowohl im Altertum als auch im Mittelalter verwandelten sich äußerst reiche Handelsstädte plötzlich in Ruinen und verschwanden aus der Geschichte. Dies könnte mit einem politischen und militärischen Widerstand des vierten Monopols (des Ur-Kapitalismus) zusammenhängen. Die reiche Stadt Harappa, um 2500 v. Chr. eines der beiden Zentren der hochentwickelten Indus-Kultur im heutigen Pakistan und Indien (Schriftgebrauch, ausgereifte Architektur) wurde früh von der Landkarte getilgt. Gründe dafür waren möglicherweise ein Konflikt mit dem Dreifachmonopol Priester-Politiker-Militär in einer benachbarten Gegend und Aufstände. Es ist wahrscheinlich, dass Harappa zunächst Handelskolonie einer Zivilisation mit sumerischen Wurzeln war, später nach Unabhängigkeit strebte und aufbegehrte. Wenn sie gesiegt hätte, hätte sie wegen der im Vergleich zu Konkurrenten unterschiedlichen Bedingungen vielleicht versucht, ein System wie in Amsterdam aufzubauen – das allererste kapitalistische Experiment.

Ein prägnanteres Beispiel ist die Geschichte von Karthago. Als phönizische Kolonie im äußersten westlichen Mittelmeer war das im achten Jahrhundert v. Chr. gegründete Karthago ganz überwiegend eine Handelsstadt. Es war sozusagen in der Position einer Vertreterin des westlichen Mittelmeers und Nordafrikas, die sie auch als Hinterland[37] nutzen konnte. Offensichtlich entwickelte es sich stark, besaß jedoch die Schwäche, sich wegen der bestehenden Bedingungen nicht zum Reich entwickeln zu können. Allerdings behinderte es auch diejenigen, die genau das wollten. Das muss wohl der Grund für den Konflikt mit Rom gewesen sein. Rom war wegen der italienischen Halbinsel in der Lage, den Stadtstaat zu überwinden und auf einer großen Fläche erst eine Republik und dann ein Imperium zu errichten. Das einzige, was Karthago hätte tun können, wäre das gewesen, was Amsterdam gegen das spanische und das französische Reich tat, also: den entwickelten handelsmonopolistischen Charakter der Stadt durch einen kapitalistischen Staatsapparat bei gleichzeitiger schrittweiser geografischer Ausdehnung (beispielsweise durch ein Staatsmonopol in ganz Nordafrika ähnlich dem der Umayyaden-Kalifen in Spanien) zu verstärken. Anders hatte Karthago keine Chance gegen die Römische Republik. Rom wiederum konnte nicht anders, als Karthago zu besiegen. Denn ein Karthago ganz in der Nähe hätte eine Alternative sein und das Ende Roms herbeiführen können. Wie sehr das an das Verhältnis von Kuba und den USA erinnert! Immer noch ist ein Satz sprichwörtlich, den ein römischer Senator am Ende jeder Rede gesagt haben soll: »*Ceterum censeo Carthaginem esse delendam.*« »Im Übrigen bin ich der Meinung, dass Karthago zerstört werden muss.«

Palmyra, die berühmte Stadt im Osten Syriens, wurde in ähnlicher Weise ein Opfer Roms. Dies geschah während der ersten Zerfallskrisen des Kaiserreichs in der zweiten Hälfte des dritten Jahrhunderts. In meiner Zeit in Syrien habe ich die Ruinen dieser Stadt oft besucht und mich von ihrem Anblick verzaubern lassen. Die Burg am Rande eines Dattelpalmenwaldes, der eine Wasserquelle in der Wüste umschließt, die Stadtmauern, die Agora, der berühmte Baaltempel, das Senatsgebäude, das Tal der Gräber, die Prachtstraße und viele Paläste machen die Stadt zu einer besonders prächtigen. Sie gilt als Wunder der Steinmetzkunst. Eine Stadt, die einen voller Ehrfurcht zurücklässt.

37 Auch im türkischen Original Deutsch.

Die besondere Bedeutung Palmyras rührte von ihrer Lage im Zentrum eines Handelsnetzes, das sich in alle vier Himmelsrichtungen spannte, und ihrer Rolle als Puffer-Stadtstaat zwischen dem Römischen Reich und dem Sassanidenreich her. Über mehrere Jahrhunderte wuchs die Stadt durch Handelsmonopole und wurde immer reicher. Sie übertraf wahrscheinlich in ihrem Reichtum relativ gesehen sogar Amsterdam im Goldenen Zeitalter des sechzehnten Jahrhunderts oder das heutige New York. Ähnlich wie im Falle Karthagos behagte dies dem Römischen Reich überhaupt nicht. In ihrer letzten Phase ab 260 begnügte sich Palmyra nicht mit ihrem Status als eines von einer Familie regierten, von Roma abhängigen Königreichs. Vielmehr versuchte der Stadtstaat, zur Alternative zu Rom zu werden und selbst ein Kaiserreich auszurufen. Hätte Palmyra gelingen können, woran Karthago gescheitert war?

Palmyra besaß offenbar ein gefährliches Potenzial. Als der Römische Kaiser Aurelius nach langen Gefechten die Stadt einnahm, soll er vorgehabt haben, sie der damaligen mächtigen Königin Zenobia mit dem Status als römische Provinz wieder zu überlassen. Auf dem Rückweg erfuhr er, dass die Stadt sich schon wieder im Aufstand befand, um unabhängig zu werden. Wütend kehrte er um und zog erneut gegen Palmyra. Nachdem er die Stadt in eine Ruine verwandelt hatte, kehrte er schließlich nach Rom zurück. Mit sich führte er Zenobia, die auf der Flucht nach Persien am Ufer des Euphrat gefangen genommen worden war. Sie wurde reich mit Juwelen geschmückt dem römischen Volk als Gefangene vorgeführt.

Roms Sprache den Frauen gegenüber hat mich stets beeindruckt. Nachdem ich die Geschichte von Zenobia verstanden habe, glaube ich, hinter das Geheimnis gekommen zu sein. Rom ist nicht nur eine Stadt, zu der alle Wege führen, es ist auch die Stadt, in die alle fähigen und mächtigen Könige und Königinnen gebracht wurden. Auch was mir in Rom zustieß (meine halb komische, halb tragische Reise nach Rom), muss wohl mit dieser Geschichte Roms zu tun haben. Wenn ich das Schicksal von Spartakus, dem heiligen Paulus und Giordano Bruno besser verstanden hätte, wäre ich wohl vorsichtiger gewesen. Und ich hätte auch Gramsci lesen sollen. Ach, die Sozialisten!

Der einzige Ausweg für Palmyra wäre der Weg Amsterdams oder Londons gewesen. Es leistete Widerstand, doch erfolglos.

Sehr lehrreich ist auch das Beispiel des antiken Athen. Diese Stadt, ein Produkt des Seehandels, war zwischen 500 und 350 v. Chr. der strahlende Stern der Zivilisation. Es war eine Stadt, in welcher der Ur-Kapitalismus besonders weit entwickelt war. Große, private Handelsmonopole (keine Staatsmonopole!) machten Geschäfte über Tausende von Kilometern. All die Reichtümer flossen nach Athen. Handelsnetze vom östlichen Mittelmeer bis Marseille, von Nordafrika bis Makedonien, aus ganz Anatolien und von der Schwarzmeerküste überschütteten Athen mit Mehrprodukt und Geld. Die Philosophie kam zur Blüte und das Handwerk an die Schwelle zur Fabrikproduktion. Der Schiffbau erreichte einen Höhepunkt, Geld war im Umlauf. Überall existierten Kolonien. Von überall her zogen Besitzer von Geld nach Athen. Erstmals können wir von einer kosmopolitischen Stadt sprechen. Ich glaube, der einzige Mangel Athens, der ein Hindernis für den Sieg des Kapitalismus in Athen darstellte, war die Unfähigkeit, auf der Halbinsel Einheit zu schaffen. Es gab keinen Mangel an Arbeitskraft, die auf dem Markt verkauften Sklaven waren spottbillig. Auf dem erreichten Niveau musste Athen entweder die alte Struktur der Sklaverei überwinden, auf der gesamten Halbinsel als Nationalstaat einen Sprung vorwärts machen und so in eine ähnliche Position kommen wie später Holland; oder es würde durch seine Konkurrenten besiegt werden und in der Bedeutungslosigkeit versinken. Länger als ein Jahrhundert lang führten die Athener Krieg gegen das Königreich Sparta, eine Landmacht, und gegen das Persische Reich, eine Seemacht von jenseits des Meeres. Doch mit ihrer Demokratie versuchten sie sich stets auf den Beinen zu halten. Die makedonischen Könige Philipp und sein Sohn Alexander brachten mit ihrem Klammergriff Athen eine strategische Niederlage bei. Ab dem vierten Jahrhundert v. Chr. gab es aber angesichts des aufstrebenden Roms und der hellenistischen Königreiche in Anatolien keine Chance mehr auf einen eigenen Vorstoß.

Es wäre eine bloße Wiederholung, hier Beispiele für den Protokapitalismus in der mittelalterlichen islamischen Zivilisation und auf der indischen Halbinsel anzuführen. Die bemerkenswertesten Beispiele dieser Ära sind allerdings die berühmten kapitalistischen Städte auf der italienischen Halbinsel. Venedig, Genua und Florenz büßten ihre Chancen, ein frühes Amsterdam oder London zu werden, ein, weil Spanien, Frankreich und Österreich ihre imperialen Träume nicht aufgaben und die Souveränität dieser Städte sowohl über die gesamte Halbinsel als auch über andere Städte brachen und ihnen raubten.

Die italienischen Städte hatten alles geschaffen, was für einen modernen Kapitalismus nötig gewesen wäre. Mit Kapitalakkumulation, Banken, Firmen, Krediten, Anteilsscheinen als Finanzinstrumente, Regional- und Fernhandel, Manufakturen, allen Arten von Handwerken und Künsten, sämtlichen damaligen Industrieprodukten, Erfahrungen mit Republiken und Reichen, Religion und verschiedensten Konfessionen war die italienische Halbinsel zwischen dem vierzehnten und dem siebzehnten Jahrhundert eine Art Labor und Prototyp des späteren Europa. Sie war außerdem die Heimat der Renaissance. Diese Situation hängt zweifellos mit ihrer Vorreiterrolle bei den Beziehungen mit dem Osten und dessen historischem Erbe zusammen. Vom damaligen Italien zu sprechen, bedeutet vom islamischen Mittleren Osten, von China, Indien und sogar vom aufstrebenden Russland zu sprechen. Die akkumulierten Werte des Ostens waren von den unersättlichen Handelsmonopolen über Venedig, Florenz und Genua auf die gesamte Halbinsel gebracht worden. Noch wichtiger: erstmals in der Geschichte bildeten die Urbanisierungsbewegungen in ganz Europa unter der Führung der italienischen Städte ein gewaltiges Hinterland[38] für die Kapitalakkumulation. In jeder europäischen Stadt hatte ein italienischer Händler die Hand im Spiel. Die katholische Kirche hatte ohnehin seit langem die Fundamente für die Zivilisation gelegt. Der letzte klare Faktor für die Führung war die Renaissance.

Der einzige Grund, warum Italien nicht wie England oder Holland sein konnte, war die Geografie. Paradoxerweise machte dieselbe Geografie Italien zur Vorhut beim urbanen Kapitalismus und brachte es an den Rand des Sieges auf der Halbinsel, aber ließ nicht zu, den letzten Schritt zum Sieg zu gehen. Wo er aber gegangen wurde, tauchten endlose Probleme auf. Der Grund ist klar: Wenn Italien ein frühes England geworden wäre, hätte es den Kaisern von Spanien, Frankreich und Österreich, die Italien besetzen wollten, die Kronen vom Kopf schlagen und wie in der Römischen Kaiserzeit ein zweites Weltreich werden können – allerdings auf einer kapitalistischen sozioökonomischen Grundlage. Es ist völlig verständlich, dass sich die Kronenträger auf die italienischen Städte stürzten. Die Einheit der italienischen Städte auf neuer sozioökonomischer Grundlage wäre das Ende für ihre Reiche gewesen und hätte unweigerlich eine Periode der Expansion in Europa und später weltweit eingeleitet. Sie besaßen alles dafür Notwendige, vor allem das Kapital. Ihr Misserfolg war für sie tatsächlich unglücklich und warf Italien als Nation dreihundert Jahre zurück.

Ich glaube, dass sie die Chance, ein zweites Rom zu werden, um Haaresbreite aus geografischen Gründen verpassten. Das erste Rom war Hannibal, der nach seinem langen Marsch von Norden aus angriff, nur

38 Auch im türkischen Original Deutsch.

knapp entkommen. Diesmal waren die Mächte, die von Norden her angriffen, vierzigmal so stark wie Hannibal. Daher waren die italienischen Städte chancenlos. Es konnte nur gelingen, wenn man eine Religion des Schwertes war, wie der arabische Islam, als er sich im gesamten Mittleren Osten ausbreitete. Wenn in Rom statt dem Christentum der Islam geherrscht hätte oder die katholische Christenheit ihre religiöse uns politische Ausbreitung gleichzeitig und mit dem Schwert durchgeführt hätte, wäre die Weltgeschichte ganz anders verlaufen. Man fragt sich unwillkürlich: Wenn das Christentum nicht gewesen wäre, wie hätte das Ende Roms ausgesehen und was wären die Folgen gewesen? Oder noch interessanter: Wenn Sultan Mehmet II., der Eroberer Konstantinopels, der Einladung des Papstes [Pius II.] gefolgt wäre und akzeptiert hätte, als eine Art ›Christ mit Schwert‹ zu herrschen? Die Geschichte ist kein Ort für Spekulationen. Doch es ist auch eine unleugbare Tatsache, dass historische Entwicklungen stets von einer eine Reihe von Alternativen begleitet werden. Was den italienischen Städten nicht gelang, gelang am Ende des sechzehnten Jahrhundert Amsterdam und London. Die Gründe und die Folgen gehören zu den gut erforschten Themen, über die viele Historiker erhellende Bücher verfasst haben. Eine kurze Auflistung der Gründe:

1. Sie liegen am Atlantik im Nordwesten Europas, den alle vorherigen Zivilisation sehr spät erreichten und nur sehr schwach beeinflussten.
2. Die drei europäischen Großmächte, die Königreiche Frankreich, Österreich und Spanien führten untereinander einen Krieg um die Herrschaft über Europa.
3. Sie wurden als nicht so gefährlich wie die italienischen Städte betrachtet und es wurde gegen sie nicht mit vereinten und ausreichenden Kräften vorgegangen.
4. Sie spielten die führende Rolle für die Ausbreitung der Reformation in Nordeuropa.
5. Ihre Lage an der Atlantikküste verschaffte ihnen einen großen Vorteil beim Regional- und Fernhandel.
6. Die italienischen Städte hatten ihre gesamte materielle und ideelle Kultur transferiert.
7. Sie gehörten zu den Gebieten, in denen der Feudalismus sowohl aus Sicht der materiellen als auch der ideellen Kultur besonders schwach war.
8. Es hatte sich kein Feudalismus gebildet, der die kapitalistische Entwicklung in Transport, Landwirtschaft und Industrie behindert

> hätte, gleichzeitig fand in vielen Gebieten die Zivilisierung vielleicht erstmals auf kapitalistische Art und Weise statt.

All diese kausalen Faktoren, deren Liste wir noch verlängern könnten, hängen eng mit der geografischen Lage zusammen. Geostrategisch und geopolitisch lagen sie tatsächlich äußerst günstig. Diese Lage im Verein mit den gesellschaftlichen Bedingungen machte den Erfolg möglich.

Europa, Asien und Afrika sind drei miteinander verbundene Erdteile. Zu den bedeutenden Erkenntnissen der Anthropologie gehört, dass bis zum Ende der letzten Kaltzeit Afrika die führende Rolle beim Abenteuer der Menschheit spielte. Mit der Neolithischen Revolution wanderte die geografische Führung an die fruchtbaren Flanken des Taurus und Zagros. Zwischen dem fünfzehnten und vierten Jahrtausend v. Chr. produzierten diese Hänge alles, war für die folgende Ära der Zivilisation nötig war: die materielle und die ideelle Kultur. Es ist angemessen, die Neolithische Revolution als die größte Revolution der Geschichte zu bezeichnen. Euphrat und Tigris spülten von diesen Bergen und Hängen nicht nur den fruchtbarsten Boden zum Mündungsdelta; die ersten Schiffe transportierten auch die Schiffsbauer und mit ihnen all ihre kulturellen Werte stromabwärts. Als die Städte Eridu und Uruk ihr Abenteuer der ersten Zivilisation begannen, hatten sie eigentlich bereits eine Synthese mit den Werten dieser mühseligen Reise vollzogen. Das weitere Wachstum erfolgte wie der Lauf der heiligen Flüsse bis zu ihrer Mündung in den Ozean – beständig und stetig wachsend.

Uruk war nicht irgendeine gewöhnliche Kultur der Menschheit, sondern der Beginn eines neuen Wunders. Die Stimme von Inanna, der Göttin von Uruk, ist immer noch die Urquelle aller Legenden, Gedichte und Lieder. Diese Stimme ist die Stimme einer glänzenden Kultur; gleichzeitig ist sie die Stimme der Frau, die der hässliche Mann noch nicht beflecken konnte. Die Kultur Uruks trieb in ihrer eigenen Landschaft neue Blüten. Nach und nach erfolgte eine ganze Lawine von Stadtgründungen. Ein Band von Städten entstand. Der ›starke und listige Mann‹ sah nun die eigentliche Quelle von Akkumulation in den wachsenden Gelegenheiten des städtischen Handels. Nun begann ein Kulturtransfer in umgekehrter Richtung bis hin zu den Berghängen. Dies war die Phase, in der die neolithische Landschaft von der Stadt geschluckt wurde. Dass die Stimme von Inanna nach und nach gedämpft wurde, ist Ausdruck des zurückgedrängten Einflusses der Frau. Nun war die Stimme des starken und listigen Mannes laut und kräftig. Die

Vorsilben der sumerischen Sprache besitzen weiblichen Charakter. Dies zeigt die Rolle der Frau während der Entstehung der Sprache.

Die Abenteuer der machtbasierten Zivilisation mit der Geografie auszuführen, ist an dieser Stelle unnötig. Doch es wäre gut, wenn jemand darüber schriebe. Begnügen wir uns mit dem Hinweis, dass sie wie ein großer Strom floss, Tausende Kilometer rauen Terrains überwand, eine neue Kultur zurückließ und – symbolisch gesprochen – sich zuletzt in Amsterdam und London in den Atlantischen Ozean ergoss[39].

Offenbar hat aus allen Zeiten und Orten genommene materielle und ideelle Kultur schließlich unter der Führung dieser beiden Städte die moderne kapitalistische Wirtschaft und die Nation auf die Bühne der Geschichte geholt. Dieselben Gebiete waren es, welche auch die neolithische Kultur als letzte annahmen. Folgenden Zusammenhang zwischen Geografie und Kultur sehen wir häufig: Dort, wo eine alte Kultur tief verwurzelt ist, kann sich eine neue Kultur nur sehr schwer herausbilden. Die alte Kultur akzeptiert nicht einfach eine neue. Sie verteidigt sich, und das ist auch verständlich. Im Mittleren Osten war das einzige Gebiet, das die Kultur der antiken Zivilisation nicht ausreichen besetzt hatte, die inneren Gebiete der arabischen Halbinsel. Diese Leerstelle bildete die soziale Geografie des Islam. Hätte es dieses geografische Gebiet nicht gegeben, gäbe es keinen Islam.

Nordeuropa und diese beiden randständigen Länder (der Begriff *Land* taucht in dieser Zeit langsam im Sinne von nationalen Grenzen auf), England und Holland, waren im Sinne der alten Zivilisationen unberührte Landstriche. Deswegen konnte ein Samen, der hier gesät wurde, bestens wachsen. Die Chance, dass er tiefe und bleibende Wurzeln schlagen würde, war groß.

Dieser Samen der kapitalistischen Wirtschaft wurde also gesät und ging auf. Er war das letzte Erbe der Uruk-Kultur, das von einer Küste zur anderen transportiert worden war. Getragen wurde dieses Erbe stets von Händlern. Es heißt, Händler seien Menschen, die ein gutes Gespür für profitträchtige Orte haben. Ich betone, dass die geografische Lage als quasi marginales Gebiet am Horizont der Machtzentren sich langfristig als Vorteil herausstellte, der die Chancen positiv beeinflusste. England und Holland machten dann ihr Glück perfekt, indem sie alle kapitalistischen Neuerungen der italienischen Städte und die geografischen Routen, die Spanier und Portugiesen mit ihren Armadas entdeckt hatten, piratenartig enterten. Alles, was sie taten, bestand

39 Siehe dazu auch die Grafik in Band 1, *Zivilisation und Wahrheit*, S. 257.

lediglich aus Aneignung und Assimilation. Während der Krieg zwischen den europäischen Großmächten eine von außen kommende Gefahr verhinderte, genügten im Inneren die Produktivität der neuen Wirtschaft (durch billige Arbeitskräfte und Rohstoffe), um am Ende des sechzehnten Jahrhunderts in dieser Gegend erfolgreich etwas Neues entstehen zu lassen und es dauerhaft zu machen.

Diese beiden Mächte, zwischen denen nur äußerlich Unterschiede bestanden, wurden durch ihre Allianz auf der ganzen Welt zu den Repräsentanten der neuen Wirtschaft. Die Erneuerung der Wirtschaft führte auch zur evolutionären Erneuerung des Staates hin zu einer produktiven und erfolgreichen Staatsform. Die wirtschaftliche Überlegenheit trug zur militärischen und politischen Überlegenheit bei. Erstmals schlossen sich die Handelsmonopole mit den Staatsmonopolen zusammen (Beispiele sind die Westindien- und Ostindien-Kompanien) und wurden zu halboffiziellen Mächten. Die Räuber der Zivilisation, die sich stets in der Ferne oder in den dunklen Winkeln verstecken mussten, wurden erstmals zu Herren, deren Legitimität nicht länger infrage gestellt wurde. Alle Kennzeichen der alten Aristokratien nahmen sie den eigenen Königen und Königinnen aus den Händen und eigneten sie sich selbst an. So wie seinerzeit niemand vor Gilgamesch, dem Löwen Uruks, bestehen konnte, so schien auch vor ihren letzten Erben, den Raubtieren Amsterdams und Londons – Löwen will ich sie nicht nennen – niemand bestehen zu können. Wenn es doch jemand versuchte, konnte ihm leicht der Hals umgedreht werden wie dem Löwen, den Gilgamesch auf seine Schultern hob und erwürgte.

Die Legende von Inannas Kampf, in dem sie die neunundneunzig MEs, die von der Frau erfundenen Dinge und Künste, vor Enki, dem Schutzgott Eridus und ersten despotischen und listigen Männergott – der vergöttlichte dominante Mann – zu retten, ist eigentlich die erste und beeindruckendste Legende überhaupt. Dass die Erbinnen Inannas, die Königinnen Englands und der Niederlande, wie Symbolfiguren die Widerspiegelung aller hässlichen Eigenschaften des despotischen und listigen Mannes in der Frau verkörpern, ist quasi die Zusammenfassung des gesamten Abenteuers der Zivilisation.

E Historisch-gesellschaftliche Zivilisationen und der Kapitalismus

Wenn wir die Rolle des kapitalistischen Sektors in der aktiven Formung der Gesellschaft sehen, kommen wir dem Problem der Gesellschaftsformen auf konkrete Weise näher. Ich versuche folgende Frage zu beantworten: Sind die kapitalistische Wirtschafts- und Gesellschaftsform historisch-gesellschaftliche Notwendigkeiten? In diesem Abschnitt meiner Verteidigung, der als Antwort darauf verstanden werden kann, zeige ich klar, dass es bei diesem Thema keine historisch-gesellschaftliche Notwendigkeit gibt. Ein großer Fehler beziehungsweise eine große Verirrung in der marxistischen Interpretation des historischen Materialismus (dem Vulgärmaterialismus) liegt in der Idee begründet, dass die historisch-gesellschaftliche Entwicklung zwangsläufig erfolge; noch schlimmer: Dass der Marxismus davon ausgeht, dass die Gesellschaftsformationen sich linear entwickeln, bedeutet, Hegel'schen Idealismus unter der Überschrift ›Materialismus‹ zu präsentieren. Das wiederum ist nichts anderes als eine Ableitung des Hegelianismus. Immanuel Kant versuchte ganz verschämt, gegen eine derartige objektive Vorstellung von Entwicklung die Kraft des Subjekts, also die Rolle der Moral als Folge einer freien Willensentscheidung zu betonen. Der Marxismus fällt hinsichtlich der Freiheitsmoral noch hinter Kant zurück. Von anderen rechten und liberalen Auffassungen brauchen wir gar nicht zu reden; sie betrachten die Geburt des Kapitalismus nicht nur als eine Zwangsläufigkeit, sondern als das letzte Wort der Geschichte.

Diese Definitionen des Kapitalismus sind gefährlicher als religiöse Reaktion. Sie stützen sich auf den Positivismus, der selbst die konservativste Religion darstellt. Solange der Charakter dieser Definitionen nicht offengelegt und sie widerlegt werden, hat die Option der Freiheit keinerlei Chance. Die zweihundertjährige Geschichte des Sozialismus und Realsozialismus zeigt ohnehin, dass beide nicht über eine den Kapitalismus von links stützende Position hinausgekommen sind. Das Problem ist viel größer als nur herauszufinden, wo welcher Fehler gemacht wurde. Das Paradigma selbst ist falsch. Ob darin nun ein, zwei entscheidende Dinge richtig oder falsch gemacht wurden, ändert aus Sicht des Paradigmas das Ergebnis nicht. Die Gesellschaft auf einer geraden Entwicklungslinie zu sehen, bedeutet anzunehmen, jede Gesellschaftsformation sei schon im (göttlichen) Buch des

Schicksals (*lehv-i mahfûz*) verzeichnet; zu gegebener Zeit wird sich das vorgezeichnete Schicksal erfüllen. Selbst die mittelalterlichen Diskussionen über den begrenzten Willen des Menschen (*cüz'i irade*) und den allumfassenden, schicksalhaften göttlichen Willen (*külli irade*) waren weiter als derartige positivistisch-materialistische Herangehensweisen. Diese paradigmatischen Ansichten in Bezug auf die Gesellschaft waren entscheidend für die Niederlage der großen Kämpfe für den Sozialismus.

Meine bisherigen Ausführungen stehen offensichtlich außerhalb derartiger Herangehensweisen. Der Kapitalismus ist nicht nur keine zwangsläufige Stufe der gesellschaftlichen Entwicklung; mit einer solchen Haltung zu beginnen, bedeutet bewusst oder unbewusst dem Einfluss des Systems zu unterliegen und zum Werkzeug seiner Propaganda zu werden. Meine Schlussfolgerung möchte ich gleich vorwegnehmen: Der Kapitalismus kann keine Gesellschaftsform sein. Er will die Gesellschaft beeinflussen, das gelingt ihm auch, aber eine Gesellschaftsform kann er nicht sein. Nun können wir fragen: »Ist der Kapitalismus nicht seit vierhundert Jahren weltweit die einzige dominierende Form?« Dominieren ist jedoch etwas anderes als Gesellschaftsform zu sein. Die Geschichte kennt drei Arten der Gesellschaft oder Gesellschaftsformen: Die Urgesellschaft oder Klangesellschaft, die Klassengesellschaft oder zivilisierte Gesellschaft und schließlich die demokratisch-plurale Gesellschaft. Die Gesellschaft als eine lineare Abfolge verschiedener Formen (Urgesellschaft, Sklavenhaltergesellschaft, Feudalgesellschaft, kapitalistische und sozialistische Gesellschaft) zu behandeln, ist viel zu dogmatisch. Anders ausgedrückt ist es idealistisch und fatalistisch. Wichtiger noch: die drei Gesellschaftsformen schreiten nicht linear vorwärts. Das ganze ist eher eine Rotationsbewegung, die sich ausweitet und vertieft. Ich gehe zwar von einer dialektischen Funktionsweise aus, gleichzeitig muss ich aber klar festhalten, dass ich die Interpretation einer gesellschaftlichen Entwicklung durch einander vernichtende Extreme ablehne. Betrachtungsweisen, die von These, Antithese und Synthese ausgehen, können ein produktives Logikwerkzeug darstellen, um die Grundlagen der Funktionsweise des Universums zu erklären. Doch eine äußerst reiche, Unterschiedlichkeit ermöglichende, gegenseitiges Nähren anerkennende Art der dialektischen Beziehungen und ein derartiges Verständnis kommen der dialektischen Funktionsweise der Natur näher und erklären sie besser.

Wir müssen uns stets bewusst sein, dass von den kleinsten Teilchen im Universum bis zur Gesamtheit auf der Ebene des Kosmos Dichotomien (*ikilem*) existieren, die ein Entstehen (*oluşum*) ermöglichen. Das Entstehen erfolgt im Wesentlichen durch diese Dichotomien und ihre Wechselwirkung auf eine Weise, die beide in sich aufhebt und etwas hervorbringt, das sich von der Summe beider unterscheidet. Diese universale Art des Entstehens sehen wir am Grunde jeglicher Veränderung und Entwicklung.

Auch die Gesellschaft ist kein Gebilde, das außerhalb dieser Art des Entstehens steht. Ihre Entstehung lässt sich mit den gleichen Begriffen fassen. Kurz gesagt bildet sie Widersprüche, Dichotomien; dies ermöglicht neue Gebilde, die die Widersprüche in sich aufheben, aber über ihre bloße Summe hinausgehen. Die Veränderungs- und Entwicklungsdynamik von Gesellschaften in dieser Weise wahrzunehmen, ermöglicht es uns, mehr Wissen über das Konkrete zu erlangen. Wenn wir an die gesellschaftliche Realität von ihren kleinsten Einheiten bis zu ihren Gesamtformen mit diesem dialektischen Verständnis herangehen, wird unsere Fähigkeit zu begreifen und zu interpretieren unsere humaneren Charakterzüge – das Potenzial des freien Menschen – mobilisieren. Davon bin ich überzeugt. Indem wir die Gesellschaft im Individuum konkretisieren, können wir dann sowohl das verantwortungsbewusste freie Individuum entwickeln als auch die von freien Individuen beeinflusste Gesellschaft weiter befreien. Die Möglichkeit der Befreiung bietet das größte Potenzial und die besten Chancen für Gleichheit und Demokratisierung.

Ich möchte noch einmal festhalten, dass ich keine neue Entdeckung mache, wenn ich von einer dreischrittigen Dynamik der gesellschaftlichen Realität spreche. Ich versuche lediglich, die universale Dynamik des Entstehens auf die Gesellschaft anzuwenden. Auf die Frage, warum eine dreifache Dynamik, antworte ich: Wegen der *Existenz*. Wenn die Frage nach der Existenz eine Antwort sucht, so müssten wir zur Frage springen, warum wir existieren. Die Existenz selbst ist meiner Meinung nach jedoch nicht zu diskutieren. Wenn wir nicht existierten, wären derartige Fragen und Probleme unnötig. Die Nichtexistenz brauchen wir nicht zu diskutieren. Nichtexistenz wäre die reine Negativität, das Nichts, und das wäre absurd.

Wenn wir das Sein, die Existenz, akzeptieren, ist es sinnvoll, von der Art des Entstehens zu sprechen. Diejenigen, die über den gesamten Sinn des Lebens, die gesamte Entwicklung des Denkens intensiv nachgedacht haben, ahnten, dass Veränderung und Entwicklung aus dem Entstehen kommen. Davon ausgehend haben diese Denkerinnen und Denker ein enormes Gesamtwerk geschaffen, das wir keinesfalls verleugnen können. Sie suchten im Wesentlichen eine Antwort auf die Frage der Entstehung. Dazu wandten sich einige der Methode der Mythologie, andere der Religion zu. Das genügte aber nicht, und die Kategorien Philosophie und Wissenschaft eilten zu Hilfe. Alle diese Kategorien sind gleichermaßen funktional, doch ihre Antworten unterscheiden sich voneinander. Es wurde stets nach dem Grund, dem Wie und dem Zweck des Entstehens gefragt, jede Kategorie versuchte, entsprechend ihrer Disziplin Antworten zu liefern. Die Wissenschaft als anspruchsvollste Disziplin hat die dreischrittige Dynamik in bedeutendem Maße aufgeklärt: Wenn (theoretisch oder experimentell) Materie-Energie, Teilchen-Welle auf die Ebene der Quantenmechanik gebracht werden, bringen diese Dichotomien stets neue Gebilde hervor. Das Ergebnis dieses Entstehens trägt stets Spuren der Dichotomie (Materie-Energie, Teilchen-Welle). Beide existieren im Dritten verändert weiter. Die Veränderung erfolgt als Fortentwicklung oder im Gegenteil als Rückentwicklung. Es wurde bewiesen, dass dies die grundlegende Charakteristik der Dynamik des Seins ist. Das müssen wir nicht noch einmal beweisen.

Schauen wir auf uns selbst. Das Kind ist ein Sein, das Vater und Mutter sehr ähnelt und die Erbanteile beider fortführt, aber als ein eigenes Sein, das beide in neuer Form repräsentiert. (Diese Veränderung erfolgt sehr langsam; dies gilt für alle Veränderungen bei Vorgängen der Natur.) Wir können es auch als ein Teilchen eines immer schon dagewesenen Seins interpretieren. Doch eigentlich gewinnt den Kampf ums Dasein das *Entstehen*, das auf diese Art möglich wird. Was ist der Kampf ums Dasein? Was bedeutet Da-Sein und Da-Bleiben? Dableiben bedeutet, sich durch Veränderung zu erhalten. Warum? Vielleicht, um die Existenz zu beweisen, um sich durch Veränderung in den Anblick der Göttlichkeit und der Pracht des Seins zu versenken!

Die Absurdität dabei: Indem wir die Gebilde beobachten, die uns am nächsten sind, müssten wir zu einer soliden Logik gelangen. Warum konnten wir uns von dieser eigentlichen Wahrheit so weit entfernen oder wurden von ihr so weit entfernt?

Wenn wir diese Absurdität aufklären, kommen wir zum eigentlichen Problem. Ich rede von den Netzen und Geflechten von Narrativen, die den Funktionscharakter von Gesellschaftlichkeit seit ihrer Entstehung verhüllen. Warum gab es ein Bedürfnis nach diesen Hüllen, als die Gesellschaftlichkeit aufgebaut wurde? Warum spaltete sich angesichts dieser Entwicklungen die Intelligenz in ihre emotionale und analytische Dimension auf? Was waren ihre Funktionen? Durch die richtigen Antworten auf diese Fragen können wir unsere Gesellschaftlichkeit interpretieren, wie sie ist, oder verändern, wie wir sie haben wollen. Der Mensch als Subjekt ist ein Wesen, das die

Besonderheit besitzt, zu *interpretieren und nach Belieben zu verändern.* Je eher Interpretieren und Begehren (oder Denken und Fühlen, Wollen) der Dynamik des Entstehens entsprechen, desto höher ist die Chance einer neuen Form, sich zu entwickeln. Je weniger dies der Fall ist, desto mehr erleben wir in der Gesellschaftlichkeit Konservativismus oder Rückentwicklung. Die Entwicklung von emotionaler und analytischer Intelligenz erfolgt um diese Probleme herum.

Beenden wir hier diesen Abschnitt, der sich weit in den Bereich der philosophischen Interpretation vorwagt. Diese Angelegenheiten werde ich später im folgenden Band *Soziologie der Freiheit* auszuführen versuchen.

Die gesellschaftliche Formation, die wir als Klangesellschaft bezeichnen, ist zweifellos kein statisches Gebilde. Die Weiterentwicklung der menschlichen Spezies, ausgehend von den menschenähnlichen Primaten, bedeutete auch die Entwicklung der Klangesellschaft. Das Hauptproblem des Klans war die Weiterexistenz. Ganz allgemein besteht das Hauptproblem einer Gesellschaft (die aus Tausenden Gemeinschaften bestehen kann) im Weiterbestehen, in der Selbsterhaltung, der Verteidigung ihrer Existenz gegen die Kräfte, die ihr Dasein als Gesellschaft beenden wollen. Diese Problematik stellt sich Gesellschaften immer und überall. Manchmal konzentriert sich diese Verteidigung auf das Ziel der Selbsterhaltung durch Selbstverteidigung gegen Gefahren und Risiken. Manchmal existieren Wesen und eine Umgebung, die nützlich und produktiv sind und eine Symbiose erlauben, die eine gegenseitige Entwicklung ermöglicht. Dann und dort beschleunigt sich auch eine positive Entwicklung. Es kommt zu einer Bereicherung der materiellen und ideellen Kultur der Spezies, des Klans oder der Gesellschaft. Wenn wir versuchen, dies mit dem begrifflichen Gegesatzpaar ›Ich‹ und das ›Andere‹, das jüngst in der Soziologie Einzug gehalten hat, zu beschreiben, so üben die ›Ich‹s eine Selbstverteidigung gegenüber ›Anderen‹ aus, die ein Risiko darstellen. Entweder besiegen sie das Andere und existieren weiter, oder es stellt sich ein Gleichgewicht ein, in dem sie ihre Existenz bewahren, die Entwicklung sich aber verlangsamt. Oder sie erleiden eine Niederlage, die je nach Ausmaß ihre Existenz teilweise oder vollständig beendet. Dann endet die Existenz als Selbst, sie werden zum Objekt einer anderen Entität. Oder sie werden assimiliert und existieren als eine andere Entität weiter. In solch einer Situation entstehen die Kategorien von verzerrten oder degenerierten Existenzen.

Konkreter ausgedrückt: Eine Gesellschaft auf einer einfachen Stufe, die ihre Existenz bewahren will, befindet sich in einem ständigen Kampf mit den natürlichen Bedingungen, um einerseits nicht Raubtieren zur Beute zu werden, andererseits sich vor klimatischen Bedingungen, Umgebungen mit mangelhaften Ernährungsmöglichkeiten und Krankheiten zu schützen. Während Gefahren die Existenz bedrohen, tragen günstige Bedingungen zu einer positiven Entwicklung bei. In Grundzügen ist dieses Abenteuer, das sich größtenteils in Afrika, seit rund einer Million Jahren auch in Asien und Europa abgespielt hat, aufgeklärt. Einander ähnliche Gruppen mit weniger als einhundert Mitgliedern hatten noch keine Symbolsprache entwickelt. Diese Gesellschaftsform bildete oder gruppierte sich unter dem Einfluss der biologischen Gegebenheiten, noch mehr aber wegen ihrer gesellschaftlichen Praxis um die Mutter-Frau. Die Struktur der ersten Sprachen mit ihren weiblichen Affixen bestätigt diese Tatsache. Wir dürfen den matrialen[40] (*anacıl*) Charakter der Gesellschaft nicht übersehen. Es ist wichtig, die Mutter-Frau nicht als eine Chefin, als eine Autorität zu betrachten, sondern als ein natürliches ›administratives‹ Kraftzentrum wegen ihrer Lebenserfahrung und der Aufzucht von Kindern. Sobald die Ordnung der Sesshaftigkeit in Behausungen begann, wuchs die Rolle und Attraktivität der Mutter-Frau als Zentrum noch weiter.

Vaterschaft als eine soziale Beziehung entstand erst viel später. Die Gesellschaft kannte über lange Zeit und viele Stufen hinweg weder den Begriff noch das Phänomen. Nachdem die Institution des Erbes und eine Eigentumsordnung entstanden waren, entwickelte sich im Zusammenhang mit dem Patriarchat auch die Vaterschaft. Zugehörigkeit der Kinder und Onkelschaft (im Sinne von Mutterbruder[41]) sind früher entstandene Phänomene und Begriffe. Das Sammeln von Nahrung und in begrenztem Ausmaß die Jagd sind Arten, die materiellen Bedürfnisse zu befriedigen. Mitglied eines Klans zu sein, war die wichtigste Garantie für das Leben. Aus der Klangesellschaft ausgestoßen zu werden oder zu vereinzeln, hatte mit großer Wahrscheinlichkeit den Tod zur Folge. Es ist realistisch, den Klan als soliden Kern der Gesellschaft zu betrachten. Er ist die ursprünglichste Form der Gesellschaft.

Schon oft haben wir erwähnt, dass nach einer langen Entwicklung der Übergang zur Stufe der neolithischen Gesellschaft erfolgte, und dass dieser Übergang durch die günstigen geografischen Umweltbedingungen

---

40 Öcalan verwendet hier mit *anacıl* einen selbstgeschaffenen Begriff, weswegen wir auf eine ebenfalls mögliche Übersetzung als ›matrizentrisch‹, ›matriarchal‹ oder ›mütterlich‹ verzichtet haben.

41 Wenn eine Gemeinschaft matrilinear organisiert ist, sind die Geschwister der Mutter wichtige Bezugspersonen. Damit sind die Brüder der Mutter häufig für die Kindererziehung wichtiger als die biologischen Väter.

hervorgebracht wurde, die das Taurus-Zagros-Gebirgssystem bot. Wir haben ebenfalls oft erklärt, dass wir diese Stufe auch als Höhepunkt der matrialen Gesellschaft betrachten können und dass die Möglichkeit eines Mehrprodukts auf dieser Stufe entstand. Diese gesellschaftliche Ordnung wird von Sozialwissenschaftlern meist als Urkommunismus, Alt- und Jungsteinzeit oder auch Zeit der Wildheit bezeichnet. Meiner Meinung handelt es sich um eine Abfolge von Stufen, die ›kommunal-matriale Gesellschaft‹ zu nennen vielleicht sinnvoller wäre. Es handelt sich um eine Stufe, die nahezu neunundneunzig Prozent der gesamten Dauer der menschlichen Gesellschaft umfasst. Wir dürfen sie daher nicht unterschätzen. Es ist nicht schwer abzuleiten, dass gegenüber der Akkumulation von Mehrprodukt und kulturellen Werten der kommunal-matrialen Gesellschaft der starke und listige Mann, der um diese Gesellschaft herumstrich und manchmal durch erfolgreiche Jagdzüge an Einfluss gewannt, im ersten Streben nach Dominanz auf diese Gesellschaftsordnung abzielte. Eine Reihe von anthropologischen Hinweisen und archäologischen Aufzeichnungen, Beobachtungen, Vergleichen und Ansichten lässt diese Möglichkeit wahrscheinlich erscheinen.

Wir haben auch oft die patriarchale Gesellschaft erwähnt, ein Gebilde, das überwiegend von einem Bündnis aus Schamane, altem und erfahrenen Scheich und militärischem Kommandanten geprägt wurde. Es ist richtig, in dieser Entwicklung den Prototypen einer neuen Gesellschaftsform zu sehen. Mit neuer Gesellschaft meine ich, dass der Klan eine hierarchische Struktur annahm. Diese Trennung wurde definitiv, als die Hierarchie zu einer dauerhaften Klassenspaltung und der Organisierung in Form des Staates führte. Gesellschaften, die Klassen und den Staat kennen, haben offenbar eine qualitative Veränderung durchgemacht. Die wesentliche Dynamik dieser Veränderung ist, dass das Mehrprodukt nicht mehr verschenkt wird, sondern als Tauschgut zur Ware gemacht und auf dem Markt gehandelt wird. Sobald das Trio Markt, Stadt und Handel sich als dauerhaftes Element in der Gesellschaft etabliert, beschleunigt sich auch die Entwicklung von Staat und Klassen. Da ich ausführlich beschrieben habe, unter welchen räumlichen und zeitlichen Bedingungen dies erfolgte, werde ich es hier nicht wiederholen. In verschiedenen Soziologien, die unterschiedliche Erzählweisen darstellen, wurde versucht, diese neue Gesellschaft mit Begriffen wie Klassengesellschaft, Stadtgesellschaft, staatliche Gesellschaft, Sklavenhaltergesellschaft, Feudalgesellschaft und kapitalistische Gesellschaft zu beschreiben. Da das Vorhandensein von Klassen, Städten und dem

Staat offensichtlichere und dauerhaftere Merkmale darstellen und auf diese Prozesse die Begriffe ›zivilisiert‹ und ›Zivilisation‹ passen, ist es meiner Meinung nach wohl angebracht, ihrem Inhalt entsprechend von ›zivilisierter Gesellschaft‹ oder noch kürzer von ›Zivilisation‹ zu sprechen.

Nun ist sicher niemandem entgangen, dass wir bei der Rede von Zivilisation die gesellschaftliche Ethik nicht als ansteigende Entwicklung, sondern als ihren Verfall, und die Repression gegen sie als wesentliche Merkmale interpretieren. Gegenüber den früheren kommunal-matrialen Wertvorstellungen, also ihrem Moralverständnis, bedeutet die zivilisierte Gesellschaft einen großen Absturz. Im Sumerischen, der ältesten bekannten Sprache, wird dieser Zusammenhang auf bemerkenswerte Weise ausgedrückt. Das Wort bedeutet sowohl Freiheit als auch ›Rückkehr zur Mutter und zur Natur‹. Eine derartige Identität zwischen Mutter, Freiheit und Natur herzustellen, ist eine beeindruckende und richtige Wahrnehmung. Die sumerische Gesellschaft als erste, die die Zivilisation kennenlernte, drückte mit dem Wort amargi ihre Sehnsucht nach der früheren oder kommunal-matrialen Gesellschaft aus. Diese gesellschaftliche Verwerfung im sumerischen Original zu verfolgen, ist möglich und besonders beeindruckend und lehrreich.

In der ersten Legende in Form von Dialogen zwischen Inanna (der Schutzgöttin Uruks) und Enki (dem Gott Eridus), sehen wir, wie sich das Kippen des Kräftegleichgewichts zwischen Frau und Mann zum Nachteil der Frau widerspiegelt. Diese Legende ist älter als das Gilgamesch-Epos und erzählt vom Kampf zwischen der kommunal-matrialen Ordnung oder Gesellschaft und der hierarchisch-patriarchalen Gesellschaft (der Übergangsgesellschaft zur Zivilisation). Es wird ganz deutlich, dass dieser Prozess ungerecht und unter Kämpfen abgelaufen ist. Die historischen Daten liefern auch Argumente dafür, dass die sumerische Gesellschaft auf ihren frühen Stufen eine Phase durchgemacht hat, die wir als primitive Demokratie bezeichnen können. Der Ältestenrat war noch nicht in eine patriarchale Ordnung transformiert worden. Äußerst lebendige Diskussionen deuten auf das Vorhandensein einer Art Demokratie hin. Begriffe wie ›Befehl Gottes‹ (eigentlich ein Prinzip der einseitigen, militärisch-despotischen Ordnung, die von einem maskierten Typus wie dem ›starken und listigen Mann‹ herrührt) waren noch nicht entstanden. Ohnehin ist die Ausdrucksweise in der Inanna-Legende äußerst lebendig und stellt dar, was in der Gesellschaft vor sich geht: Ungerechtigkeit, Raub von Frauen und dem, was sie geschaffen haben, Katastrophen für ihre Kinder. Lägen uns noch weitere Dokumente vor, könnten wir mit hoher Wahrscheinlichkeit eine Stufe des Übergangs zur Demokratie feststellen und beobachten, die die Athener Demokratie (eine Klassendemokratie der Sklavenhalter) weit übertrifft.

Wir können auch theoretisch fassen, dass der Übergang zur zivilisierten Gesellschaft gleichzeitig und verschränkt mit dem Übergang zur demokratischen Gesellschaft stattfand. In den heftigen Diskussionen der ersten Ältestenräte hören wir den Klang der demokratischen Gesellschaft, ihren ersten Widerhall. In sämtlichen Gesellschaften auf dieser Entwicklungsstufe werden wir Zeugen einer ähnlichen Dichotomie: der Dichotomie zwischen demokratischer Gesellschaft und zivilisierter Gesellschaft; einfacher und konkreter gesagt, die Dichotomie zwischen Staat und Demokratie. Wo immer es den Staat gibt, gibt es die Frage der Demokratie. Wo immer es Demokratie gibt, gibt es auch ein Risiko, zum Staat zu werden. So, wie die Demokratie keine Staatsform ist, ist auch der Begriff des Staates als Demokratie falsch. Wir müssen genau auf die Qualität der Beziehung zwischen beiden achten.

Dies ist gleichzeitig eine Dichotomie, die stets in der Geschichte manipuliert wurde. Die Frage, ob sich aus dem Schoß der alten Gesellschaft Demokratie oder Staat entwickelten, hat zu großen Diskussionen und Verzerrungen geführt. Es zeigt sich, dass der Prozess der ineinander verschränkten Existenz von Demokratie und Staat voller Kämpfe, Widersprüche und Kriege ablief. Das gilt beispielsweise für den Fall des Islam, mit dem ich am besten vertraut bin. Die Diskussionen und Kämpfe zwischen den beiden Richtungen Demokratie-Republik oder Monarchie waren sehr klar und deutlich sichtbar. Mohammeds *Gemeindeordnung von Medina*[42] erinnert geradezu an Jean Jacques Rousseaus Gesellschaftsvertrag. Im Koran und den Hadithen[43] lässt sich dies deutlich beobachten. Doch ganz in der Nähe von Medina existierte eine starke Stammesaristokratie. Diese, besonders die Hierarchie im Stamme der Qoraisch, strebte eine Monarchie nach dem Vorbild von Byzanz und dem Sassanidenreich an. Dieser Konflikt existierte bereits zu Lebzeiten Mohammeds. So war auch ein Grund des Konfliktes zwischen Mekka und Medina die Frage, ob die neue Ordnung eine Republik (das arabische Wort *Dschumhūriyyat* bedeutete Volksdemokratie) oder ein

42 Nach dem Auszug Mohammeds und seiner Anhänger aus Mekka in die später Medina genannte Stadt schlichtete Mohammed dort Konflikte und erstellte ein Dokument, das die Rechte und Pflichten der dort ansässigen Gruppen einschließlich der jüdischen Stämme sowie der zugewanderten Muslime regelt.

43 Ein Hadith ist ein Ausspruch, der in der muslimischen Tradition Mohammed zugeschrieben wird.

Sultanat (eine Erbmonarchie, die auf den Sohn übergeht) werden sollte. Diese konfliktreiche Phase begann mit der Flucht Mohammeds aus Mekka im Jahr 610 und endete fünfzig Jahre später mit der Ermordung Alis im Jahr 661 in Kufa, das heute ähnlich gewalttätige Auseinandersetzungen erlebt[44]. Die Clique des Mu'āwiya, Befürworter eines Sultanats, ging daraus siegreich hervor. Die damalige starke hierarchische Stammesordnung ließ nicht einmal einer Republik, genauer gesagt, einer primitiven Demokratie, eine Chance. Den Islam auch einmal in dieser Hinsicht einer wirklichen soziologischen Erforschung zu unterziehen, könnte ziemlich bemerkenswerte und interessante Ergebnisse liefern!

Ein weiteres bemerkenswertes Beispiel liefert die Geschichte der Gründung des Persischen Reiches im Iran. Nach langen Diskussionen und Kämpfen machten die Perser aus dem Erbe der Meder-Konföderation ein Imperium. Die entscheidende Rolle dabei spielte die Familie der Achämeniden. Es gibt viele Belege dafür, dass die Zeit zwischen 560 und 520 v. Chr. wegen des Widerstandes unter der Führung von Priestern aus Medien von äußerst gewalttätigen Konflikten geprägt war. Die Geschichte von Kambyses und dem falschen Smerdis ist in dieser Hinsicht ein erhellendes Beispiel.[45] Dabei war die vorherige Gründung der Meder-Konföderation ein typisches Beispiel für eine primitive Demokratie. Interessante Erzählungen darüber finden sich in Herodots *Historien.*

Die Athener Demokratie gehört zu den weiteren, bekannteren Beispielen. Die Kriege zwischen Athen und dem Königreich Sparta, den Persern und den Makedonen sind in einem anderen Sinne Kriege um die Frage »Demokratie oder Imperium bzw. Königreich«. Doch egal, ob primitiv oder klassenbasiert – die Diskussion und der Kampf um die Frage »demokratische Gesellschaft oder zivilisierte Gesellschaft« war stets da. Dass in Rom im Kampf um Republik oder Kaiserreich selbst berühmteste Persönlichkeiten

44 Kufa und das in unmittelbarer Nähe gelegene Nadschaf sind wichtige schiitische Pilgerorte. Sunnitische Terrorgruppen verübten hier ab 2003 zahlreiche verheerende Anschläge, bei denen viele Hundert Menschen getötet wurden.

45 Herodot berichtet in den *Historien*, dass der Thron des persischen Königs Kambyses durch dessen (womöglich medischen) Halbbruder Smerdis usurpiert wurde. Kambyses kam kurz darauf ums Leben. Ein medischer Magi-Priester habe daraufhin den echten Smerdis getötet und dank einer durch Magie verstärkten Ähnlichkeit als ›falscher Smerdis‹ dessen Platz eingenommen und selbst die Ehefrau des echten Smerdis täuschen können. Persische Adlige, die keinen Meder auf dem Thron akzeptieren wollten, ermordeten dann den falschen Smerdis. Sein Nachfolger wurde durch Betrug bei der Königswahl der Perser Dareios I., der wiederum die Tochter des Smerdis heiratete.
Der Wahrheitsgehalt dieser fantastischen Geschichte lässt sich nicht nachprüfen, möglicherweise waren der ›echte‹ und der ›falsche‹ Smerdis identisch, und es handelt sich um eine anti-medische Propagandageschichte.

wie Julius Cäsar getötet werden konnten, zeigt, dass ein heftiger, gewalttätig ausgefochtener Widerspruch vorhanden war. Wir könnten noch weitere Beispiele anführen. Um unser Interesse am Thema wachzuhalten und unsere Auffassungsgabe zu schulen, müssen wir vielleicht die Große Französische und die Russische Revolution aus dieser Perspektive betrachten.

Die Französische Revolution von 1789 begann gegen die absolutistische Monarchie und endete mit einer Republik, einer radikalen gesellschaftlichen Demokratie. Sie durchlief eine sehr gewalttätige Phase, die Zeit des revolutionären Terrors. Nach dem Triumvirat folgte das Napoleonische Kaiserreich. Nach verschiedenen Perioden des Übergangs wurden bis heute fünf Republiken ausgerufen, eine sechste wird diskutiert.

In der Großen Russischen Revolution von 1917 hob sich der Vorhang zu einer noch radikaleren Demokratie, der Phase der Sowjets[46]. Die Diktatur wurde in der Stalinzeit permanent. 1989, zweihundert Jahre nach der Französischen Revolution, erfolgte die Rückkehr zur Demokratie. Russland versucht immer noch, seine Demokratie zu entwickeln. In der Ära der kapitalistischen Moderne gibt es Hunderte weitere Beispiele, und beinahe jedes Jahr kommen neue hinzu.

Mit diesen jeweils nur kurz erläuterten Beispielen wollte ich illustrieren, wie sich die Konflikte, Spannungen und Kämpfe zwischen diesen beiden Knäueln von Beziehungen, die sich um die Brennpunkte Zivilisation und Demokratie entwickeln, äußern.

Eine weitere wichtige Tatsache, die wir berücksichtigen müssen, ist, das beide neuen Gesellschaften versuchen, auf der kommunalen Gesellschaft aufzusetzen. Die kommunale Gesellschaft, so wie wir sie definiert haben, existiert immer noch in allen Geweben der Gesellschaften, wenn auch nur als Überbleibsel. Da sie für die menschliche Spezies unverzichtbar ist, dürfen wir auch getrost annehmen, dass sie immer weiterexistieren wird. Diese Gesellschaft besitzt die Qualitäten einer ›Mutterzelle‹. Wie Mutter- oder Stammzellen verschiedene Körpergewebe aufbauen und wenn nötig reparieren, so existiert die kommunual-matriale Gesellschaft in allen zwiegespaltenen Gesellschaften in ähnlicher Weise fort. Dass ich immer wieder betone, dass die kommunale Gesellschaft nicht verschwunden ist und nicht verschwinden wird, dass sie in den aus ihr geborenen demokratischen und zivilisierten Gesellschaften unter Konflikten, Spannungen und manchmal

46 Sowjets (wörtlich ›Räte‹) wurden die aus den Revolutionen von 1905 und 1917 hervorgegangenen Arbeiter- und Soldatenräte genannt. Später verloren sie ihren basisdemokratischen Charakter und wurden zu Machtinstrumenten der Staatsführung.

Kompromissen weiterbesteht, hat bedeutende Ursachen und Konsequenzen. Ich werde an gegebener Stelle immer wieder darauf zurückkommen.

Obwohl ich immer von Konflikten zwischen der demokratischen und der zivilisierten Gesellschaft spreche, schließt das die Möglichkeit von Kompromissen zwischen beiden nicht aus. Ganz im Gegenteil, Kompromisse zwischen diesen beiden Gesellschaften sind ganz wesentlich; besser gesagt: sie hätten wesentlich sein sollen. Der wichtigste Grund dafür ist, dass die zivilisierte Gesellschaft nicht ohne die demokratische Gesellschaft existieren kann und umgekehrt, wie es auch einem Verständnis der Dialektik entspricht, wo beide Extreme einander nicht auslöschen. Die Existenz der einen ist nur durch die andere möglich. Wie ich betont habe, finden beide Aufbrüche – der demokratische und der zivilisatorische – in der gleichen kommunalen Muttergesellschaft statt. Während die Demokratie sich eher auf die untenstehende Mehrheit und Multituden stützt, die von den hierarchischen Oberschichten verraten, unterdrückt und ausgebeutet werden, hat die Zivilisation eher den Teil der Oberschicht zur Basis, der Repression, Ausbeutung und ideologische Hegemonie aufrechterhält. Natürlich werden diese Gruppen weder durch scharfe Trennlinien noch abrupt voneinander oder von der kommunalen Muttergesellschaft getrennt. Sie sind miteinander verwoben, und doch stellt jede ein Zentrum dar, das sich stark von den anderen unterscheidet.

An diesem Punkt müssen wir unsere Auffassung vom Begriff ›Gesellschaft‹ insgesamt hinterfragen und uns das Ergebnis immer wieder ins Bewusstsein rufen. In Gesellschaften existieren auf tausenderlei Arten miteinander verwobene Klassen, innerhalb jeder Klasse Tausende Untergruppen, Millionen von Familien, alle möglichen Gemeinschaften, die nicht in Klassen aufgespalten sind und gegen eine Aufspaltung Widerstand leisten, sich globalisierende genauso wie sich lokalisierende Einheiten, Religionen, politische Richtungen, Ökonomien, Stämme, Nationen und Internationales, Chaos und Ordnung, Spannungen und Ruhe, Konflikte und Solidarität. All dies sollten wir nicht als eine singuläre Einheit, sondern als Gesamtheit von Tausenden von Gesamtheiten verstehen. Innerhalb dieser komplexen Gemengelage bildet sich eine nahezu friedliche gesellschaftliche Ordnung, wenn Demokratie und Staat ein Gleichgewicht bilden. Ein vollständig friedlicher Zustand erfordert hingegen einen Zustand ohne Staat, der zwar theoretisch denkbar ist, von dem wir aber in der Praxis noch sehr weit entfernt sind.

Erst ein langfristiges demokratisches Leben, das die gesamte Gesellschaft und sogar die staatliche Gesellschaft umfasst, kann zu einem vollständigen

Frieden führen. An diesem Moment der Geschichte können wir nur von Frieden sprechen als einer Phase des Waffenstillstands aufgrund eines Gleichgewichts zwischen den Kräften des Staates und der Demokratie. Wenn die Demokratie versucht, den Staat vollständig zu schlucken, würden im gegenwärtigen historischen Moment eher chaotische Zustände eintreten. Die Erfahrung in vielen Ländern zeigt dies. Wenn der Staat ständig eine Abwesenheit von Demokratie durchzudrücken versucht, entstehen despotische Systeme, und im gegenwärtigen historischen Moment ist das Ergebnis wiederum Chaos. Die Zivilisierung, auch ›historischer Prozess‹ genannt, dauert seit ungefähr fünftausend Jahren an. Demokratie hatte nur in begrenztem Maße eine Daseinschance. Doch die überwältigende Mehrheit der Gesellschaft und die Multituden haben stets Demokratie erwartet. Dafür haben sie gekämpft. Vielleicht werden Staat und Demokratien noch für mehrere Jahrtausende, wenn auch nicht in gleichbleibender Weise, ineinander verschränkt weiterexistieren.

Das Problem lautet nicht nur, Staat und Demokratie auseinanderzuhalten, sondern auch systematische Regeln festzulegen, wie beide produktiv koexistieren können, zumindest ohne einander zu negieren. Vielleicht wird das neue Arten von Verfassungen erfordern. Die gegenwärtige Verschränkung von Staat und Demokratie ist jedenfalls ein regelrechter Betrug. Ihre wechselseitige Verschränkung ähnelt dem Feigenblatt, mit dem beide ihre peinlichen Stellen bedecken. Solange diese Situation nicht überwunden wird, lässt sich noch nicht einmal eine konsistente Diskussion über Staat und Demokratie führen. Die beiden modernsten Revolutionen, die Französische und die Russische, haben bei diesem Thema weder Fortschritt noch Klarheit gebracht, sondern die Komplexität weiter erhöht. In der politischen Theorie besteht äußerst dringender Bedarf einer nach Form und Inhalt richtigen Bestimmung des für Demokratie offenen Staates (der sich nicht an die Stelle der Demokratie setzt und die Demokratie nicht verbietet) und der den Staat nicht negierenden Demokratie (die weder schnell selbst zum Staat wird noch den Staat stets als zu zerschlagendes Hindernis betrachtet). Wir brauchen tatsächlich Theorie; aber eine Theorie, die Antworten für die verschlungene Lage der Praxis liefert. Ich glaube, dass Formen des Staates und der Demokratie, die weniger konfliktträchtig sind und einander produktiver machen, sowohl bitter nötig als auch möglich sind und dass die benötigte, stärkste politische Möglichkeit auf dieser Grundlage entwickelt werden muss. Die existierenden Staaten erkennen die Demokratie im Grunde nicht an. Staaten sind sehr grobschlächtig und träge. Demokratien dagegen sind als Karikaturen von Staaten verzerrt und dysfunktional. Zweifellos ist dies das fundamentale Problem von politischer Philosophie und Praxis.

Es sei hier nochmals darauf hingewiesen, dass ich diese Themen, die eine Reihe von Neuerungen enthalten, im folgenden Band *Soziologie der Freiheit* ausführlich diskutieren werde.

Mir ist klar, dass ich hier ein neues Paradigma präsentiere, einen theoretischen Grundrahmen,, der sich vom liberalen und vom sozialistischen Paradigma unterscheidet. Ich werde versuchen, ihn inhaltlich gut zu füllen. Diesen kleinen Rahmen habe ich skizziert, um die Frage beantworten zu können, wo und wie ich den Kapitalismus als ›Gesellschaftsform‹ positionieren werde. Natürlich betrachte ich den Kapitalismus weder allein als eine Wirtschaftsform, noch als eine Gesellschaftsform.

Versuchen wir zunächst, das ›kapitalistische Wirtschaft‹ genannte Verhältnis innerhalb der Gesamtheit der zivilisierten Gesellschaft zu betrachten. Die kapitalistische Wirtschaft beruht auf den Profiten von Monopolen. Diese Monopole haben sich oben auf die Tauschwirtschaft (mit Kommodifizierung, Marktbeziehungen und Konkurrenz) draufgesetzt und sind im Wesentlichen durch Manipulation von Preisen und das Ausnutzen von Preisdifferenzen in verschiedenen Gebieten entstanden. Dies müssen wir genau verstehen und uns zu eigen machen. Entsprechend dieser Definition müssen wir auch verstehen, dass dieses monopolistische Gebilde kein Sektor ist, der Tauschwert schafft. Das genannte Monopol betrifft nur einen sehr geringen Teil des allgemeinen Wirtschaftslebens. Doch dieser geringe Teil ist aufgrund seiner strategischen Position ein entscheidender; er ist die Summe sehr großer Tauschwerte, die in den Händen sehr weniger Personen akkumuliert werden. Deshalb besitzt er eine strategische Überlegenheit, die es erlaubt, sowohl das Angebot als auch die Nachfrage zu manipulieren. Wir dürfen nicht vergessen, dass bis zu jener Zeit nicht einmal die Staaten eine derartige Überlegenheit besaßen. Interessant ist dabei, wie diese Überlegenheit entstand und wie sie benutzt wurde. Ihre Entstehung verstehen wir einigermaßen. Ihre Benutzung ist bemerkenswerter und wälzt die Gesellschaft stärker um, da sie auf der ständigen Vergrößerung des Kapitals beruht. Dies ›revolutionär‹ zu nennen ist gleichbedeutend mit Verrat an der historisch-demokratischen Gesellschaft.

Wann wird die Wissenschaft der politischen Ökonomie eingestehen, dass der Gebrauch von Kapital zur Kapitalvermehrung (das berühmte Wertgesetz, das die politischen Ökonomen, diese Superhelden der Wirtschaftswissenschaften, in polierter Form präsentieren, wobei sie von der Heiligkeit des Wortes ›Gesetz‹ profitieren) nichts als eine notdürftig verschleierte Plünderung ist? Warum nenne ich dann den ›starken und listigen Mann‹ nicht Kapitalisten? Weil seine Beschlagnahmung durch offene Gewalt und Krieg erfolgt! Natürlich vergessen wir nicht, dass Krieg auch Fallenstellen heißt. Der ›starke und listige Mann‹ braucht weder Recht noch Religion, um sein Handeln zu verschleiern. An diesem Punkt müssen wir der kapitalistischen Wirtschaft etwas zugestehen: Das ihr vorausgegangene Verhältnis von Staat und Wirtschaft beruhte auf gewalttätiger Beschlagnahmung. Gewohnheitsrecht und Tradition der Hierarchie und die religiöse Regel »Hab und Gut der Ungläubigen zu nehmen ist legitim«, erlaubte offenen Raub und Beutezug. Der ›starke und listige Mann‹ wurde langsam zum Staat. Die kapitalistische Wirtschaft geht an diesem Punkt einen anderen Weg als der klassische Staat. Ich sage nicht: den entgegengesetzten. Wo das Entwicklungsniveau der zivilisierten Gesellschaft eine Plünderung durch Beutezüge unergiebig macht, wittert dieser Sektor Morgenluft. Dieser Unterschied wird auch daran deutlich, dass er immer dann auftritt, wenn der Sklavenhalterstaat und der feudale Staat langsam unergiebig werden (wenn das Recht auf Beute durch offenen Raub und Plünderung unergiebig wird, wenn die Gesellschaft ausgelaugt und die Produktion eines Mehrprodukts nahezu unmöglich ist). Daraus entsteht die Chance, sich das Etikett einer neuen Wirtschaftsordnung anheften zu können.

Der Sklavenhalterstaat des Altertums war sehr produktiv. Wenn wir die Pyramiden, Grabmäler der Pharaonen, und die Ruinen von graeco-römischen Städten betrachten, wird dies sofort deutlich. Kapitalistische Sektoren existierten auch zu jener Zeit, waren aber sehr begrenzt. Die Produktivität des Staatsmonopols erlaubte diesem Sektor keine oder nur geringe Entwicklungschancen. Wir wissen, dass sich die feudale Arbeitsordnung ausbreitete, als die sklavenhalterische Arbeitsordnung unproduktiv wurde. Warum ihre Produktivität zurückging, wollen wir hier nicht analysieren. Wir begnügen uns mit dem Hinweis, dass diese sehr lange bestehende Zivilisation (4000 v. Chr. bis 500 n. Chr) mit ihrer Arbeits- und Lebensauffassung, ihrer großen räumlichen Ausdehnung, ihren enorm kostspieligen Bauwerken, und ihrer gewalttätigen Aneignung von immer mehr Land und Sklavinnen und Sklaven an ihre Grenzen stieß und durch Tausende von Widerständen und Aufständen mit demokratischem und freiheitlichem Charakter überwunden wurde.

Die konstruierte zivilisierte Gesellschaft, die überwiegend vom islamischen Mittleren Osten und vom christlichen Europa repräsentiert wurde, beruhte auf einer anderen Art von Legitimität und Ausbeutung als die sumerische, die griechische und die darauf aufbauende graeco-römische Zivilisation, deren Erbe sie übernahm. Der zivilisierten Gesellschaft, der die beiden Religionen eine starke Legitimität verliehen, gelang es, sich durch Lehnsherren und Leibeigene, die sich selbst ein bisschen mehr gehörten als die Sklaven, zu erneuern. Zweifellos spielte der Kampf für Freiheit und Gleichheit, der innerhalb des Christentums (dreihundert Jahre lang das Gewissen der Armen) und des Islam (verschleiert als Kampf verschiedener Glaubensrichtungen) weiterging, also die Anstrengungen und Bestrebungen der demokratischen Gesellschaft, die Hauptrolle dabei, dass die Zivilisation sich selbst erneuerte und erträglicher machte. Dies lag nicht – wie die Ideologen der Zivilisation behaupten – an der Erhabenheit der Zivilisation und ihrer ehrenhaften Entwicklung. Wenn es überhaupt einige Errungenschaften gab, wurden sie durch Tausende Widerstandsaktionen und Aufständen der Überbleibsel der alten kommunalen Gesellschaft, der Stämme *(aşiret)* und Volksstämme *(kavim)*, entlaufener Sklaven und Armer erkämpft.

Die Erneuerung von Repression und Ausbeutung in der zivilisierten Gesellschaft durch neue Instrumente der Legitimierung führte auch zu einer Erneuerung von Klasse, Stadt und Staat, den grundlegenden Instrumenten dieser Gesellschaft. In dem neuen Umfeld der Beziehungen zwischen Leibeigenen und Lehnsherr, Stadt und Markt sowie Staat und Untertanen fiel die Entwicklung kapitalistischer Elemente leichter. Dass von China bis zum Atlantik um Märkte herum Städte entstanden, brachte die Beschleunigung der Warenproduktion und eine Ausweitung und Vertiefung des Tausches mit sich. Die Preisunterschiede zwischen den verschiedenen Märkten bewirkten, dass die Profite der monopolistischen Händler bis dahin nicht dagewesene Höhen erklommen. Erstmals wurde es möglich, dass die Städte ein Gleichgewicht zum flachen Land darstellten. Die islamische Zivilisation war eine Art Handelszivilisation zwischen dem Fernen Osten und Europa. Sie lieferte Europa, was immer aus Handelssicht nötig war, sowohl materielle als auch ideelle Kultur. Die anderen fundamentalen Instrumente der Zivilisation lieferte der Mittlere Osten ohnehin bereits seit dem Altertum. Der Transfer von Stadt, Klasse und Staat endete mit dem Islam. Zweifellos spielten dabei Araber und Juden eine Hauptrolle. Was die Griechen und Römer unvollendet gelassen hatten, vervollständigten arabische und jüdische Gelehrte, Handwerker und Händler.

Der einzige bedeutende Mangel der mittelöstlichen Zivilisation bestand darin, dass der kapitalistische Sektor die Stadt nicht überwinden konnte und somit im Raum eines ganzen Landes nur eine untergeordnete Rolle spielte. Es gelang ihm also nicht, was Amsterdam und London schafften. Auf der anderen Seite war der hier wichtigste Faktor, dass die zentrale, despotische Autorität erdrückender war als die absolutistischen Regime in Europa. Die politischen Strukturen in China und Indien waren noch zentralistischer, asymmetrischer und erdrückender als die Sultanate des Mittleren Ostens. In Japan dagegen etablierten sich feudale politische Strukturen im Stile Europas.

Als das sechzehnte Jahrhundert näherrückte, waren die alten asiatischen Zivilisationen zu erschöpft, um einen neuen Sprung vorwärts zu machen. Die Feldzüge von Dschingis Khan und Timur und vor ihnen die Wanderungen und Invasionen türkischer Reiterstämme hatten diesen Zivilisationen zwar frisches Blut gebracht, doch sie verlängerten nur ihre Lebensdauer und spielten darüber hinaus keine Rolle. Nur in Europa, einer Art Halbinsel im Westen Asiens, konnte etwas passieren. Europa wurde das neue Laboratorium der Zivilisation.

Als mit der Zivilisation auch der Handel und der kapitalistische Sektor nach Europa gebracht wurden, entstanden dort auf unberührtem Boden gerade erst Städte und eine unreife, unerfahrene feudale Aristokratie. Das damalige Europa konnte man kaum zivilisiert nennen. Dem Christentum gelang es bis zum Ende des zehnten Jahrunderts, den dortigen Menschen eine ideell-moralische Impfung zu verpassen. Hätte es in Europa eine uralte Zivilisation wie im Mittleren Osten gegeben, wären die Erfolgschancen einer kapitalistischen Zivilisationsentwicklung höchst zweifelhaft gewesen. Neue Zivilisation entstehen auf noch nicht beackerten Böden – ein Aspekt von Zivilisation, den wir stets berücksichtigen sollten. Wenn wir den Vorgang der ›Gärung‹ der Zivilisation in Europa betrachten, fällt eine interessante Lücke auf. Die Schwierigkeiten, das Alte fortzuführen und die Unerfahrenheit des Neuen (des Feudalismus), geben einem Dritten die Möglichkeit, dazwischenzutreten. So kamen zum Beispiel die Araber über Spanien, die Osmanen über den Balkan, die aus Südsibirien angreifenden Stämme und die Invasion der Mongolen. Wäre eine dieser Invasionen erfolgreich gewesen und hätte in Europa ein Imperium alten Stils errichten können, wie wäre wohl die Geschichte verlaufen? Also war ein wichtiger Faktor für Europa auch: Glück.

Diese Spekulationen machen wir, um zu klären, wie ein kapitalistischer Sektor entstehen und hegemonialen Charakter annehmen konnte. Wir stellen fest, dass wir nicht einmal von einem unausweichlichen Schritt bei der zivilisatorischen Entwicklung reden können. Durch die Kombination von unzähligen Zufällen hatte in den Spalten und Randgebieten der alten Zivilisationen eine Gruppe von Spekulanten und Großhändlern durch Geldgeschäfte über und gegen die Märkte, Fernhandel und koloniale Plünderung mehr verdient, als ihr zustand. Sie bekamen nur die Chance, über zwei ganz unscheinbare europäische Städte zunächst in Europa und später in der ganzen Welt ihre Hegemonie zu errichten. Sie ergriffen diese Chance und nutzten sie bestens.

Die Forschung zeigt, dass die Gruppe der Spekulanten höchst konservativ und keineswegs kreativ oder erfinderisch war. Sie waren lediglich gut darin, mit Geld Geld zu verdienen. Der einzige gesellschaftliche Bereich, in dem sie talentiert waren, war, aus Mangel und Krieg Profit zu schlagen und an Preisdifferenzen auf weltweiter Ebene immer mehr zu verdienen.

Eine weitere interessante Besonderheit Europas im sechzehnten Jahrhundert war, dass Geld eine Macht gewann, die alles regieren konnte. Geld wurde zum wahren Regenten und Kommandanten[47]. Wer Geld hatte, hatte Macht. Die enorme Ausweitung von Kommodifizierung, Vermarktung und Urbanisierung war der wesentliche Faktor dafür.

Keiner der antiken asiatischen Herrscher, kein Sultan oder Kaiser, nicht einmal die römischen Imperatoren mussten ihre Macht über das Geld ausüben, allenfalls in geringem Ausmaß. Die Schätze der Welt hatten sie ja schon längst in ihre Paläste geschleppt. Als der kapitalistische Sektor einen Sieg nach dem anderen feierte, mussten die europäischen Könige um Kredite betteln. Die Geld-Macht befand sich nun auf einem völlig anderen Niveau. Die politische Macht musste nun erstmals vor dem Geld in die Knie gehen. Diese Tatsache ist der Beweis, dass das Geld stark genug geworden war, um die Macht zu ergreifen. Dies war es auch, was Napoleon mit seiner Bemerkung über das Geld in Zusammenhang mit seinen Armeen ausdrücken wollte[48].

Dass in der Geschichte der Weltzivilisation (nicht aber in der Geschichte der anti-zivilisatorischen Welt) der Einfluss des Geldes immens wurde, führte zu einer Neuerung in der Zivilisation. Doch brachte diese keine radikale, fundamentale Veränderung mit sich. Die Zivilisation kam ja auch nicht zum

47 Braudel zitiert Hume: »Sehr treffend bezeichnet David Hume das Geld als ›Befehlsgewalt über Arbeit und Güter‹. Fernand Braudel: *Sozialgeschichte des 15.–18. Jahrhunderts, Band 2 Der Handel, München 1986, S. 257.*

48 Laut einer in der Türkei populären Zuschreibung habe Napoleon auf die Frage, was man brauche, um einen Krieg zu gewinnen, geantwortet: »Geld, Geld, viel Geld.«

ersten Mal in Kontakt mit Geld, Markt, Stadt, Handel, ja nicht einmal mit Banken. Alle diese Instrumente waren bereits Jahrtausende vorher erfunden worden.

Ein weiteres wichtiges Faktum ist, dass der kapitalistische Sektor sich zunächst nicht mit der Produktion befasste. Er befasste sich noch nicht einmal mit dem Kleinhandel. Für die grundlegenden Wirtschaftsverhältnisse brachte er keinerlei Neuerung oder Entdeckung. Er war auch keine schöpferische Kraft für Waren und Austausch. Kommodifikation und Tausch existierten bereits seit Tausenden von Jahren. Wenn wir unbedingt von einer Begabung sprechen wollen, die der kapitalistische Sektor aufwies, so war es seine Entdeckung der Macht des Geldes, ihr Gebrauch, die Verwandlung von Geld in Kapital – also: die Beherrschung der Kunst, aus Geld Geld zu machen. Seine Meisterschaft darin, Städte und Länder, Wege und Märkte aufzuspüren, wo sich Geld verdienen lässt, steht außer Frage. Diesem Sektor gehörten die Experten für die Zirkulationsnetze von Geld und Waren an. Wir würden nun aber die Tatsachen arg strapazieren, führten wir die Tatsache, dass Europa zu Beginn des sechzehnten Jahrhunderts unter das Kommando des Geldes geriet, auf das meisterliche Können dieser Gruppe zurück. Vielmehr zeigen alle diese Tatsachen, die wir hier anführen, dass die Rolle dieser Gruppe für die zivilisatorische Entwicklung äußerst marginal war. Es war nicht zwangsläufig, dass Geld und Markt einen kapitalistischen Wirtschaftssektor gebaren. Die asiatischen Zivilisationen besaßen wesentlich mehr Geld und eine größere Marktmacht als die europäische. Wenn der Kapitalismus unmittelbar davon abhinge, wäre er zunächst dort entstanden. Es wird auch allgemein angenommen, dass der Kapitalismus nicht von Wissenschaft, Kunst, Religion und Philosophie abhängt; ganz im Gegenteil begleiteten diese Disziplinen wegen ihrer moralischen Prinzipien seine Entstehung stets mit Misstrauen und Ablehnung.

Ein Thema, an das ich immer wieder erinnere: Wie kommt es, dass eine Macht wie die Frau in der Hand des Mannes, der nicht besonders produktiv und kreativ ist, in solch eine jämmerliche Lage gerät und ihm unterworfen ist? Die Antwort liegt natürlich in der Rolle der Gewalt. Wenn der Frau die Wirtschaft aus der Hand genommen wird, ist ihre fürchterliche Gefangenschaft unausweichlich. Als sie einem Sohn untergeordnet wurde, hörte sie auf, sie selbst zu sein, bis hin zur Einwilligung in die vierzigjährige Ausübung eines missachteten Berufs wie dem der Hausfrau. Dabei ist es noch furchtbarer, die Hausfrau des ›starken Mannes‹ zu sein.

Ich denke, dass es sehr lehrreich ist, die Macht, die das Geld als Kapital über die Gesellschaft gewann, mit diesem Beispiel zu vergleichen. Festzustellen, dass das Geld Kommandogewalt bekam, ist eigentlich das Eingeständnis, dass das Geld aufhörte, ein wirtschaftliches Phänomen zu sein. Wenn der brillante Historiker Fernand Braudel sagt, der Kapitalismus sei »Gegen-Markt«, also »Gegner der Wirtschaft«, sogar »unwirtschaftlich/außerwirtschaftlich«, spricht er eine sehr bedeutsame Tatsache aus. Weil Braudel die Wirtschaft mit den Phänomenen von Tausch und Markt beginnen lässt, ist diese Feststellung von ihm sehr wertvoll. Ich war stets der Ansicht, dass der Kapitalismus, der alles in Ökonomie ertränkt, nichts mit Wirtschaft zu tun hat, sondern sogar ihr Todfeind ist. Ich behaupte also: *Der Kapitalismus ist nicht Wirtschaft, sondern Todfeind der Wirtschaft.* In den folgenden Abschnitten werde ich dieses Thema ausführlich behandeln. Ist der Finanzsektor Wirtschaft? Oder der globale Finanzsektor? Ist die Umweltkatastrophe eine wirtschaftliche? Ist die Arbeitslosigkeit ein wirtschaftliches Problem? Sind Banken, Aktien, Devisen und Zinsen Wirtschaft? Ist eine krebsartig wuchernde Warenproduktion für den Profit Wirtschaft? Die Liste der Fragen ist lang. Auf sie alle kann es nur eine Antwort geben: *»Nein.«* Es geht nicht um Geld und Kapital, es geht um Macht! Das Geldkapital hat mit seinen äußerst gerissenen Manipulationen weder eine neue Wirtschaftsform geschaffen, noch gibt es eine kapitalistische Gesellschaft oder gar eine Zivilisationsform namens kapitalistische Zivilisation. Stattdessen gibt es eine Intrige, um sich der Gesellschaft zu bemächtigen, wie sie die Geschichte noch nicht gesehen hat. Und nicht nur die wirtschaftliche Macht – es geht um die gesamte politische, militärische, religiöse, moralische, wissenschaftliche, philosophische, künstlerische, historische, materielle und ideelle kulturelle Macht! *Der Kapitalismus ist die am weitesten entwickelte Form der Herrschaft und der Macht.*

Betrachten wir die letzten vierhundert Jahre der Menschheit, die auch als Zeitalter des Kapitalismus bezeichnet werden. Gibt im Zusammenhang mit der Gesellschaft noch eine einzige Zelle, ein Gewebe, das nicht bis in die kleinsten Kapillaren der Herrschaft, der Macht unterworfen ist?

Der listige englische Soziologe Anthony Giddens spricht von drei Diskontinuitäten der Moderne und nennt als ihre Standbeine die kapitalistische Produktionsweise, den Nationalstaat und den Industrialismus.[49] Dass Giddens die Moderne über drei Standbeine definiert, erscheint auf

49 Anthony Giddens, *Konsequenzen der Moderne*, Suhrkamp, Frankfurt 1996.

den ersten Blick realistisch. Meiner Meinung nach macht er sich mit diesem Paradigma jedoch bewusst zum Theoretiker einer neuen Stufe des Kampfes zur Rettung des Kapitalismus in dessen Mutterland. Mit der jüngsten globalen kapitalistischen Offensive soll die rechtsliberale Idee des »Endes der Geschichte«, die Theorie der Verewigung des Kapitalismus durch Veränderung, durch die linksliberale Idee seiner Unendlichkeit ein weiteres Mal in die Hirne geschleust werden.

Die Interpretation des Kapitalismus werde ich im Weiteren mit einer Analyse der Moderne, insbesondere ihrer Dimensionen Nationalstaat und Industrialismus, fortsetzen. Doch auch ihn selbst werde ich in den Hauptquartieren der Macht zu verfolgen versuchen. Und zwar agiert der Kapitalismus nicht, wie es Fernand Braudel in einer Kapitelüberschrift seines Werkes formuliert, »im eigenen Haus«[50]. Von dieser Überschrift habe ich mich inspirieren lassen, doch ich finde sie zu schwach. Der Kapitalismus residiert wie Enki, der listige Gott der Sumerer, und der hellenische Gott Hades in einem unterirdischen Palast, also an den Orten unsichtbar gemachter Intrigen der Macht. Daher finde ich den Untertitel »Der nackte König und unmaskierte Gott im eigenen Palast« treffender. In einer Synthese aller verschiedenen Erzählweisen werde ich versuchen, darzustellen, wie der Kapitalismus, der von Anfang an das Ziel verfolgte, zum globalen Machtsystem zu werden, diese Absicht mithilfe des Nationalstaates und des Industrialismus erfolgreich umzusetzen versuchte. Denn alle Erzählweisen zu zerstückeln, gehörte zu den ersten Handlungen dieses neuen Leviathans. Eine Erzählung, die nicht zusammengefügt wird, wäre eine sehr mangelhafte Erzählung. Zusammenfügen bewirkt, dass Kritik ihr Ziel erreicht. Man mag meine Methode merkwürdig finden, doch ich glaube, dass sie zu einer qualifizierten Interpretation der gesellschaftlichen Verhältnisse führt und sie so stärker bewusst macht.

Im letzten Teil werde ich versuchen, unter dem Titel »Kapitalismus, der Todfeind der Wirtschaft« meine Analyse abzuschließen. Der nächste Band dieses Werkes wird unter dem Titel *Soziologie der Freiheit* der Analyse der demokratischen, freien und egalitären Gesellschaft gewidmet sein.

50 Braudel: *Sozialgeschichte des 15.–18. Jahrhunderts, Band 2: Der Handel*, darin Kapitel 4: *Der Kapitalismus in seinem Element*. Gemeint ist die »Spitze der Kaufmannsgesellschaft« mit der Möglichkeit zu Monopolbildung, Preismanipulation und Spekulation. Dies steht im Gegensatz zum vorherigen Kapitel *Die Produktion oder der Kapitalismus im fremden Lager*, wo es um die vorindustrielle Produktion und die »Marktwirtschaft im engsten Kreis« geht. In der türkischen Braudel-Ausgabe heißen die entsprechenden Formulierungen *başkaların evinde* (im Haus von anderen) und *kendi evinde* (im eigenen Haus).

Zweiter Teil:

Der Todfeind der Wirtschaft – Der unmaskierte Gott, der nackte König und Kommandant Geld im eigenen Palast

Der Volksmund sagt: »Kindermund tut Wahrheit kund.« Wenn man die Wahrheit hören will, fragt man die Kinder. Aus Respekt vor allen Kindern und um der Wahrheit auf den Grund zu gehen, muss ich die Bilder meiner Kindheit von Neuem interpretieren.

Als ich hörte, dass Emin, der Nachbarssohn, den *İlmihal*[51] zu lesen begonnen hatte, stieg mein Interesse am Islam und an der Moschee. Ich lernte ein paar Gebete auswendig, schlich mich in die Moschee und schaffte es, mich beim Gebet direkt hinter dem Vorbeter Müslüm zu platzieren. Ich werde nie vergessen, wie Müslüm danach sagte: »Wenn Abdullah in dem Tempo weitermacht, wird er bald fliegen.« Also hatte ich gut angefangen. Ich erinnere mich auch, wie ich meinen Grundschulfreund Aziz (er soll später ein unscheinbarer Katasterbeamter geworden sein) um einen Olivenbaum geschlungen fragte und mit ihm diskutierte, wie die Schule und die Lehrer wohl seien. In meinem Kopf hatte ich die Vorstellung von der Schule als einem Ungeheuer (dem modernen Leviathan). Und ich habe mich nicht geirrt. Denn die Schule war der Ort, an dem wir den neuen Gott, den Nationalstaat, auswendig lernen mussten. Als ich viel später in Hegels Philosophie las, dass der neue Gott Nationalstaat auf die Erde herabgestiegen sei und in Form von Napoleon auf ihr wandelte[52], und ich dann zu verstehen anfing, dass die Priester-Lehrer die Kinder schon in der Grundschule zwingen, das auswendig zu lernen, merkte ich, dass ich schon als Kind die Botschaft verstanden hatte. Als ich zur Grundschule ging, verblasste Müslüms ›Moscheegott‹, stattdessen stand die Art von Gott, die mein Lehrer Mehmet aus Çorum lehrte, bei mir hoch im Kurs. Außerdem kam es ein paar Mal im Jahr vor, dass der Lastwagenfahrer Haydar aus dem Nachbardorf Argıl im Morgengrauen mit den Scheinwerfern über die Pergola meine verschlafenen Augen blendete, und so nistete sich auch die Faszination für Maschinen als Halbgötter in meiner Bilderwelt ein. Der neue Gott hatte ein Auto. Als ich wiederum viel später den Industrialismus als ein Charakteristikum oder gar als stärkstes Standbein des neuen Leviathan zu interpretieren begann, glaubte ich erneut, dass meine kindliche Bilderwelt mir die richtige Botschaft übermittelt hatte.

---

51 *İlmihal* ist ein Handbuch des islamischen Glaubens, ähnlich dem Katechismus.

52 Nachdem Napoleons Truppen Jena besetzt hatten, wo Hegel lehrte, schrieb er 1806 in einem Brief an einen Kollegen: »… den Kaiser – diese Weltseele – sah ich durch die Stadt zum Rekognoszieren hinausreiten; – es ist in der Tat eine wunderbare Empfindung, ein solches Individuum zu sehen, das hier auf einen Punkt konzentriert, auf einem Pferde sitzend, über die Welt übergreift und sie beherrscht.« (Johannes Hoffmeister (Hrsg.): *Briefe von und an Hegel*, Bd. 1: 1785–1812, 3., durchgesehene Auflage, Hamburg 1969, S. 119–121, hier: 120.) Dies wurde später oft zu »Weltseele zu Pferde« verkürzt und zu »Weltgeist zu Pferde« verändert zitiert.

An dieser Stelle möchte ich sofort darauf hinweisen, dass keine Gottheit derart zum Ungeheuer geworden ist wie der Industrialismus. Unser Dorf war rund fünfzig Kilometer von der syrischen Grenze entfernt. Als eine dritte Botschaft aus meiner Kindheit versuche ich mich immer daran zu erinnern, wie mich die Scheinwerfer an der Grenze wie Gewitterblitze blendeten und sich so in meinem Kopf die Eindrücke von Staat und Gott vermischten.

Die Republik Türkei ist eines der ersten Beispiele für ein halbkoloniales Land der kapitalistischen Moderne, das in einen Nationalstaat transformiert wurde. Bei ihrer Gründung trug sie die Spuren der Französischen Republik. Anfangs waren dort wie in Frankreich Demokratie und Staat miteinander verschränkt, so wie es auch in der Islamischen Republik Iran, in der ersten islamischen Republik in Medina und sogar zu Beginn in der UdSSR der Fall gewesen war. Als die demokratischen Elemente im Laufe der Zeit zurückgestutzt wurden, wurden diese Republiken in bloße Nationalstaaten als kapitalistische Herrschaftsform transformiert. Ich werde versuchen, diese Themen in den betreffenden Abschnitten ausführlicher zu analysieren und zu diskutieren. Die Republik Türkei ist vielleicht eines der frühesten Beispiele. Erste Beispiele erfordern stets eine sorgfältige Interpretation. Ich hätte gerne meine Bilderwelt die Republik betreffend in einem separaten Werk, in einer langen Erzählung oder einem Roman verarbeitet. Mit einem Satz möchte ich nur sagen, dass, als ich in das Abschlussjahr an der Fakultät für politische Wissenschaften an der Universität Ankara – die angesehenste Fakultät der Republik – kam, waren meine analytische und meine emotionale Intelligenz wie gelähmt, ich fühlte und verstand nichts mehr, der neue Leviathan hatte mich geradezu in eine Persönlichkeit aus Blech und verwandelt, einen völligen Ignoranten, den er zwang, mit seiner Stimme zu reden, wie mir später klar werden sollte.

Den Einfluss der alten Religion aus dem Dorf hatte ich erst nach vielen Jahren, besonders durch Auswendiggelerntes aus der Schule der realsozialistischen Konfession, brechen können. Dabei muss ich sofort anmerken, dass ich mich in jenen Jahren in einen fürchterlichen Zweifler verwandelt hatte. Je mehr ich nachdachte, desto mehr verstrickte ich mich, ich erstickte geradezu. Viel später, als mir klar wurde, dass es der moderne Leviathan war, der mich sowohl in der Verkleidung der Republik Türkei als auch in der des sowjetischen Realsozialismus bedrängte, kam ich wieder etwas zu mir. Ich fand mich dem Gott der modernen Religion gegenüber (und seinen zahllosen Symbolen und Götzenbildern), furchtbarer als die Götter aller anderen Religionen. Als ich mir bewusst gemacht hatte, wie er entstanden und zur

Herrschaft gelangt war, verstand ich, dass diese Religion und ihr Gott nichts für mich sind. In dem Maße, in dem es mir gelang, mich von dieser Religion nicht einfangen und nicht vom Wege abbringen zu lassen, begann ich zu fühlen und zu verstehen. Erstmals reichten meine emotionale und analytische Intelligenz einander die Hand, und ich fand zu mir selbst. Mit diesen Zeilen versuche ich, diesen Prozess zu interpretieren.

Karl Marx und Friedrich Engels interpretieren den ›wissenschaftlichen Sozialismus‹, also ihre eigene Soziologie, als Synthese aus englischer politischer Ökonomie, deutscher Philosophie und französischem Sozialismus. Alle drei Denkschulen versuchen, theoretische Analysen der Moderne vorzulegen, die versucht, das Leben in ganz Europa zu beherrschen. Während die englischen politischen Ökonomen zu beweisen (oder als neue Religion glauben zu machen) versuchten, dass alles den Sieg der neuen Wirtschaft darstellt, behaupteten die deutschen Philosophen, dass als Hauptakteur der Nationalstaat (die neue Form des Gottkönigs) zugrunde gelegt werden müsse. Die französischen Sozialisten hingegen begannen ihre Theorie im Namen der gesamten Gesellschaft damit, dass die alte religiöse Gesellschaft (die Einheit von Zivilisation und Demokratie) sich zurückgezogen habe und der Sieg der laizistisch-positivistischen (die neue Religion des Systems) Gesellschaft zu verzeichnen sei.

Das Fundament der Revolution des Denkens, die sich ab dem sechzehnten Jahrhundert in Europa entwickelte, war die enorme Auswirkung des kapitalistischen Monopols auf die Gesellschaft, das alles auf den Kopf stellte. Beim Versuch, diese Revolution des Denkens zu definieren, müssen wir uns einige historische Beispiele immer wieder vor Augen führen. Unser erstes Beispiel betrifft die Geburt des sumerischen Priesterstaates aus der Gebärmutter des Tempels. Die Bedingungen für eine Organisierung staatlicher Art über das Mehrprodukt müssen gemeinsam mit der Revolution des Denkens betrachtet werden. Die Fragen waren: Mit welchem Kontrollinstrument lässt sich das Mehrprodukt beschlagnahmen? Wie sollen die grundlegenden Legitimationsinstrumente entwickelt und angelegt werden (damit die Gesellschaft an die neue Ordnung glaubt)? Die Lösung war die staatliche Organisierung und die Konstruktion neuer Götter als erstes Modell aller Religionen der Zivilisation. Dies war eine sehr radikale Antwort. Der Staat wurde – erstmals überhaupt – als Regierung eines Priesterkönigs organisiert. Die Wirtschaft wurde – erstmals – als Staatssozialismus mit dem Staat verschränkt organisiert und unter Kontrolle gestellt. Die traditionellen hierarchischen Kräfte wurden durch konstruierte neue Götter des Himmels, der Erde, des Wassers und der Städte maskiert. Die erste Versklavung der Menschen wurde in der Schöpfungslegende durch die ›Erschaffung der Menschen aus den Exkrementen der Götter‹ symbolisiert[53]. Der Ort all dieser Erfindungen aber ist die Zikkurat. Als Tempel ist die Zikkurat mit dem obersten Stockwerk Ort des Pantheons (der Versammlung der Götter, den Autoritäten der hierarchischen Oberschicht), das darunterliegende Stockwert ist Ort des Priesterkönigs (der erste regierende Hegemon und Schöpfer des Systems). Das unterste Stockwerk hingegen ist den Sklaven und Handwerkern vorbehalten, die Mehrwert und Mehrprodukt produzieren. Wenn wir den Tempel als ersten Prototypen, als Gebärmutter der Stadt, des Staates und der Klassen bezeichnen, haben wir damit die Systematik der gesamten Zivilisation in eine Formel gegossen. Bis hin zu ihrem neuesten europäischen Modell tragen alle Zivilisationen die Spuren dieses Musterbeispiels. Deswegen vertrete ich die Auffassung, dass es richtig ist, das sumerische Beispiel als die prachtvolle Originalquelle zu bezeichnen. Ich sage: Keine abgeleitete Version oder Variante kann so attraktiv und einflussreich sein wie ihr Original.

Die ionisch-griechische Version ist erst die dritte. Die zweite Abwandlung des sumerischen Originals erschufen die aus Obermesopotamien stammenden Hurriter und die mit ihnen verwobene hethitische Zivilisation. Das Besondere an den Griechen war, dass sie die klassische mythologische Erzählung überwanden und den philosophischen Stil schufen. Der Hauptgrund für die Schaffung von Natur- und Gesellschaftsphilosophie war, dass die Glaubwürdigkeit von mythologischen Erklärungen der entstandenen und weiterentwickelten Stadtstaatsgebilde gesunken war. Zwar diente die mythologische Erzählung weiterhin als Kraft der Legitimierung gegenüber den Unterschichten, aber diejenigen, die sich mit konkreten Leitungsproblemen herumschlugen, brauchten mit der Zeit eine überzeugendere Erzählung. Wegen der Probleme, zu denen das gesellschaftliche Leben in den Städten führte, wurde eine philosophische Erklärungsweise gebraucht. Doch war der olympische Pantheon mit Zeus an der Spitze weiterhin sehr einflussreich. Während Sokrates seine skeptische Haltung mit dem Leben bezahlte, gelang es seinen Schülern, seine Lehren, die in Grundzügen vorlagen, zur wesentlichen Quelle der Philosophie zu machen. Besonders Plato und Aristoteles können wir mit Fug und Recht die Väter der Philosophie nennen.

---

53 Darüber hinaus werden die Menschen mit dem ausdrücklichen Zweck erschaffen, für die Götter zu arbeiten und sie zu ernähren, damit diese sich ausruhen können. (*Atrahasis-Epos*, Tafel 1, und *Enûma Eliš*, Tafel 6.)

Die Hebräer können wir als Gemeinschaft von Stämmen beschreiben, die als erste von der sumerischen und ägyptischen Mythologie zu einer monotheistischen religiösen Erzählung übergingen. Daraus gingen durch Zugabe einiger weiterer Zweige (wie Zoroastrismus und griechischer Philosophie) weitere Versionen als mosaischer, christlicher und mohammedanischer Zweig hervor.

Die neuen Akkumulationen der materiellen und ideellen Kultur, die Europa im sechzehnten Jahrhundert die Kraft für eine große Offensive gaben, stützten sich im Wesentlichen auf diese historischen Ursprünge und ihre Versionen. Die Geschichte ohne sie zu denken und mit Europa beginnen zu lassen, bedeutet die Erfindung einer neuen Mythologie und Religion, die von Anfang an nicht überzeugend sein kann. Sosehr die konstruierten Denkweisen unter den Bezeichnungen Positivismus, Laizismus, Liberalismus und sogar Sozialismus auch Neuerungen beinhalten, wurden sie doch unter dem starken Einfluss der historischen Hauptquelle herausgebildet. Ihre Begriffe und Inhalte sind in der überwältigenden Mehrheit bereits früher entwickelt worden. Ohne die graeco-römische Philosophie, Wissenschaft, Kunst und Recht lassen sich die europäische Renaissance, Reformation und Aufklärung nicht erklären, aber genauso wenig ohne das ägyptische und sumerische Erbe.

Zweifellos gab es Beiträge Europas. Die entsprechenden Entwicklungen begannen ohnehin, mit dem sechzehnten Jahrhundert Früchte zu tragen. Wissenschaftler und Philosophen wie Francis Bacon, Michel de Montaigne, Nicocolò Machiavelli und Nikolaus Kopernikus prägen die neue Version durch Erzählungen, die Wissenschaft, Philosphie und Religion vermischen. Die Zivilisation hat nicht nur Stadt, Staat, Klassen, Händler, Geld und Märkte gebracht; sie lieferte auch Religion, Wissenschaft und Kunst. Die europäische Zivilisation, die am meisten von der materiellen und ideellen Kultur der uralten Geschichte empfing, bewies die Fähigkeit, diese Kultur im eigenen Schmelztiegel mit der Präzision des Labors zu verfeinern und zu synthetisieren. Der chinesischen und der indischen Zivilisation war das nicht gelungen. Die mittelöstliche Zivilisation hatte nicht mehr die Kraft für eine erneute Offensive aufgebracht. Die Gründe dafür habe ich schon mehrfach erwähnt.

Es ist hilfreich, an diese historischen Tatsachen zu erinnern, wenn ich sage, dass Europa die dritte große Version in der Geschichte der Zivilisation bildet.

Anthony Giddens fasst die Beiträge der europäischen Zivilisation begrifflich als ›*Diskontinuitäten*‹. Dadurch versucht er ihre Originalität auszudrücken. Zweifellos gibt es originelle Seiten der europäischen Zivilisation. Giddens' Diskontinuitäten (Kapitalismus, Nationalstaat und Industrialismus) beweisen dies teilweise[54]. Die Giddens'sche Soziologie, die versucht, den heutigen Kapitalismus zu retten, werde ich in den kommenden Abschnitten versuchen zu evaluieren. Doch die drei Hauptthemen, die ich angeführt habe, erfordern eine tiefer gehende Analyse. Daher ist es wichtig, die Verbindung herzustellen.

Kehren wir wieder zu den drei wichtigen Quellen des Marxismus zurück. Diese drei auseinanderzuhalten ist bedeutsam, um die Quellen des europäischen Denkens zu verstehen. Doch Giddens hat die Ähnlichkeit zwischen allen dreien nicht erfasst. Denn dadurch hätte er sich selbst verraten. Die gemeinsame Quelle für die englische politische Ökonomie, die deutsche Philosophie und den französischen Sozialismus und damit auch für den Marxismus ist die Ideologie der Aufklärung. Diese Ideologie ist es auch, die wir analysieren müssen, denn sie ist immer noch weltweit sehr einflussreich und dominant. So sehr auch die Soziologie als Wissenschaft präsentiert wird, enthält sie doch keinerlei Neuerung außerhalb dieses ideologischen Rahmens. Wenn ich mich nicht irre, gesteht der berühmte US-Soziologe Immanuel Wallerstein in einem Kommentar zum europäischen Denken einschließlich des Marxismus: »Es ist einfach nicht wahr, daß der Kapitalismus als historisches System einen Fortschritt gegenüber Systemen darstellt, die er zerstört oder transformiert. Sogar während ich dies schreibe, spüre ich das Erbeben, welches das Gefühl begleitet, eine Blasphemie zu begehen. Ich fürchte den Zorn der Götter, denn ich stamme selbst aus der selben ideologischen Schmiede und habe den selben Götzen gehuldigt.«[55] Die Schmiede, von der er redet, ist die Ideologie der Aufklärung. Berühmt ist das Eingeständnis Adornos, des bedeutendsten Vertreters der Frankfurter Schule: »Es gibt kein richtiges Leben im falschen.«[56]

Nietzsche und seine Nachfolger kritisierten die Ideologie der Aufklärung noch viel deutlicher. Laut Nietzsche hat die Aufklärung all ihre Begriffe aus der Religion übernommen. Carl Schmitt hat gezeigt, dass sämtliche Begriffe und Hypothesen der politischen Philosophie ihre Wurzeln in der Religion

---

54 Diese sind für Giddens wichtig, aber es sind nicht die Diskontinuitäten, wie er sie aufzählt. Das sind: Geschwindigkeit des Wandels, Reichweite des Wandels und Wesen der modernen Institutionen. Anthony Giddens: *Die Konsequenzen der Moderne*, Frankfurt 1996, S. 12–15.

55 Immanuel Wallerstein: *Der historische Kapitalismus*, Berlin 1984, S. 86.

56 Theodor W. Adorno: *Minima Moralia*, Frankfurt 1951.

haben.[57] Es gibt eine reiche Literatur und eine lange Liste von Personen, die belegen, dass der Zweifel an der gegenwärtigen Denkweise in Europa wächst.

Die europäische Version der Zivilisation ist sehr komplex und beängstigend. Größer als jemals zuvor wurden nicht nur die furchtbaren kolonialistischen und imperialistischen Kriege, die Religionskriege und nationalen Kriege, sondern auch die Kontrolle und Lenkung der Wirtschaft und ihre Verquickung mit Herrschaft und Staat. Insofern ist es nicht zu leugnen, dass eine Reihe von ›Diskontinuitäten‹ existiert. Kapitalismus, Industrialismus und Nationalstaat stellen zweifellos in mehrfacher Hinsicht solche wichtigen Diskontinuitäten dar.

Jedoch lässt sich weder durch die Ideologie der Aufklärung noch all diese anderen Arten der Erzählung die ›Diskontinuität‹ der europäischen Zivilisation erklären. Auch wenn es denen, die diese Erzählungen verbreiten, nicht bewusst sein mag, haben sie letztlich diese Zivilisation wie eine Religion verinnerlicht und sind verpflichtet, sie zu verewigen, so wie alle Anhänger einer Religion für diese Religion Propaganda machen müssen. Es mag Ausnahmen geben, die die Regel bestätigen. Wir dürfen nicht vergessen, dass die Denkstrukturen Europas einen religiös-metaphysischen Charakter tragen. Diese Denkstrukturen sind in der Umgebung einer ziemlich komplexen materiellen Zivilisation entstanden, die ihrerseits tiefe historische Wurzeln besitzt, durch mehrere Versionen hindurchgegangen ist und ihr eigenen Neuerungen besitzt. Wie in jeder Religion müssen diejenigen, die sich diese Denkweise zueigen machen, die von ihr ausgedrückten Bedingungen der materiellen Kultur verteidigen und verewigen. Sie weltweit zu verbreiten, ist ihr strategischer Auftrag.

Mit ihren Institutionen und Instrumenten von Klosterschulen und Akademien bis hin zu den offiziellen Universitäten, von Grundschulen bis Kasernen, von Fabriken bis großen Einkaufszentren, von Medien bis Museen und Überbleibseln alter Religionen, von Krankenhäusern bis zu Gefängnissen und Gräbern hat die kapitalistische Zivilisation die Gesellschaft auf globaler, lokaler und besonders auf nationaler Ebene belagert, sie im geistigen Bereich erobert und mit politischen Herrschaftstechniken und

57 »Alle prägnanten Begriffe der modernen Staatslehre sind säkularisierte theologische Begriffe. Nicht nur ihrer historischen Entwicklung nach, weil sie aus der Theologie auf die Staatslehre übertragen wurden, sondern auch in ihrer systematischen Struktur, deren Erkenntnis notwendig ist für eine soziologische Betrachtung dieser Begriffe.« Carl Schmitt: *Politische Theologie. Vier Kapitel zur Lehre von der Souveränität*, Berlin 1922.

militärischer Gewalt umschlungen.[58] Die gesamte Gesellschaft wurde in einem eisernen Käfig eingeschlossen.[59]

Wenn Religionen und Gedanken, die ihre Spuren tragen, offiziell werden, werden sie zu Ideologien. Ideologien wiederum sind programmatische Prinzipien, die konkrete Menschengruppen und ihre Interessen verteidigen. Das europäische Denken oder die europäische Religion, die weltweit offiziellen Charakter angenommen hat, ist mittlerweile zu einer Ideologie avanciert. Sie muss als Zivilisation nun mit ganzer Kraft ihre Oberschichten verteidigen, verewigen und ihnen zur Dominanz verhelfen. Um nicht missverstanden zu werden: Ich kritisiere hier nicht nur die europäischen Menschen; diese Kritik gilt der eroberten Menschheit insgesamt – einschließlich mir selbst, meiner Region und meiner Welt.

Die Frage ist angebracht, warum die Ideologie der Aufklärung derart einflussreich ist. Diese Ideologie ist die am weitesten fortgeschrittene kosmopolitische Religion; sie wendet sich an die Anhänger sämtlicher ihr vorausgehenden Religionen. Sie ist gleichzeitig national; ein Nationsein und eine Gesellschaftlichkeit, die nicht den Nationalstaat anbetet, ist beinahe undenkbar geworden. Der Mensch ohne Nationalstaat ist in die Position des Ungläubigen gedrängt worden. Die nationalstaatliche Ideologie ist die schwächste Religion, daher ist sie anzunehmen nicht so schwierig wie bei früheren Religionen. Sie wird ständig durch Szientismus[60] genährt. Ihre materielle Lebensweise wurde zu einer Art religiösem Ritual gemacht. Die Instrumente der ideellen Kultur, vor allem die Medienorgane, verbreiten

---

58 Michel Foucault bezeichnet Institutionen wie Fabrik, Gefängnis, Krankenhaus und Schule als »Institutionen der Beschlagnahme«, die den Alltag, die Freizeit, die Gestaltung der sexuellen und familiären Beziehungen in den Griff zu bekommen versuchen. Vgl. Michel Foucault: *Die Strafgesellschaft*, Berlin 2015.

59 Max Webers Begriff des »stahlhartes Gehäuses«, mit dem er die Macht der Sorge um äußere Güter im Kapitalismus bezeichnet, wurde ins Englische als *»iron cage«*, also »eiserner Käfig« übersetzt: »Nur wie ›ein dünner Mantel, den man jederzeit abwerfen könnte‹, sollte nach Baxters Ansicht die Sorge um die äußeren Güter um die Schultern seiner Heiligen liegen. Aber aus dem Mantel ließ das Verhängnis ein stahlhartes Gehäuse werden. Indem die Askese die Welt umzubauen und in der Welt sich auszuwirken unternahm, gewannen die äußeren Güter dieser Welt zunehmende und schließlich unentrinnbare Macht über den Menschen, wie niemals zuvor in der Geschichte. Heute ist ihr Geist – ob endgültig, wer weiß es? – aus diesem Gehäuse entwichen. Der siegreiche Kapitalismus jedenfalls bedarf, seit er auf mechanischer Grundlage ruht, dieser Stütze nicht mehr. Auch die rosige Stimmung ihrer lachenden Erbin: der Aufklärung, scheint endgültig im Verbleichen und als ein Gespenst ehemals religiöser Glaubensinhalte geht der Gedanke der ›Berufspflicht‹ in unserm Leben um.« Max Weber: *Die protestantische Ethik und der Geist des Kapitalismus,* in: *Die protestantische Ethik I*, Gütersloh 1981, S. 188..

60 Szientismus ist die positivistische Auffassung, dass nur mit wissenschaftlichen Methoden erworbenes Wissen sinnvoll und relevant ist.

ständig ihre Propaganda. Politisches und wirtschaftliches Leben stehen unter ihrer vollständigen Kontrolle. Sie ist globalisiert.

Mit ist bewusst, dass ich mit diesen Verallgemeinerungen das Bild einer Welt zeichne, aus der es kein Entkommen gibt. Ich muss daher sofort hinzufügen, dass eine Zivilisation, die sich auf diese Weise darstellt, dem Römischen Reich ähnelt, dessen Selbstvertrauen in seiner letzten Phase vollständig auf dem Nullpunkt war. Zwar erschien es prachtvoll und mächtig, doch standen die Multituden in allen Gesellschaften, die es besiegt hatte, und die Umwelt, die die Position der ökologischen Verteidigung eingenommen hatte, bereits im Kampf mit ihm. So sehr die Zivilisation sich tendenziell zum Empire entwickelt, so sehr besitzt die Demokratie weiter die Tendenz zur Bildung von konföderalen Strukturen.

A Kapitalismus ist nicht Wirtschaft, sondern Herrschaft

Zu behaupten, dass der Kapitalismus keine Wirtschaftsform ist, ist ein Gedanke, der mindestens so viele Konsequenzen haben muss, wie Marx' Analysen in *Das Kapital.* Ich muss gleich vorweg klarstellen, dass es mir hier nicht darum geht, alles auf Macht und Herrschaft zu reduzieren. Ich akzeptiere auch nicht, kritisiert zu werden, als wollte ich den Kapitalismus als Wirtschaft mit dem Staat in Verbindung bringen. Ich rede von einer politischen Kraft, einer Clique, die die Wirtschaft kontrolliert und als ›Kapitalismus‹, ›Kapitalisten‹ und ›kapitalistische Wirtschaft‹ begrifflich gefasst wird. Diese Kraft wurde erstmals im Europa des sechzehnten Jahrhundert einflussreich und stieg in Holland und England unter genau diesen Bezeichnungen zum eigentlichen politischen Souverän dieser Länder auf. Dass der Kapitalismus die Wirtschaft benutzt, beweist nicht, dass er selbst Wirtschaft ist. Wir können sagen, dass Fernand Braudel der erste Historiker oder Soziologe war, der diese Tatsache erkannte. Doch es gelang ihm nicht, diesen Gedanken zu systematisieren. Ja, obwohl ihm klar war, wie sehr er einen unumstößlichen Glaubenssatz des europäischen Denkens zerschmetterte, konnte er dies kaum zum Ausdruck bringen. Vielleicht gelang es ihm auch nicht, diesen Gedanken weiterzuentwickeln. Klar und deutlich erklärte er jedoch, dass der Kapitalismus marktfeindlich, ein »Gegen-Markt«, eine Plünderung durch Monopole ist, die der Wirtschaft von außen aufgezwungen wird. Dann muss man jedoch fragen: Was ist diese Sache, die sich von außer der Wirtschaft aufzwingt, die marktfeindlich und selbst keine Wirtschaft ist? Die Antwort darauf ist äußerst unzureichend. Ist es eine politische Kraft? Eine Religion? Eine Denkschule?

Wenn die Theorien auseinandergehen, ist es vielleicht für das Verständnis hilfreich, wenn wir die praktischen Bereiche untersuchen, auf die sie sich beziehen. Beginnen wir mit einer Untersuchung des Beispiels Venedig. Im dreizehnten Jahrhundert gab es in Venedig eine Gruppe von Großhändlern. Gleichzeitig dominierte diese Gruppe aber auch die Regierung der Stadt. Sie führte Krieg gegen ihre Konkurrenz. Sie besaß eine Kriegsmarine. Es gab also auch die Militärmacht Venedig. Außerdem förderte sie die Kunst und protegierte die Renaissance. Ihre Kontrolle über Wirtschaft und Gesellschaft war stark. Im Geflecht all dieser Verhältnisse können wir getrost vom Geld als einem Klebstoff sprechen. Welcher Begriff entspricht nun der Gesamtheit dieser Verhältnisse? Erklärlich ist, dass die als Großhändler bezeichnete Gruppe die Wirtschaft kontrollierte und einen bedeutenden Teil des Mehrwertes einstrich. Dazu hielt sie entweder die politische Macht selbst in Händen oder kontrollierte diese Macht. Wo Gewaltanwendung nötig war, benutze sie durchaus militärische Macht.

Es fällt auf, dass es sich um die Handlungen mehr oder weniger derselben Gruppe handelt. Mögen einzelne Namen auch gewechselt haben, so gab es doch zumindest eine Gruppe, die für Venedig entscheidende Bedeutung besaß. Beschreiben wir noch einmal diese Gruppe: Sie war Handelsmonopol, Staat, Armee und Bürokratie. Sie protegierte die Kirchenoberen und die Künstler. Diese Gruppe, die sich von außen der Wirtschaft wie ein Monopol aufzwingt, ohne selbst Wirtschaft zu sein, und der Gesellschaft eine Hegemonie aufoktroyiert, die über die des Staates hinausgeht, als Machtkonzentration oder direkt als Machthaber zu bezeichnen, dürfte der Wahrheit ziemlich nahekommen. Wenn diese Gruppe in ganz Italien einflussreich gewesen wäre, würden wir sie nationale Macht nennen. Wenn sie sich in alle Teile der Gesellschaft ausgebreitet hätte, würden wir ihr den Namen Nationalstaat geben. Wenn sie die Wirtschaft des Landes erobert hätte, würden wir sie wirtschaftliche Macht nennen. Wenn sie ihre Position auf Europa und von dort auf die Welt übertragen hätte, würden wir von einem Europäischen Reich und einem Weltreich sprechen.

Schauen wir ausgehend von diesen Annahmen auf Holland und England im sechzehnten Jahrhundert. Der entscheidende Vorgang war, dass beide Länder ständig von den Königreichen Frankreich und Spanien bedrängt wurden. Diese Königreiche, die sich zu Imperien erklärten, wollten England und Holland zu Provinzen machen. Die Könige und Fürsten dieser Länder jedoch versuchten, ihre politische Unabhängigkeit zu bewahren und auszubauen. Dafür brauchten sie dringend Macht. Andernfalls hätten sie jederzeit geschluckt werden können. Die benötigte Macht war politisch, militärisch, finanziell und intellektuell. Sie luden Denker und Künstler ein. Descartes, Spinoza und Erasmus lebten dort. Jüdische Geldverleiher strömten in diese Länder. Die Grundlagen für eine neue Armee wurden gelegt. Dies war eine Armee mit neuer professioneller Ausbildung, Disziplin und Technik. Um gesellschaftliche Solidarität und Unterstützung zu erreichen, wurde die Freiheit betont. Innere politische Konflikte wurden beigelegt. Am wichtigsten jedoch war, dass es ihnen gelang, europaweit eine bedeutende Produktivität zu gewährleisten. Wenn wir alle diese Faktoren zusammendenken, wird verständlich, dass sich Holland und England gegen ihre Gegner auf starke Weise verteidigten. Gegen Ende des Jahrhunderts ergriffen sie sogar die Chance, sich selbst zu Hegemonen aufzuschwingen. Wer sich bei diesem Thema ein wenig auskennt, wird zustimmen, dass die Entwicklung in groben Zügen in dieser Weise verlief.

Stellen wir also erneut unsere Fragen: Wie sollen wir dieses Beziehungsgeflecht voller Querverbindungen nennen? Wie sollen wir dieses System definieren? War es eine im wirtschaftlichen Sinne kreative neue Klasse, die alle diese Entwicklungen gewährleistete? Eine produktive Wirtschaft existierte tatsächlich. Doch wer hat sie geschaffen? Unzählige Arten von Handwerkern, Bauern, Arbeitern, Kleinhändlern, Ladenbesitzern sowie Geld und Schuldscheine, die die Zirkulation beschleunigten. Am wichtigsten ist, dass diese wirtschaftliche Produktivität den Mehrwert vergrößerte. Wer bekommt den Löwenanteil dieses wachsenden Wertes? Wohl diejenigen, die die Wirtschaft durch ihre finanzielle und politisch-militärische Macht kontrollierten. Denn ohne Geld kein Verkauf. Wenn es keinen Verkauf gibt, kommt die Produktivität zum Stillstand. Wenn es keine Armee und politische Macht gibt, wird das Land besetzt, auch dann sinkt die Produktivität. Entscheidend sind also die Auswirkungen des Geldes und seiner und seiner Derivate, doch gleichzeitig setzen organisierte Kreise ihre Kontrolle der Wirtschaft fort, um so den wachsenden Mehrwert rauben zu können. Wahrscheinlich stehen sie in enger Beziehung zur politischen und militärischen Macht. Fürst und König standen der Armee vor, so ist es sehr wahrscheinlich, dass sie viel Geld benötigten, deshalb entweder aus derselben Gruppe derjenigen stammten, die den Mehrwert an sich rissen, oder in enger Beziehung zu ihnen standen. Gleichzeitig pflegten sie ihr gutes Verhältnis zu künstlerischen und intellektuellen Bewegungen. Dass sie in Europa als freiheitsliebende Könige und Fürsten galten, kam ihnen gelegen. Sie scheuten sich auch nicht, oppositionelle Bewegungen in konkurrierenden Ländern zu unterstützen. Fragen wir also ein weiteres Mal: Mit welchem Begriff können wir diesen gesamten Vorgang bezeichnen? Die Antwort kann nicht Wirtschaft lauten, denn niemand, der sich mit der wirklichen Wirtschaft befasst, ist beteiligt. Es handelt sich um diejenigen, die den Mehrwert einstreichen. Wer sind sie? Es sind diejenigen, die sich von außerhalb der Wirtschaft aufdrängen, die Zirkulation von Geld und Wert beschleunigen und so Geld vermehren, dem Staat Mittel als Schulden bereitstellen und als Gegenleistung vielleicht am Staat beteiligt werden.

Wir sehen, dass die Elemente, die wir als Kapitalismus, Kapitalisten und kapitalistische Wirtschaft bezeichnen, die Wirtschaft indirekt kontrollieren, aber im Grunde an ihr nicht beteiligt sind. Was sind ihre eigentlichen Tätigkeitsfelder? Sie interessieren sich für das Machtmonopol. Sie führen ihre wirtschaftlichen Monopole mit ihren Machtmonopolen zusammen. Sie führen Krieg; wenn sie im Inland einen Krieg gewinnen, wächst ihre Stärke im Inland. Das wiederum bedeutet mehr Mehrwert. Wenn sie einen Krieg gegen das Ausland gewinnen, gewinnen sie neue Kolonien und erweitern ihre Hegemonie. Dieser Vorgang bedeutet Plünderung durch Monopol.

Wenn wir das Beispiel von England und Holland zeitlich und räumlich ausdehnen, werden die Entwicklungen noch konkreter. Beide Länder benutzten ihre Allianz zunächst für ihre Hegemonie in Europa. Am Ende des sechzehnten Jahrhunderts war das Joch des spanischen Reiches gebrochen und dessen Hoffnungen, ein europaweites Reich zu errichten, hatten einen endgültigen Schlag erlitten. Am Ende des achtzehnten Jahrhunderts musste sich auch die französische Monarchie geschlagen geben und ihre Hoffnungen auf eine Hegemonie über Europa begraben. England und Holland unterstützten Preußen gegen Österreich und versetzten so den Imperiumsträumen der Habsburgerdynastie einen tödlichen Hieb. Mit dem Ende der Dreißigjährigen Kriege endete das Zeitalter der Religionskriege, mit dem Westfälischen Frieden von 1648 wurde die Grundlage für ein System der Balance zwischen Nationalstaaten nach der Art Hollands und Englands gelegt. Frankreich, das darauf mit der Revolution von 1789 reagierte, verlor nach der Niederlage Napoleons den Anspruch auf strategische Hegemonie. Im gleichen Zeitraum gewannen England und Holland den Kampf um die Kolonien. Das neunzehnte Jahrhundert begann mit der industriellen Revolution. Die industrielle Revolution konsolidierte das englische Hegemoniestreben und bereitete dem Weltreich den Weg. Mit dem Sieg Preußens 1871 gegen Frankreich begann das späte Erwachen des deutschen Riesen. Deutschlands Versuch, europäischer und globaler Hegemon zu werden, endete mit schweren Niederlagen in zwei Weltkriegen. Die USA als zweites England kamen aus beiden Kriegen mit Gewinn heraus und entwickelten sich nach dem Zweiten Weltkrieg zum globalen Hegemon. Das sowjetrussische Reich, das nachmachen wollte, was Deutschland vorgemacht hatte, unterlag im Krieg um die Hegemonie. Nun gibt es die USA, die auf ein globales Empire spekulieren und versuchen, den Zusammenbruch aufzuhalten und ihre Lebensdauer durch eine Art Verteidigungskrieg zu verlängern.

So sieht die Entwicklung von Macht und Herrschaft in ihren Grundzügen aus: Der Fluss der Macht begann in der Stadt Uruk, nahm auf seinem Weg Tausende Nebenflüsse auf, ergoss sich schließlich in der Nähe von New York in den Ozean und verschwindet dort. Man könnte annehmen, dass er am Ufer eines anderen Ozeans, an der Küste Chinas, vorbeiführen wird, doch kann dies zurzeit nur eine Hypothese sein. Die Wahrscheinlichkeit, dass er dort ankommt, ist geringer als die, dass er es nicht tut. Wahrscheinlicher ist, dass die zivilisierte Gesellschaft zuvor zerfällt. Gesellschaftliche und ökologische Probleme, die im Weltmaßstab gigantische Ausmaße angenommen haben, machen es sehr wahrscheinlich, dass demokratische Gesellschaften eingreifen und ihre eigenen Zivilisationen errichten werden. Demokratien werden durch die Schaffung könföderaler Einheiten die globalen Probleme eher angehen als der Imperiumskult der alten staatlichen Systeme.

Diese Hypothesen führe ich an, um den Horizont zu erweitern und den Kapitalismus richtig einordnen zu können. Der Hauptstrom der Zivilisation bildete an der Station England und Holland einen tiefen Strudel und floss dann weiter: mit erhöhter Geschwindigkeit und neuer Farbe. Offenbar verliehen die Diskontinuitäten, die mit dem Strudel zum Hauptstrom stießen, dem weiteren Fluss der Zivilisation diese höhere Geschwindigkeit und seine neue Farbe. Der Nationalstaat als neue Version des alten Staates, und die Industrie mit ihrer Revolution, der größten seit der Neolithischen Revolution, sind zwei mächtige Gewässer. Diese beiden Faktoren sind für höhere Geschwindigkeit und Farbveränderung verantwortlich.

Und wieder taucht die Frage auf, die ich wiederholt stelle: Wo ist der Kapitalismus? Wie steht es um sein Verhältnis zu Nationalstaat und Industrie? Ich frage dies in Bezug auf den wirtschaftlichen Gehalt. Und wieder muss ich sagen, dass ich trotz intensiver Suche die Antwort nicht in der Wirtschaft finden kann.

Es mag vielleicht merkwürdig klingen, aber meiner Meinung nach ist trotz aller Versuche der Besatzung und Kolonisierung die wirkliche Besitzerin der Wirtschaft die Frau. Wenn wir die Wirtschaft aus einer soziologischen Perspektive auf sinnvolle Weise evaluieren wollen, müssen wir die Frau, die ihr Kind neun Monate im Leib trägt, unter Schmerzen zur Welt bringt, ernährt, bis es in der Lage ist, auf eigenen Füßen zu stehen, und deren Handwerk die Ernährung des Haushalts ist, als fundamentale wirtschaftliche Kraft betrachten. Meine Antwort enthält einen höheren Respekt vor der Realität und ist eine soziologische, ignoriert aber auch keineswegs den Zusammenhang von Biologie und Wirtschaft. Darüber hinaus ist die

Frau mit ihrer Rolle in der landwirtschaftlichen Revolution und beim über Millionen von Jahren anhaltenden Sammeln von Pflanzen auch heute nicht nur im Haus, sondern in vielen Bereichen des Lebens die wesentliche Kraft, die die Räder am Laufen hält. Dass die alten Griechen, denen die Ehre zukommt, die Grundlagen der Wissenschaft gelegt zu haben, die Wirtschaft *oikonomiké,* ›Gesetz des Hauses, Gesetz der Frau‹ nannten, zeigt, dass sie diese Tatsache bereits vor Tausenden von Jahren feststellten[61].

An zweiter Stelle stehen zweifellos die Angehörigen der Kategorien Sklave, Leibeigener und Arbeiter. Sie wurden von den Mächten der Zivilisation zum Zwecke des von diesen zur höchsten Kunst erklärten Raubes von Mehrprodukt und Mehrwert ständig und mit gnadenlosen Methoden zum Arbeiten unter ihrer Kontrolle gezwungen. An dritter Stelle stehen die etwas freieren Handwerker, kleinen Händler, Ladenbesitzer und Bauern mit kleinem Landbesitz. Wenn wir dazu noch Künstler, Architekten, Ingenieure, Ärzte und diverse Freiberufler gesellen, haben wir das Panorama mehr oder weniger vervollständigt. Zweifellos waren es die gesamte Geschichte hindurch diese Gruppen, die das Rad der Wirtschaft am Laufen gehalten haben. Unter ihnen befinden sich keine Kapitalisten, Lehnsherren, Aghas oder Großgrundbesitzer. Ganz offensichtlich sind diese keine wirtschaftlichen Kräfte, sondern besitzergreifende, ausbeutende, kolonialistische und assimilationistische Mächte, die alle Arten von Ausbeutung, Kolonialismus und Assimilation als Monopolisten den Menschen und ihrer Arbeit von außen aufzwingen. Es sind nicht nur die Kapitalisten, die außerhalb der Wirtschaft stehen und von außen aufnötigen. Dazu gehören außer den Kapitalisten in Form von Großhändlern, Industriellen und Bankern auch Lehnsherren, Großgrundbesitzer, Politiker, Militärs und zivilisationistische Intellektuelle.

---

61 Der Begriff Ökonomik stammt von Aristoteles und ist bei ihm als ›wahrer Reichtum‹ positiv besetzt. Dazu im Gegensatz sieht er die Chrematistik, die widernatürliche Kunst des Gelderwerbs.

B Belege dafür, dass Kapitalismus nicht Wirtschaft ist

Die vorliegenden Belege dafür, dass Kapitalismus nicht nur *nicht* Wirtschaft, sondern Wirtschafts*feindlichkeit* ist, sind bestechend:

1. Wirtschaftskrisen

Der primäre Beleg sind die Wirtschaftskrisen. Die Mannschaft der ›positivistisch-szienistischen‹ Priester, die sich für den Beweis abstrampeln, dass der Kapitalismus ein Wirtschaftssystem sei, verstehen oder erklären das Problem der Krisen falsch. Es gibt nur eine Erklärung für die Krisen, und diese liegt in der Tatsache, dass der Kapitalismus der Todfeind der Wirtschaft ist. Manchmal wird eine Definition von Krisen angeführt, die von Überproduktion herrühren sollen. Auf der einen Seite leidet also ein großer Teil der Menschen an Hunger, auf der anderen Seite gibt es eine Überproduktion! Derartige bewusst geschaffene Krisen sind der Beweis für die Wirtschaftsfeindlichkeit des Kapitalismus. Der Grund ist recht klar: Monopolprofit. Wenn der ihnen überlassene Teil von dem, was die Werktätigen extrem billig produziert haben, als Kaufkraft nicht ausreicht, kommt es zu einer sogenannten Krise; richtiger: wurde eine Krise geschaffen. Welcher falsche Priester oder, besser gesagt, sogenannte Ökonom eilt in solch einer Lage zu Hilfe? John Maynard Keynes! Was sagt dieser? Der Staat soll seine Ausgaben erhöhen. Wie? Durch Erhöhung der Kaufkraft der Werktätigen! Wie zeigt sich dieses schmutzige Spiel? Auf der einen Seite leerst du ihnen die Taschen, auf der anderen Seite füllst du sie! Den Werktätigen und der gesamten außerzivilisierten Gesellschaft wird durch diese Politik »der Tod vorgeführt, damit sie sich mit der Malaria zufriedengeben«, wie es ein türkisches Sprichwort sagt. Wir sehen hier ganz klar eine politische Beziehung. Wenn die Aktion der demokratischen Kräfte gegen die Zivilisation unterdrückt werden soll, so lässt man diese zunächst einmal hungern. Erst wenn sie dann betteln, wird ihnen der Magen gefüllt. Wir sehen eine der ältesten Kriegstaktiken: Wenn du willst, dass ein Volk oder eine Stadt kapituliert, musst du sie belagern und aushungern! Als Belohnung für die Kapitulation gibst du ihnen dann zu essen!

Ich könnte mit Hunderten Beispielen belegen, dass dies den wahren Kern der falschen Krisentheorie des Kapitalismus bildet. Wenn wir nur die berühmte Große Depression der 1930er Jahre analysieren, verstehen wir die gesamte Logik der Krise. Was passierte damals? Die Sowjetunion akzeptierte die Hegemonie Englands nicht und schickte sich an, zu einem dauerhaften und erfolgreichen Regime zu werden. Zudem bedrohte sie die als kapitalistisch bezeichnete Welt. In Europa befanden sich die Deutschen, denen im Kapitulationsvertrag schwere Bedingungen auferlegt worden waren, und ihre Verbündeten, auf der Linken und der Rechen im Widerstand. Mao Zedong führte in China den großen Bauernaufstand an, den er begonnen hatte. Koloniale und halbkoloniale Ländern, darunter auch Anatolien, befanden sich im weltweiten Aufstand gegen den englischen Hegemonieanspruch. Die Antwort Englands als dem globalen Hegemon war die bewusst herbeigeführte Krise von 1929–30. Auf der einen Seite Berge von Waren, auf der anderen Seite vom Hunger gebeutelte Völker und Werktätige. Die Medizin des Engländers Keynes verrät alles: den Werktätigen und Völkern der Welt eine sogenannte Überlebenschance geben, indem man ihnen ein paar Brotkrumen abgibt! Sogenannte Sozialstaatspolitik. Was war die Folge dieser ›kapitalistischen Sozialstaatspolitik‹? Die Zivilisation der demokratischen Gesellschaft, die mit der sowjetischen Oktoberrevolution begonnen hatte, wurde gegenüber dem neuen Hegemon schrittweise zurückgedrängt, entstellt und assimiliert; in den 1990er Jahren wurde das Sowjetsystem offiziell abgeschafft, doch die Politik der Aushöhlung von innen hatte bereits lange vorher begonnen (mit der antidemokratischen Politik Stalins in den 1930er Jahren, also seiner Diktatur. Warum? Um die Auswirkungen der Krise von 1929/30 zu neutralisieren. Wer wurde schließlich neutralisiert? Stalin, seine Clique und die sowjetische Wirtschaft). Die Staaten, in denen nationale Befreiungskämpfe erfolgreich gewesen waren (demokratische Revolution und Gesellschaft), wurden ihres sozialen Gehalts beraubt und ins kapitalistische System integriert. Es liegt auf der Hand, dass dies der Hauptzweck aller Krisen ist, dass dieser Zweck mit dem Weiterbestehen des hegemonialen Systems durch bewusste staatliche Politik erreicht oder zumindest eine kritische Phase überwunden wurde.

2. Krisen des Mangels

Auch Krisen, die auf Mangel beruhen, können wir auf der gleichen Ebene diskutieren. Bewusst auf die Produktion von Waren zu verzichten oder auf die Hilflosigkeit von Menschen angesichts von Krankheiten und Naturkatastrophen zu setzen. Wenn die vorhandene Ausrüstung und Technik in Bewegung gesetzt würde, wären ernsthafte Hungersnöte und

Epidemien undenkbar. Wenn das Ziel aber der Schutz des bestehenden hegemonialen Systems ist, kommt diese Art von Krisen gezielt zur Anwendung, werden Krankheiten und Katastrophen als Trümpfe benutzt. Wieder können wir klar sehen und interpretieren, dass der ›kapitalistische Wirktschaft und Gesellschaft‹ genannte Apparat mit der offiziellen, hegemonialen Zivilisationsmacht verbunden ist. Die Methode ist dieselbe: Lass sie hungern, benutze Krankheiten und Katastrophen! Als Krönung kannst du beweisen, dass du der rettende Engel, ja sogar Gott bist. Mögen deine Untertanen dir ausgiebig Dank erweisen!

3. Gesellschaftsfeindlichkeit

Genau verstehen müssen wir auch, dass der Kapitalismus nicht nur wirtschaftsfeindlich, sondern auch gesellschaftsfeindlich ist. Bereits Rosa Luxemburg hat vor langer Zeit versucht, theoretisch zu beweisen, dass die Gesellschaft als Ganzes nicht kapitalistisch werden kann, dass dies unmöglich ist.[62] Meiner Meinung nach brauchen wir dafür keine anspruchsvollen Theorien. Wenn die gesamte Gesellschaft zweigeteilt in Kapitalisten und Arbeiter wäre, könnten keine Waren zum Zwecke des Verkaufs für Profit hergestellt werden! Geben wir ein vereinfachtes Beispiel. Nehmen wir eine Fabrik an, in der einhundert Arbeiter beschäftigt sind. Diese sollen nun einhundert Autos produzieren. Die Gesellschaft bestehe zusätzlich noch aus einem Kapitalisten, also aus einhundertundeiner Person. (Wir nehmen ja an, die Gesellschaft bestehe ausschließlich aus Arbeitern und Kapitalisten. Das wäre die idealtypische kapitalistische Gesellschaft. Hier liegt der große Irrtum zumindest eines Teils der Marxisten.) Einhundert Autos werden verkauft, um Profit zu erzielen. Sagen wir, einhundert Arbeiter kauften diese Autos von ihren Löhnen. Was bleibt für den Chef? Nichts. Also muss die Gesellschaft, die ich in meiner Systemanalyse »zivilisationsgegnerische,

62 Rosa Luxemburg befasst sich in ihrem Hauptwerk *Die Akkumulation des Kapitals* (1913) mit der Problematik, wie der geschaffene Mehrwert, also die Menge der produzierten Waren, gekauft werden kann. Diese Frage hatte Marx in *Das Kapital* nicht beantwortet. Für Luxemburg kann Kapitalakkumulation nur stattfinden, wenn auch nichtkapitalistische Formationen vorhanden sind. Der Markt wird durch Kolonialismus und Imperialismus ständig auf Kosten naturwirtschaftlicher und nichtkapitalistischer Produktionsweisen erweitert: »Historisch aufgefaßt ist die Kapitalakkumulation ein Prozeß des Stoffwechsels, der sich zwischen der kapitalistischen und den vorkapitalistischen Produktionsweisen vollzieht. Ohne sie kann die Akkumulation des Kapitals nicht vor sich gehen, die Akkumulation besteht aber von dieser Seite genommen im Zernagen und im Assimilieren jener. Die Kapitalakkumulation kann demnach sowenig ohne die nichtkapitalistischen Formationen existieren, wie jene neben ihr zu existieren vermögen. Nur im ständigen fortschreitenden Zerbröckeln jener sind die Daseinsbedingungen der Kapitalakkumulation gegeben.« Rosa Luxemburg: *Die Akkumulation des Kapitals*. In: *Gesammelte Werke*. Band 5, Berlin 1990, S. 364.

demokratische Gesellschaft« nenne und die sich nie kapitalisieren lässt, stets existieren, damit die zivilisierte Gesellschaft weiterexistieren kann.[63] Als neue Hegemonialmacht kann auch die ›kapitalistische Zivilisation‹ wie die anderen Zivilisationen nur auf der Grundlage von Gegnerschaft zur demokratischen Gesellschaft existieren. In Zeiten des Konflikts dagegen wird sie noch aggressiver und basiert auf unmittelbarer Feindschaft zur demokratischen Gesellschaft. So kann sie im Krieg und im Frieden ihre Existenz verstetigen. Wie in der gesamten Geschichte der Zivilisation gibt es auch in der Geschichte der kapitalistischen Zivilisation unzählige Ereignisse und Kriege, die diese Erzählung bestätigen.

4. Arbeitslosigkeit

Arbeitslosigkeit ist ein weiterer Befund dafür, dass Kapitalismus keine Wirtschaft ist. Der Kapitalismus als System muss stets eine Reserverarmee von Arbeitslosen bereithalten – oder gar erschaffen, wenn sie nicht existiert – um die Rate des erzielten Profits aus dem Mehrwert möglichst hoch zu halten. Arbeitslosigkeit ist ein absichtlich geschaffener Zustand. Während selbst einfache Lebewesen wie Tiere und Pflanzen einen Nutzen haben, wie können dann Menschen unnütz gemacht werden, indem man sie arbeitslos lässt? Kann es beispielsweise eine arbeitslose Ameise geben? Wenn selbst eine Ameise nicht arbeitslos sein kann, wie soll dann ein entwickeltes Wesen wie der Mensch arbeitslos sein? Im Universum ist kein Platz für das Phänomen der Arbeitslosigkeit. Nur als perverses Produkt der analytischen Intelligenz, als eine äußerst grausame Handlung des gesellschaftlichen Lebens wird Arbeitslosigkeit in künstlicher Weise geschaffen und aufrechterhalten. Nichts kann besser demonstrieren, wie gnadenlos feindlich das kapitalistische System dem Wirtschaftsleben gegenübersteht. Selbst im Regime des Pharao, das wir auf das Heftigste kritisieren, gibt es keinen Platz für den Begriff ›arbeitsloser Sklave‹. So, wie es keinen arbeitslosen Pharao gibt, ist auch ein arbeitsloser Sklave nicht einmal als Begriff denkbar. Sklaven hatten immer Arbeit und einen Wert. Arbeitslosigkeit, also gnadenlose Wirtschaftsfeindlichkeit, gibt es nur im Kapitalismus.

63 Die Argumentation bleibt hier leider fragmentarisch. Sie ließe sich folgendermaßen ergänzen: Um Profit zu erzielen, müssen mehr Autos (Waren) produziert werden, als die produzierenden Arbeiter selbst benötigen. Daher müssen stets neue Absatzmärkte für Waren geschaffen und Selbstversorgung zurückgedrängt werden.

5. Technikfeindlichkeit

Der Kapitalismus ist auch der Feind der Wirtschaftstechnik. Der gegenwärtige Stand von Wissenschaft und Technik bietet jeglicher Gesellschaft die Möglichkeit, sowohl ihre Existenz politisch als demokratischen Gesellschaft fortzuführen als auch wirtschaftlich alle ihre Probleme zu lösen – das Ergebnis könnten wir Wohlfahrtsgesellschaft oder auch Paradies nennen. Einzig das ›*Profitgesetz*‹ des kapitalistischen Systems verhindert, dass Wissenschaft und Technik optimal zur Erfüllung der menschlichen Bedürfnisse eingesetzt werden. Gäbe es das Profitgesetz nicht, wären Wissenschaft und Technik auf ihrem gegenwärtigen Stand bequem einzusetzen, um alle möglichen Lösungen für eine Wirtschaft zu finden, die die Ernährung der Menschheit sichert. Es wird aber nicht erlaubt, die Kapazitäten voll auszuschöpfen; im Gegenteil soll die kapitalistische Zivilisation fortgesetzt werden, indem ständig Krisen, Arbeitslosigkeit und gesellschaftliche Blasen geschaffen werden. Also ist der Kapitalismus nicht nur der Feind der Wirtschaft, sondern auch der Feind von Wissenschaft und Technik, mit deren Hilfe eine optimale wirtschaftliche Entwicklung verwirklicht werden könnte.

6. Moralfeindlichkeit

Der Kapitalismus ist auch der Feind der Moral und moralischer Werte, die ein ganz grundlegendes Prinzip der Wirtschaft darstellen. Die Menschheit kann ihre wirtschaftlichen Bedürfnisse nur durch das moralische Prinzip regeln. Andernfalls könnte sie sich beispielsweise ameisenartig vermehren, und dafür reichen nicht einmal zehn Planeten wie die Erde. Ohne Moral kann sich die Gesellschaft in eine ›Raubtiergesellschaft‹ verwandeln, dann blieben keine Rinder zum Fressen. Dann blieben allerdings auch keine Raubtiere am Leben. Wenn also der Kapitalismus nicht eingedämmt und gestoppt wird, wird sich die Gesellschaft also entweder in eine ›Ameisengesellschaft‹ (wie zum Beispiel in China und Japan) verwandeln und an den Rand der Vernichtung gelangen, oder in eine ›Raubtiergesellschaft‹ (wie zum Beispiel in den USA). Wenn jede Gesellschaft so wäre wie die der USA, Chinas oder Japans, würde die Chance der Menschheit auf ein nachhaltiges Weiterbestehen offenbar nach und nach sinken. Der Kapitalismus hat im Grunde das moralische Prinzip der sogenannten ›kapitalistischen Wirtschaft‹ geopfert. Einst wurden Kinder, besonders Mädchen, als überflüssig geopfert. Wo so etwas existiert, kann die Gesellschaft nur noch durch Menschenopfer aufrechterhalten werden. Wenn wir nun sämtliche durch den Kapitalismus geprägten Kriege als ›rituelle Menschenopfer‹ begreifen, verstehen wir besser, mit was für einer Unmoral, mit welchem ›Prinzip der kapitalistischen Wirtschaft‹ wir es zu tun haben. Diese Unmoral zerfetzt nicht nur das innere soziale Gewebe der Gesellschaft. Sie überzieht auch Natur und Umwelt mit Massakern und Zerstörung und erreicht erstmals ein Niveau, das das Überleben sämtlicher Lebewesen bedroht. Kann es eine größere Unmoral und Lebensfeindlichkeit geben?

7. Frauenfeindlichkeit

Der Kapitalismus ist auch der Feind der Frau, der Hauptkraft und der Schöpferin der Wirtschaft. Meine gesamte Analyse zeigt, dass die Stellung Frau im gesellschaftlichen Leben und bei der Schaffung wirtschaftlicher Werte erstrangig ist und kaum hoch genug eingeschätzt werden kann. Die gesamte Geschichte der Zivilisation hindurch wurde sie jedoch aus dem Leben herausgedrängt. Im Kapitalismus erfolgte dies am gnadenlosesten, und die Tatsache der ›der Wirtschaft beraubten‹ Frau wurde zum prägnantesten und tiefsten gesellschaftlichen Widerspruch. Der überwiegende Teil der weiblichen Bevölkerung wurde arbeitslos gemacht. Obwohl die Hausarbeit zu den schwierigsten Tätigkeiten zählt, gilt sie als wertlos. Obwohl Kinder zu gebären und aufzuziehen die schwerste Arbeit überhaupt ist, wird ihr nicht nur kein Wert beigemessen, sondern sie gilt zunehmend als Plage. Die Frau ist wertlos, arbeitslos, eine Gebär- und Erziehungsmaschine, die kostenlos arbeitet und außerdem an allem schuld ist! Die Frau wurde die gesamte Geschichte der Zivilisation hindurch ins Erdgeschoss der Gesellschaft gesteckt[64]. Doch kein zivilisiertes Gesellschaftssystem war so stark wie der Kapitalismus, wenn es darum ging, die Ausbeutung der Frau zu organisieren und zu systematisieren. Nun ist die Frau nicht nur im Erdgeschoss, sondern in allen Stockwerken das Objekt von Ungleichheit, Unfreiheit und Demokratielosigkeit! Noch schlimmer: das kapitalistische System hat eine Herrschaft der sexistischen Gesellschaft hervorgebracht, die gewalttätiger und intensiver ist als je zuvor in der Geschichte. Diese Herrschaft wurde bis auf die intimsten Organe der Menschen ausgedehnt und konditioniert, die Frau wurde in Subjekt *und* Objekt der Sexindustrie verwandelt, die Folter in alle gesellschaftlichen Schichten getragen, die männliche Dominanz in der Gesellschaft maximiert. Als wolle er Rache nehmen an der Schöpferin der Wirtschaft, beweist der Kapitalismus seine Frauen- und Wirtschaftsfeindlichkeit immer und überall!

---

64 Im Sinne des Modells von Ferdinand Braudel, wo das Erdgeschoss das »materielle Leben« repräsentiert, der erste Stock die Wirtschaft und das oberste Stockwerk den Kapitalismus.

8. Wirtschaftsfeindlicher Finanzkapitalismus

Indem der Kapitalismus auf seiner jüngsten, globalisierten Stufe die Wirtschaft in ein Spiel mit Geld und Papier verwandelt, das ›Markt für Aktien, Devisen und Zinsen‹ genannt wird, beweist er so überdeutlich, dass er Feind der Wirtschaft ist und mit der wirklichen Wirtschaft nichts zu tun hat, als wolle er es der ganzen Gesellschaft ins Gesicht schlagen. Wie nie zuvor wurde die Wirtschaft in ein solches Spiel mit Papieren, solch ein virtuelles System verwandelt. Historisch galt die Wirtschaft als empfindlichstes Gewebe von Gesellschaften, dem immer eine Heiligkeit zukam (das Wort *kutsal* für ›heilig‹ geht bis auf die sumerische Gesellschaft zurück und soll mit dem Wort kauta für Nahrung zusammenhängen). Ernährung wurde als vordringlichstes Problem betrachtet und zu lösen versucht. Sämtliche Religionen enthalten einen Erklärungsaspekt, der sich um die wirtschaftliche Sicherheit dreht. Feste wurden in der Vergangenheit zur Feier des wirtschaftlichen Überflusses gefeiert oder zumindest zum Andenken an die Überwindung von Krisen. Karl Marx betrachtete die Wirtschaft zu Recht als so wichtig, dass er in ihr den Gesamtausdruck der Faktoren betrachtete, die sämtliche Bereiche der Gesellschaft beeinflussen. Dass der Kapitalismus sie aus dem Bereich der intensiven Anwendung von emotionaler und analytischer Intelligenz herausgelöst, an Geld-Papier-Spiele gefesselt und in einen Bereich verwandelt hat, in dem die analytisch-spekulative Intelligenz auf unverantwortlichste und vom wirklichen Leben losgelöste Weise agiert, zeigt ganz deutlich den wahren Charakter der kapitalistischen Wirtschaft. Ohne Arbeit zu verrichten wechseln durch Manipulation von Devisenkursen, Zinsen und Aktienwerten auf globaler Ebene innerhalb von Stunden Milliarden von Dollar (globales Geld) den Besitzer. Es fällt schwer, sich ein anderes System vorzustellen, in dem die Hälfte der Menschheit an der Armuts- und Hungergrenze lebt, während Werttransfers dieser Art das Gegenteil von Wirtschaft widerspiegeln. Allein dieser Aspekt beweist zur Genüge, was für ein unwirtschaftliches und wirtschaftsfeindliches System der Kapitalismus in seiner letzten Phase, die Finanzkapitalismus genannt wird, darstellt.

9. Zerstörung der gesellschaftlichen Struktur

Indem der Kapitalismus die beiden wesentlichen Bereiche der Wirtschaft, Herstellung und Verbrauch, unter seine Kontrolle bringt und das Schwergewicht auf eine Politik legt, die mit den wirklichen Bedürfnissen an Nahrung, Kleidung, Wohnung und Beförderung nichts zu tun hat, sondern lediglich auf Profitmaximierung abzielt und so die erwähnten Krisen von Produktion und Konsum erschafft, zerstört er die Strukturen von Gesellschaften von der Wurzel her. Um nur einige Beispiele zu nennen für Dinge, die mit den Strukturen menschlicher Arbeit, die sich auf Produktion und Verbrauch beziehen, nichts zu tun haben oder zumindest nicht vordringlich sind, sondern im Gegenteil große Gefahren beinhalten: Produktion von Atomwaffen und Waffen ganz allgemein, die furchtbare Dimensionen angenommen hat; Investitionen in fossile Energiequellen, die in die Umweltkatastrophe führen, weil sie so viel Profit bringen; die Produktion gentechnisch veränderter Agrarpflanzen; Weltraumtechnologie; Investitionen in Verkehrswege zu Lande, zu Wasser und in der Luft, die nicht nur sehr teuer sind, sondern deren Verursachung von Verschmutzung bekannt ist; ungerechtfertigte Investitionen in die Herstellung von Hunderten von Variationen der gleichen Ware infolge eines Modewahnsinns. Auf der einen Seite finden Dinge, die in verrückten und überflüssigen Bereichen zu Bergen aufgehäuft werden, keinen Markt, verlieren so ihre Eigenschaft als Verbrauchsgüter und werden dem Verrotten überlassen, auf der anderen Seite gibt es Menschen, die wegen mangelnder Kaufkraft unter Hunger und Krankheiten leiden, sowie Armeen von Arbeitslosen! Kein Krieg und keine Naturkatastrophe hat je in der menschlichen Gesellschaft den Schaden angerichtet, den die Kapitalismus genannte Wirtschaftsformation verursacht hat, und das, indem er die lebenswichtigen Gefäße der Wirtschaft zusammendrückt, zerreißt und künstliche Gefäße wieder annäht.

Die Tatsachen über den Kapitalismus als Stufe der Zivilisation, die wir hier in neun Punkten angeführt haben, erfordern zweifellos bändeweise Analysen und Beweise. Da es sich hier um Thesen innerhalb einer Eingabe bei Gericht handelt, habe ich diese kurze Form gewählt.

In den beiden folgenden Teilen und dem Schluss werde ich die Erläuterungen mit anderen Aspekten fortsetzen.

C Verhältnis des Kapitalismus in Bezug zu Raum und Zeit der gesellschaftlichen und zivilisatorischen Realität

Wie kann es uns also gelingen, eine kompetente und sinnvolle Antwort auf die Frage zu finden, wo dieses System, das nicht nur unwirtschaftlich, sondern ganz offensichtlich wirtschaftsfeindlich ist, in der gesellschaftlichen und zivilisatorischen Realität in Raum und Zeit zu finden ist?

Eine sinnvolle Aussage über den Kapitalismus werden wir nur treffen können, wenn wir einerseits die Handlungen und Konflikte der Mächte und Systeme der Zivilisation intern und untereinander, andererseits die Konflikte und Kämpfe gegen die zivilisationsfeindlichen Kräfte analysieren.

Ich bin mir bewusst, dass ich dieses Thema exzessiv betone und zu Wiederholungen neige. Ich bitte dafür um Verzeihung, doch ich muss diese interessante und den Horizont erweiternde Tour ein weiteres Mal in groben Zügen und als Gesamtüberblick präsentieren.

1. Die urkommunale Ära (vom primitiven Menschen bis zum Ende der letzten Kaltzeit um 20 000 v. Chr.)

Die Grundlagen der Wirtschaftskultur wurden in der urkommunalen Ordnung der Mutter-Frau gelegt. Durch Sammeln und Jagen beschaffte Nahrung wurde verbraucht, Tierfelle und Pflanzenfasern wurden sofort genutzt. Die Mutter-Frau war überwiegend die ordnende Autorität des Klans, eine Art matrialer Hegemon. Die Beziehungen und Widersprüche der Klangesellschaft mit ihrer natürlichen Umwelt drehten sich um den Schutz vor Gefahren und das Nutzen von Brauchbarem und Nahrhaftem. Die Klanidentität war unter diesen Bedingungen lebenswichtig und unverzichtbar. Ein Begriff von Ehemann und Ehefrau war noch nicht entwickelt. Die Mutter, die ein Kind geboren hatte, war bekannt, ihr männlicher Partner hingegen war so unwichtig, dass er unbekannt blieb. 98,5 Prozent ihres Bestehens verbrachte die menschliche Gesellschaft auf diese Weise. Damit war der matriale Klan die am längsten bestehende Gesellschaftsform. Weil die ersten Werkzeuge aus behauenen Steinen bestanden, wurde diese Periode als »Periode des geschlagenen Steins«, heute meist als Altsteinzeit

(Paläolithikum) bezeichnet. Früher war auch der Begriff ›Wildheit‹ üblich[65]. Der soziologische Begriff ist Urkommunismus. Zeichensprache wurde verwendet. Als Wohnstätten dienten Ufer von Flüssen und Seen, Höhlen und auf Pfählen errichtete Hütten. Es wird angenommen, dass Menschen zwei Millionen Jahre nur in Afrika auf diese Weise lebten, seit einer Million Jahren auch auf den Kontinenten Europa und Asien. Begriffe wie Heimat, Grenze und Eigentum gab es noch nicht. Zugehörigkeit gab es nur in Bezug auf den Klan. Der Klan wurde symbolisch durch ein Objekt oder ein Totem repräsentiert. Innerhalb dieser Gesellschaft gab es zwar verschiedene Stufen der Entwicklung, doch erlebte die Menschheit ab dem Ende der letzten Kaltzeit insgesamt den Übergang zur neolithischen Ära.

2. Neolithische Ära (ca. 15 000 – 4000 v. Chr.)

Nach dem Ende der letzten Kaltzeit begann vor rund 17 000 Jahren eine kurze Ära, die als Mesolithikum (Mittelsteinzeit) bezeichnet wird. Danach erfolgte der Übergang zum Neolithikum, der Jungsteinzeit. Wegen der polierten Steinwerkzeuge wurde sie früher auch »Periode des geschliffenen Steins« genannt. Den Kern dieser historisch wichtigen Periode, die vor rund zehntausend Jahren an den Hängen des Taurus-Zagros-Gebirgssystems begann, bildete jedoch die landwirtschaftliche und dörfliche Revolution. Die Existenz dieser Gesellschaft ist archäologisch nachgewiesen. Dieser große Sprung vorwärts erfolgte vor ungefähr zehntausend Jahren, weil Klima und Umwelt in der besagten Gegend günstig für Pflanzen und die sich von ihnen ernährenden Tiere war. Die Möglichkeiten, Nahrung zu finden, wurden besser. Die Weberei wurde entwickelt. Aus Höhlen zog man in Dörfer. Pflanzen und Tiere wurden in die landwirtschaftliche Kultur einbezogen und domestiziert. Seit rund 6000 v. Chr. wird Keramik hergestellt. In dem Halbmond, der sich von den Hängen an den Ufern der Levante bis zum Zagros erstreckt, begann eine kulturelle Periode, die von einer starken Vernetzung geprägt war: die Halaf-Kultur.

Das Zentrum jener Zeit war Obermesopotamien. Durch die neuen Erfindungen und die Entwicklung neuer Produktionsmittel ereignete sich eine gesellschaftliche Explosion. Ein Art industrieller Ära des Neolithikums begann. In dieser Kultur stieg die Mutter-Frau zur Mutter-Göttin auf. Sehr

65 Einflussreich war hier Friedrich Engels, der in *Der Ursprung der Familie, des Privateigenthums und des Staats* (1844) die Menschheitsgeschichte in Wildheit oder Urkommunismus, Barbarei und Zivilisation unterteilte. Dabei entspricht die Wildheit grob dem Paläolithikum und die Barbarei dem Neolithikum.

wahrscheinlich war ihre Rolle entscheidend für die Entstehung der neuen Gesellschaft. Die matriale Ordnung prägte die Klangesellschaft stark. Der Widerspruch zum Mann begann sich gerade erst zu entwickeln. Mittlerweile hatte der Übergang zur Symbolsprache[66] stattgefunden. Die als Semiten bezeichneten Gruppen im Süden konnten ihre Wanderungen nach Asien und Europa, deren Hauptrouten durch dieses Gebiet führten, nun nicht mehr so einfach durchführen. Dieser Faktor muss eine bedeutende Rolle für die Entstehung der semitischen Kultur gespielt haben. Auch Gruppen aus dem Norden, aus Europa und Asien, konnten nicht leicht in die Region migrieren. Einer ihrer Zweige erreichte den amerikanischen Kontinent (vermutlich um 12 000-7000 über die Beringstraße), andere konzentrierten sich in China, Zentralasien und Osteuropa. Die zwischen beiden Gruppen beheimatete indoeuropäische Gruppe spielte eine führende Rolle, weil ihr die Gegebenheiten von Klima und Ernährungsmöglichkeiten besonders gewogen waren. Insbesondere die Gruppe im Fruchtbaren Halbmond spielte eine hegemoniale Rolle. Dies sollte bis zur Stufe der Zivilisation für lange Zeit so bleiben.

Die Kultur des Fruchtbaren Halbmondes, die sich als erste etablieren und über lange Zeit behaupten konnte, wurde im siebten Jahrtausend nach Niedermesopotamien, im sechsten Jahrtausend nach Ägypten und ins Niltal, auf den Balkan, in den Iran und die Steppen nördlich des Schwarzen Meeres, im fünften Jahrtausend nach ganz Europa und bis nach China getragen. Zwar wird auch von einem chinesischen Neolithikum gesprochen, das sich aus einer eigenen inneren Dynamik heraus entwickelt haben soll, aber ich vermute, dass das chinesische Neolithikum überwiegend auf einer Kulturübertragung beruhte. Die archäologischen Beweise zur Ausbreitung von Rinderhaltung und der Benutzung von Obsidian stützen diese These. Da es aber um lange Zeiträume geht, hatte jede Hauptregion die Chance, ein eigenes Neolithikum hervorzubringen. Doch alles deutet darauf hin, dass der Fruchtbare Halbmond der Brennpunkt des ersten kulturellen Funkens war. Die Ausbreitung erfolgte dabei nicht in Form von Kolonisierung und Eroberung. Die Weite der Gebiete machte die Entwicklung derartiger Formen von Beziehungen unnötig. Diese erste große globale Bewegung hinterließ bleibende Spuren auf der Welt und beeinflusst sie noch heute.

---

66 Mit *Symbolsprache* wird nicht etwa Zeichensprache bezeichnet, sondern die Benutzung von Lauten, die etwas symbolisieren, das weder zu sehen ist noch durch Bewegungen dargestellt wird. Unsere gesprochene Sprache ist daher eine Symbolsprache.

3. Ära der sumerischen Zivilisation (4000–2000 v. Chr.)

Die Obed-Zeit, die um 5500 in Niedermesopotamien begann und vermutlich bis ca. 3800 v. Chr. dauerte, war als eine neue Phase der gesellschaftlichen Entwicklung einflussreich. Diese Zeit und ihre Kultur, die auf der Kultur des Fruchtbaren Halbmondes (insbesondere der Halaf-Kultur) beruhte, erlangte aus verschiedenen Gründen historische Bedeutung. Sie ebnete den Weg für den Übergang zur patriarchalen Gesellschaft, es gab Neuerungen in der Technik zur Herstellung von Keramik und eine Ausweitung des Handels, es fanden erste Eroberungszüge statt und das Zeitalter der Kolonialisierung begann. Wir können auch von einer Proto-Uruk-Kultur sprechen. Die Entstehung der patriarchalen Gesellschaft ist Vorläuferin der Zivilisation von ganz besonderer Bedeutung. In dieser Zeit begann die Kultur der Muttergöttin ihre Bedeutung einzubüßen. Die Frau wurde gezwungen, die Überlegenheit des Mannes anzuerkennen. Hierarchische Leitung etablierte sich zusehends. In Grundzügen macht sich die Struktur des Leitungstrios der traditionellen Kultur erstmals in dieser Kultur deutlich bemerkbar. Der Schamane als eine Art Priester, der Scheich als erfahrene Leitungsfigur der Gesellschaft und das militärische Oberhaupt als Inhaber der physischen Gewalt wurden stärker. Die religiöse, politische und militärische Kultur des Mittleren Ostens trägt bis heute deutliche Spuren dieser Ära.

Diese Kultur behauptete sich, und ihre Auswirkungen wurden um 4500 v. Chr in Obermesopotamien spürbar. Sie brachte die Halaf-Kultur unter ihre Kontrolle und kolonisierte sie gewissermaßen. Archäologische Funde belegen, dass bereits um 4000 v. Chr erste Kolonien an so weit entfernten Orten wie Arslantepe bei Malatya und Elaziğ entstanden. Auch die Kultur der Dynastie oder Großfamilie wurde exportiert. Derartige Elemente hatte es in früheren Kulturen nicht gegeben. Es wurden Spuren destruktiver Aktivitäten gefunden. Kulturelle Funde aus einigen zerstörten Dörfern bezeugen, dass bewusste Zerstörung und Besatzung stattgefunden haben. Die Handelskultur setzte sich endgültig durch. Unter Begleitung dieser Kultur wurde eine ernsthafte Hegemonie durchgesetzt – vielleicht die erste der Geschichte.

Gewöhnlich wird die Zeit von ca. 4000 bis 3000 v. Chr. als Uruk-Zeit bezeichnet. Die Uruk-Kultur entwickelte sich entlang der von der Obed-Kultur vorgezeichneten Bahnen. Ihre Besonderheit war das Privileg, als erste Stadt-Klassen-Staat-Gesellschaft, also Zivilisation, die geschriebene Geschichte einläuten zu können. Natürlich ist die Transformation der patriarchalen Kultur in die erste Zivilisationskultur äußerst wichtig für die Geschichte.

Eine wesentliche Rolle dabei spielt die Notwendigkeit, wegen der klimatischen Bedingungen in Niedermesopotamien eine künstliche Bewässerung zu organisieren. Eine derartige Bewässerung erfordert eine große Bevölkerung und Werkzeuge und Anlagen – beides Vorbedingungen für die Urbanisierung. Eine große Bevölkerung gleichzeitig arbeiten zu lassen, erfordert eine Lösung für das Problem der Versorgung, die Bewässerungsanlagen erfordern Handwerk. In solch einer Situation muss die Siedlung zwangsläufig städtische Ausmaße annehmen. Dies wiederum drängt zur Lösung von Problemen der Regierung und der Legitimierung von Regierung. Auch ein Schutz vor Angriffen plündernder Stämme, die es bereits gab, war erforderlich. Wo all dies zusammenkommt, entsteht ein perfektes Trio von Priester, regierendem König und militärischem Kommandanten. Das Gilgamesch-Epos, das einem der ersten Könige von Uruk gewidmet ist, spiegelt diese historische Entwicklung sehr eindrucksvoll wider.

Die Stadt ist allein schon eine Basis, die eine Entwicklung der Logik erzwingt, denn sie führt zu einer Reihe von Problemen. Die Probleme wiederum regen logisches Denken an, also die Denkfähigkeit, und das Denken entwickelt neue Produktionsmittel. In der Folge entsteht eine Leitung der Wirtschaft, diese zieht politische und militärische Leitung nach sich. Auch die Herausbildung von Klassen können wir überwiegend als ein Produkt der Stadt betrachten. Die Stadtgesellschaft ist eine Gemeinschaft, die über die Einheiten Stamm und Dynastie hinausreicht. Wir können auch annehmen, dass deren hierarchische, patriarchale Regierungen wegen ihres widersprüchlichen Charakters eine große Zahl von Menschen aus ihrer Mitte ausschlossen. Für die so entwurzelte Bevölkerung wurde die Stadt zu einem zentralen Anziehungspunkt, und wenn es nur war, um den Magen zu füllen. Da Personen, die aus verschiedenen Gründen außerhalb von Stamm und Dynastie blieben, in der Stadt zu denjenigen gehörten, die von der etablierten Leitung regiert wurden und arbeiteten, wurde schließlich die Entstehung von Klassen unvermeidlich. Dieses soziologische Verhältnis, also die Existenz von Klassen, ist ein wichtiges Merkmal der Uruk-Kultur. Als natürliche Erweiterung dieser Netze von städtischen Beziehungen sollte später der Staat entstehen.

Die Leitung der Stadt lässt keinen Platz für eine Stammesführung oder eine dynastische Leitung. Das Stadtleben erfordert eine professionelle Leitung, die über Blutsbande hinausgeht. Um sich zu legitimieren, muss sie außerdem die Regierten von sich überzeugen. Hier eilten der Priester, der vielleicht den ersten Entwurf des Staates skizzierte, und der Tempel, eine Art

Ur-Modell der Stadt, zu Hilfe. Die Phänomene der Stadt als Institution, des Staates und der Klassen aus ideologischer Sicht im Geiste zu konstruieren, war die Aufgabe der Priester, die sich um die mythologische und religiöse Produktion kümmerten. An der Uruk-Kultur sehen wir auf bemerkenswerte Weise, wie die materielle Kultur die geistige Kultur beeinflusst. Auch die Gegenrichtung ist der Fall. Es gilt sogar, dass es unter dem erdrückenden Einfluss der geistigen Kultur beinahe unmöglich wurde, die materielle Kultur zu verstehen. Die materielle Kultur wurde durch eine große ideologisch Konstruktionsarbeit geradezu unsichtbar gemacht. Diese konstruierte Ideologie in der Sprache und ihre Inhalte in den Köpfen so zu verankern, dass es Tausende von Jahren überdauert, und die materiellen Bedingungen unsichtbar zu machen, ist die Hauptaufgabe des neuen Staates. In der sumerischen Gesellschaft verrät sich diese Funktion auf frappierende Weise. Während der Staat als göttliche Institution mit Bedeutung aufgeladen wird, wird die arbeitende Klasse als von den Göttern geschaffene Knechte dargestellt. Der Begriff des Engels ist eine Widerspiegelung des Bindegliedes, das zwischen Staat und Regierten vermittelt. Während die oberste Leitungsautorität als höchster Gott widergespiegelt wird, repräsentieren seine Stellvertreter und Helfer als Götter aus der zweiten Reihe gemeinsam den Pantheon, also die oberste Staatsführung und ihre Sitzungsordnung. Die alte Generation von Göttinnen bringt sich noch in Erinnerung als eine Kraft, die den Einfluss der Frau in der vor-städtischen Ära widerspiegelt. Indem sämtliche gesellschaftlichen Verhältnisse in eine halb mythologische, halb religiöse Sprache übersetzt werden, legitimiren sie sich in einer völlig anderen metaphysischen Welt gegenüber der Bevölkerung ihrer jeweiligen Einheit. Stadt, Staat und Klassen werden so ideologisch noch einmal erschaffen.

Eine ideologische Neuschöpfung als eine geistige Kultur mit bedeutender Funktion bringt eine Vielzahl von materiellen Entwicklungen und sogar eine Neuinterpretation der Natur mit sich. Darauf, besonders auf der dies reflektierenden Sprache aufbauend, wird Sinn hergestellt, werden Menschen überzeugt, wird das Leben innerhalb der neu legitimierten Welt sakralisiert gelebt. Die Frage, ob es entsprechend der ideologischen Neugeburt auch eine materielle Geburt gibt, verliert angesichts dieser Entwicklungen beinahe ihre Bedeutung; selbst wenn sie als sinnvoll erachtet wird, wird sie anders symbolisiert.

Die Uruk-Revolution ist die erste Stadt-Revolution, und sie ist genauso wichtig wie die agrarische Revolution. Sie bildet die Ursprungsquelle des Hauptarms des Stroms. In diesen Fluss sollten später kleine Bäche und

Teiche mit isolierten Quellen einmünden, die erst durch den Hauptstrom in Bewegung geraten konnten. Tatsächlich gab es auch in China eine urbane Revolution; es gab sie auch in Mittelamerika. Doch waren dies lokale Kulturen, die keinen Hauptstrom bildeten, die entweder am Ort ihrer Entstehung austrockneten oder einem See ähnelten, von dem nur wenige Menschen profitieren. Um sie als Zivilisation zu verstehen, müssen wir zur wichtigen Voraussetzung machen, dass sie einen Hauptstrom bilden oder in den Hauptstrom einmünden. Eine reine Zivilisation gibt es nicht.

Außerdem liegt hinter der Uruk-Kultur bereits ein zehntausendjähriges neolithisches Erbe. Uruk ist nicht vom Himmel gefallen. Diese neue Kultur wird als Zivilisation bezeichnet. Sie lässt sich auch treffend als Stadtbürgertum benennen. Indem wir die materielle und ideelle Struktur und ihre Widerspiegelung auf diese Weise definieren, haben wir eigentlich in gewissem Sinne die gesamte Zivilisation definiert.

Die Uruk-Kultur war strukturell expansiv. Die in jeder Hinsicht steigende Produktivität und die dadurch wachsende Bevölkerung führte zur Gründung einer Reihe von Nachbarstätdten. Bereits die Dorfkultur des Fruchtbaren Halbmondes hatte sich so ausgebreitet und zu einer Kette von Dorfgründungen geführt. Die ersten Generationen von Dörfern breiteten sich ab dem elften Jahrtausend v. Chr. von Nevala Çorî (am Euphratufer bei Siverek, Urfa) nach Çayönü (Ergani, Diyarbakır), von dort nach Çemê Xalan (am Fluss Batman) und dann lawinenartig flussabwärts bis nach Kirkuk aus. Dies ist, was wir das Aufblühen einer Kultur nennen. Die Akkulturation nach dem Aufstieg Uruks verlief ganz ähnlich. Mehr Städte führten zu vermehrtem Wettbewerb. Da jede Stadt gleichzeitig ein Markt ist, breitete sich mit der neuen Kultur auch der Wettbewerb aus. Bereits damals war Händler ein angesehener Beruf. In den Bereichen Landwirtschaft und Transport war unter der Führung der Handwerker bereits eine Industrie entstanden. Kämpfe zwischen Städten sollten natürlich die Frage der Hegemonie auf die Tagesordnung setzen. Anschließend würde sich der Prozess des Übergangs von einzelnen Stadtstaaten zu primitiven Imperien aufdrängen, indem sämtliche vorhandenen Stadtstaaten unter die Regierung einer Person oder einer Dynastie gebracht würden.

Die Handelsbedürfnisse Uruks sollten den neolithischen Raum schon bald in einen Prozess der Zivilisierung und Kolonialisierung treiben. Viele Daten belegen, dass auf die kolonialen Aktivitäten, die auf die Obed-Kultur zurückgehen, eine ausgedehntere koloniale Ausbreitung Uruks folgte. Besonders an des Ufern des Euphrat wurden augedehnte Kolonien

Uruks gefunden. Es gibt auch archäologische Hinweise darauf, dass die obermesopotamische Kultur, die ohnehin seit der Halaf-Kultur stets weitere Kreise gezogen hatte, gegenüber der ab ca. 3500 v. Chr. entstandenen Kolonisierungsbewegung Uruks sowohl mit Aufstandstendenzen als auch solchen des gegenseitigen Austausches reagierte. Die Funde einer Großzahl von Grabungen in den *tell* oder *höyük* genannten Siedlungshügeln zeigen, dass durch sehr starke innere Dynamiken der Region seit dem vierten Jahrtausend v. Chr. eine Urbanisierung begonnen hatte. Die immer noch zunehmenden Funde verleiten zu der Überlegung, dass auch die städtische Kultur aus diesem Quellgebiet nach Niedermesopotamien getragen wurde, genauso wie von dort nach Ägypten, Elam und Harappa. Insbesondere die erst in jüngster Zeit gemachten Ausgrabungen in Göbekli Tepe bei Urfa haben Funde (beginnend mit dem zehnten Jahrtausend v. Chr.) hervorgebracht, die zur Korrektur bestehender Ansichten geführt haben. Gefunden wurde eine Kultur mit nach damaligen Maßstäben riesigen Bauwerken, bei denen es sich wahrscheinlich um Tempel handelte, aus einer Zeit, die noch vor dem Beginn der Sesshaftigkeit liegt. Zwar konnte die Bedeutung der steinernen Pfeiler bisher nicht ganz geklärt werden, doch mit Sicherheit spiegeln sie eine fortgeschrittene Kultur wider. Weitere Forschungen können dazu führen, dass das Zentrum der Kultur woanders verortet wird.

Den vorherigen Absatz habe ich angeführt, um klarzumachen, dass nur eine starke Kultur sich der Expansion Uruks entgegenstellen kann. Die Kultur dieser Region hatte auch gegen die Expansion der früheren Obed-Kultur (vermutlich ab rund 5500 v. Chr.) Widerstand geleistet und ein Beharren auf der eigenen Kultur gezeigt. Aus der Persistenz der kulturellen Struktur in der Region lässt sich sogar ein ständiger Widerstand gegen die Wanderungswellen von Süden und Norden während der mesolithischen und neolithischen Ära ableiten.

Diese Tatsache, also dass die Uruk-Kultur von der lokalen Kultur absorbiert wurde, zeigt die Stärke der letzteren. Dieser Prozess setzt sich eigentlich bis heute fort. Uruks Überlegenheit speiste sich aus der Stärke des Staates, die von der Kraft seiner Produktion und der großen Bevölkerung herrührte. Wir sehen geradezu einen Vorläufer des holländischen oder englischen Modells.

Meine persönliche Interpretation geht dahin, dass die Kulturen Ägyptens, Elams im Südwesten des heutigen Iran und Obermesopotamiens sich erfolgreich gegen die ersten Expansionen Obeds und Uruks behaupten konnten und mit der Schaffung eigener urbaner Kulturen reagierten. So belegen archäologische Funde, zu denen ständig neue hinzukommen, dass sich ab dem vierten Jahrtausend v. Chr. in diesen drei historischen Zentren die Stadtentwicklung beschleunigte und diese Nebenflüsse mit dem Strom der Zivilisation zusammenflossen.

Wichtiger noch ist, was in den Städten und ländlichen Gebieten in der näheren Umgebung Uruks ablief. Um 3000 v. Chr. ging die Uruk-Zeit zu Ende und mit der ersten Dynastie von Ur kündigte sich der Beginn einer neuen Zeit an. Diese war wahrscheinlich das Ergebnis intensiver Konflikte zwischen Städten. Wenn wir die Tontafeln lesen, treten derartige Entwicklungen klar vor Augen. Die Klagegesänge »Klage über die Zerstörung von Nippur« oder kurz »Nippur-Klage« und »Fluch über Akkad«[67] handeln vom Schicksal der geschleiften und niedergebrannten Städte. Wie sehr dies den heutigen Vorgängen in Bagdad und Umgebung ähnelt! Die erste und zweite Dynastie von Ur dauern bis ca. 2350 v. Chr., danach beginnt mit der Dynastie des berühmten Sargon von Akkad eine neue Zeit. Von Sargon, der als erster Imperator gilt, wird in den schriftlichen Quellen lobpreisend berichtet, dass er nach zahlreichen blutigen Kriegen seine Herrschaft, also sein Imperium, im Fruchtbaren Halbmond durchsetzte. Große Grausamkeiten werden als ehrenhafte und ruhmreiche Taten dargestellt. Dies lässt sich in den vorliegenden schriftlichen Quellen verfolgen. Sargon, der von den Amurritern abstammte (ein Name, den die Sumerer Stämmen gaben, die aus der arabischen Wüste angriffen, und der ›staubige, schmutzige Menschen‹ bedeutet), machte Akkad zur Hauptstadt. Um 2150 v. Chr. überrannten diesmal Gemeinschaften aus dem Zagrosgebirge unter Führung der Gutäer Akkad und installierten dort eine neue Dynastie. Diese fiel um 2050 v. Chr., an ihre Stelle trat die 3. Dynastie von Ur, die allerdings nur einhundert Jahre bestand. Um 1950 v. Chr. dann begann die prachtvolle babylonische Ära.

In diesen Kämpfen zwischen Städten begegnen wir einer interessanten Widersprüchlichkeit. Die sumerische Gesellschaft war die Schöpferin der ursprünglichen Zivilisation. Was ihre Ursprünge angeht, so können wir uns ein Volk vorstellen, das vor langer Zeit aus der Kultur des Fruchtbaren Halbmonds kam und sich dann zu einem sesshaften Volk, einer Gesellschaft entwickelt hat. Ihre Sprache unterscheidet sich von denen der nächsten Nachbarn, der Amurriter und der Gutäer. Allerdings gibt es durchaus Vermischungen im Wortschatz, insbesondere enthält das Sumerische

67 Englische Übersetzungen der Klagegesänge finden sich neben weiteren online im ETCSL als *The lament for Nibru* und *The cursing of Agade.*

viele indoeuropäische Wörter[68], die sich auch deutlich von den semitischen Lehnwörtern unterscheiden. Es fanden intensive Angriffe der semitisch-amurritischen Stämme statt. Auch Sargon und seine Dynastie in der Stadt Akkad waren von dieser Abstammung. Die Wahrscheinlichkeit ist sogar groß, dass Sargon selbst ein Kommandant war, der im Palast der Stadt aufwuchs und Teil der Regierung war. So geben es die Legenden wider. Die Gutäer betrachteten die Sumerer eher als Verbündete. Ihre Wurzeln sind arisch und liegen im Zagrosgebirge. Interessant ist, dass sich uns im heutigen Irak ein ganz ähnliches Panorama bietet.

Abschließend können wir festhalten, dass Geburt und Entwicklung des Zivilisationssystems im dritten Jahrtausend v. Chr. mit viel Blutvergießen, Ausbeutung, dem Bau und der Zerstörung von Städten, Allianzen, Kolonien und einem hegemonialen Charakter einhergingen. Die ergiebige Landwirtschaft auf bewässerten Böden, in der Sklaven für ein wenig Nahrung arbeiteten, der Handel mit den Nachbarstädten und den neolithischen Regionen sowie das Handwerk führten zur Produktion eines großen Mehrproduktes. Das Zivilisationssystem, das auf dieser Produktion, also der materiellen Kultur, aufbaute, konstruierte eine prachtvolle ideelle Kultur, mit der es seine regierenden Gruppen vergöttlichte, während es die arbeitenden Sklavinnen und Sklaven als aus den Exkrementen der Götter geschaffene Wesen definierte und herabgewürdigte. Wir sollten uns ganz klar machen, dass das materielle Leben in den Schöpfungslegenden genau so widergespiegelt wird. Der Legende nach wurde die schöpferische Muttergöttin aus einer rechten Rippe des Mannes geschaffen. Solche Legenden sind ziemlich interessant, da sie auf frappierende Weise widerspiegeln, dass die Mutter-Frau endgültig abhängig gemacht worden ist. Das Leben würde von nun an mit der durch diese Legenden geformten Sprache verstanden und interpretiert werden.

Das wirkliche materielle Leben aber wird, da es bis heute nicht seine eigene Sprache und Interpretation geschaffen hat, manchmal in Gleichnissen verklausuliert von gewissen alten Tatsachen sprechen wollen; da diese Sprache aber niemand versteht, wird es ständig einen Sinnverlust und Stummheit erleben. Vergessen wir nicht: Die Sprache der Realität und ihre Fähigkeit sich auszudrücken sind noch nicht geschaffen!

---

68 In der Forschung wird diskutiert, dass eine der großen ethnischen Gruppen, die während der Uruk-Zeit Städte gründete, eine indoeuropäische Sprache benutzte. In diesem Zusammenhang wurden die Begriffe ›Euphrates Valley Civilization‹ und für diese Sprache ›Euphratisch‹ geprägt. Vgl. Gordon Whittaker: *The Case for Euphratic*, Tiflis 2008.

4. Ära der babylonischen und assyrischen Zivilisation (2000–300 v. Chr.)

Obwohl es zwischen ihnen zeitliche und räumliche Unterschiede gibt, überwiegen bei diesen beiden Zivilisationen, die sich in Bezug auf ihre Entstehung und in ihrer Herrschaft durch den Bruch mit den sumerischen Dynastien auszeichnen, doch die Gemeinsamkeiten, da sie über lange Zeit parallel existieren und kulturelle Ähnlichkeiten aufweisen. Wahrscheinlich liegt ihre Wurzel im Amurritisch-Semitischen und einer gemeinsamen Zivilisation mit der Dynastie von Akkad. Sprachliche und kulturelle Überschneidungen sowie reichlich vorhandene schriftliche Quellen belegen dies.

Das kulturelle Zentrum des letzten prachtvollen Zeitalters der Sumerer lag in der Stadt Nippur. Nippur kann als die Stadt gelten, in der erstmals eine akademische Ausbildung erteilt wurde. Nachdem die Stadt vermutlich durch die Dynastien von Akkad zerstört wurde, stieg das nicht weit entfernte Babylon auf, das sprachlich und kulturell stark akkadisch beeinflusst war. Dies können wir als den Beginn einer neuen Ära der Zivilisation betrachten. Ohnehin war die neue Situation dadurch gekennzeichnet, dass nach dem Ende der letzten sumerischen Dynastie, also der Ur-III-Zeit, ab ca. 2000 v. Chr. neue Dynastien unter der Führung von Babylon nacheinander die Herrschaft über die Städte errangen. Die akkadische Sprache wurde als neue Sprache der Zivilisation bedeutsam. Als Sprache der politischen Herrschaft und des Handels war sie in allen zivilisierten Regionen präsent. Sie entwickelte sich weiter zum Aramäischen, das als *lingua franca* für die gegenseitige Kommunikation aller zivilisierten Völker eine ähnliche Rolle wie heute die englische Sprache spielte. Die akkadische Kultur erbte ihren zivilisatorischen Inhalt von der sumerischen Kultur. In der Mythologie zeigte sich die erfolgte Transformation im Aufstieg des Gottes Marduk. Das Schöpfungsepos *Enuma Eliš* ist das wichtigste unter den überlieferten Legenden. Marduk fungiert darin als Hauptgott einer Kultur, welche die Mutter-Göttin übel verunglimpft und durch ihn die Männerherrschaft symbolisiert und vergöttlicht. Dieselbe Generation von Göttern wird in der griechischen Kultur durch Zeus repräsentiert, in der römischen durch Jupiter, in der indoeuropäischen Kultur durch den arischstämmigen Gudea (die germanischen Wörter *god* und ›Gott‹ und das heutige kurdische Wort *xwedê* für Gott leiten sich von derselben Wurzel ab), in der arabischen Kultur durch Allah, bei den Indern durch Brahman und bei den Chinesen durch Dao.

Die gemeinsame Zivilisationsstufe und kulturelle Ähnlichkeiten zeigen sich am deutlichsten bei den Benennungen der Götter, die als wesentliches Symbol die Gesellschaft repräsentieren. Es ist kein Zufall, dass selbst ihre Namen alle um 2000 v. Chr. herum entstanden. Dies rührt von ihrer gemeinsamen und tiefen kulturellen Grundlage her. In symbolischer Form wird die Kultur der Männerherrschaft (die Inbesitznahme der Mutter-Frau und ihrer Hauswirtschaft durch den tyrannischen und listigen Mann) vergöttlicht. Während die Muttergöttin mit ihren Namen Star (arisch), Inanna[69] (sumerisch), Kybele (hethitisch) und Kali (Sanskrit) verblasst, werden die genannten männlichen Götter erhöht. Der Rückzug der Frau ins gesellschaftliche Erdgeschoss spiegelt sich um 2000 v. Chr. auch in Sprache und Kultur als eine bedeutende Niederlage wider. In der materiellen und ideellen Kultur der Zivilisation wurde die Frau als Geschlecht noch vor der Versklavung von Männern und Stämmen in die tiefste Sklaverei gezwungen: besiegt, erniedrigt, geknebelt, verflucht und in Todesgefahr. Der Status als Hausfrau und der des Ehe-Mannes, der unbeschränkte Vollmacht über sie besitzt, entwickelte sich auf dieser kulturellen Grundlage. Dass die Frau bei den Arabern und den mittelöstlichen Gesellschaften, die die gleiche kulturelle Grundlage teilen, immer noch diesen Status besitzt, bestätigt diese Einschätzung. Die Ehrenmorde sind nur ein winziger Teil dieser Kultur.

Das babylonische Zeitalter kam vor dem Zeitalter Aššurs. Wichtig hierbei ist ein schrittweiser Rückzug nach Nordmesopotamien als geografischem Raum. Babylon lag noch eher südlich in der Nähe des heutigen Bagdad, die Stadt Aššur, die nach dem gleichnamigen Gott benannt war, bereits zwischen Tikrit und Mossul. Noch später wurde die Hauptstadt nach Ninive in der Nähe des heutigen Mossul verlegt.

Die Stadt Babylon wies einige historische Besonderheiten auf. Zunächst absorbierte es die gesamte Kultur von Nippur, der letzten sumerischen Kulturstadt. Auf der Stufe des babylonischen Reiches sehen wir, dass die gesamte kulturelle Akkumulation der zeitgenössischen Gesellschaften sowie führende Mitglieder ihrer Familien nach Babylon zogen. Der Berühmte Turm zu Babel, auf dessen Baustelle Sprachverwirrung herrschte, muss wohl eher Tatsache als Legende gewesen sein. Zwischen 1900 und 1600 v. Chr. erlebte die babylonische Zivilisation ihre prachtvollste Phase. Babylon beherrschte als Imperium alle zivilisierten Gebiete. Hammurapi, der bekannteste Herrscher Babylons, war nach Sargon der zweite Imperator der

69 Der Name Inanna ist ein Beispiel für das oben erwähnte Euphratisch, würde also zu einer älteren, indoeuropäischen Sprache gehören, die dem Sumerischen vorausging.

Geschichte. Der nach ihm selbst benannte Codex Hammurapi war zwar nur eine Fortsetzung einer bereits bestehenden Gesetzestradition, war jedoch in Bezug auf Reichweite und historischen Einfluss herausragend. Mit Sicherheit tragen sowohl das ›göttliche Recht‹ als auch durch Gesetze geprägtes Recht in der Zivilisationskultur Spuren der Zeit Hammurapis. Er unterwarf alle Städte seiner Zeit mittels blutiger Kriege seiner Herrschaft. Darüber hinaus zwang er auch den Nachbarn und den an den Grenzen des Reiches lebenden Stammeskulturen ein gnadenloses Diktat auf.

Während die Gottkönige in Ägypten ›Pharaonen‹ hießen, wurden die überwiegend babylonischen und assyrischen Gottkönige auch mit dem Namen ›Nimrod‹ bezeichnet. Der Prophet Abraham, dessen Auszug oder Flucht aus Ur (dem heutigen Urfa) im alten Testament erzählt wird, steht wohl in engem Zusammenhang mit der Unterdrückung durch die Nimrods von Babylon.[70] Hammurapi herrschte von rund 1800 bis 1750 v. Chr. Wenn wir den Exodus Abrahams für den gleichen Zeitraum annehmen, wird der Konflikt zwischen Abraham und dem Nimrod gut verständlich. Abraham war das Oberhaupt eines Stammes. Sein Stamm war einer von vielen, die in der Umgebung von Urfa von Ackerbau, Viehzucht und Handel lebten. Auch heute noch finden sich in der Region zahlreiche Übergangsgesellschaften mit Einflüssen aus beiden Kulturen, der arischstämmigen und der semitischstämmigen.

Der symbolische Wert der halb religiösen, halb mythologischen Geschichte Abrahams und seines Stammes ist bekannt. Dass er als Stammvater dreier monotheistischer Religionen gilt und fast alle Religionen auf der Welt beeinflusst hat, unterstreicht seine Bedeutung. Es ist zu erwarten, dass eine große Zahl von Stämmen und Städten gegen die Nimrods Babylons, das unter Hammurapi seine autoritärste Phase durchlebte, Widerstand leisteten. (Mit ›Nimrods‹ meine ich hier sämtliche zentralen und regionalen Eliten der babylonischen Bürokratie. Nimrod muss eine Art Titel für die führenden Regierungsvertreter von Städten und Regionen gewesen sein.) Natürlich werden sich Stämme, die noch unter dem starken Einfluss der kommunalen Ordnung stehen, und sogar Dörfer und Städte, gegen die Zumutungen eines Imperiums Widerstand leisten und Aufstände beginnen – im Namen welchen Gottes oder auch immer. Gesellschaften, die keine Sklaverei kennen, lassen sich sehr schwer versklaven. Manchmal ziehen sie

70 Für eine ausführlichere Darstellung siehe Abdullah Öcalan: *Urfa – Segen und Fluch einer Stadt*, Köln 2008.

sogar die kollektive Vernichtung der Sklaverei vor. Die Geschichte kennt dafür zahllose Beispiele.

Die Abraham-Religionen oder die Abraham-Erzählungen repräsentieren eigentlich diese allgemeine Anti-Nimrod-Widerstandskultur[71]. Die erste Quelle dieser Kultur war das babylonische Reich im achtzehnten Jahrhundert. Die zweite Quelle waren die Geschichten um das Aufbegehren des Propheten Moses gegen den ägyptischen Pharao im dreizehnten Jahrhundert. Hier haben wir es mit einer Widerstandskultur von Gemeinschaften in der Tradition Abrahams zu tun, die in halber Sklaverei leben, sich daraus befreien wollen und in ganz ähnlicher Weise die in der Autorität des Pharaos repräsentierte Kultur ablehnen. Die Gesamtheit dieser Kultur bildet die biblische Tradition. Diese langlebige Tradition des Widerspruchs gegen die in Nimrod und Pharao symbolisierten Gottkönige, die starken Herrscher ihrer Zeit, die nach und nach eine eigene Kultur bildete, wurde nach Moses von Hohepriestern (angefangen mit Moses' Bruder Aaron) und vielen Propheten wie Samuel und Jesaja vertreten. Später (1020-900 v. Chr.) gründeten David und Salomo ein mächtiges Königreich im heutigen Israel und Palästina. Ohne eine sorgfältige Interpretation dieser Tradition, der Geschichte ihres Trägers, des Stammes der Hebräer, und ihres historischen Einflusses können wir weder die Geschichte der Zivilisation noch alle Arten von gegen sie gerichteten Widerständen und Aufständen analysieren und verstehen. (Mit ›alle Arten‹ meine ich sämtliche ideologischen, mythologischen, philosophischen, religiösen, politischen, physischen, wirtschaftlichen, rechtlichen, tribalen und nationalen Bewegungen.)

Der erste Abschnitt der Geschichte Babylons endete im Jahre 1595 v. Chr. mit der Eroberung durch Streitkräfte der Kassiten, die von Hethitern und Hurritern abstammten. Interessant und wichtig dabei ist, dass es eine Allianz von Hethitern und Kassiten gab. Bei den Historikern findet sich dazu nicht viel, doch ist diese Tatsache wichtig, wenn man sich für die Geschichte der Völker der Region interessiert. Es ist nicht leicht, Babylon mit seiner großen kulturellen, politischen und militärischen Tradition zu besiegen, dafür ist ganz offenbar eine starke Gegenkultur notwendig. So entschieden sich die Vertreter der abrahamitischen Tradition stets zum Exodus, also zur Flucht. Doch wenn sie eine Schwachstelle finden, können sie durchaus zu einer politischen Kraft werden.

71 Der in der westkirchlichen Tradition weniger bekannte Konflikt zwischen Abraham und »dem Nimrod« findet sich im Buch der Jubiläen und im Koran.

Den während der Uruk-Zeit und der Ur-I- und Ur-II-Zeit im Zagrosgebirge in einer Stammeskonföderation lebenden Gutäern, die schließlich um 2150 v. Chr. die akkadische Dynastie stürzten, kommt eine Schlüsselrolle für die Analyse der von ihnen repräsentierten Tradition in den Taurus- und Zagros-Gebirgen zu. (Interessant auch, dass ihr berühmter König Gudea[72] den Namen des größten Gottes aus dem arischen Kulturkreis trägt. Offenbar finden wir hier einen Ausgangspunkt einer anti-zivilisatorischen Strömung.) Diese Tradition, die in der geschichtlichen Forschung kaum oder *gar* nicht erwähnt wird, stellt einen wichtigen Forschungsbereich dar, der mehr Aufmerksamkeit verdient.

Stammesgemeinschaften hatten sowohl gegen die Kulturkolonien der Obed-Kultur als auch den politischen und Handelskolonialismus von Uruk und Ur eine dauerhafte Landwirtschaftskultur geschaffen, ein enges Netz aus Dörfern geknüpft, waren bis an die Schwelle der Urbanisierung gelangt oder hatten vielleicht bereits Städte gegründet. (Die Funde von Göbekli Tepe erinnern daran, dass dies möglich ist. Die Schöpfer dieser Kultur im elften Jahrtausend v. Chr. können durchaus auch vor Uruk und Ur eine städtische Kultur geschaffen haben. Architektur und Mythologie machen diesen Eindruck.) Der Widerstand erfolgte höchstwahrscheinlich durch ein Netz von Stammesgemeinschaften, das Berghänge wie Ebenen gleichermaßen nutzte, bei drohender Gefahr Föderationen bildete und anschließend dauerhaftere politische Allianzen schuf.

Diese Gemeinschaften, im zweiten Jahrtausend v. Chr. von den Sumerern mit dem Sammelbegriff ›Hurriter‹ bezeichnet, hatten bis 1650 v. Chr. zwei starke politische Einheiten: weiter nördlich als Hethiter mit den Zentren Kaneš und Ḫattuša und weiter südlich als Mitanni mit dem Zentrum Waššukanni (kurdisch *xweşkanî* bedeutet ›schöne Quelle‹, es handelt sich um das heutige Ceylanpınar und Serêkaniyê an der Grenze zwischen der Türkei und Syrien)[73]. Es ist belegt, dass die Mitanni, deren Gebiet sich östlich bis Kirkuk am Fuße des Zagros und westlich bis nach Alalach (Tel

72 Es ist unklar, auf welche Quelle sich der Autor hier bezieht. Die Herkunft und ethnische Zugehörigkeit Gudeas ist unklar. Er regierte nach einer Heirat mit der Königstochter in Lagaš, als die andern sumerischen Städte längst unter die Herrschaft der Gutäer gefallen waren (und war daher nicht an deren Eroberung beteiligt). Für eine gute Beziehung zu den Gutäern spricht allerdings, dass er während der Gutäerherrschaft in weiten Teilen Sumers und Akkads wie sein Vorgänger die Eigenständigkeit von Lagaš bewahren konnte.

73 Tell Halaf, das namensgebend für die Halaf-Kultur war, liegt in unmittelbarer Nähe von Serêkaniyê. Taite (Tell Hamidiya), die zweite Hauptstadt von Mitanni, liegt weiter östlich, ca. 25 km südlich von Qamişlo. Sowohl Waššukanni als auch Taite harren noch weitestgehend ihrer Ausgrabung.

Açana) im Nur- oder Amanosgebirge erstreckte, im vierzehnten Jahrhundert v. Chr. mit den Hethitern gemeinsam neben Ägypten [und Aššur] die dritte große politische und kulturelle Macht darstellten. Sie teilten eine gemeinsame Kultur und Sprache mit den Hethitern. Es bestanden enge verwandtschaftliche Verbindungen, es fanden politische Heiraten statt (So schlug der hethitische Großkönig Šuppiluliuma I. in einem Schreiben an den Prinzen Šattiwazza[74] vor, die Region gemeinsam zu regieren, nachdem er ihm seine Tochter zur Frau gegeben hatte.[75]) In ägyptischen Hieroglyphen kommt die Macht der Mitanni zum Ausdruck. Im Palast gab es viele Frauen aus dem Mitanni-Reich. Die bekannte Königin Nofretete war vermutlich eine von ihnen.

Die berühmte hethitische Königin Puduhepa mit hurritischen Wurzeln wirkt wie die letzte Vertreterin der Traditionslinie der Frau in der Kultur der Region. Früher als Gutäer und Kassiten bekannt, bildeten nun Mitanni und Hurriten ihre Untergliederungen. Etymologisch gesehen stammt das Wort hurri aus dem Sumerischen und bedeutet ›Bergbewohner‹ – eine Bezeichnung, die manchmal noch heute für die Kurden verwendet wird. Noch wichtiger ist, dass sämtliche Könige und Prinzen des als hethitisch bezeichneten Staates hurritische Namen trugen und stets mit hurritischen Prinzessinnen verheiratet waren. Meine persönliche Interpretation dessen lautet, dass Mitanni eine Allianz, Konföderation oder ein ähnliches politisches Gebilde überwiegend an der Südflanke des Taurus-Zagros-Gebirgssystems darstellte, eine anderere Untergruppe der Hurriter unter dem Namen Hethiter in einem stärkeren Staat oder sogar einem primitiven Imperium organisiert war, der vom nördlichen Taurus bis ans schwarze Meer reichte. Als Argumente für diese These lassen sich die gemeinsame kulturelle Grundlage, Verwandtschaften, diplomatische Beziehung und vor allem die hetitisch-kassitische Allianz [gegen Babylon] anführen.

Wir können getrost feststellen, dass dieser kulturelle Widerstand im Norden und die in der Folge gebildete politische Allianz die erste babylonische Ära beendete. In seiner zweiten Ära (1600–1300 v. Chr.) wurde Babylon entweder von dieser politischen Allianz beherrscht oder in einer Art Kompromiss mit ihr regiert. In dieser Zeit stellte die Stadt das größte kulturelle und kommerzielle Zentrum seiner Zeit dar, ähnlich dem heutigen Paris.

---

74 Eine ältere Lesart des Namens ist »Mattiwazza«.

75 Der *Vertrag Šuppiluliumas I. von Ḫatti mit Šattiwazza von Mittani* ebnete Šattiwaza den Weg auf den Thron. Er stellt eines der wichtigsten Dokumente dar, die wir über die damalige Zeit besitzen.

Die Kultur Babylons beeinflusste die drei heiligen Schriften tief und hinterließ eine Reihe von Spuren. Wir können es auch als Lagerplatz für Handel, regionalen Markt und Universitätsstadt definieren. Auch fungierte es als damaliges internationales (bzw. intertribales und interkonfessionelles) Zentrum. Alle politischen, kommerziellen und geheimdienstlichen Ränke wurden in Babylon geschmiedet. Insofern war es auch ein Zentrum der Verschwörungen. Seine Beschreibungen in der heiligen Schrift sind frappierend. Kurz: Es spielte würdig seine Rolle als ein Zentrum der Zivilisation. In diesem Sinne ähnelt es sehr dem heutigen London.

Die dritte babylonische Ära (ca. 610–330 v. Chr.) begann mit der Ausradierung Ninives durch eine Allianz mit den Medern (diese ähnelt sehr dem heutigen schiitisch-kurdischen Bündnis[76]) im Jahre 612 und endete mit der Eroberung der Region durch Alexander den Großen. Sie ist durch den berühmten Nebukadnezar bekannt, den letzten großen Imperator Mesopotamiens. Danach verlor Mesopotamien nach und nach seine Rolle als wesentliches Zentrum. Nachdem für rund fünfzehntausend Jahre das Zentrum der Geschichte in den Tälern von Euphrat, Tigris und ihren Nebenflüssen lag, nachdem auf den Bergen und in den Ebenen zwischen den Flüssen die menschliche Kultur geformt und auf alle Kontinente verbreitet wurde, bereitet sich die Region heute, müde, doch voller Hoffnung, auf eine neue Ära vor.

Die Ära von Aššur lässt sich in ähnlicher Weise in drei Abschnitte einteilen. Aššur gehörte zu den stärksten politischen, militärischen und kommerziellen Mächten der antiken Geschichte. Es spielte die Rolle des Verbindungsgliedes zwischen der sumerischen und der graeco-römischen Zivilisation. Es wird mit Blutvergießen, Despotismus und Kreativität im Handel assoziiert. Aššurs Sturz wird von allen Völkern des Mittleren Ostens, einschließlich des eigenen, als Fest gefeiert[77]. Für diese Feiern spielt das Ende der Despotie nach Art von Nimrod und Pharao eine entscheidende Rolle.

Die erste Phase (2000–1600 v. Chr.) war die des Aufstieges der Handelsaristokratie. In frappierender Weise wurde die Handelsmacht und die politische Macht oft als Monopol in der gleichen Person repräsentiert. Wir können festhalten, dass erstmals durch die Gemeinschaften Aššurs ein Monopol der politischen und der Handelsmacht errichtet wurde. Sie

76 Gemeint ist die Regierungsbeteiligung schiitischer und kurdischer Parteien im Irak nach dem Sturz Saddam Husseins.

77 Gemeint ist das Newroz-Fest als Neujahrsfest am Frühlingsanfang, das bei vielen Völkern gefeiert wird. Besonders bei den Kurden wird es mit dem Fall Ninives im Jahre 612 v. Chr. und der Legende des Schmiedes Kawa verbunden.

stützten sich auf ein umfassendes historisches Erbe in den Fußstapfen von Obed, Uruk, Ur und Babylon und nutzten all ihre Akkumulation aus dem Handel. Ab rund 2000 v. Chr. bauten sie Handelsbeziehungen zu allen zivilisierten Gebieten, den benachbarten neolithischen Dörfern und nomadischen Gemeinschaften auf. In einigen wichtigen Zentren errichteten sie Handelskolonien, die erstmals wie unabhängige privilegierte Händler arbeiteten, vergleichbar mit den Kapitulationen[78]. Sie besaßen ein sehr ausgedehntes Netz von Karawanen. Wir können mit Fug und Recht behaupten, dass sie die Zivilisation mit dem höchsten Bewusstsein für den Handel waren und gnadenlos Gewalt einsetzten, um all diese strategischen Beziehungen zu sichern. Ninive ertrank in Reichtum, Gold und Silber, ähnlich wie später einst Amsterdam. Es war ein Zentrum für die feinsten Stoffe; die berühmtesten Paläste entstanden in der Umgebung Ninives. So wie Amsterdam mit Paris konkurrierte, konkurrierte Ninive (bzw. Aššur) mit Babylon. Beide bemühten sich intensiv, die jeweils anderen zu beeinflussen und unter die eigenen Hegemonie zu bringen. Interessenkonflikte führten oft zu wirtschaftlichen, kommerziellen, politischen und militärischen Konflikten. Beide gewannen zeitweise die Vorherrschaft, jedoch nie endgültig.

Die zweite Phase (1600–1300 v. Chr.) verlief unter der gemeinsamen Herrschaft von Mitanni und Babylon. Aššur behielt jedoch seine Rolle im Handel.

Die dritte Phase (1300–600 v. Chr.) ist diejenige, in der Aššur seine eigentliche militärische und politische Kraft entfaltete und zur gefürchtetsten Macht seiner Zeit aufstieg. Mit Ausnahme von Urartu fielen sie überall ein und machten alle Länder tributpflichtig. Die Völker und Stämme erlebten litten immens unter ihnen. Wir können Aššur das blutigste Gesicht der Zivilisation nennen. Als Ruhmestaten berichteten sie voller Stolz, wie sie menschliche Schädel zu Wällen und Türmen aufschichteten. Sie mordeten die Völker und Stämme, die sie nicht versklavten. Selbst eine Zivilisation wie Ägypten konnte um 670 v. Chr. die Besatzung durch Aššur nicht abwenden. Sie legten das Königreich Jerusalem in Schutt und Asche. Sie waren eine Weltmacht ähnlich wie die heutigen USA. Sie besaßen auch den Egoismus, der jedem Imperium zueigen ist. Eine Kultur des friedlichen Zusammenlebens und des Kompromisses kannten sie nicht. Ihr Anteil an der Schaffung der imperialen Tradition ist nicht zu unterschätzen.

78 Mit den Kapitulationen gewährte das Osmanische Reich vom vierzehnten bis ins zwanzigste Jahrhundert ausländischen Händlern zahlreiche Privilegien. Dazu gehörte neben Freihandel und Zollvorteilen die Zuständigkeit der Gerichtsbarkeit des Heimatlandes.

Die entscheidende Rolle beim Sturz Aššurs spielten ein weiteres Mal hurritschstämmige Gemeinschaften. Wir wissen, dass die Mitanni (1600–1300 v. Chr. Aššur lange in Schach hielten. Der Sieg Aššurs über die Mitanni sorgte nicht für ein Ende des Widerstandes der hurritichstämmigen Gemeinschaften. Die als Nairi (die assyrische Bezeichnung bedeutet ›Flussleute‹) bekannten Stammesgemeinschaften leisteten mit Einheiten, die mit den heutigen Stammeskonföderationen in Botan vergleichbar sind, lange Zeit (1200–900 v. Chr.) gegen Aššur Widerstand. Danach war die Urartu genannte politische Einheit an der Reihe. Ihr Widerstand hielt von ca. 870 v. Chr. bis zum Ende des Assyrischen Reiches 610 v. Chr. an. Dieser fast dreihundertjährige Widerstand führte zu einem recht starken, bedeutenden politischen Gebilde mit dem Zentrum im heutigen Van, das seine Spuren in der Geschichte hinterließ. Wahrscheinlich trug der politische Überbau gemischten Charakter. Zunächst überwog der Einfluss der assyrischen Sprache. Es wird vermutet, dass die verwendete Sprache eine Mischung aus Elementen des Hurritischen, Armenischen und kaukasischer Sprachen war. Diese Struktur der Sprache spiegelt auch das Mosaik des Widerstandes wider. Wir sehen, dass die Völker, die in der Gegend gemeinsam lebten, sich gegen die gemeinsame Gefahr zusammenschlossen und durch ein starkes politisches Gebilde ihre Existenz schützten. Im gleichen Zeitraum machten sich die kaukasusstämmigen Skythen deutlich bemerkbar. Es ist bekannt, dass die Urartäer Meister der Schmiedekunst waren und zahlreiche Waffen und Gefäße aus Bronze herstellten. Wenn wir uns zudem klar machen, dass sie eine überlegene Architektur einschließlich des Baus von Burgen besaßen und Aššur häufig militärisch besiegten, wird ihre Bedeutung klarer. Auch wenn es ihnen nicht gelang, Aššur den finalen Schlag zu versetzen, kommt dem Staat Urartu doch der Löwenanteil an der Zermürbung zu. So hinterließen die Urartäer eine Spur in der Geschichte, die nicht leicht auszulöschen ist.

Die endgültige Niederlage Aššurs erfolgte im Jahre 612 v. Chr. durch eine Allianz der Medischen Konföderation und des Stadtstaates Babylon nach einer langfristigen Geheimdiplomatie Babylons und den Bemühungen der Magier genannten medischen Priester (möglicherweise von Kurdisch *maǧ*, Feuerstelle). In der Region begann nun die Zeit der Meder und die dritte babylonische Phase.

Die wichtigste Schlussfolgerung aus dem Handeln der assyrischen Zivilisation ist die Vermengung des Handelsmonopols mit dem politischen Monopol und sein Zusammenhang mit dem Krieg. Aššur markiert eine äußerst wichtige Stufe des politischen und des Handelsmonopols in der Geschichte der Zivilisation. Wir können sagen, dass die Handelsmonopole Aššurs bereits vor dem Perserreich das zentrale Verbindungsglied zwischen der ägyptischen, der chinesischen und der indischen Zivilisation aufgebaut hatten. Sie hatten eine Welt des Handels geschaffen, eine Art Globalisierung der damaligen Zeit. Und wieder zeigt sich, dass ein Handelsmonopol keine Wirtschaft ist, sondern durch ein außergewöhnliches Terrorregime der Wirtschaft von außen aufgezwungen wird und raubt, was die Völker und Stämme in mühsamer Kleinarbeit angesammelt und geschaffen haben. Ohne einen Staat könnte ein Handelsmonopol ganz offensichtlich nicht funktionieren. Während die vorherigen politischen Monopole vollständig mit der sklavenhalterischen Art der Landwirtschaft zusammenhingen, erreichte in dieser Zeit erstmals der Handel ein der Landwirtschaft ebenbürtiges Niveau. Wenn wir das Handelsmonopol als Kapitalismus definieren, so nimmt es seinen Platz in der Zivilisation als eine ausbeutende Macht ein, die effektiver ist als das politische Monopol, welches das landwirtschaftliche Mehrprodukt raubt. Das Imperium ist eine Regierungsform, die nicht von der Landwirtschaft, sondern vom Handel provoziert wird. Die Sicherung von Wegen ist ein Bedarf des Fernhandels. Diesen befriedigt nur das Imperium. Dass Intensität der Gewalt hingegen im gleichen Maße zunimmt wie der Widerstand der Gesellschaft gegen die neuen wirtschaftlichen Zwangsmaßnahmen, liegt so offen auf der Hand, dass es keiner Diskussion bedarf.

Offensichtlich ist auch, dass die Wirtschaft von Landwirtschaft, Märkten, Kleinhandel, Handwerk und einer Vielzahl von unabhängigen privaten Branchen profitieren kann. Die menschliche Arbeit und Produktivität in all diesen Bereichen ist erwiesenermaßen der Entwicklung förderlich. Es fällt nicht schwer, festzustellen, dass weder ein politisches, noch ein militärisches, noch ein Handelsmonopol notwendig sind. Hätte die Wirtschaft angehalten, wenn Aššur nicht gewesen wäre? Im Gegenteil, es versteht sich von selbst, dass eine friedliche Atmosphäre ein anderes, positives Wirtschaftsleben ermöglicht hätte. Der Staat als antidemokratische Regierungsform ist nicht nur unnötig; durch die Bürokratie, die er verursacht, die Kriege, die er auslöst, und den Raub, den er begeht, ist er eine Macht, die Wirtschaft und Gesellschaft zerstört. Ich stelle hier nicht die Wichtigkeit der Stadt und der Herausbildung von Schichten zur Diskussion; ich hinterfrage den Zusammenhang einer despotischen Macht, die sich in göttliche ideologische Gewänder hüllt und um sich herum einen dichten militärischen und politischen Wall errichtet, mit der Zivilisation. Selbst wenn es eine Zivilisation im Sinne der positiven Seiten der Urbanisierung gäbe, so weise ich doch erneut darauf hin, wie dies beschmutzt wurde, wie es durch gigantische konservative und reaktionäre Hindernisse ins Negative gedreht wurde. Eine Leitungskoordination ist etwas anderes als die Despotie räuberischer Monopole.

Ich betone, dass miteinander verschränkte politische, wirtschaftliche und militärische Monopole keine Besonderheit lediglich des Kapitalismus sind. Sie haben seit dem Beginn der Zivilisation durch die Entstehung von Städten und Dynastien die gleichen Eigenschaften besessen; alle drei Monopole haben in einer ununterbrochenen Kette die positiven Seiten der Zivilisation und demokratische Einflüsse umschlungen und erdrückt und so ihre Existenz bis auf den heutigen Tag fortgesetzt. Lernen wir mehr über weitere Glieder dieser Kette.

5. Die ägyptische, indische, chinesische, hethitische und die phönizische Zivilisation

Die ägyptischen, indischen und chinesischen Beiträge zum Hauptstrom der Zivilisationen zu erhellen, verlangt eine umfangreiche Arbeit, die hier nicht geleistet werden kann. Doch mag es hilfreich sein, zu fragen, warum sie überwiegend eher agrarisch waren und nicht die Kraft oder den Willen aufbrachten, über die eigene Region hinauszugehen. Ich bin der Überzeugung, dass sie im Inneren durchaus sehr weit entwickelt waren und ihr langes Überleben der Tatsache schulden, dass sie keine wirtschaftlichen Monopole, insbesondere kein Fernhandelsmonopol ausbildeten. Alle drei betrieben anscheinend nahezu keinen Außenhandel. Die interne Struktur von Landwirtschaft und Handel scheint kaum Möglichkeiten zur Monopolbildung zugelassen zu haben. Ein bestehendes politisches Monopol ist um so langlebiger, wie es sich von wirtschaftlichem Monopolismus fernhält. Politische und militärische Macht ziehen weniger Widerspruch auf sich, wenn sie äußere Gefahren und inneres Chaos abwenden. So verlängert sich ihre Lebensdauer. Letztlich sind auch sie wirtschaftliche Rentenmonopole[79], doch ist auch verständlich, dass sie nicht bis zum Hals in wirtschaftlichem Monopolismus stecken.

---

79 Rente im ökonomischen Sinne ist ein Einkommen, das ohne produktive Eigenleistung bezogen wird. Das können beispielsweise Einkünfte aus Kapitalanlagen oder der Verpachtung von Land sein. Hier ist wohl gemeint, dass die Einkünfte der Staatsapparate nicht auf eigene Beiträge zur Wirtschaft zurückzuführen sind.

Ägypten trug zur europäischen Kultur und Zivilisation in dem Maße bei, wie es die graeco-römische Kultur beeinflusste. Ein kultureller Einfluss auf Afrika scheint kaum nachweisbar. Ägypten wandte sich nicht dem Handel zu und isolierte sich vom Mittleren Osten. Vielleicht stellte es eines der ersten Beispiele von Staatssozialismus dar. Keines der ähnlichen Modelle war derart eindrucksvoll wie Ägypten. Über den Mittleren Osten wurde Ägypten vollständig, Indien und China nur partiell, zum Teil der mittelalterlichen Zivilisation. Der Islam ließ sie alle in seinen Pool einfließen und spielte die wesentliche Rolle dafür, sie Europa gegenüber zu präsentieren.

Für die Hethiter brauchen wir keinen eigenen Abschnitt. Ihre Zivilisation verbreitete sich im Verband mit Hurritern und Mitanni in Anatolien. Durch ihren Einfluss an der Ägäisküste trugen sie mindestens ebenso viel zur Entwicklung der Zivilisation auf der griechischen Halbinsel bei wie Ägypten und Phönizien. Sie stoppten Ägyptens Ausbreitung über Syrien hinaus. Ebenso trugen sie dazu bei, die Ausbreitung Babylons und später Aššurs einzudämmen.

Der Fernhandel, den Ägypten nicht betrieb und anderen überließ, wurde von den Phöniziern übernommen, deren Basis sich an der Ostküste des Mittelmeeres, der Levante befand. Ihnen gelang der erste erfolgreiche Aufbau von Handelskolonien auf beiden Seiten des Mittelmeeres. Sie waren es auch, die als erste die mittelöstliche und ägyptische Kultur in Europa verbreiteten. Ihre wichtigsten Einflüsse auf die Zivilisation betreffen das Alphabet und den Schiffbau. Sie lehrten den Griechen das Alphabet und bauten die ersten Häfen. Sie spielten auch eine bedeutende Rolle beim Transfer von geistiger Kultur. Sie hinterließen eine Spur in der Geschichte der Zivilisation, die mindestens so bedeutend ist wie die der Urartäer.

Der Einfluss des Königreichs Israel liegt eher im ideellen Bereich. Viel wichtiger ist, dass die hebräische Tradition die monotheistischen Religionen hervorbrachte. Als ob es ihre historische Wahrheit gewesen sei, gegen die materiellen Staaten Ägypten und Sumer den ideellen Staat zu stellen. Die hebräische Tradition sollten wir aber nicht nur durch die jüdische Linse betrachten. Während jüdische Händler eher in der materiellen Linie dieser Tradition aufstiegen, gab es in der ideellen Linie Propheten, Schriftsteller und Intellektuelle. Ihr Einfluss in beiden Linien bedeutete einen tief greifenden Einfluss auf die Geschichte der globalen Zivilisation. Um die Zivilisation ganz kennenzulernen, müssen wir die sumerische, ägyptische und hebräische Tradition mit all ihren Facetten analysieren. In diesem Sinne wäre es völlig abgehoben und unrealistisch, Europa nur aus dem Mittelalter und ein wenig aus der antiken graeco-römischen Kultur erklären zu wollen. Eine derartige Erzählung wäre falsch und voller Mängel. Ich werde später zu diskutieren versuchen, zu welch katastrophalen Folgen derartige Mängel führen.

6. Die medisch-persische Ära (700–330 v. Chr.)

Die Meder übten einen Einfluss auf die Zivilisation aus, der noch nicht gänzlich erforscht ist. Bekannt und wichtig ist, dass sie ein hurritischstämmiges Volk waren, das im Zagrosgebirge lebte, mit den Persern verwandt war und einen Zweig der arischen Stämme bildete. Unter dem heftigen Druck Aššurs wurden sie für ihren Widerstand bekannt. Die eigentliche Kraft für Bildung und Organisierung waren die als *magier* bezeichneten Priester. Wir können davon ausgehen, dass diese Priester für lange Zeit eine leitende Rolle spielten. Gesichert ist, dass sie um 700 v. Chr. eine konföderale Einheit bildeten und im Medien genannten Gebiet lebten, welches den Westiran und das heutige Grenzgebiet von Iran, Irak und Türkei umfasst. Zu den Skythen, die aus dem Kaukasus kamen, hatten sie zeitweise ein freundschaftliches, zeitweise ein konfliktgeladenes Verhältnis. Der Sieg über Aššur im Jahre 612 v. Chr. vergrößerte ihren Ruhm und ihre Möglichkeiten. Wir wissen von ihrem Sieg im Jahre 585 am Ufer des Kızılırmak gegen die Phryger. In der Zwischenzeit war ein weiser Magier namens Zarathustra aufgetaucht und hatte einen Glauben begründet, der die Moral betont. Zoroastrismus ist weder ganz Religion noch ganz Philosophie. Zwar unterscheidet er sich von der abrahamitischen Tradition, doch gab es starke gegenseitige Einflüsse. Der Einfluss des Zoroastrismus geht dabei besonders auf die babylonische Gefangenschaft nach der Deportation der Israeliten unter Imperator Nebukadnezar im Jahre 595 v. Chr. zurück. Die griechische Zivilisation betrachtete die Meder als wichtiger als die Perser und ihnen überlegen. In den Historien des Herodot wird ausführlich von den Medern berichtet. Um 550 v. Chr. übernahmen die persischen Achämeniden nach einem Verrat die Herrschaft über das medische politische Gebilde.[80] Der Reichsgründer Kyros der Große war in medischen Palästen aufgewachsen. Perser und Meder waren beide gemeinsam Gründungselemente des Imperiums. Daher wäre die Bezeichnung »Perserreich« fehlerhaft und unvollständig.

Mit einer Ausdehnung von Ägypten bis Indien (515 v. Chr. erobert) und von China bis auf die griechische Halbinsel war das persisch-medische Reich für einen Zeitraum von rund dreihundert Jahren die größte politische

80 Siehe Band 1, *Zivilisation und Wahrheit,* Münster 2019, S. 183.

Einheit seiner Zeit. Es war in zweiundzwanzig Satrapien (Provinzen) aufgeteilt, die jeweils eine Art Teilstaat bildeten. Sein Beitrag zur Zivilisation waren eine Bürokratie, ein gut ausgebautes Wege- und Postsystem und die Schaffung der größten und prachtvollsten Armee seiner Zeit. Die moralische Tradition wurde hochgehalten.

Die griechische Kultur übernahm eine Reihe ihrer kulturellen Elemente von den Medern und Persern. Die Aufteilung in Ost und West etablierte sich in dieser Ära. Beide beeinflussten einander intensiv. Viele Griechen dienten in persischen Palästen, und Tausende wurden zu persischen Söldnern. Die Perser häuften große Reichtümer an und herrschten zweihundert Jahre lang über die östliche Ägäisküste. Dies führte bei den Griechen zu einer leidenschaftlichen Gegnerschaft. Sowohl den Druck der Perser zu brechen als auch an ihre Reichtümer zu gelangen, wurde geradezu zu einer nationalen Sache. Es ist kein Zufall, dass Alexander wie ein neuer Herakles auftrat. Alexander wuchs in diesem Klima auf und wurde von Aristoteles als Privatlehrer unterrichtet. Selbst die griechische Philosophie trägt Züge der Auseinandersetzung mit dem Problem, wie diesem Druck zu begegnen ist. Mythologische Einflüsse gab es ohnehin noch zahlreicher. Es hatte sich eine Art Widerstandskultur gebildet. Der griechische Widerstand gegen die Perser glich dem der Meder gegen Aššur. Alexander war zwar Makedone, gleichzeitig aber ein Kind der griechischen Kultur. Die Kraft, die es ihm ermöglichte, das Perserreich wie ein Kartenhaus einstürzen zu lassen, war die Synthese aus Jahrhunderten der Widerstandskultur, einer besonderen philosophischen Aufklärung und eines freien makedonischen Stammesgeistes.

7. Die graeco-römische Kultur und Zivilisation

Die graeco-römische Kultur und Zivilisation wird fälschlicherweise als Beginn der westlichen Kultur interpretiert. Doch im Westen, also in Europa, entstand niemals eine Kultur oder Zivilisation, die westliche Kultur oder westliche Zivilisation zu nennen wäre. Sämtliche Entwicklungen Europas im kulturellen Bereich, einschließlich des mittelalterlichen Christentums, sind Ausdrücke ursprünglich aus dem Mittleren Osten (Mesopotamien und Ägypten) stammender Kulturen und Zivilisationen, die mit einer bedeutenden Verzögerung bis zum fünfzehnten nachchristlichen Jahrhundert hierhin transferiert wurden. Ich versuche zu erklären, wie eine Kultur, die im Rahmen der ›langen Dauer‹ (Braudel) entstand und in Form von Gliedern einer Kette von einem ›bestimmten Raum‹ ausging, als Hauptstrom nach Europa geflossen ist.

Obwohl das graeco-römische Kettenglied der Zivilisation geografisch in Europa entstand, hat es doch alles aus dem Mittleren Osten geerbt. Keine der ernsthaften Neuerungen in der materiellen und ideellen Kultur nach dem sechzehnten Jahrhundert entstand in diesem Zeitraum. Die Philosophie, die wir uns als eine Neuerung vorstellen können, wäre undenkbar gewesen ohne die von den Babyloniern, Ägyptern, Hethitern, Urartäern, Medern und Persern übernommene Kultur. Auch Platon gestand, dass im sechsten Jahrhundert v. Chr. die griechischen Weisen, darunter Solon, Pythagoras und Thales, ihre philosophischen Ansichten ausbildeten, indem sie jahrelang die Zentren der östlichen Weisheit wie Babylon und Ägypten durchstreiften. Die griechische und römische Mythologie dagegen ist – bis auf die Namen – im Kern die vierte und fünfte Version der sumerischen und teilweise der ägyptischen Mythologie (nach der sumerischen, der babylonischen und der hurritsch-hethitisch-mitannischen). Ohnehin hatten die materielle Kultur des Neolithikums um 4000 v. Chr. sowie die sumerische und ägyptische Kultur zwischen 2000 und 1000 v. Chr. alle bewohnten Gebiete Europas erreicht. Die Synthese, die um 2000 v. Chr. auf der griechischen Halbinsel begann, trug nach ersten Versuchen zwischen 1600 und 1200 erst in der Antike ab dem zehnten Jahrhundert erste Früchte. Homer und Hesiod produzierten die ersten Werke. Auf der italienischen Halbinsel begann die Fermentierung im zehnten Jahrhundert mit den Etruskern, führte 753 v. Chr. zum Königreich Rom und endete 509 v. Chr. mit der Republik.

Die tausend Jahre währende Phase von 500 v. Chr. bis 500 n. Chr. brachte bedeutende Besonderheiten mit sich. Es entstand ein Ring von Städten, der würdig ist, als zweiter nach der Uruk-Zeit bezeichnet zu werden. Die graeco-römischen Städte weisen ästhetisch zweifellos ein hohes Niveau auf. Klassenspaltung und Regierungsformen hatte es mit ähnlichen Eigenschaften bereits Tausende Jahre zuvor gegeben, wenn auch nicht in der gleichen Reife. Auch materielle und immaterielle Kulturelemente wie Handel, Märkte, Geld, Alphabete, Wissenschaft, Weisheit und Philosophie, Moral und Mythologie waren bereits Jahrtausende zuvor entstanden. Wir können sagen, dass hier eine bedeutende zweite Version all dieser Elemente entstand. Doch anzunehmen, es sei eine materielle und geistige Kultur Europas, die einfach so wie Grashalme aus dem Boden spross, wäre falsch. Die westliche Geschichtsdarstellung enthielt über lange Zeit ernsthafte Fehler und Mängel in Bezug auf die Wurzeln der Zivilisation. In der Postmoderne entstanden zutreffendere Interpretationen.

Eine Besonderheit der graeco-römischen Kultur ist die sowohl gleichzeitige als auch nacheinander erfolgende Existenz von staatlichen Regimen wie Königreich, Republik, Demokratie und Imperium. Zu Beginn bestanden Demokratie und Königreiche, in den späteren Phasen Republik und Imperium ineinander verschränkt, als letzte Formation vor dem Zerfall war das Imperium als Herrschaftsregime dominierend. Es stellte gewissermaßen das letzte und umfassendste Kultur- und Zivilisationssystem des Sklavenhaltertums dar. Diese Besonderheit ist von Bedeutung. Es musste entweder zerfallen oder sich transformieren. Tatsächlich transformierte sich das Römische Reich durch seinen Zerfall. Die graeco-römische Zivilisation, eine der längsten Stufen der Geschichte, geriet nach einer Reifephase in eine tiefe Krise.

Die Produktion, die sich auf dem Land auf die Landwirtschaft, in der Stadt auf das Handwerk stützte, führte zu einem bedeutenden Mehrprodukt. Die Fülle des Mehrprodukts war die Grundlage der gesellschaftlichen Organisierung als Staat. Das Mehrprodukt ist im Kern abhängig von Werktätigen, die für ihre Ernährung arbeiten und Fertigkeiten erwerben. Die dominierende Art der benutzten Arbeit fand in Form von Sklavenarbeit statt. Das staatliche Monopol, das aus dem Trio ideologisches, politisches und militärisches Monopol bestand, wurde über diese Art von Arbeit errichtet. Dass zwischen diesem System, das sich mit der Gründung von Städten entwickelte, und dem Handwerk eine Arbeitsteilung vorangetrieben wurde, garantierte die Entstehung der Kette Kommodifizierung-Markt-Geld. Hier kam das Handelsmonopol ins Spiel und gewann die Möglichkeit, sich einen Teil des Mehrproduktes anzueignen. Im Grunde entstanden zwei Monopole, die innerhalb eines Staates oder zwischen Staaten um die Aneignung der Mehrprodukts in der Landwirtschaft und im Handwerk konkurrierten und zunehmend in Konflikt gerieten. Zwar bestand zwischen beiden keine klare Trennung, doch für die Analyse einer Reihe von politischen und militärischen Verhältnissen und Konflikten spielt es eine Schlüsselrolle, sie begrifflich als zwei Monopole zu verstehen.

Als Zivilisation können wir das Gesellschaftssystem definieren, das sich um die Stadt herum konzentriert und aus einem materiellen und immateriellen kulturellen Ganzen besteht, dessen Kern die ideologischen, politischen und militärischen Apparate und diejenigen Kräfte bilden, die wir begrifflich grob als agrarmonopolistische und handelsmonopolistische Cliquen fassen können. Da die dominante Form der ausgebeuteten Arbeit im Stil der Sklaverei überwacht wurde, kann es auch sinnvoll sein, diese Systeme

›Sklavenhalterzivilisationen‹ zu nennen. Konkurrenz und Konflikte liefen während der gesamten Geschichte der Zivilisation über zwei Kanäle, die wir auseinanderhalten können: erstens innerhalb der Zivilisation selbst, zwischen Monopolen im Allgemeinen und Agrar- und Handelsmonopolen im Besonderen; zweitens zwischen Zivilisationssystemen und sämtlichen gesellschaftlichen Kräften, zu denen sie im Widerspruch stehen (unterdrückte Klassen, Klans (kabile), Stämme, Handwerker). Die Natur der Kämpfe speist sich aus diesen beiden Kanälen; um sie zu gewinnen, werden daher materielle und immaterielle Kultur in einer Atmosphäre von Konkurrenz und Konflikt ständig weiterentwickelt. In der Geschichte der Zivilisation beginnt das, was wir als Kettenreaktion von Gebilden bezeichnen.

Diese Kettenreaktion, deren Ablauf wir bis zur graeco-römischen Zeit kurz zusammengefasst haben, ist ein krisenhafter Prozess. Dass Landwirtschaft und Handel aus verschiedenen Gründen in manchen Gebieten schwächer wurden und kollabierten, hielt die Möglichkeit von Krisen stets aktuell. Einige primäre Ursachen von Krisen waren klimatische Bedingungen, Überproduktion, interne und äußere Konflikte, interne und externe Migration, ergiebige Produktionsweisen sowie fortgeschrittenere (philosophische) Systeme sowie militärische, politische oder ideologische Organisationen. Kreise aus den monopolistischen Cliquen, die nicht untergehen, sondern ihren Anteil erhöhen wollten, benutzten Konflikte und Kriege wie Produktionsmittel. Dies tun sie, weil sie Monopole darstellen, die über der Wirtschaft errichtet sind. Besonders Staaten und Zivilisationen, die überwiegend auf Handel basieren, lösen eher Kriege aus, da Handelskrisen häufig sind. Die Stabilität und friedliche Existenz von Staaten und Zivilisationen, die von Agrarmonopolen dominiert werden, die günstiges Klima und geordnete Bewässerungsbedingungen besitzen, verhindert ein gehäuftes Auftreten von Krisen. Wenn wir aus dieser Perspektive schauen, verstehen wir besser, warum Ägypten, Indien und China – abgesehen von rebellierenden Städten und Regionen sowie Sklavenaufständen – relativ wenig Krieg geführt haben. So wird auch verständlich, dass mesopotamischstämmige Zivilisationen wegen ihrer extremen Abhängigkeit vom Handel im Allgemeinen expansiv und kriegerisch waren. Dass die Zivilisationen von Obed, Uruk, Ur, Babylon, Aššur und Persien ständig in einer Atmosphäre von Kolonialisierung, Expansion und Krieg lebten, hängt eng mit der unverzichtbaren Rolle des Handels im Produktionsprozess zusammen.

Die graeco-römische Zivilisation befand sich sowohl in der von Athen als auch in der von Rom geführten Phase zu Wasser und zu Lande ständig im Kriegszustand, was eng mit der besonderen Bedeutung des Handels auf dem Mittelmeer zusammenhing, der conditio sine qua non. Mesopotamien war seit der Errichtung der Zivilisation Wiege der Landwirtschaft und des Handels gewesen. So führten aus ähnlichen Gründen ab dem sechsten Jahrhundert v. Chr. im Osten die Perser, im Westen die Griechen und Römer einen ›tausendjährigen Krieg‹. Dieser fand sowohl in ihren eigenen Hauptgebieten von Produktion und Handel statt als auch – wegen ihrer Abhängigkeit von Landwirtschaft und Handel aus Mesopotamien – in Mesopotamien.

Ohne Handel im Allgemeinen und ohne den Handel Mesopotamiens im Besonderen konnte keine Zivilisation auskommen. In all den Kriegen um Mesopotamien musste entweder eine der beiden Seiten oder beide gleichzeitig untergehen, oder es musste sich ein Gleichgewicht herausbilden. Manchmal gab es Sieger und Besiegte. Weit öfter jedoch gab es Zeiten des Gleichgewichts, in denen beide Seiten nicht gewannen. Um ein paar Beispiele zu geben: Obed und Uruk lagen im Konflikt und bildeten ein Gleichgewicht. Vorher hatte es Konflikt und Gleichgewicht zwischen beiden und der obermesopotamischen Gesellschaft gegeben. Zwischen den Dynastien in Ur und Akkad gab es fürchterliche Konflikte, aber auch Gleichgewicht. Später wurden beide aus der Geschichte gelöscht. Zwischen Akkad und den Gutäern gab es verschiedene Phasen, in denen Konflikte, Vernichtung und Gleichgewicht vorherrschten. Zwischen Babylon und Aššur gab es Gleichgewicht und Konflikt. Zwischen den Hurritern insgesamt (einschließlich Hethiter, Mitanni, Kassiten, Meder und Urartu) und Babylon und Aššur wechselten Zeiten von furchtbaren Kriege und Gleichgewichtsphasen einander schnell ab. Zwischen Hethitern und Ägypten gab es über lange Zeit Krieg und auch Zeiten des Gleichgewichts. Schließlich gab es den ›tausendjährigen Krieg‹ (550 v. Chr–650 n. Chr) mit den griechisch-persischen und römisch-persischen Kriegen, zuletzt gegen die Sassaniden. So sehen die Konflikte und Frieden von Zivilisationen innerhalb und zwischen ihren eigenen Cliquen aus!

Die andere, nie versiegende Hauptkategorie sind die Widerstände und Rebellionen der Völker, Stämme, Sklaven und Städte (Handwerker), die mit Gewalt an die Zivilisation, also die Sklaverei und den Handelsraub, gebunden werden sollten. Die Zivilisation ist ein sklavenhalterisches System von Blutvergießen, Folter und Ausbeutung, das nicht nur auf dem Mehrwert (bzw. Kapital) des Kapitalismus beruht, sondern auf dem Mehrprodukt (bzw. Kapital) aus fünf- bis sechstausend Jahren.

8. Islam und Christentum

Islam und Christentum sind zweifellos jeweils Zivilisationen. Die Unterscheide und Ähnlichkeiten zwischen beiden sind interessant und wichtig. Obwohl über ihre jeweilige Stellung und die Auswirkungen in der Geschichte der Zivilisation viel gesagt und geschrieben wurde, gibt es nur wenige wissenschaftliche Kommentare mit hoher Qualität. Entscheidenden Anteil daran hat die Persönlichkeitsbildung, die unter ihrem Einfluss erfolgt ist. Ein Paradigma zu entwickeln, indem man aus Christentum und Islam heraustritt, ist vielleicht eine Aufgabe, die in der Zukunft bewältigt werden muss. Laizistisch-positivistische Interpretationen sind ähnlich wie Götzendienste eine grob gestrickte Religion, denen der Gehalt fehlt, um Religionen allgemein und insbesondere das Judentum, das Christentum und den Islam zu analysieren und zu überwinden.

Reformation und Aufklärung waren die Anpassung des Christentums an den Kapitalismus. Die Renaissance begab sich bekanntlich ohnehin nicht in einen Konflikt mit dem Christentum. Der Gegnerschaft der Aufklärung gegenüber der Religion und dem Christentum fehlte die Qualität ihrer ›Überwindung‹, und sie war auch weit davon entfernt, zu einer konsistenten Kritik und Interpretation zu kommen.

Der Islam dagegen wurde nicht von seinen Anhängern kritisiert, sondern durchlebte eine Erstarrung durch die schon bald einsetzenden konfessionellen Konflikte. Er wurde nicht im gleichen Maße wie das Christentum einer philosophischen Interpretation unterzogen; eine eigene Renaissance, Reformation oder Aufklärung hat er nie erlebt. ›Neo-islamistische‹ Strömungen dagegen bedeuten nichts Anderes als die Übernahme von Nationalismus und einer faschistischen Auffassung von Herrschaft unter kapitalistischen Bedingungen.

Islam und Christentum können wir als die zweite Stufe in der Geschichte der Zivilisation interpretieren. Die Krise, in die das Römische Reich im vierten und fünften Jahrhundert geriet, war eine allgemeine Zivilisationskrise. Die Auflösung, in der sich die rund viertausend Jahre alte Sklavenhalterzivilisation befand, beschleunigte sich in diesen Jahrhunderten. Die Historiker bezeichnen die folgenden beiden Jahrhunderte als ›dunkle Jahrhunderte‹. Die unter dem Joch der zivilisierten Gesellschaft lebende Menschheit spürte das dringende Bedürfnis nach Erlösung und deren mentalen und materiellen Instrumenten. Überall gab es eine Suche nach Sinn und Mitteln. Es herrschte ein seelischer Zustand wie das nahende Aufwachen aus einem Alptraum. Der Tag wird kommen, doch es ist unbekannt, wie der

Tag aussehen wird. Die alten Religionen und ihre Götzensymbole waren auf dem Markt nichts mehr wert. Selbst die römischen Kaiser suchten den Tempel des Jupiter nicht mehr auf. Es ist verständlich, dass in dieser Zeit, in der sich geistige Konzentration und die Suche nach einem Glauben tief bemerkbar machten, entsprechend dem Geist der Zeit das Christentum, der Manichäismus und der Islam entstanden.

Eine viel brennendere Frage ist folgende: Sowohl Christentum als auch Islam waren definitiv politische Bewegungen, warum also präsentierten sie sich beharrlich als ›göttlich inspiriert‹, als ›theologische‹ Bewegungen, als neue Religionen? Es könnte lehrreich sein, die Antwort auf diese wichtige Frage sowohl in den erwähnten Besonderheiten der Atmosphäre zu suchen, sondern ebenso in den damaligen Formen des Strebens nach Befreiung und der intellektuellen Suche. Denken, Diskussion, Programm und Organisationsverständnis mussten sich an früher geformten Beispielen orientieren.

Die wichtigste Tradition, die hierbei eine Rolle spielte, war die der abrahamitischen Prophetie. Propheten würden als Erste die Erlösung verkünden. Einem Militanten oder Intellektuellen, der sagt »Ich bin der Erlöser«, wird niemand nachfolgen, wenn er kein Prophet ist. Da dies eine tief verwurzelte Tradition war, gab es vermutlich für andere Optionen kaum eine Chance. So wollte der Manichäismus eine etwas andere Tradition ausprobieren. Obwohl sein Gehalt aufklärerischer war, konnte er wegen alter Traditionen nicht ganz erfolgreich sein. Dass sich Bewegungen, die aus dem Mittleren Osten stammen, noch immer in religiösem Gewand präsentieren, hängt mit dieser historischen Tradition zusammen.[81]

Daher müssen wir uns, wenn wir Islam und Christentum interpretieren, darüber klar sein, dass es sich bei beiden um vollständig politische Bewegungen handelt, die im religiösen Gewand daherkommen, zweifellos besitzen sie auch einen ideologischen Anteil. Wie in unserer kurzen Einschätzung erwähnt, liegt der Schwerpunkt der abrahamitischen Tradition, deren Wurzeln bis ins Altertum zurückreichen, besonders zu den mythologisch-religiösen Symbolen und Ritualen der Priester in den Tempeln Sumers und Ägyptens, auf dem Theologischen, auf dem Gottesbegriff und religiösen Ritualen. Große Anstrengungen wurden darauf verwendet, eine Interpretation zu entwickeln, die sich von den ägyptischen und

81 Vgl. in diesem Zusammenhang die ausführliche Diskussion, inwieweit die PKK als politische Bewegung in der abrahamitischen Tradition steht, in Abdullah Öcalan: *Urfa – Segen und Fluch einer Stadt*, Köln 2008.

sumerischen Göttern und ihren Ritualen (oder Gottesdiensten) unterscheidet. Stets entwickelten sich ›Beiträge zur Interpretation‹, die besonders berühmten Propheten zugeschrieben wurden. Dazu gehören Moses, Samuel, David, Salomo, Ezechiel, Jesaja und viele andere. Doch wir wissen, dass diesen Persönlichkeiten große Erlösungsmissionen auferlegt wurden, um die Befreiung von den despotischen Regimen ihrer Zeit zu erwirken.

Der Grund dafür, dass der Manichäismus spurlos verschwunden ist, war das Fehlen einer tragfähigen Tradition vor und nach ihm. Die abrahamitische Tradition hatte dagegen trotz einer fünfzehnhundertjährigen Vergangenheit bis zur Zeit des Messias Jesus nur begrenzten Erfolg. Sie konnte keine der ägyptischen oder mesopotamischstämmigen Zivilisation besiegen. Das kleine Königreich Jerusalem hingegen war weder langlebig noch besonders einflussreich. Der äußerst wichtige Erfolg lag jedoch darin, für die Unterdrückten und Erlösung Suchenden stets eine Stimme der Hoffnung gewesen zu sein. Für alle Geknechteten, die unter Nimrods und Pharaonen (also allen despotischen Regierungen) litten, alle Armen und diejenigen, die einem Ideal folgen wollten, wurde diese Tradition zum Gewissen und zum Anziehungspunkt.

Vor diesem Hintergrund können wir die Sache mit Jesus, dem Messias, besser verstehen. Das Römische Reich hatte das Königreich Jerusalem schon längst aufgelöst. Als sich die kollaborierenden Priester auf die Seite der römischen Statthalter schlugen, war die Situation für neue Propheten günstig. Außerdem war aus den mittelöstlichen Gesellschaften, die die Sklaverei Roms aufgelöst hatte, eine Masse von ›arbeitslosen Sklaven‹, von Proletariern entstanden. Eine Reihe von Sekten und Propheten kam auf, und der Messias Jesus war wahrscheinlich einer von ihnen, der gekreuzigt wurde. Eigentlich wurden viele auf ähnliche Weise zum Tode verurteilt. ›Messias‹ (Erlöser) ist nur ein symbolischer Name; er steht als gemeinsames Symbol für die Bewegung der Armen. Wir können die Jesus-Bewegung als eine ur-sozialistische Bewegung betrachten. Zunächst war sie mit Sicherheit die Bewegung der Armen und der entlaufenen Sklaven. Die letzte Aktion der »Jesus« genannten Person ist der Marsch auf Jerusalem, um es zu erobern. Er will ein neues Königreich: das Königreich der Armen. Er ähnelt in gewisser Weise Spartakus, aber in einer nicht kriegerischen Version. Die Bewegung fing nach den zwölf Aposteln, besonders nach ersten Entwürfen des Evangeliums (als ideologische Materialien) und nach der Bildung von Gruppen an, zu einer Massenbewegung zu werden.

Der Heilige Paulus und einige Jünger waren besonders aktiv. Von Rom und dem Sassanidenreich wurden sie daher verfolgt. Drei große Volksgruppen schlossen sich ihnen massenhaft an: Griechen in Zentral- und Westanatolien, Assyrer in den Sassanidengebieten im Osten und Armenier in Nordostanatolien. Auch jüdische Intellektuelle, allen voran der Heilige Paulus, waren sehr aktiv. Sie erschütterten das Römische und das Sassanidenreich von ihrer sozialen Basis her. Sie wurden zu einer regelrechten politischen Bewegung. Der Erhebung des Christentums in den Rang einer Staatsreligion folgte die Abspaltung; Byzanz (Konstantinopolis) wurde zu Ostrom. Die Lehre, die in Gegnerschaft zu Rom entstanden war, wurde zu Roms Staatsreligion, seiner offiziellen Ideologie. Dies beschleunigte einerseits den Zerfall des Reiches, andererseits verlängerte es die Existenz des so transformierten Imperiums.

Die Geschichte von Ost- und Westrom ist bekannt. In jener Zeit gab es große Diskussionen und Spaltungen zwischen den christlichen Herrschern und Kirchenoberen. Eine Reihe von Konfessionen entstand. Die Diskussion erscheint theologisch (zum Beispiel zwischen Monophysiten und Dyophysiten)[82], ist aber im Kern vollständig politisch. Während ein Teil der Konfessionen wieder in den Untergrund ging, wurde ein bedeutender Teil zu den stärksten politischen und wirtschaftlichen Verbündeten beider Roms. Aus der Maske der Ideologie quollen Politik und Wirtschaft hervor. Das Christentum hörte auf, Religion zu sein und wandelte sich zur Zivilisation. Im Ergebnis dieses hier kurz zusammengefassten theologischen und politischen Handelns des Christentums ging Europa erstmals in seiner Geschichte vollständig zur Zivilisation im Gewand der Religion über.

Im zehnten Jahrhundert schloss das Christentum mit der Ausbreitung nach Nord- und Nordosteuropa tatsächlich seine erste historische Mission erfolgreich ab. Später, besonders im Verbund mit der Ausbreitung des Kapitalismus, sollte es eine neue, globale Offensive beginnen. Die Christen in Anatolien und Mesopotamien, also die Völker der Griechen, Armenier und Assyrer, sollten zunächst auf der Grundlage der byzantinischen Zivilisation, später um unabhängige Kirchen herum, einen Zivilisationsprozess beginnen, bei dem der ideelle Aspekt im Vordergrund stand. Die Tatsache, dass sie ›christliche Völker‹ waren, sollte ihr Schicksal strategisch beeinflussen, denn

82 Verkürzt erklärt geht es um die Spaltung des Christentum im fünften Jahrhundert entlang der Interpretation, ob die göttliche und die menschliche Natur (*physis*) in Jesus Christus in einer (*mono-*) Natur vermischt oder beide *(dyo-)* gleichzeitig unvermischt bestehen. Ein ähnlich gelagerter Konflikt war der Arianismusstreit (siehe Abdullah Öcalan: *Jenseits von Staat, Macht und Gewalt,* Neuss 2010, S. 267).

sie gerieten insbesondere ins Visier des Islam, was äußerst tragische Folgen haben sollte.

Die Geburt der islamischen Zivilisation erfolgte in einer ähnlichen Tradition. Mekka war im Grunde der Schnittpunkt von bedeutenden Handelswegen vom Roten Meer zum Goldenen Horn (Konstantinopel), in den Jemen, von Äthiopien nach Damaskus. Der arabische Stamm der Quraisch führte dort eine hierarchische, aristokratische Regierung. Die Quraisch waren ein Stamm von Götzen anbetenden Händlern, der ein gewisses Handelskapital akkumuliert hatte. Um sie herum existierten neben Judentum, Zoroastrismus und Christentum noch eine Reihe weiterer Glaubensrichtungen. An dem Ort, an den Ismael, der Sohn von Abraham und Hagar, gezogen war (diejenigen, die sich vom Hauptstamm der Hebräer trennten), wurde eine Hütte rund um den Zamzam-Brunnen erbaut. Dies war das erste Gotteshaus in Mekka. Doch später wurden darin Götzen aufgestellt. Zur Zeit Mohammeds gab es dort drei bedeutende Götzen: Lat, Manat und Uzza[83]. Mohammed wurde in einem verarmten Clan der Quraisch in eine arme Familie geboren.

In als islamisch geltenden Ländern vermeidet man es, den Islam im Allgemeinen und insbesondere das Leben Mohammeds zum Gegenstand soziologischer Forschungen zu machen, als ob es da etwas zu befürchten gebe. Solange nicht auch die Religion als Denkweise und gesellschaftliche Lebensweise soziologischer Untersuchung unterzogen wird, kann sich keine wirkliche Aufklärung entfalten. Solange dies nicht geschieht, wird der Mittlere Osten sich nicht davon befreien können, Versuchslabor der USA und ihrer Verbündeten zu bleiben. Dabei führt auch der beste Weg, Mohammed zu verstehen, über die soziologische Forschung. Die Gesellschaft verliert dabei nichts. Europa erlebte die Aufklärung, weil dort bezüglich des Christentums eine solche Haltung eingenommen wurde. Solange der Mittlere Osten seine eigene Aufklärung nicht verwirklicht, kann keine geistige Revolution stattfinden. Die Analyse Mohammeds kann einer der ersten Schritte dieser geistigen Revolution sein. Seine Zeit, seine Persönlichkeit und seine Handlungen bieten sich dafür an. Er stammt aus dem Clan der Haschimiten, die von Hāschim ibn ʻAbd Manāf abstammen. Sein Vater ist Abdullah. Für einen Anteil am Gewinn organisiert er Karawanen der Händlerin Chadīdscha nach Damaskus. Er wird von assyrisch-christlichen

83 Bemerkenswert ist, dass die drei Hauptgottheiten al-Lāt, al-Manāt und al-ʻUzzā weiblich, also Göttinnen waren, wie der Autor auch an anderer Stelle hervorhebt. Im Originaltext wird dies als bekannt vorausgesetzt.

(süryani) Mönchen beeinflusst[84]. Juden spielen eine große Rolle im Handel, anfangs steht er mit diesen im Konflikt.

Mohammeds Heirat mit Chadīdscha schafft eine neue Situation. In der Umgebung ist die Rede vom ›Letzten Propheten‹. Viele erheben Anspruch auf diesen Titel, darunter auch Frauen. Ich nehme an, dass Mohammed vieles von Chadīdscha lernt. Sie muss kompetent sein, um als Frau sowohl Händlerin als auch reich zu sein. Höchstwahrscheinlich ist sie die erste, die ihm ins Ohr flüstert, dass er ein Prophet sei. Die Allianz zwischen beiden bildet sicherlich den Kern eines Strebens nach Macht. Die Quraisch-Aristokratie ist wegen ihrer rückwärtsgewandten Traditionen (Götzenverehrung) nicht in der Lage, einen Staat aufzubauen. Juden und Christen werden nicht akzeptiert und besitzen wenig Einfluss. Außerdem gibt es materielle Widersprüche zwischen den Gruppen. Die Geschichte von Hagar und Ismael ist eine arabische Geschichte, sie inspiriert ihn. Er kennt die Glaubensrichtungen und Konfessionen in der Umgebung. Er ist sich im Klaren, dass keine von ihnen sein Ziel, also eine politische Einheit in Arabien, verwirklichen können wird. Chadīdscha ermuntert ihn, sich auf diese Rolle zu bewerben. Der arabische Arm der abrahamitischen Tradition als einer ideologischen Tradition liegt in unmittelbarer Nähe. Den Rest von fähigen assyrischen Mönchen zu lernen, fällt ihm nicht schwer.

Im Jahr 610 wird ihm erstmals offenbart, dass er ein Prophet sei. Es ist die Zeit der schärfsten Konflikte zwischen Byzanz und den Sassaniden. Diese Situation kann als Chance für die arabische Halbinsel gesehen werden. Zwei wesentliche Hindernisse sind die Quraisch und die jüdischen Kolonien. Prophetie bedeutet seit jeher gleichzeitig auch politische Führung. Anders wäre sie auch gar nicht möglich. Alle Botschaften Mohammeds klingen wie die eines Staatsmannes[85]. Es handelt sich um eine neue Offensive des neuen aufstrebenden Imperiums des Mittleren Ostens. Indem es für sämtliche Völker unter der Führung der Araber geöffnet wird, überwindet es die Enge der jüdischen Ideologie durch eine Aktualisierung und Neuerungen. Die neue Lebensweise wird durch Gottesdienste symbolisiert; durch gute Strategie und Taktik wird sie in der ganzen Welt verbreitet. Wir könnten

84 Traditionell wird der Mönch Bahīrā erwähnt, dessen genaue Konfession nicht ganz klar ist. Oft wird er als Nestorianer bezeichnet. Vieles in Mohammeds Lehre deutet auf eine gute Kenntnis der ostkirchlichen Theologie hin.

85 Der Autor spielt auf die Bedeutung des Wortes ›Prophet‹ an, das aus dem Griechischen stammt und auch ›Sendbote‹ bedeutet. Das im Orginaltext verwendete türkische Gegenstück *peygamber* ist allerdings für Sprecher des Kurdischen oder Farsi unmittelbar als ›Überbringer einer Botschaft‹ verständlich.

den Islam auch als erste umfassende internationalistische Bewegung betrachten. Kurz gesagt: mit ihrer Ideologie, ihrem politischen Programm, ihrer Führung, Strategie und ihren Taktiken wird sie als zivilisatorische politische Bewegung voranschreiten und dabei der Geschichte ihren Stempel aufdrücken.

Interessant ist, dass der Name ›Islam‹ auch ›Frieden‹ bedeutet. Mohammed sah wahrscheinlich eine konfliktreiche Phase voraus und räumte deshalb dem Frieden besondere Bedeutung ein. Er muss drei wesentliche Ziele ins Visier nehmen: das Byzantinische Reich, das Sassanidenreich und die Quraisch-Aristokratie. Sein Vorgehen gegen das erste Ziel in Mekka endet mit seinem Gang ins Exil nach Medina, der Hidschra (622 n. Chr.). In Medina verfasst er den ersten Gesellschaftsvertrag[86]. Der neue Vertrag nutzt der großen Mehrheit der Clans, mit Ausnahme einer kleinen Stammes- und Clanaristokratie. Das versprochene Paradies sind die Besitztümer von Byzanz und der Sassaniden, die Hölle dagegen die alte Lebensweise. Das Leben in der Wüste erinnert ohnehin stark an die Hölle. Nach dem Zurückschlagen der ersten Angriffe der Quraisch (Schlachten von Bedir, Uhud und die Grabenschlacht) wird das Ergebnis klar. Die Geburt der ersten arabischen Republik (oder Demokratie) steht kurz bevor. Intensive Diskussionen und Versammlungen finden statt (mit den Moscheen als Versammlungsorten). Entgegen der landläufigen Meinung sind sie ersten Moscheen keine Orte des Gottesdienstes, sondern der Versammlung und der Diskussion[87].

Doch die Aristokratie mit ihrem Oberhaupt Mu'āwiya, die ihre Macht für eine kurze Zeit einbüßt, wird mit neuen Manövern (natürlich sind sie darin Experten) nach Mohammeds Tod (632) Schritt für Schritt ihre Macht zurückerobern. Die Ermordung von [Mohammeds Schwiegersohn] Ali, einem prinzipientreuen und gläubigen Menschen, wird Mu'āwiya und seiner Sippe den Weg zum Sultanat (oder Königtum) ebnen. Mit der tragischen Ermordung von [Alis Sohn] Hussein in Kerbela wird die Familie des Propheten ihre politische Bedeutung verlieren. Doch eine neue arabische Händlerclique sollte nicht nur ihr Recht auf die Halbinsel, sondern auch auf die Besitztümer von Byzanz und der Sassaniden behaupten. Eine große Eroberungsbewegung führte zu einer Reihe von Siegen. Auf der arabischen Halbinsel waren die Juden und die Christen die ersten, die auf der

---

86 Mohammed fungierte in Yathrib, dem späteren Medina, als Schlichter bei Streitigkeiten. Die von ihm entworfene ›Gemeindeordnung von Medina‹ regelte das Zusammenleben der dortigen arabischen und jüdischen Stämme.

87 Der Autor spielt auf die ursprüngliche Bedeutung des türkischen Wortes für Republik, *cumhuriyet*, an. Die arabische Wurzel *dschumhūr* bedeutet Gemeinde, Gemeinschaft, Gesellschaft.

Verliererseite standen. In den 650er Jahren wurden das gesamte Territorium der Sassaniden, ein großer Teil des Byzantischen Reiches sowie Nordafrika erobert. Die Eroberer schielten bereits nach Konstantinopel.

Diese Art der schnellen Eroberung können wir mit den blitzartigen Eroberungen von Alexander, die er durch die Verbindung des Geistes des makedonischen Stammes mit der griechischen Philosophie verwirklichte, und deren materiellen und immateriellen kulturellen Folgen vergleichen. Indem nun die Tapferkeit der arabischen Stämme mit dem neuen Geist eines religiösen Glaubens, der sich auf ein tief verwurzeltes Erbe stützt, synthetisiert wurde, entstand eine gewaltige Eroberungsmacht, die erfolgreich Eroberungskriege im Stile Alexanders führte. Dies bildete einen der wichtigsten Flussarme der zweiten Stufe der Zivilisation. Dem Osten gelang seine letzte große kulturell-zivilisatorische Offensive.

Interessant ist, dass der Islam bereits seit seiner Ausrufung und dem Beginn seiner Verbreitung mit Macht und Herrschaft verquickt war, während das Christentum erst dreihundert Jahre nach seiner Entstehung mit der Macht verschmolz. Der Islam wurde quasi als Herrschaft geboren. Die Unterdrückten, die Armen, diejenigen, die sich wirklich für die Entwicklung des Islam angestrengt hatten, wurden schnell von der Macht ausgeschlossen; bald wurde mit dem rebellischen, frischen und hungrigen Geist der Stämme der Aufbau eines starken Staates und einer starken Zivilisation begonnen, die um die paradiesgleichen Paläste und die Moscheen herum organisiert wurden. Diese Bewegung, die innerhalb kürzester Zeit (640–650) von einem kleinen Clan von Händlern in einer Stadt zu einem Imperium anwuchs, neben dem religiösen Aspekt auch in ihrer politischen Bedeutung soziologisch zu analysieren, wird höchst lehrreich sein.

Nach meiner persönlichen Interpretation können ein lange bestehendes Machtvakuum im Inneren Arabiens, soziales Chaos (wie Konflikte zwischen Clans), die charakteristischen Elemente der ersten Stufe der Zivilisation (aus Byzanz und dem Sassanidenreich übernommen) sowie Mohammeds Persönlichkeit die Erzählung dieser Bewegung erklären, die sich schnell zu einer Herrschaftsgeschichte entwickelte. Sie eroberte sämtliche traditionellen Zivilisationsgebiete des Mittleren Ostens und breite sich in weite Teile Indiens, nach Zentralasien, ins Innere des Kaukasus, an die Grenzen Südostasiens (Indonesien, Malaysia) und auf den beiden äußerst wichtigen Halbinseln in Südwest- und Südosteuropa, der iberischen Halbinsel und dem Balkan und darüber hinaus aus.

Obwohl der Islam eine große militärische und politische Bewegung darstellt, erklärt ein religiöses Wort wie *islām* diese Bewegung nicht vollständig. Es verschleiert vielmehr die Wirklichkeit. Islam ist ein symbolischer Name. Die Begriffe *Allāh* und Prophet wurden von den Hebräern bereits viel früher entwickelt. Ich denke, die Kritik der Juden von Medina, Mohammed stehle ihre Religion und benutze sie gegen sie, dürfte ihn sehr geärgert haben. Die Erhöhung des Königs und seiner Stellvertreter lässt sich bis auf Wurzeln in der sumerischen und ägyptischen Mythologie zurückführen. Aber der Inhalt, den Mohammed dem Begriff ›Allah‹ verleiht, ist davon verschieden. Allah ist eine Art Energie des Universums; ein fortgeschrittenes Konzept. Doch von Seiten der Islamgelehrten wurde zu diesem Thema keinerlei soziologische Interpretation entwickelt. Die Bedingungen des Glaubens *(īmān)* im Islam sind eher theoretische Prinzipien[88]. *Die gottesdienstlichen Verrichtungen (ʿibāda)* dienen dazu, die Verbindung zur Praxis lebendig zu halten[89]. Ein großer Teil von ihnen sollen die moralischen und rechtlichen Bedürfnisse der Zeit befriedigen. Produktivität in Handel und Landwirtschaft wurden vorausgesehen und dafür rechtliche Regelungen *(fiqh)* getroffen. Gegen Relikte aus der ideologischen Lebensweise der ersten Stufe der Sklavenhalterzivilisation wurde scharf interveniert. Der Ungläubige *(kāfir)* ist ein ›Anderer‹, der vernichtet werden muss. Ideologischer Pluralismus wird als Recht nur der abrahamitischen Tradition gewährt.

Im Vergleich zum Christentum ist der Islam eher offen für Laizismus. Das ist objektiv so. Doch dass er der alten Lebensweise radikal den Kampf ansagte, brachte auch sehr negative Folgen mit sich. Völker wurden unter dem Vorwand ihrer historischen Kulturen und Religionen (einschließlich des Christentums) entweder ausgelöscht oder assimiliert; so zum Beispiel der Zoroastrismus und der Manichäismus. Das neue Leben, das der Islam brachte, hat offensichtlich zu einer feudalen Aristokratie geführt. An die Stelle des Gott-Königs trat das Zweigespann von Gott und seinem Schatten, dem Sultan. Dies führte unweigerlich zu despotischen Sultanaten. Dem Islam als Religion fehlte die Fähigkeit, Despotismus zu verhindern. Beim Christentum war es noch schlimmer; es war nicht nur offen für die Monarchie, sondern es schuf mit der Priesterschaft einen weiteren, hoch entwickelten Teilhaber an der Macht. Als Staaten bemühen sich beide Religionen, die außerhalb der

88 Dazu gehören im sunnitischen Islam der Glaube an Allah, die Engel, die heiligen Schriften, die Propheten, das Leben nach dem Tod und das Schicksal.

89 Gottesdienstliche Verrichtungen sind beispielsweise Reinigung, Gebet, Fasten, Pilgerfahrt und Almosengeben.

Zivilisation stehenden Gruppen in einer Ordnung der Knechtschaft und Leibeigenschaft zu halten, die gegenüber der klassischen Sklaverei erträglicher, doch in mancher Hinsicht negativer als diese ist. Auch sind beide Religionen nicht völlig gegen die Sklaverei. Beide besitzen die Eigenschaft, sowohl die Hierarchie als auch die Staatsmacht stärker zu schützen. Beide Religionen befördern die Entwicklungen von Nationen (*kavim*).

Obwohl beide Religionen in Bezug auf Zeit und Raum – und wir können hier das Judentum mit einbeziehen – sich dem Hauptstrom der Zivilisation als zweite Stufe anschließen, gelang es ihnen weder, die Probleme zwischen den herrschenden monopolistischen Cliquen, noch die Frage von Freiheit und Gerechtigkeit der von der Zivilisation ausgeschlossenen Kräfte der demokratischen Gesellschaft zu lösen. Im Gegenteil, auf der zweiten Stufe verschärften sich die Probleme von Krieg, Freiheit und Gerechtigkeit noch weiter:

a) Den monopolistischen Machtzentren wurden neue hinzugefügt, dagegen zeigte die Produktivität von Handwerk und Landwirtschaft keine qualitative Entwicklung. Die Parteien, die um das Mehrprodukt kämpften, nahmen zu. Emire (Fürsten) wurden in gleichem Maße wie Sultane (Monarchen) zu monopolistischen Elementen. Die Zahl der Dynastien nahm zu. Im Verhältnis zur vorherigen Stufe nahm die Zahl derer, die ihren Anteil wollten, stark zu. Ähnlich wie eine Mittelklasse beschworen sie ständig Kriege herauf, wenn ihr Anteil nicht groß genug war. Die Kriege von und zwischen Feudalherren in Europa und Russland waren gravierend. Die Monarchen dehnten ihre Bürokratien noch weiter aus und vergrößerten so auch ihre Einkommensprobleme.

b) Als diejenigen, die sich beiden neuen Religionen mit dem Ziel von Erlösung, Freiheit und Gerechtigkeit angeschlossen hatten, das Erhoffte nicht fanden, leisteten sie in Form von verschiedenen Konfessionen und Sekten ständig Widerstand.

c) In der immateriellen Kultur gab es keine Weiterentwicklung. Die Rede vom »finsteren Mittelalter« bedeutet, dass, während die alte Kultur ausgelöscht wurde, an ihrer Stelle auch keine neue entwickelt wurde. Stattdessen gerieten durch endlose theologische und konfessionelle Diskussionen die Menschen zu schemenhaften Wesen, deren Willen geradezu geleugnet wurde und die von Welt und Geschichte geistig abgeschnitten waren (Geschichte wurde auf religiöse Erzählungen reduziert). Die Menschen waren gefangen in den Bildern von Himmel und Hölle, nahmen die Welt gleichgültig hin und betrachteten sie als nicht lebenswert. Die monopolistischen Cliquen errichteten derweil paradiesische Burgen und Schlösser. Städtische Kultur und Philosophie fielen hinter ihr früheres Niveau zurück.

d) Am schlimmsten aber waren die Kriege unter der Parole »Ein einziger Gott im Himmel, ein einziger Sultan auf der Erde«. Um die Herrschaft auf Erden auszudehnen, wurden Kriege angezettelt, als ginge es um die Eroberung der Welt. Ihr destruktiver Charakter überstieg den der Kriege der Antike. Expansion und Kolonialisierung wurden um ein Vielfaches schlimmer als in der Antike. Der Krieg im Namen Gottes war zerstörerischer als der Krieg der Götter. Die Kriege zwischen den Religionen waren systematischer als die Kriege des Altertums und wurden permanent. Konfessionelle Konflikte wurden unlösbar.

D Europa in der Geburtsstunde des Kapitalismus

Weder Christentum noch Islam gelang es, die finale Krise der sklavenhalterischen Stufe der Zivilisation, die sich mit dem Zerfall des Römischen Reiches verschärfte, zu lösen. Das ›feudale Ordnung‹ oder ›mittelalterliche Zivilisation‹ genannte System, das sie hervorbrachten, leistete nicht mehr, als mit schwer verständlichen metaphysischen Rezepten, die sich von den Rezepten der sumerischen und ägyptischen Priester kaum unterschieden, die Gesellschaft sowohl in Bezug auf politisches Programm als auch Handeln in die als ›dunkles Mittelalter‹ bezeichnete Situation zu bringen. Viele kulturelle Werte des Altertums waren vernichtet. Die Krise Roms wurde durch Roms Erben weiter verschärft. Auf dem Gebiet der Zivilisation wurden die Gesellschaften in Bilder von ›Scharen des Himmels und der Hölle‹ verwandelt, die auf ihre Zeit warten und zu diesem Zweck im Gleichschritt in den Krieg marschierten. So wurden sie beinahe aus dem irdischen Leben herausgedrängt.

Was sehen wir nun konkret in diesem Panorama, das wir in theoretischer Form stichpunktartig ausgebreitet haben?

a) Die Volksstämme (*kavim)*, die sich als erste zum Christentum bekannten, nämlich Griechen, Armenier und Assyrer, verloren durch die islamischen Eroberungen einen Großteil ihrer historisch-kulturellen Gebiete. In gewisser Weise gerieten diese Volksstämme, die gegen Rom die griechische Identität, gegen Byzanz und die Sassaniden die armenische und assyrische Identität stärken und dauerhaft machen wollten und in der Eroberungswelle des Islam den größten Teil dessen verloren, was sie besaßen, in eine äußert tragische Lage. Sie verloren die Gebiete ihrer materiellen und immateriellen Kultur. Den größten Gewinn als Volksstämme zogen aus diesem Prozess die Türken und die Araber, die sich am weitesten ausdehnten. Kurden und Perser konnten lediglich ihre Existenz behaupten. Durch das Christentum andererseits gewannen die Russen als Volksstamm am meisten. Gegenüber den Russen standen Türken, Tataren, Mongolen und sogar Chinesen auf der Verliererseite.

b) Bei den europäischen Volksstämmen hielten sich die Gewinne und Verluste durch das Christentum die Waage. Während durch den gemeinsamen Glauben gewisse Entwicklungen stattfanden, waren die

Priesteraristokratie und anschließend die Feudalherren Faktoren, durch welche sie einen Großteil ihrer alten kulturellen Lebendigkeit einbüßten. Die überlegenen Seiten des Neolithikums wurden in die Knie gezwungen, Assimilation durchgesetzt. Doch es ist auch eine historische Tatsache, dass in dieser Ära die ersten nationalen Elemente entstanden, die sich als dauerhaft erweisen sollten.

c) Die Ureinwohner Afrikas, Amerikas und Australiens konnten gegenüber dem Christentum und teilweise dem Islam ihre Hauptkulturen nicht bewahren und verloren ihre Identitäten. Auch die indische Kultur stand auf der Verliererseite. China wagte gegenüber diesen Religionen keine Expansion.

Da die mittelalterliche Zivilisation – mit meinem Ausdruck: die zweite Stufe der Zivilisation – die Krise nicht löste, sondern weiter verschärfte, gewann die Situation Europas strategische Bedeutung. Sollte Europa den Krieg der Zivilisation verlieren, wäre dieser Verlust dauerhaft, ein Sieg dagegen hätte die strategische Überlegenheit zementiert. Der Krieg der Zivilisation war zweifellos ein Kampf zwischen den beiden strategischen Mächten des Mittelalters, dem Christentum und dem Islam, in Europa und um Europa. Die Situation war dabei komplizierter als gedacht.

Zu Beginn des fünfzehnten Jahrhunderts hatte das Christentum seine Ausbreitung in ganz Europa vollendet und durchlebte die Zeit der heiligen Königreiche und Feudalherren. Das Römische Reich Deutscher Nation beanspruchte, das Erbe Roms fortzuführen. Doch es gab Konkurrenten, die Einspruch erhoben, allen voran das Königreich Frankreich. Die österreichische Habsburgerdynastie war eine aufstrebende Macht, die ähnliche Ansprüche erhob. Das russische Zarentum hatte sich schon längst (nach dem Fall Konstantinopels) als Drittes Rom proklamiert. Das Königreich Polen als zuletzt christianisierte Kultur wollte sich die Heiligkeit von niemand streitig machen lassen und stellte sie besonders heraus. England und Frankreich fochten den Hundertjährigen Krieg aus. Spanien und der Balkan mussten die Christenheit verteidigen. Die italienischen Städte wurden kapitalistisch, auf der anderen Seite führten sie die Renaissance an. Es wurde nicht erwartet, dass eine Stadt wie Rom aufsteigt, die italienische Einheit verwirklicht und ein Vorbild für Europa darstellt. Die italienischen Städte gingen sich im Konkurrenzkampf um den Handel gegenseitig an die Gurgel. Zwischen ihnen bestanden scharfe Konflikte. Ihr einziger Beitrag in den davor liegenden zweihundert Jahren war, die Urbanisierung Europas anzuführen und strategisch günstige Bedingungen zu schaffen, indem sie den

Handelskapitalismus in Europa verbreiteten. Mit großer Wahrscheinlichkeit würde diese strategische Möglichkeit die wichtigste Chance für Europa darstellen. Die Entwicklungen im sechzehnten Jahrhundert sollten das bestätigen. Die Kreuzzüge endeten nicht wie erhofft. Die Zukunft Europas war unklar.

Gleichzeitig stellten die muslimischen Araber in Spanien weiterhin eine strategische Bedrohung dar. Einmal waren sie bis nach Frankreich vorgestoßen und konnten nur mit größter Mühe zurückgeschlagen werden. Wäre diese Front gefallen, wäre das christliche Europa quasi kolonisiert worden und verschwunden. Über den Balkan hatte das Osmanische Reich blitzartig Österreich-Ungarn erreicht und war bis an die Grenze Polens vorgestoßen. Wäre es nicht aufgehalten worden, hätte Europas politische und kulturelle Existenz wie Rom ihr Ende gefunden. Die osmanischen Türken und die andalusischen Araber wussten, dass sie mit Sicherheit in eine Phase der schrittweisen Verluste eintreten würden, wenn sie gegen Europa keinen endgültigen Sieg errängen. Die Staaten der Goldenen Horde, Nachfolger der Mongolen, konnten über ihre Gebiete nördlich des Schwarzen Meeres jederzeit Europa angreifen.

Europa besaß noch einige weitere tief verwurzelte Eigenschaften. Die Traditionen der Stammesdemokratien waren noch frisch. Die Völker hatten das zivilisierte System der Sklaverei nicht in seiner ganzen Tiefe erlebt. Ihr Verständnis vom Christentum war äußerst oberflächlich. Ihre Denkweisen waren nicht gänzlich erobert. Das galt besonders für die Völker im Norden. Sie hatten sich eine starke Verbindung zum natürlichen Leben bewahrt. Die Urbanisierung dort hatte gerade erst begonnen und ging schnell vonstatten. Da sie Städte, Königreiche und Imperien kaum kannten, überwog ihre demokratische Seite. Sie alle besaßen halbdemokratische Regierungen und bildeten Konföderationen zwischen diesen Regierungen. Fremdherrschaft und Herrschaft gegen ihren Willen akzeptierten sie nicht einfach. Sämtliche Königreiche und feudalen Fürstentümer waren neu. Ihre Fähigkeit, Europa zu repräsentieren, und ihre diesbezüglichen Erfahrungen waren begrenzt. Bei den Kreuzzügen waren die meisten von ihnen massiv dezimiert worden.

Die islamische Zivilisation dagegen besaß Erfahrung. Sie hatte die gesamte alte zivilisierte Welt hinter sich. Sie kannte sich mit Fragen der Herrschaft besser aus. Sie strotzte vor Selbstvertrauen und Glauben. Sie war dogmatischer, da sie überzeugt war, die letzte Religion und den letzten Propheten zu repräsentieren. Sie konnte sich in den ersten Kreuzzügen behaupten, und die

Handelswege befanden sich noch immer unter ihrer Kontrolle. Immer noch hatte sie die Vorherrschaft im Handel inne.

Wenn wir diese Situation und diese Tatsachen Revue passieren lassen, so lässt sich leicht erkennen, dass Europa eine tiefe Zivilisationskrise durchlebte. Die Gefahr durch den Islam, also durch Türken und Araber, wuchs täglich. Konstantinopel war verloren; Sultan Mehmet II. (der Eroberer) hatte einen Feldzug in Süditalien geführt und Otranto erobert. Der Islam – die Religion selbst und die Völker, die er mit sich brachte – war ein wahrer Albtraum für Europa. Das Christentum war keine Zivilisationsform, die in der Lage gewesen wäre, diesem Albtraum die Stirn zu bieten. Ohnehin standen die Zeichen ständig auf Verlust. Als einziges Bollwerk war Wien geblieben. Wäre auch Wien gefallen, wäre es sehr schwer gewesen, den Islam und die Türken aufzuhalten.

In dieser Situation war es umso bedeutsamer, dass sich die italienischen Städte dem Handelskapitalismus zuwandten und die Renaissance hervorbrachten. Beide Bewegungen betrafen auch die Frage von Sein oder Nichtsein für Europa. Insofern entschieden diese Entwicklungen auf der italienischen Halbinsel Europas Schicksal.

Christentum und Islam, die beide als Kräfte einer Lösung mit dem Anspruch angetreten sind, die Menschheit aus der Dunkelheit des Zusammenbruchs Roms ins Licht zu führen und zu erlösen, haben beide sowohl im Inneren als auch gegeneinander die Krise weiter verschärft und zu neuen Fragen von Befreiung und Erleuchtung[90] geführt. Die beiden Mächte, die auf der zweiten Stufe der Zivilisation standen, hatten Europa eine Krise in den Schoß gelegt, die es lösen musste, sonst würde es noch tiefer als Rom versinken.

Genau an diesem Punkt, im sechzehnten Jahrhundert, kommt die Frage, ob der ›Kapitalismus‹, dessen Geburt wir hier hinterfragen, wohl eine Lösung darstellen kann, mit ihrem ganzen Gewicht auf die Tagesordnung. Die Besonderheiten der Geburt des Kapitalismus bieten vielleicht eine Chance zur Lösung der Krisen, die dem Islam und dem Christentum des Spätmittelalters (vierzehntes und fünfzehntes Jahrhundert) entspringen. Tatsächlich werfen die Erfahrungen Hollands und Englands des sechzehnten Jahrhunderts ein Schlaglicht auf die Lösungschancen. Doch sobald wir

90 ›Erleuchtung‹ und ›Aufklärung‹ werden im Türkischen wie in vielen anderen Sprachen durch dasselbe Wort, *aydınlık,* ausgedrückt. Der Autor spielt hier mit den verschiedenen religiösen und weltlichen Konnotationen von Erlösung und Befreiung sowie Erleuchtung und Aufklärung.

diese Besonderheiten genauer unter die Lupe nehmen, werden wir sehen, dass nun das Risiko, dass die Krise der dritten Stufe der Zivilisation tiefer als die Krise der ersten beiden Stufen reichen und sich auf die ganze Welt ausdehnen könnte, keineswegs gering ist. Dass der Kapitalismus selbst im Monopol von Krieg, Politik und Wirtschaft verkörpert ist, stellt den wesentlichen Krisenfaktor der gesamten Zivilisationsgeschichte dar. Er ist sowohl Produkt der Krise als auch ihr Produzent. Er mag Krisen räumlich und zeitlich ausdehnen, aber das kann keine Lösung sein. Die Ereignisse vom sechzehnten bis zum Beginn des einundzwanzigsten Jahrhunderts bestätigen das, was ich hier sagen will.

Die Themen der beiden nächsten großen Abschnitte werden der Nationalstaat und der Industrialismus sein. Ich werde diese Instrumente, die der Kapitalismus erstmals in der Geschichte als Eckpfeiler einer Lösung für gesellschaftliche Probleme in Spiel bringt, hinterfragen. Im Schlusskapitel werde ich den Kapitalismus selbst als Krisenregime und Krisenzivilisation diskutieren und meine Beurteilungen darlegen.

Dritter Teil

Der Nationalstaat, der moderne Leviathan – Gott auf Erden

Es ist unzureichend, bei der begrifflichen Erfassung der kapitalistischen Moderne mit einer Beschreibung der Wirtschaft zu beginnen. Es führt zudem methodisch zu Ergebnissen und Urteilen, die in die Irre führen und das Verständnis von Zusammenhängen und Essenz erschweren und verschleiern. Unsere bisherigen Definitionen und Analysen zum Kapitalismus haben bewiesen, dass er im wirtschaftlichen Bereich lediglich eine monopolistische Gewalt sein kann, die sich von außen aufzwingt. Also kann es methodisch zu treffenderen Befunden führen, wenn wir die Essenz des Kapitalismus an anderer Stelle suchen. Deshalb werden wir fortfahren, ihn an dem Ort zu suchen, wo er sich eigentlich versteckt, wo er sich hinter einem dichten Schleier verbirgt: auf dem Feld des Staates.

Karl Marx suchte den Kapitalismus auf dem Feld der Wirtschaft. Er sah den Kapitalismus als ein krisenhaftes System, dessen Folgen er in seinen methodologischen, philosophischen, historischen und soziologischen Arbeiten positiv bewertete. Gleichzeitig wies er auf seine monopolistische Struktur hin. Die Wirtschaft zu beherrschen, bedeutet aber nicht, wirtschaftlich zu handeln. Der Wirtschaft eine Struktur aufzuzwingen, ist ebenfalls keine Wirtschaft. Am Markt Preise zu manipulieren, dafür monetäre Instrumente zu diversifizieren und bei der Anhäufung von Profit-Kapital zu benutzen, ist soziologisch nicht möglich, ohne selbst politische Macht zu sein. Das Kapital durch abstrakte Analysen der politischen Ökonomie begrifflich zu fassen und es ständig bewusst zu machen, ohne die politische Macht und ihren auf Gewalt beruhenden Charakter mit allen Folgen zu analysieren, bedeutet, bewusst oder in guter Absicht einen methodischen Fehler zu begehen und dem kapitalistischen Paradigma zum Opfer zu fallen.

Mir ist bewusst, dass es nicht ratsam ist, Marx mit billigen und oberflächlichen Thesen zu kritisieren, ohne umfassende Analysen vorzunehmen. Es ist der Diskussion nicht förderlich, wenn sogenannte Marxisten, besonders solche, die eine dogmatisch-positivistische Position vertreten, weil sie ihre Sektenzugehörigkeit nicht überwinden können, ihre Ideen endlos herunterleiern. Dass jedoch *Das Kapital* als ein neues Totem dient und den Arbeitern nicht besonders nützt, wurde durch die theoretischen und praktischen Erfahrungen von einhundertfünfzig Jahren Hunderte Male bestätigt. Ich halte es für den grundlegenden Fehler, den Kapitalismus auf dem Feld der Wirtschaft zu suchen, obwohl er keine Wirtschaft ist, und an Nicht-Wirtschaftliches heranzugehen, als seien es grundlegende wirtschaftliche Themen. Trotz aller nicht-wirtschaftlichen Eigenschaften monopolistische staatliche Politik zum Eckpfeiler der Wirtschaft zu machen, betrachte ich als eine »aufklärerische« Verirrung, die enorm das Denken vernebelt, die negativen Seiten des Kapitalismus verdeckt und politisch-ideologisch furchtbar tragische Resultate gebracht hat.

Ich bin kein Experte für Hegel und Marx. Ich habe sie nicht intensiv studiert und bin mit ihrem Werk nur in Grundzügen vertraut. Ich bin auch nicht der Ansicht, dass dies besonders notwendig ist. Doch ich halte sie für wichtig und bin der Überzeugung, dass es eine Pflicht der Freiheit ist, das Recht auf Kommentar zu nutzen. Diese Verbindung von Recht auf Kommentar und Pflicht von Freiheit und Gleichheit stelle ich vielleicht deshalb her, weil die kapitalistische Moderne die Gesellschaft derart stark beeinflusst hat.

Als Marx und Engels die deutsche Philosophie als eine der Quellen des wissenschaftlichen Sozialismus benannten, hatten sie wohl Hegel vor Augen, von dem sie stark beeinflusst waren. Das lässt sich aus ihren Kritiken schließen. Ideologisch war Hegel der Höhepunkt der Metaphysik und der größte zeitgenössische Vertreter der Dialektik. Er war ein wahrhaft deutscher Philosoph. Damit meine ich, dass er der geistige Vater des deutschen Nationalismus war. Marx und Engels waren auf dem richtigen Weg, als sie die Rolle der deutschen Bourgeoisie für das rückständige Niveau des deutschen Kapitalismus und ihre Rolle in der deutschen Philosophie untersuchen wollten. Zunächst spiegelt auch ihre *Kritik der Hegelschen Rechtsphilosophie* diese Haltung wider[91]. Ihre anschließende Gründung des Bundes der Kommunisten[92] und das von ihnen verfasste *Kommunistische Manifest*[93] untermauern ihre Position auch praktisch. Als sich ihre Hoffnungen in den Revolutionen von 1848 nicht erfüllen, zerbricht meiner Ansicht nach etwas in ihnen, und anschließend zeigen sich die ersten Anzeichen einer Abweichung hin zum Ökonomismus. Ich stelle nicht infrage, dass sie der Wirtschaft eine Hauptrolle zubilligen. Ich sage auch nicht, dass es unnötig sei, die Wirtschaft zu erforschen. Ich kritisiere auch nicht, dass die Forschungsarbeit Das Kapital falsch sei. Der wesentliche Punkt meiner Kritik ist genau der Punkt, an dem sie Hegel kritisieren. Es ist die Frage, warum Hegel dem Staat und dem Recht Vorrang einräumt. Meiner Meinung nach entwickelt Hegel seinen eigenen Gedanken genau dort, wo es am notwendigsten ist. Er fängt dort an, wo man anfangen muss. Den historischen Fehler haben Marx und Engels selbst gemacht; sie sind

91 Verfasst 1843–44.
92 1847.
93 1848.

in den Ökonomismus abgeglitten. Dies ist der Hauptgrund, warum der einhundertfünfzigjährige Sozialismus, also der Kampf für Gleichheit und Freiheit und daher der Kampf der demokratischen Gesellschaft, nicht den erwarteten Erfolg hatte.

Wenn ich sage, dass Hegel das Richtige getan hat, meine ich damit nicht, dass ich mir seine theoretische und praktische Linie zu eigen mache. Das ›richtig‹ bezieht sich darauf, womit zu beginnen ist. Ich wiederhole dies hier, um Missverständnissen vorzubeugen.

Das Problem ist ein allgemeines in Europa; es hängt mit der Errichtung von Herrschaft (*iktidarlaşma*) im staatlich werdenden Europa zusammen. Welche Form wird der moderne Leviathan annehmen? Thomas Hobbes und Hugo Grotius haben darauf bestanden, dass der Staat absolut notwendig ist und zentralistisch sein muss. Sie sind die Theoretiker des Absolutismus. Sie sehen den modernen Absolutismus, das Staatsmodell am Übergang vom Zeitalter des Feudalismus zum Zeitalter des Kapitalismus, als wesentlichen Ausweg, als Instrument der Lösung an. Doch dieses Instrument ist nicht in der Lage, die Krise vollständig zu lösen. Das Problem des Staates bleibt schwerwiegend. Das Hegemonialstreben Hollands und Englands, maßgeblich vom Kapitalismus getragen, hatte erschütternde Auswirkungen auf Frankreich und Deutschland. Frankreich hatte den Kampf um die Hegemonie Schritt für Schritt verloren. In Deutschland war die Sache der ›nationalen Einheit‹ noch nicht gewonnen. Ohnehin waren alle anderen potenziellen Mächte, die in Europa auf ihren ›Aufstieg‹ warteten, mit Problemen des Etatismus beschäftigt. Königtum und Absolutismus waren nicht in der Lage, diese Probleme vollständig zu lösen. Das Beispiel Frankreichs liegt auf der Hand. Der Absolutismus des ›Sonnenkönigs‹, des prachtvollen Ludwig XIV., war gegen die holländisch-englische Allianz nicht erfolgreich, und im Inneren war der Staat mit ständig wachsenden Problemen konfrontiert. Was können die anderen schon tun? Dem holländisch-englischen Staatsmodell hinterherzulaufen, ließen weder ihre materielle und immaterielle kulturelle Situation noch die Interessenkonflikte zu.

Angesichts dieser Situation und Probleme brach die Französische Revolution aus, und infolge dessen kamen zum Problem des Staates noch die Probleme der Revolution hinzu. Lenin spricht nicht umsonst von *Staat und Revolution.* Das Problem liegt darin, dass sich die Herrschaft in der Krise befindet. Die kapitalistische Hegemonie, entwickelt, um die Krise des Feudalismus zu lösen, hatte die Krise vertieft und generalisiert. Der Absolutismus kollabierte, die Republik wurde ausgerufen, es begann eine

Zeit des verheerenden Terrors, und anschließend erschütterte wie aus heiterem Himmel ein verrückter Kaiser mit seinem Imperium ganz Europa. Die Franzosen überschwemmten alles mit Geschwätz und Aktion, oder, höflicher ausgedrückt: mit Theorie und Krieg. Was war dagegen schon die Guillotine?

Hegel kommentiert dies auf prächtige Weise. Über den Staat in der Person Napoleons sagt er: »Der Staat ist die göttliche Idee, wie sie auf Erden vorhanden ist.«[94] Napoleon hingegen bezeichnet er als »Gott, der auf Erden wandelt«. Diese Art, die Dinge zu beschreiben, hat mich verzaubert wie keine andere in meinem Leben und war mir sehr nützlich. Es dürfte schwer sein, einen Satz zu finden, der sowohl den alten als auch den neuen Staat noch perfekter beschreibt. Er schaffte es, in einem Satz zu beschreiben, was Tausende heilige und weltliche Bücher erklären wollten. Er hat wahre Philosophie betrieben. Wir können festhalten: Engländer verstehen etwas von Wirtschaft, Franzosen von Gesellschaft, Deutsche von Philosophie. Aber ich sage auch: Es kann gefährlich sein, daraus eine Synthese zu bilden.[95]

Napoleon brachte – ich glaube 1802 – das Modell ins Spiel, das wir ›Nationalstaat‹ nennen können, um den europäischen Absolutismus um ihn herum zu zerschlagen. Er wollte, dass die Franzosen zum totalen Staat werden, sich erheben und Europa in die Knie zwingen. Das gelang ihm auch. Napoleon war kein Vertreter der feudalen Zivilisation, er wollte sie durch eine revolutionäre Sintflut hinwegfegen. Seine Leitbilder waren die römischen Kaiser, Cäsar und Alexander der Große. Doch die Zeiten ließen das nicht zu. Die Situation der materiellen und immateriellen Kultur ließ die Existenz eines solchen Imperators nicht zu. Sein Gegner, England, übte meisterhaft die Kunst des Hegemoniestrebens aus: hinterhältiger, raffinierter und eher mit den Mitteln der ›politischen Ökonomie‹. Napoleon machte das beinahe wahnsinnig. Aus seinem Exil auf Elba hatte er nichts gelernt, höchstens, noch schneller und kühner vorzugehen. Er kämpfte noch einmal brillant, doch in Waterloo wurde er endgültig besiegt. Als er 1821 nach fünfjähriger Verbannung auf der Atlantikinsel St. Helena starb, sollen seine letzten Worte »Frankreich – Armee – Josephine!« gewesen sein. Das ist perfekt auf den Punkt gebracht, was einen Aktivisten für den Nationalstaat ausmacht.

---

94 Georg Wilhelm Friedrich Hegel: *Vorlesungen über die Philosophie der Geschichte*, Einleitung.

95 Anspielung auf Lenin, der in seinem Essay *Drei Quellen und drei Bestandteile des Marxismus* (1913) die »Lehre von Marx« so beschreibt: »Sie ist die rechtmäßige Erbin des Besten, was die Menschheit im 19. Jahrhundert in Gestalt der deutschen Philosophie, der englischen Ökonomie und des französischen Sozialismus hervorgebracht hat.«

Seine Theorie entwickelten die Deutschen, besonders Hegel. Es entstand ein gewaltiges ideologisches Gesamtwerk. Man redet nicht umsonst von der Deutschen Ideologie. Die Praxis findet sich im Schritt für Schritt aufstrebenden Staat Preußen. England, das die Staaten (zunächst Reiche) Frankreich und Österreich zurückdrängen wollte, unterstützte Preußen. Nach dem Sieg bei Sedan 1870 und der Schaffung des Deutschen Bundes 1871 stand Preußen England als zweite Hegemonialmacht gegenüber. Deutschland war unzufrieden mit der ungerechten Aufteilung der Welt und wollte seinen Anteil. Nach Niederlagen im Ersten und Zweiten Weltkrieg verlor es wie Frankreich seinen Anspruch, Hegemonialmacht zu sein.

Von der Französischen Revolution bis 1945 hat sich bewiesen, wie tiefgehend (und beständig, nicht zyklisch) die Krise des Kapitalismus ist. Im Zweiten Weltkrieg regierte Hitler als deutscher Führer; der Nazismus wurde durch ein Hakenkreuz symbolisiert. Es gibt eine ganze Reihe Analysen des Faschismus. Doch sie alle, vor allem die marxistischen, aber auch die von Liberalen, Konservativen und Anarchisten, führen in die Irre. Keine dieser Analysen ist in der Lage oder willens, die Ereignisse aufrichtig und befriedigend zu erklären. Auch die brillanten Intellektuellen der Juden, der Opfer des Völkermordes, haben ihren Anteil am fehlenden Verständnis. Denn Hitler ist der gemeinsame intellektuelle Dreck, der Auswurf ihrer politischen Praxis. Ein Sprichwort sagt: »Jede Gans sieht im eigenen Küken einen Schwan« Wer will schon zugeben, dass die eigene Ideologie und Praxis Widerwärtiges hervorgebracht hat?

Der jüdischstämmige deutsche Philosoph Adorno hat etwas festgestellt, das ich sehr bedeutend finde, hier aber leider nur ungefähr wiedergeben kann. Weiter oben habe ich bereits sein sehr bedeutsames Urteil über die kapitalistische Moderne zitiert: »Es gibt kein richtiges Leben im falschen.« Über die Vernichtungslager, deren Bedeutung er zutreffend analysiert hatte, sagte er: »Die Menschen haben kein Recht mehr, im Namen irgendeiner Gottheit oder Heiligkeit zu sprechen.«[96] Ich mag mich irren, aber so habe ich den Kern seiner Feststellung verstanden. Er sagt: »Es kann keine Erklärung für Völkermorde geben.« Die Maske unserer Zivilisation ist gefallen, sie hat nicht mehr das Recht zu sprechen. Die philosophische Frankfurter Schule ist der Wahrheit auf der Spur. Doch die tiefe Betroffenheit darüber und das Bekenntnis, Schuld auf sich geladen zu haben, deprimierte

96 Gemeint ist vermutlich folgendes Zitat »Kein vom Hohen getöntes Wort, auch kein theologisches, hat unverwandelt nach Auschwitz ein Recht.« Adorno: *Negative Dialektik*, Frankfurt 1966.

die Intellektuellen, die Mitglieder dieser Schule waren, und verbitterte sie. Bedeutend ist, dass Walter Benjamin und Theodor Adorno den Anteil der jüdischen Ideologie daran begriffen und eingestanden haben (sowie ihre Verbitterung und Melancholie). Die Europäische Union in ihrer gegenwärtigen Form ist der Versuch, diesen intellektuellen Dreck [des Faschismus] zu verdecken. Ich glaube allerdings nicht, dass sie diesen Keller ausgemistet haben. Die Krise in ihrer ganzen Tiefe hält an.

Die dritte große Offensive der Globalisierung, das Zeitalter der globalen Finanzen, ist die Praxis, die Krise durch ihre Ausweitung in die Tiefe von Zeit und Raum zu kontrollieren. Mit seinem offiziellen Zusammenbruch 1989 hat das Sowjetsystem sowohl seinen nationalstaatlichen Charakter als auch seine Rolle in der ständigen Krise zugegeben. Die USA, die neue Hegemonialmacht nach 1945, haben als Siegermacht des Kalten Krieges die langjährige Hauptkrisenregion, den Mittleren Osten, zum strategischen Kriegsgebiet erklärt. Was symbolisiert die Hinrichtung des irakischen Staatspräsidenten Saddam Hussein, des Ludwig XVI. des mittelöstlichen Nationalstaats? Dies erfordert eine ausführliche Diskussion.

A Das Phänomen Nation und seine Entwicklung

Die Unterteilung von Gesellschaften in urkommunale Gesellschaft, staatliche Gesellschaft und demokratische Gesellschaft hängt mit inneren Spaltungen, der Herausbildung von Klassen und Problemen der Regierung zusammen. Aufteilungen auf Grundlage der Realität von Nationen hingegen finden eher gemäß linguistischer, kultureller, rechtlicher und politischer Entwicklungen statt. Es ist sinnvoller, nicht von einem Typ der Nation zu sprechen, sondern von verschiedenen Formen der Nation. Wir können von Nationen reden, die nicht auf der gleichen Grundlage, sondern auf vielen unterschiedlichen Grundlagen beruhen.

Wenn wir die Kategorie ›Nation‹ mit Sinn füllen wollen, sollten wir uns eine allgemeine gesellschaftliche Tatsache stets vor Augen halten. Angefangen mit den Klans, haben alle Gemeinschaften Probleme des Selbstverständnisses. Was für eine Gesellschaft oder Gemeinschaft bin ich? Dies ist gewissermaßen ein Hinterfragen der eigenen Identität. So, wie jeder Mensch einen Namen und eine Identität besitzt, müssten wir auch jeder Gemeinschaft notwendigerweise einen Namen und eine Identität zusprechen. Wenn es eine Reihe von Gemeinschaften mit augenfällig unterschiedlichen Charakteristika gibt, so ist es nur natürlich, dass diese ihre Identitäten ausdrücken. Die gegenteilige Situation, also dass Angehörige einer Familie zueinander in Beziehung treten, ohne füreinander Namen und Identitäten festzulegen, ist selbst in einer Klangesellschaft nicht denkbar. So ist selbst eine einfache Aufforderung wie »Komm!« ohne einen Namen zu nennen, nicht zielführend. Ohne die Tausenden verschiedenen Besonderheiten von Gemeinschaften zu beschreiben und zu benennen, können wir in keiner Weise Sinn stiften, weder kommunizieren, Wissenschaft betreiben, gesellschaftlich handeln noch uns entwickeln. Wir müssten uns eine sprachlose Gesellschaft vorstellen, doch diese gibt es nicht einmal unter Tieren, denn selbst sie haben Zeichensprachen. Vielsprachlichkeit, Multikulturalität, politische und rechtliche Vielfalt sind möglich. Doch in diesem gesamten Beziehungsgeflecht sind Name und Identität wiederum Voraussetzungen. Eine Nation kann zwei Sprachen, Kulturen, Politiken und Rechtssysteme besitzen, doch diese Situation beseitigt nicht die Notwendigkeit von Name und Identität. Mehrere Identitäten zu besitzen und die Koexistenz von

Unterschiedlichkeiten erfordern die Wahl der richtigen Methoden. Ohnehin könnten Gesellschaften andernfalls weder entstehen noch regiert werden.

Daher zeigt die Tatsache, dass ein Klan die Zugehörigkeit durch ein Totem ausdrückt, wie weit dies zeitlich zurückreicht. Das Totem bedeutet ganz einfach die Identität des Klans. Bei einigen Klans und Stämmen, die bis heute existieren, lässt sich dieses Verhältnis beobachten.

Die sumerische Gesellschaft drückte ihre Identität mit eigenen Tempeln aus, was den Zusammenhang zwischen Benennung und Glauben widerspiegelt. Der Tempel ist ein imaginäres Beziehungsgeflecht. Die Selbst-Sinngebung der Gesellschaft hatte ein analytischeres Niveau erreicht. Die Gesamtheit der Beziehungen im Tempel, also die Identität zu betrachten, bedeutet, diese Gesellschaft in bedeutendem Maße zu erkennen. Sehr abstrakte, symbolische Vor- und Nachnamen, wie wir sie heute kennen, sind viel umfassender und spiegeln die Existenz der Gesellschaft zu großen Teilen wider. Der Tempel der Stadt, der Stadtgott und die Stadtgöttin geben auch Hinweise darauf, welche Begriffe und Stärken die Gesellschaft besaß. Dass heiligen Orten noch immer Wert beigemessen wird, liegt an den identitären Werten, die sie tragen. Durch sie hat sich das Selbst gefunden. Dies bezeichnen wir als Selbstbewusstsein. Identität ist eine Angelegenheit des Bewusstseins; es ist der effektivste Bewusstseinsbegriff über die eigene Existenz.

In den monotheistischen Religionen sind Religion und Gott selbst die Identität der Gesellschaft. Das Bild einer Gesellschaft getrennt von der Religion oder einer Religion getrennt von der Gesellschaft ist nicht vorstellbar. Als Folge dieses Verhältnisses lassen sich die Religion und ihr Gott auch als Bewusstwerdung der Gesellschaft über die eigene Existenz definieren. Islamische Gesellschaften kennenzulernen, ist in großem Maße im Rahmen des von ihnen verinnerlichten religiösen Bewusstseins möglich. Es gibt auch andere Zugehörigkeiten wie zum Beispiel die geschlechtliche Identität, die politische Identität, die Stammesidentität, Klassenidentität und intellektuelle Identität. Doch sind sie alle von der religiösen Identität als der allgemeinen Identität geprägt.

Athen und Rom waren in der Antike jeweils eigene Identitäten für sich. Das Athenische und das Römische Bürgerrecht waren die exklusivsten Identitäten, die nicht leicht vergeben wurden. Die Stadt zeigte, wie viel Persönlichkeit und Würde sie besitzt. Die griechische und die italienische Identität dagegen waren noch blass.

Im Mittelalter entwickelte sich die Zugehörigkeit zu Volksstämmen (*kavim*). Dabei erfüllen die Religionen eine wichtige Funktion. So bedeutet beispielsweise der Islam gleichzeitig ein arabisches Bewusstsein und arabische Erhabenheit. Der mosaische Glaube ist identisch mit dem Judentum. Das Christentum bedeutete in seiner frühen Phase eine wichtige Volksstamm-Identität für die Armenier, Assyrer und Griechen, die sich früh zu ihm bekannten. Beide nährten sich gegenseitig. Eine wichtige Funktionsweise der monotheistischen Religionen lag in ihrer Überwindung der Sippen- und Stammesidentitäten. Zwar reichten sie noch nicht an nationale Identitäten und ein nationales Bewusstsein heran, doch ist es eine soziologische Tatsache, dass das Bewusstsein der Zugehörigkeit zu einem Volksstamm in großem Maße zur Verbreitung der monotheistischen Religionen im Mittleren Osten beigetragen hat. Wenn sie im Zusammenhang mit den Volksstämmen gesehen werden, so lassen sich die Religionen als Proto-Nationalismen bezeichnen. Bei den Türken ist die Religion ein sehr wichtiges Instrument der Identität. Ohne den Islam wäre die Herausbildung des türkischen und arabischen Volksstammes im Mittleren Osten höchstwahrscheinlich unscheinbarer verlaufen. Dies können wir beispielsweise bei den türkischen Chasaren, die zum jüdischen Glauben konvertiert waren, und an der gesellschaftlichen Stellung christlicher Araber beobachten. Das Verhältnis zur Religion hat für jeden Volksstamm und jedes Volk eine unterschiedliche Rolle gespielt.

Die Ausbreitung des Christentums im mittelalterlichen Europa erfolgte weitgehend gemeinsam mit der Entwicklung von Volksstämmen. Das Bewusstsein eines gemeinsamen Volksstammes war bis dahin bei den dortigen Stammesgesellschaften, wie bei den arabischen und türkischen Stämmen, sehr schwach ausgeprägt. Das Christentum war vor der Moderne objektiv ein treibender Faktor für das Bewusstsein der Zugehörigkeit zu Volksstämmen. Es sagte zu der Gemeinschaft nicht »Ihr seid Franzosen« oder »Ihr seid Deutsche«, doch allen deutschen und französischen Stämmen das gleiche religiöse Bewusstsein zu vermitteln, war ein Riesenschritt für die Herausbildung von Volksstämmen im Sinne einer gemeinsamen Identität. Der zweite Schritt ist die politische Entwicklung in Form von Königreichen. Dass separat von der gemeinsamen Religion bei den Volksstämmen ein gemeinsames Königtum entsteht, war ein letzter großer Schritt auf dem Weg zur Nation. Frankreich ist hier ein typisches Beispiel.

Mit den intensivierten sozialen Beziehungen durch die Entwicklung des Marktes können wir schließlich von der Geburt der Nation sprechen. Die Entstehung der ersten Nationen in Europa folgte diesem Modell. Insofern ist die Nation ein soziales Phänomen bzw. die Gesamtheit der Beziehungen, die sich um Stammesbewusstsein, religiöses Bewusstsein, gemeinsame politische Autorität und den Markt entwickeln. Es mag sinnvoller sein, hier von einer National-Gesellschaft zu sprechen. Nationwerdung und Staatswerdung ist nicht dasselbe. Beispielsweise besteht die französische Nation weiter, auch wenn das Königreich Frankreich zusammenbricht. Aufschlussreich ist vielleicht, die Nation als sprachliche Einheit oder allgemeiner als kulturelle Einheit zu beschreiben. Doch es wäre nicht ausreichend und zu eng gefasst, die Nation nur als durch Sprache und Kultur bestimmt zu beschreiben. Die Nation besitzt mehrere Quellen, die aus ihr eine Nation machen. Phänomene wie Politik, Recht, Revolution, die Künste, besonders die Literatur, Musik, Wirtschaft und Markt spielen alle bei der Nationwerdung eine Rolle. Nationen haben jedoch keinen direkten Zusammenhang mit wirtschaftlichen und politischen Systemen. Sie können sich jedoch gegenseitige beeinflussen.

Die Nation ist eine höchst vage Angelegenheit und erfordert größte Sorgfalt und Ausgewogenheit.

Heutige Gesellschaften sind in großem Maße zur Nation gewordene Gesellschaften. Zwar gibt es noch marginale Gruppen, die nicht Nation geworden sind, doch die große Mehrheit sind National-Gesellschaften. Es scheint kein Individuum zu geben, das keiner Nation angehört. Einer Nation zuzugehören, soll als natürlicher Zustand der Gesellschaft gedacht werden. Doch in der Geschichte der Zivilisation gewann die Nation erst im kapitalistischen System als dem System der Krise besondere Bedeutung. Besser gesagt, furchtbare Planungen im Namen der Nation haben gigantischen Katastrophen den Boden bereitet.

Der Beginn der Katastrophen war die extreme Betonung der Faktoren, die die Nation bilden. Beispielsweise ist die Verbindung von Nation und Politik der Hauptfaktor für die Herausbildung der Ideologie des Nationalismus. Nations-Politik tendiert zum Faschismus, der ihre extreme Form darstellt. Auch ein von Wirtschaft, Religion und Literatur geschürter Nationalismus läuft auf dasselbe hinaus. Das kapitalistische Monopol hat im Namen der einfachsten Lösung von Krisen sämtliche Faktoren, die eine Nation bilden – Politik, Wirtschaft, Religion, Recht, Kunst, Sport, Diplomatie, Patriotismus – extrem nationalisiert und so systematisch zu einem Ganzen zusammengefügt; kein gesellschaftliches Element hat es übrig gelassen, das nicht Teil von Herrschaft geworden ist, und so darauf spekuliert, die stärkste Nation von allen zu werden (wie jede andere Nation auch). Die Folgen waren verheerend. Europa wurde in ein Meer aus Blut verwandelt, auf der ganzen Welt Kriege entfacht – mit historisch nie dagewesenen Konsequenzen. Diese Vorgehensweise war nicht Nationwerdung, sondern die Schaffung einer Religion der Nationwerdung. Dies ist die Religion des Nationalismus. Im soziologischen Sinne ist der Nationalismus eine Religion. Dieses Thema werde ich im betreffenden Abschnitt ausführlicher behandeln.

Selbst die Religionen kannten die Gefahr eines Stammesnationalismus und nahmen deshalb eine ziemlich konsequent internationalistische Haltung (umma-Gedanke und Katholizität) ein. Die schmutzigste Zeit der Zivilisationsgeschichte in dieser Hinsicht fällt in die Zeit des Kapitalismus.

Das produktivste Modell für Nationen ist die demokratische Nation. Es ist wichtig zu verstehen, dass die demokratische Gesellschaft beim Thema der Nation derjenige Typ von Gesellschaft ist, der am besten Probleme löst und voranbringt. Nationen können sich am besten im System der demokratischen Gesellschaft bilden und entwickeln. Sie können aufhören, Instrument von Kampf und Krieg zu sein und in Solidarität und kulturellem Reichtum leben. Selbst eine historische Evolution zu einer Nation der Nationen (eine Übernation) können sie ermöglichen. Mit einem demokratischen System wird es möglich, dass die Nationen an sich nicht Faktoren des Kampfes, sondern des Friedens und der Geschwisterlichkeit in Solidarität und kulturellem Reichtum werden. Wegen seiner großen Bedeutung hoffe ich dieses Thema an geeigneter Stelle umfassend diskutieren zu können.

Der Weg, nationale Probleme zu lösen und zu beseitigen, besteht darin, die Nation nicht zu negieren, aber die sie konstituierenden Faktoren nicht extrem zu nationalisieren, die Nation nicht auf ihre Faktoren zu reduzieren, insbesondere sie nicht zu politisieren und zum Instrument für extrem nationalistische Herrschaftsformationen zu machen, sondern das Bewusstsein der demokratischen Nation zu fördern und ihre Praxis zu entwickeln.

B Definition des Staates

›Staat‹ ist ein gestern wie heute sehr häufig verwendeter Begriff. Doch es ist auch ein unverstandener Begriff, der selten definiert und oft im Dunkeln gelassen wird. Es herrscht ein groteskes Unwissen darüber, was der Staat ist. Um sowohl Geschichte als auch Gegenwart zu analysieren und den Zustand einer krisenhaften Gesellschaft zu überwinden, bleibt die richtige Definition und Interpretation des Staates *das* grundlegende Problem. Am schlimmsten ist, dass die einen, die sich für einen Teil des Staates halten, nicht wissen, was für eine Art Vehikel sie da bestiegen haben, und auch die anderen, die außerhalb des Staates geblieben sind (wenn es sie denn überhaupt noch gibt), den Staat falsch verstehen (konkretes Beispiel: die realsozialistische Katastrophe), und dass zwischen beiden Gruppen so etwas wie ein Dialog von Taubstummen herrscht. Das ganze erinnert an das Chaos der babylonischen Sprachverwirrung, als der Turm zu Babel über den Völkern eingestürzt war. Der Staat wird meist gedacht als das Feld, auf dem Probleme gelöst werden. Im Staat zu sein, gilt als gleichbedeutend mit von allen Problemen befreit zu sein. Das ist nur einen Schritt von der Vorstellung des Staates als Gottes-Staat entfernt.

Ein tiefes soziologisches Verständnis wird zeigen, dass die Göttlichkeit, die im Laufe der Zivilisationsgeschichte entwickelt wurde, mit der Staatswerdung verschränkt erfolgte. Der Beitrag des Priesters zur Staatsbildung ist der Hauptgrund für die gemeinsame und überlappende Entwicklung von Staat und Gott. Es steht fest, dass die Priester, als sie den Staat errichteten, insbesondere den Pantheon der Götter – das ideologische Element in der Identität des sumerischen Tempels – als ideologische Maske für die politische Führung benutzten. Der nächste Schritt nach dem Priester-König war der Gott-König. Bis ins Römische Reich wurde dieser Begriff des Gott-Königs (später auch des Imperators) verwendet. Die abrahamitischen Religionen wollten diesen Begriff auf die Ebene Gott-Prophet oder Gott-Gesandter ziehen und so eine menschliche Figur hinzufügen. Das ist ihnen auch gelungen.

Interessant ist die Trennung von Göttlichkeit und Menschsein in der griechischen Mythologie, der dritten Version der sumerischen Mythologie. Für Hesiod scheint in seinem System des Pantheons, der *Theogonie,* das er gemäß des Standes des Bewusstseins entwickelte, die Herstellung von Verbindungen zwischen Gott und Mensch beinahe verboten, gar etwas Schändliches zu sein. Er beharrt auf einer separaten Ebene der Beziehungen von Göttern und Göttinnen, ähnlich wie bei einer Kaste. Die Kaste der Brahmanen bei den Hinduisten als schwaches Abbild der Gott-Könige ist in dieser Hinsicht viel starrer. Dass Götter zu Menschen werden oder sich mit Menschen einlassen, akzeptieren sie kaum. Wenn wir dies in die Sprache der Wissenschaft übersetzen, so weisen sie auf der ideologischen Ebene kategorisch zurück, dass der Staat ein von Menschen errichtetes Phänomen ist. In Mythologie und Religionen ist dies ganz klar, in der Philosophie gilt es teilweise). Die mehrfache Verschleierung des Staates und seine Göttlichkeit versuchen sie in großer Starrheit des Glaubens zu bewahren. Begrifflichkeiten wie »erhabener Staat«, »heiliger Staat« und »grundlegendes Instrument der Befreiung« beziehen tatsächlich sämtlich ihre Wurzeln von den sumerischen Priestern, den ersten Erbauern des Staates. Der Staat wurde im Schoße des Tempels errichtet, was ich bereits früher ausführlich zu analysieren versucht habe.[97]

Höchst aufschlussreich ist im Lichte dieser Betrachtungen Hegels Beschreibung des Nationalstaats, der mit Napoleon beginnt, als »göttliche Idee auf Erden« und seine Behauptung, Gott schreite symbolisiert in der Person Napoleons als »Weltgeist zu Pferde« durch die Welt. Der National-Staat ist die letzte und gleichzeitig gefährlichste Form des Gottes-Staates.[98]

Aus wissenschaftlich-soziologischem Blickwinkel wird gerade erst damit begonnen, dieses Knäuel von Beziehungen (den Staat) zu definieren. Ich halte es für meine grundlegende Pflicht, meine Ansichten zu diesem Thema, über das ich seit langem nachdenke, zu teilen und zur Diskussion zu stellen. Ich hoffe, dass sie den Horizont erweitern können. Ein guter Anfang ist vielleicht, den Staat in Zusammenhang mit Macht zu definieren. Wir können alle Formen, in denen Macht an rechtliche Regeln gebunden ist, als Staat bezeichnen. Macht, die in einer Gesamtheit von Institutionen konzentriert ist, welche einen definierten Rahmen und festgelegte Regeln besitzen, definiert aus rechtlicher Sicht gut den Staat. Doch dies genügt nicht. Wenn wir dies durch eine Erklärung seines Inhaltes ergänzen und mit Form und Umgang gemeinsam behandeln, kommen wir zu einem vollständigeren Blick. Wenn wir diese Herangehensweise mit der historisch-gesellschaftlichen

97 Die ausführlichste Darstellung findet sich in Öcalans Grundlagenwerk *Gilgameschs Erben. Vom sumerischen Priesterstaat zur demokratischen Zivilisation*, Band 1, Münster 2018.

98 Der Autor verwendet durchgehend Bindestrichkonstruktionen, auch dort, wo sie im Türkischen unüblich sind, wie bei *ulus-devlet* statt *ulus devlet*, Nationalstaat. Wir haben diese Konstruktion einigen Stellen in der Übersetzung beibehalten, da sie auf einen inhaltlichen Kerngedanken verweisen.

Entwicklung verbinden, können wir zu einer umfassenden Definition gelangen, die sowohl sinnvoll als auch aufschlussreich ist.

Mir ist klar, dass viele Definitionen für den Staat existieren. Es ist jedoch nicht besonders aufschlussreich, die seit langem sowohl im liberalen als auch im sozialistischen Lager auswendig gelernten Klischees zu wiederholen. Wir müssen zunächst feststellen, was der Staat *nicht ist.*

- Er ist nicht das Instrument, um den Klassenkampf zum Schweigen zu bringen oder in einem Gleichgewicht zu halten. Auch der Begriff »Instrument der Klassenrepression«, der als sein Hauptaspekt angeführt wird, ist nicht sehr erhellend.
- Er dient schon gar nicht dazu, den Zustand des Chaos zu beseitigen. Die Idee, er sorge für Sicherheit und Ordnung ist von den Tatsachen weit entfernt.
- Er ist auch keineswegs der Bereich, wo Probleme gelöst werden. Ganz im Gegenteil ist er eine Plattform, um Probleme in Gangräne zu verwandeln, aus ihnen Krisen zu erschaffen und diese aufrechtzuerhalten.
- Sein Zusammenhang mit dem Göttlichen und Heiligen ist lediglich Mythologie und Ideologie.
- Auch als Nation, Religion oder Kultur erschaffende und lenkende Kraft hat er keinerlei Bedeutung.

Wir können weitere solche Punkte anführen. Alle diese Definitionen des Staates sind im Wesentlichen Propaganda. Der Staat befasst sich mit all den aufgeführten Situationen. Doch zeigt die Geschichte, dass alle Staaten eigentlich keine große Rolle gespielt haben, außer dabei, die Umgebung in ein Schlachthaus zu verwandeln, zu assimilieren, eine faule Gesellschaft zu schaffen und die Menschen zu dummen Objekten der spekulativen Intelligenz zu machen. Dabei leugne ich nicht die Stellung des Staates bei der Leitung der Gesellschaft. Auch die anarchistische Staatsdefinition und ihre Vorstellungen über ein Dasein ohne Staat finde ich weder sinnvoll noch praktikabel. Wie bei den Sozialisten hat sich auch in ihrer einhundertfünfzigjährigen Praxis gezeigt, dass sie nicht erfolgreich waren. Einige Wahrheiten über den Staat auszusprechen ändert nichts an grundsätzlichen Fehlern in der Herangehensweise. Der liberale Ansatz vom »Minimalstaat« ist einerseits sinnvoll. Die Liberalen haben bemerkt, dass der Staat eine wirtschaftsmonopolistische Zwangsmaßnahme ist. Doch die Vehemenz mit der sie vertreten, dass der Kapitalismus die produktivste Wirtschaft sei, zeigt nur, dass sie größere Lügner sind als all die anderen, die den Staat falsch definieren.

Es ist erhellender, den Staat im engen Sinne als das über Mehrprodukt und Mehrwert errichtete wirtschaftliche Monopol zu definieren. Der Staat, der der Gesellschaft Mehrprodukt und Mehrwert entwenden will, organisiert sich über der Gesellschaft mit Instrumenten von Ideologie bis Zwang als eine Institution des Überbaus und macht sich zum Monopol. Wenn wir den Staat im Lichte dieser engen Definition betrachten, sehen wir, dass staatliche Politik und das Handeln von Politikern letztlich eine Regierungskunst ist, die die Erzielung von Mehrprodukt und Mehrwerten koordiniert. Eine ganz grobe Formulierung könnte lauten, dass der Staat ***die Summe aus Mehrwert, ideologischen Instrumenten, Zwangsapparaten und Regierungskunst*** darstellt. Wenn dies im gesamtgeschichtlichen Zusammenhang bewerten, sehen wir diese Faktoren in Aktion, wenn wir vom Staat sprechen. Das Staat genannte Beziehungsgeflecht können wir weder ohne Verlust der Vollständigkeit analysieren, wenn wir diese Faktoren oder Elemente außer Acht lassen, noch indem wir jedes einzelne dieser Elemente zur Definiton des Staates erklären:

1. Den Staat als den Raub des Mehrwertes zu bezeichnen, ist eine zutreffende, aber sehr unzureichende Definition.
2. Den Staat ideologisch als etwas Göttliches oder Heiliges zu betrachten oder ihn als Gott auf Erden, Gottes Schatten (*zıllullah*[99]) oder als konkretisierte Form Gottes zu definieren, führt nur dazu, jegliche Art von Despotie zu bemänteln.
3. Eine Definition, die den Staat mit Despotie gleichsetzt, schließt die anderen Elemente aus und hat daher den geringsten wissenschaftlichen Wert. Sie ist lediglich ein moralisches Werturteil.
4. Auffassungen, die den Staat als Regierungskunst und Verwaltung interpretieren, ignorieren mindestens ebenso wie moralische Interpretationen die unverzichtbaren anderen Elemente und haben daher den großen Nachteil, das wahre Gesicht des Staates zu verschleiern.

Zweifellos haben alle genannten Elemente einen unverzichtbaren Platz im Staat, doch kann keines für sich allein den Staat definieren. Die meisten dieser Definitionen unterscheiden sich darin, welches Element sie

99 Schatten Gottes auf Erden (*ẓill allāh fī al-arḍ*) war die Selbstbezeichnung der Kalifen seit den Abbassiden im achten Jahrhundert.

in den Vordergrund rücken. Das führt unweigerlich zu mangelhaften Einschätzungen.

Wir können den Staat anhand in der Geschichte aufgetretener Unterscheidungen klassifizieren:

a) Nach den sozialen Klassen, denen Mehrprodukt und Mehrwert entwendet werden

1. Sklavenhalterstaat

Dies ist die Staatsform, in der Menschen im Gegenzug für einen vollen Magen dem Staat und privaten Herren innerhalb eines Staates nicht nur mit ihrer Arbeit, sondern mit ihrer gesamten Existenz gehören. In der Zivilisation des Altertums ist sie der grundlegende Ausbeutungsapparat. Sklavinnen und Sklaven sind das grundlegende Produktionsmittel.

2. Feudaler Staat

Dies ist die in geringem Maße abgemilderte Form der Sklaverei. Der Unterschied der Leibeigenen zu den früheren Sklaven ist, dass sie das Recht besitzen, eine Familie zu gründen. Obwohl sie sich in der Praxis schwer umsetzen lässt und an viele Bedingungen geknüpft ist, wurde diese Staatsform in der mittelalterlichen Zivilisation ausprobiert.

3. Kapitalistischer Staat

Die Staatsform, die auf der sozialen Klasse der sogenannten Arbeiter beruht, die ihre Arbeitskraft auf dem Markt als Ware verkauft. Es ist angemessener, statt von einer Staats*form von einem Abschnitt oder einer Struktur zu sprechen. Dies ist der Staat des Zeitalters der kapitalistischen Zivilisation.*

b) Nach Ethnizität der regierenden Elite

Eine andere Art der Aufteilung ist die nach der ethnischen Struktur der Regierenden.

1. Priesterstaat

Er trägt diesen Namen, weil er von der Gruppe der Priester als erste Konstrukteure des Staates geprägt wird. Begriffe wie Tempel, heiliger Staat und Gottes-Staat gehören stets in diese Kategorie.

2. *Dynastischer Staat*

Er wird nach der Dynastie definiert, die ihn regiert. Wir können ihn auch Familienstaat nennen. Dies ist eine Regierungs- und Staatsform, die zu allen Zeiten der Zivilisation und sogar heute sehr einflussreich ist. Es ist ein Staat, in dem eine Familie oder Dynastie die eigentlich regierende Gruppe stellt.

3. *Stammesstaat oder Volksstaat*

Dies ist ein Staat, der eher unter dem Einfluss eines Stammes oder Volksstammes steht. Besonders im Mittelalter als einer Ära, in der sich ein Stammesbewusstsein entwickelt, macht er sich bemerkbar. Die Situation der Staaten vieler religiöser (u. a. christlicher, muslimischer und jüdischer) Volksstämme sowie in Indien, China und anderen Orten erlauben eine solche Definition. Die Religion spielt hier die Rolle eines wichtigen Faktors bei der Herausbildung eines Volksstamms.

4. *Nationenstaat (ulusal devlet[100])*

Ein Staat, dessen Grundlage Gesellschaften bilden, die eine nationale Entwicklung durchlaufen haben. Der Staat der Neuzeit, im engeren Sinne der kapitalistischen Ära. Doch es ist nicht ausschließlich der Staat des kapitalistischen Zeitalters, auch das demokratische Zeitalter beruht auf ihm; oder richtiger: die staatliche Situation, in der Staat und Demokratie in der Leitung Kompromisse eingehen und Rollen übernehmen. Wenn beide gemeinsam vorhanden sind, also ein Regime von Staat + Demokratie existiert, können wir von einem Nationenstaat sprechen. Der Nationenstaat unterscheidet sich vom National-Staat, denn einem Nationenstaat können viele Nationen angehören.

5. *National-Staat (ulus-devlet)*

Die Form des Staates, der aus einer einzigen Nation besteht und in dem sich alle Mitglieder der Nation auf der Grundlage der Religion des Nationalismus integrieren. Der Staat ist geradezu eins geworden mit der Nation. Dies ist die hauptsächliche Staatsform der kapitalistischen Zivilisation. Da der ›faschistisch‹ genannte Staat die Form ist, die der National-Staat im Kapitalismus

---

100 Dieser Ausdruck ist verwirrend, besonders für Leser*innen, die des Türkischen mächtig sind. Im Türkischen sind hier Adjektiv und Substantiv vertauscht; soll heißen: Der übliche Nationalstaat heißt normalerweise »Nationsstaat«, während der Autor hier im Türkischen den Ausdruck »nationaler Staat« kreiert, der als »Nationenstaat« übersetzt wird.

als Regime der Konterrevolution oder ständigen Krise annimmt, ist es unmöglich, die beiden Formen voneinander zu trennen.

c) Nach Art der Bildung der Staatsführung

Eine Art der Aufteilung kann auch nach dem Aspekt erfolgen, ob man durch Wahl oder Ernennung, Vererbung von Vater auf Sohn oder mit Gewalt an die Regierung kommt.

1. Monarchischer Staat

Ein Staat, der von einer einzelnen regierenden Person symbolisiert wird. Hier werden Staat und Regent zu Einem. Der oder die Regierende kann Monarchin, König, Kaiserin oder Imperator sein. Man kann durch Erbfolge (meist über den Vater) oder durch den Gebrauch von Gewalt an eine monarchische Regentschaft gelangen. Dies fand zu allen Zeiten der Zivilisation statt. Es spiegelt die Schwäche der staatlichen Institutionen wider.

2. Republik

Dies ist der Zustand, in dem die Hauptgruppe der Regierung durch Wahl in ihr Amt gekommen ist. Ob eine Person gewählt wird oder tausend ist dabei nicht so essenziell. Die Republik wird manchmal mit der Demokratie verwechselt. Das ist ein schlimmer Fehler. Die Republik ist eine Staatsform. Wahlen erfolgen, um die Leitung sehr starker staatlicher Institutionen zu bestimmen, nicht für eine Demokratie als Regierung des Volkes. Demokratie ist ein völlig anderes System; es ist eine nicht-staatliche Regierungsform. Natürlich besitzen auch Demokratien Institutionen. Auch für diese Institutionen finden Wahlen statt. Aber Demokratie und Staat sind wesensverschieden. Alle aufklärerischen Intellektuellen, die Marxisten eingeschlossen, haben dies durcheinandergebracht. Selbst bei Lenin findet sich diese Verwechslung. Zwischen dem Zustand der Demokratie und den offiziellen Zivilisationen, deren Kern der Staat bildet, besteht ein qualitativer Unterschied.

Daher ist es äußerst wichtig, demokratische Regierung mit staatlicher Regierung nicht zu verwechseln. (Ob sie jeweils gewählt sind oder nicht, ist dabei unerheblich.) Ohnehin ist der Staat im Grunde eine Regierungstradition, eine institutionelle Regierung, die auf Jahrtausende zurückgeht. Die Funktion der gewählten Personen in der Regierung ist dabei äußerst begrenzt. Die Wahlen dienen im Grunde dazu, dass *die verschiedenen monopolistischen Cliquen innerhalb des Staates* (wie die agrarmonopolistische, die handelsmonopolistische, die industrielle und die Finanzclique) einander gemäß ihrer jeweiligen Stärke ausstechen. Wer stärker ist, wird gewählt. Es geht jedoch nicht darum, dass Demokratie herrscht oder dass die Demokratie gewinnt.

Auch ist es keineswegs so, dass in allen Demokratien alle unbedingt durch Wahlen in Ämter kommen. In Demokratien können auch nicht gewählte Personen in der Regierung eine Rolle spielen. Doch entscheidend ist, dass die demokratische Gesellschaft innerhalb kurzer Zeiträume ihre eigene Regierung bestimmt, damit verschiedenen Entwicklungen und Produktivitäten, Kreativitäten, Völkern, Freiheiten und Gleichheiten eine Chance zur Verwirklichung gegeben wird.

d) Nach der den Mehrwert entwendenden Gruppe

Eine weitere Art der Einteilung ist die nach der Gruppe, die sich des Mehrwerts bemächtigt:

1. Agarstaat

Da der Staat zu der Zeit, als er erstmals entstand, im Wesentlichen als Verwaltungsautorität gegründet wurde, um das agrarische Mehrprodukt zu beschlagnahmen, ist eine derartige Definition durchaus erhellend. In der Geschichte existierten viele derartige Staaten oder Staaten, in denen agrarische Cliquen einflussreich waren. Je nach deren Stärke können wir von Agrarstaaten sprechen.

2. Merkantilistischer oder Handelsstaat

Der Staat, indem die Methode der Aneignung von Mehrwert und Mehrprodukt auf der Organisation des Handels beruht. Dies war beispielsweise in den Staaten Aššur und Phönizien der Fall. Auch heute existieren Staaten mit einer sehr starken Handelsclique.

3. Finanzstaat

Staaten, deren Stärke auf Geld beruht. Als Beispiel dafür können wir die Schweiz anführen. Noch wichtiger ist, dass in der jüngsten Phase des Kapitalismus, die wir als finanzkapitalistische Phase bezeichnen können, die Finanzcliqzen oder Finanzmonopole in allen Staaten sehr mächtig geworden sind und auf die Regierungen entscheidenden Einfluss ausüben.

4. Industriestaat

Seit der industriellen Revolution und der Hauptrolle, die die industrielle Produktion in der Wirtschaft einnimmt, gibt es viele Staaten, die mit dieser Eigenschaft bezeichnet werden. Industriestaat zu sein war im neunzehnten Jahrhundert das höchste Ideal. Industrialisierung war gleichbedeutend mit Reichwerden. Alle neu gegründeten Staaten strebten danach, sich schnellstmöglich zu industrialisieren. Daher bestand die stärkste Staatsclique aus den Industriellen. Im achtzehnten Jahrhundert (Merkantilismus) waren die Großhändler, im neunzehnten Jahrhundert (Industrialismus) die Industriellen die wesentliche monopolistische Clique, die sich im Staat einnistete. Vom zwanzigsten Jahrhundert bis heute sind es überwiegend Finanzleute und Bankiers. Im Wesentlichen sind sie es, die das Staat genannte Beziehungsgeflecht dirigieren.

e) Ideologische Masken

Eine noch interessantere Einteilung ist die nach den fingierten Staatsbezeichnungen, die die Rolle des ideologischen Apparats in den Vordergrund stellen, um die kapitalistischen Staatsmonopole zu verschleiern und zu maskieren. Es kann aufschlussreich sein, auch diese vorgeblichen Modelle Revue passieren zu lassen, die aus ideologischen Konstrukten bestehen und so den Begriff ›Staat‹ unkenntlich machen. Denn unsere alltägliche Umgebung ist von diesen Begriffen besetzt worden.

1. Liberaler Staat

Dies ist der Lieblingsbegriff der Nationalökonomen. Seine Übersetzung wäre wohl der ›freie Staat‹. Dabei kann es keine Deckungsgleichheit zwischen Freiheit und Staat geben, weil es ein Gegensatz ist. Der Staat ist von seinem Wesen her die Beschneidung der Freiheiten. Historisch bestand stets eines der größten Probleme darin, die Freiheiten von Personen und Gruppen gegen den Staat zu verteidigen. Dieser Kampf war der vordringliche aller politischen und juristischen Auseinandersetzungen. Denn die Existenz des Staates ist nur dadurch möglich, dass er ein wirtschaftliches Monopol darstellt. Insofern ist der ›minimal intervenierende Staat‹ nur Geschwätz; dies läuft dem Wesen des Staates, seiner Identität als Staat zuwider. Vielleicht soll mit diesem Begriff der Weg für die kapitalistischen wirtschaftlichen Monopole als Staat geebnet und ihr Anteil so vergrößert werden.

2. Sozialistischer Staat

Dieser insbesondere im realsozialistischen Lager viel verwendete Begriff ist genauso unsinnig wie der des liberalen Staats. Zunächst einmal hat wirklicher Sozialismus nichts mit dem Staat zu tun. Der Staat steht zum Sozialismus mindestens so sehr im Gegensatz wie zur Demokratie. Den Staat – die Gesamtheit der historischen großen wirtschaftsmonopolistischen Cliquen – mit dem Sozialismus als einem egalitären Regime zu vermischen, ist die größte Sünde des Opportunismus. Der sozialistische Staat als heutiges Gegenstück zum »Pharaonensozialismus« genannten Phänomen ist die unverstellteste Staatsform des Kapitalismus. Daher hat sie auch viel mit dem Proto-Faschismus zu tun: Er ist das Gegenstück zum National-Staat (und damit zum Faschismus) im Realsozialismus. Der National-Staat ist der wahre Charakter sowohl des Liberalismus als auch des Sozialismus als Realsozialismus oder Staatssozialismus. Daher ist es besonders wichtig, seinen Zusammenhang mit dem Faschismus im Rahmen von Autoritarismus und Totalitarismus zu diskutieren. Den liberalen und den Sozial- oder sozialistischen Staat als Protofaschismus auf dem Weg zum Faschismus zu bewerten, dürfte ziemlich aufschlussreich sein.

Die Anhänger des Sozialismus müssen sich genau darüber im Klaren sein, dass der Staat die grundlegende Institution der Beschlagnahme von Mehrprodukt und Mehrwert nicht nur der vierhundertjährigen Tradition des Kapitalismus, sondern der fünftausendjährigen Tradition der Zivilisation darstellt. Durch den Staat den Sozialismus aufzubauen ist Faschismus, wenn es bewusst erfolgt. Wenn man sich unwissentlich dafür benutzen lässt, ist es Fahrlässigkeit und Verrat. Ich hoffe, diese Themen im kommenden Band mit dem Titel *Soziologie der Freiheit* ausführlich diskutieren zu können.

3. Faschistischer Staat

Dies ist ein wenig sinnvoller Begriff. Faschismus und National-Staat sind im Kern dasselbe. Es ist das große Elend von als liberal und sozialistisch geltenden Intellektuellen, eine Definition zu produzieren, als ob der Faschismus eine Ausnahmeerscheinung sei, die von außerhalb des Kapitalismus das System heimsucht. Es ist der systematische Ausdruck dessen, dass der Kapitalismus als Zivilisation und Staat stets den National-Staat und daher den Faschismus in der Hinterhand behält. Der Faschismus ist die Regel, der Kompromiss mit demokratischen Strukturen die Ausnahme.

4. Demokratischer Staat

Wir haben mehrfach erklärt, warum der Staat nicht demokratisch sein kann. Da Mentalität, Gesellschaftsstruktur und Funktionsweise von Staat und Demokratie wesensverschieden sind, kann es den demokratischen Staat nicht geben. Ein wesentlicher Faktor ist jedoch, dass sich stets in der Geschichte, besonders aber heute, wo die Krise der kapitalistischen Zivilisation sich verschlimmert, der Staat gezwungen sah, Kompromisse mit dem System der demokratischen Zivilisation einzugehen. Der Staat, der nicht alleine regieren konnte, war also auf eine gemeinsame Regierung mit den demokratischen Kräften angewiesen. Daher sind Kompromisse möglich. Dafür gibt es viele Beispiele in der Geschichte. Wenn der Staat irgendeine Form der Partnerschaft mit demokratischen Prinzipien und Strukturen anstrebt und eingeht, kann der Begriff ›demokratischer Staat‹ im Sinne von Offenheit für die Demokratie sinnvoll sein. Meiner Meinung nach wäre die zutreffendste Definition dessen die Formel ›Staat + Demokratie‹. Ich habe bereits darauf hingewiesen, dass es zu den dringendsten Aufgaben der politischen Philosophie gehört, sich mit Staatsformen zu befassen. Denn es ist mittlerweile nicht mehr möglich, heutige Gesellschaften mit der klassischen staatlichen Logik zu regieren. Nichtregierungsorganisationen haben sich aus diesem Grunde gegründet, doch sie reichen bei weitem nicht aus. Es scheint in der aktuellen Situation unmöglich, dass diese Organisationen das Regierungsvakuum füllen und sich an der Regierung beteiligen.

Als einziger Ausweg erscheint ein Kompromiss zwischen radikaler organisierten Strukturen der demokratischen Gesellschaft und produktiver gemachten staatlichen Institutionen. Auf der gegenwärtigen geschichtlichen Stufe (und niemand kann sagen, wie viele Jahre sie dauern wird) haben jeweils für sich allein die kapitalistische Zivilisation und die demokratische Zivilisation bzw. das sozialistische System mit ihrer praktischen Umsetzung tragischen Schiffbruch mit schlimmen Konsequenzen erlitten. Was wir verlieren, ist die Gesellschaft. Verlängert werden nur Leid, Blutvergießen und Ausbeutung. Diese Themen werde ich im dritten Band *Soziologie der Freiheit* ausführlich behandeln.

Es gibt noch einige andere Begriffe mit Bezug zum Staat. Einer der wichtigsten ist der des Rechtsstaats. Der Staat als Wirtschaftsmonopol, der ohnehin existiert, indem er das Mehrprodukt beschlagnahmt, kann im Kern nicht gerecht oder rechtmäßig sein. Doch nach den Regeln, die er festgelegt hat, wird er Gesetzesstaat oder Rechtsstaat genannt, wenn er die eigenen

Staatsangehörigen oder Staatsbürger gleich und nach vorher festgelegten Gesetzen behandelt. Zweifellos mag dies positiv sein gegenüber despotischen Staaten oder einem Sultan, der sich jeden Tag neue Regeln ausdenkt und dessen Wort Gesetz ist. Aber der Rechtsstaat stellt keine wesenhaft andere Staatsdefinition dar. Auch die Definition ›Religionsstaat‹ ist nicht besonders sinnvoll. Wegen seiner Geburt als Priesterstaat wurde der Staat historisch immer im Gewand der Heiligkeit präsentiert. Benennungen nach den ideologischen Instrumenten des Staates wie Religion, Mythologie, Philosophie oder gar ›Szientismus‹ gehören eher in das Reich der Propaganda. Der laizistische Staat ist ohnehin als Gegenspieler zum Religionsstaat gedacht und hat insofern dieselbe Bedeutung. Ideologisch motivierte Erklärungen des Staates als religiös oder laizistisch haben keinen ernsthaften Inhalt, nur einen propagandistischen Wert.

Als Ergebnis können wir festhalten, dass der Staat den Kern der Zivilisation und ihrer Geschichte bildet und sich bis heute immer weiter ausgedehnt hat. Er hat sich mit unzähligen Formationen überschnitten und sich so stets sorgfältig zu tarnen bemüht. Im Zeitalter der kapitalistischen Zivilisation haben wir erstmals die Chance erhalten, den Staat trotz aller ideologischen Ablenkungsmanöver in seiner wirklichen Funktion zu definieren. Infolge großer geistiger und praktischer Anstrengungen diese Möglichkeit erlangt zu haben, ist die bedeutendste Errungenschaft der antikapitalistischen Kämpfe. Die brennende Frage lautet, wie wir – im Lichte dieser Definition – die Entwicklung und den Erfolg der demokratischen Zivilisation durch sinnvollen Inhalt und sinnvolle Formationen (Organisationen und Aktionen) weiter befördern und dauerhaft machen können.

C Die Ideologie der kapitalistischen Zivilisation und ihre Erhöhung zur Religion

Der Aufbau von Zivilisationen erfolgt im Rahmen der *langen Dauer.* Fragen wie »Kommt zuerst die materielle Kultur, und entwickelt sich die immaterielle Kultur später?« stiften nur Verwirrung und tragen nichts zum Thema bei. Ein Beispiel aus der Welt der Physik kann dies besser erklären. Lange wurde diskutiert, ob Licht aus Teilchen oder aus Wellen besteht. Mittlerweile ist allgemein akzeptiert, dass dem Universum ein Teilchen-Welle-Dualismus zugrunde liegt und dass es sich nicht auf der Grundlage einer vernichtenden, sondern einer konstruktiven Dialektik entwickelt. Zwar besitzen sie eine davon verschiedene Natur, doch auch die Dualität von materieller und immaterieller Kultur spielt eine ähnliche Rolle. Sie schließen einander nicht aus, sondern sind sich gegenseitig speisende Faktoren des Werdens und Entstehens. Sie modifizieren einander und lassen so Neues entstehen. Jede Welle, die ein Teilchen oder die materielle Kultur auslöst, schafft ein Element der immateriellen Kultur. Genauso bringt eine Welle oder ein Element der immateriellen Kultur ein Teilchen oder ein materielles Element hervor. Im System der Zivilisation gibt es eine allgemeine Perversion der analytischen Intelligenz, die im vorteilhaften System begründet liegt, das sie errichtet hat: Sie versuchen, ihre Interessen dauerhaft zu sichern und zu systematisieren, indem sie Absoluta wie unveränderliche Regeln, absolute und für alle geltenden Gesetze, das Primat der Götter, die Heiligkeit und Ewigkeit des Staates sowie Dualismen wie Perfektion der Ideen und Zeitlichkeit der Erscheinungen oder Unveränderlichkeit des Wesens und Flüchtigkeit der Form konstruieren. Diese Herangehensweise widerspricht jedoch der universalen Dialektik des Daseins.

Auch die Diskussionen über Basis und Überbau in der Gesellschaft hängen eng mit diesen konstruierten Perversionen der Zivilisation zusammen. Hegel geht in seinem System vom Überbau, also Staat und Recht, aus. Auch das universale System lässt er mit dem absoluten Geist[101] beginnen. Marx dagegen räumt den Produktivkräften und Produktionsverhältnissen

101 Im Original Deutsch.

Vorrang ein, die er als Basis bezeichnet. Sosehr Marx auch behauptet, er habe Hegel »vom Kopf auf die Füße gestellt«[102], verwendet er die gleiche Logik wie Hegel. Worin besteht diese? Er sagt, ein Element ist das grundlegende, das andere hingegen zweitrangig. Damit fällt er in die vulgäre Logik der Trennung von Subjekt und Objekt. Wie sehr sie auch das Gegenteil behaupten mögen, setzen sie so die alte Mentalität der Zivilisation fort. Auch die Antwort auf die Frage, warum Marx' Sozialismus nicht erfolgreich war, liegt in dieser Logik verborgen. Nicht nur beinhaltet seine Definition bezüglich der Wirtschaft große Unklarheiten, er benutzt auch sämtliche Sinn-Instrumente der klassischen Zivilisation. So heroisch auch die Taten und so wahr die Worte sein mögen, das Ergebnis zeigt, dass die Wirklichkeit nicht der Interpretation entspricht.

Die kapitalistische Zivilisation (oder Moderne) hat bei ihrem Aufbau eine so meisterliche ideologische Aufbauaktivität an den Tag gelegt und sie in eine Systematik gegossen, dass sie selbst die sumerischen Priester in den Schatten stellte. Wir können sogar sagen, dass der Staat zuerst mit Ideologie vorankam. Alle Zivilisationen stellen sich dar und lassen sich darstellen, als ob sie nicht von ein und demselben Gott geschaffen seien. Das ist sehr wichtig. Betrachten wir das Beispiel von Mohammed. Der Inhalt der Ersten Verse des Koran unterscheidet sich stark von dem der letzten Verse. Der Gottesbegriff wird ständig weiterentwickelt. Zunächst fordert Gott lediglich: »Lies!«[103] Erst später entwickelt er Stück für Stück ein System aus Suren bzw. legte die Grundlage des Systems. Später wurde ein gigantischer ideologischer Korpus geschaffen, der Aufbau des Systems dauerte Jahrhunderte.

Ohne die Systematik der kapitalistischen Moderne in allen ihren Aspekten zu begreifen, können wir ihre geistigen Werkzeuge nicht analysieren. Die kapitalistische Moderne hat sämtliche Begriffe, Annahmen und Praktiken nicht nur selbst aufgebaut, sondern sich ein Erbe von Jahrtausenden angeeignet. Mit diesem Erbe verpasst sie sozusagen ihrem eigenen Haus eine neue Architektur und Innenausstattung. Durch ideologischen Aufbau integriert sie zunächst die eigene Klasse, dann eine oder mehrere Staatsklassen, die wie sie selbst konstruiert sind. Sie vervollständigt den Aufbau von Mode

---

102 »Damit aber wurde die Begriffsdialektik selbst nur der bewußte Reflex der dialektischen Bewegung der wirklichen Welt, und damit wurde die Hegelsche Dialektik auf den Kopf, oder vielmehr vom Kopf, auf dem sie stand, wieder auf die Füße gestellt.« Friedrich Engels: *Ludwig Feuerbach und der Ausgang der klassischen deutschen Philosophie*, Stuttgart 1886.

103 Die Aufforderung »Lies!« (*iqra'*) ist das erste Wort der frühesten Sure, die Mohammed geoffenbart wurde. Das Wort Koran (*al-Qur'ān*) ist vom gleichen Wortstamm abgeleitet.

bis Philosophie und durch die Kontrolle von Produktion, Konsum und Politik. Später weitete sie dies auf die kontinentale und nach und nach auf die globale Ebene aus.

Skizzieren wir grob den Verlauf:

1. Philosophen und Wissenschaftler

Die ideologischen Baumeister, angefangen mit René Descartes und Francis Bacon, errichten neue logische Prinzipien und Utopien, ohne die jene Formationen nicht funktionieren, die sich im sechzehnten Jahrhundert bemerkbar machen. Es mag sehr unscheinbar aussehen, doch dass der Dualismus von Leib und Seele auf die Agenda kommt[104], zieht die Dichotomie von Subjekt und Objekt nach sich, und wie in einer Kettenreaktion entstehen Gedankengebäude bis hin zur führenden Rolle von Kapitalismus und Bourgeoisie. Es findet ein Bruch mit der feudalen Logik statt, gleichzeitig wird für eine neue Klasse und all ihre Handlungen eine neue Logik aufgebaut. Außerdem – und das ist das Wichtigste – wird durch diese ideologischen Konstruktionen die Führungsrolle der neuen herrschenden Klasse und ihre Priorität gegenüber den alten Klassen begründet. Ein altes Spiel wird auf neue Weise gespielt. Der Name dieser neuen Priesterklasse lautet Philosophen und Wissenschaftler. Aus der ideologischen Kiste der feudalen und sogar der sklavenhalterischen Ideologie werden ständig neue Begriffe und Theorien herausgegriffen. Je nach Situation werden diese entweder mit Flicken ausgebessert oder völlig neue Modelle gebildet – unter der Bedingung, dass die Prinzipien dieselben bleiben.

Um die frappierendsten Elemente des ideologischen Aufbaus zu erkennen, genügt es, Descartes zu analysieren. Zunächst zweifelt Descartes an allem. Seine Botschaft ist verschlüsselt, entziffert lautet sie: »Der ideologische Panzer der Ideologie der feudalen Klasse und somit ihre Herrschaft muss überwunden werden.« Wenn er dies offen sagt, droht ihm die Inquisition; er erzittert vor der Drohung mit dem Scheiterhaufen[105]. Daher muss er auf sehr abstraktem Niveau Philosophie betreiben. Später sagt er: »Ich denke, also bin ich.« Dies ist das Zeichen, dass er seine ideologischen Vorbereitungen getroffen hat und ihre Elemente nacheinander ins Spiel bringen wird. Er

104 Descartes befasste sich damit in seinen *Meditationen über die Grundlagen der Philosophie* mit dem Untertitel *»in der die Existenz Gottes und der Unterschied zwischen Seele und Körper bewiesen wird«* (1641).

105 Als Descartes erfuhr, dass die Inquisition Galileo Galilei gezwungen hatte, seine Forschungsergebnisse zu widerrufen, unterbrach er seine Arbeit. Er wechselte mehrfach den Wohnort, weil seine Schriften auf heftige Ablehnung stießen.

sagt allen: »Zweifelt an Allem, ihr könnt eure Existenz nur durch starke Gedanken beweisen.« Es ist nicht so schwierig, seinen Code so zu entschlüsseln: Die Lebensweise, die der Feudalismus aufzwingt, hat keinen Wert; das neue Leben könnt ihr mit euren starken Gedanken aufbauen! Mit dem Dualismus von Leib und Seeleerinnert er Gott und das Jenseits ein wenig an die Wichtigkeit des Diesseits. Nachdem Gott den ersten Anstoß gegeben hat, bewegt sich das Universum ständig von selbst mechanisch weiter. Wenn wir diesen Satz entschlüsseln: Die Schöpfer der alten Zivilisation sind die Grundlage, doch es gibt eine neue Zivilisation, die sich in Bewegung gesetzt hat; der Aufbau einer neuen Zivilisation aus sich selbst heraus ist möglich. Wenn wir dies in die Sprache von Klassen übersetzen: Eine neue Klasse wird geboren. Sie hat die Kraft zu denken; sie kann ihre Welt mit eigenen Gesetzen der Bewegung und des Handelns gestalten.

Auch Francis Bacon können wir einer kurzen Analyse unterziehen. Francis Bacons Logik beruht auf dem Experiment. Wenn das Experiment verifiziert ist, wird es verallgemeinert. Nicht-experimentelles Denken kann nicht Wissenschaft sein, es kann auch keinen Wert besitzen. Entschlüsselt heißt das: Alles wird in der Praxis, durch das Handeln gelernt; glaubt nicht an das alte Geschwätz; Wissen ist Macht, euch können nur eure Erfahrungen und die Gedanken stark machen, die ihr in der Praxis erwerbt und erwerben müsst! Die entschlüsselte Botschaft an die Klassen könnte wie folgt lauten: »Geht nicht nach der alten, dogmatischen Mentalität vor, experimentiert selbst mit allem, was Profit verspricht, entwickelt die Ergebnisse weiter und verallgemeinert sie; durch Wissen werdet ihr stärker werden und euer eigenes Haus, eure eigenen Welt bauen.«

Es wäre natürlich nicht richtig, die Armee von Wissenschaft und Philosophie, die sich ab dem sechzehnten Jahrhundert ständig vergrößert, als die Vorhut des kapitalistischen Monopols zu bewerten. Wir wissen sogar, dass die große Mehrheit derjenigen, die an den drei historischen Bewegungen (Renaissance, Reformation und Aufklärung) beteiligt waren und sie auch qualitativ dominierten, Menschen mit tiefer Weisheit, hoher Moral und einem freien Denken waren. Sie hassten ein System wie den Kapitalismus, dessen Folgen bereits bei seiner Entstehung klar waren, seine Führungsclique und ihre Lebensweise. Wir können nicht daran zweifeln, dass die in Europa ausgebrochene geistige Revolution einen Wert für die ganze Welt und die gesamte Menschheit darstellt. Ein großer Teil der Vorkämpfer dieser Revolution war humanistisch eingestellt. Sie hielten sich von Religion und Nationalismus fern. Ohnehin sind wissenschaftliche und philosophische Arbeiten an sich eine Revolution. Wenn sie einer sozialen Gruppe zugeordnet werden sollten, so sind dies zweifellos nicht diejenigen, die in die Werte der klassischen Zivilisation verstrickt sind, sondern diejenigen, die aufseiten derer stehen, die das größte Bedürfnis nach Freiheit, Gleichheit und Demokratie besitzen.

Selbst beim Schreiben dieser Zeilen empfinde ich Dankbarkeit ihnen gegenüber. Hier liegt nicht das Problem. So, wie das Mehrprodukt seinen Besitzern entwendet und von einer neuen gesellschaftlichen Klasse herangezogen wird, damit diese sich als regierende Kraft installieren konnte, so war jetzt das Denken dieser neuen Klasse darauf gerichtet, Mehrprodukt und Werte in ähnlicher Weise zu beschlagnahmen und für den Aufbau der eigenen Mentalität zu benutzen. Ein solches Handeln können wir durchaus als geistigen Diebstahl bezeichnen. Der Bourgeoisie gelang es, die neue Moderne in jeder Hinsicht gemäß ihrer eigenen Klasseninteressen aufzubauen. Folgende Eigenschaft der monopolistischen Staatscliquen müssen wir uns vor Augen halten. Wie das Sprichwort sagt, sie werfen mit der Wurst nach der Speckseite[106]. Indem sie die Schwierigkeiten (wirtschaftliche, soziale, politische) der Vordenker der neuen Mentalität meisterhaft ausnutzten, konnten sie diese auf ihre Seite ziehen und sie genauso ausnutzen, wie sie die Unterschichten ausnutzen, die die Wirtschaft erschaffen. Diese Ausbeutung bewerkstelligten sie, indem sie unzählige Handwerker, Wissenschaftler und Philosophen unter ihre Kontrolle brachten oder gar in ihre Herrschaftsapparate integrierten. Sie wussten auch mit den gleichen wirtschaftlichen, sozialen und politischen Methoden diejenigen zu neutralisieren, die Widerstand leisteten. Wir wissen, wie es weisen Männern und Wissenschaftlern wie Erasmus von Rotterdam, Galileo Galilei und Giordano Bruno erging[107].

Die Kontrolle über die Wirtschaft wurde durch die Hand des staatlichen Monopols erneuert, und auf ähnliche Weise bekam eine Bewegung der ideologischen Monopole Einfluss. Aufstände wurden sowohl im politischen, im ideologischen wie auch im wirtschaftlichen Bereich mit großangelegten Maßnahmen niedergeschlagen. Bis zum Ende des achtzehnten Jahrhunderts war der Kampf nicht nur an der Front des wirtschaftlichen Monopols

---

106 Mit der Wurst nach der Speckseite werfen: Versuchen, mit kleinem Aufwand viel zu erreichen; mit etwas Geringwertigem etwas Höherwertiges anlocken.

107 Die meisten Schriften des Erasmus wurden 1545 (neun Jahre nach seinem Tod) auf den Index der verbotenen Bücher gesetzt, Bruno wurde 1600 wegen Ketzerei hingerichtet, Galileo musste 1633 gegenüber der Inquisition seine Erkenntnisse widerrufen und wurde unter Hausarrest gestellt.

(Industrie) gewonnen, sondern auch an der politischen (Französische Revolution) und ideologischen Front (Nationalismus und National-Staat). Verloren hatten der christliche Katholizismus, die Monarchien alten Stils, die Imperien und der Humanismus. So, wie die Wirtschaft durch ihren Gegner, die Monopole, geschluckt worden war, so wurden auch die demokratischen Bewegungen und Nationen zunehmend durch National-Staat und Nationalismus geschluckt. Der Aristokratie, der katholischen Kirche und dem Christentum insgesamt fiel nach ihrem partiellen Ansehensverlust die Rolle zu, im Gegenzug für Zugeständnisse ihre Allianz mit den neuen Herren aufzufrischen und – soweit möglich – zu einem günstigen Kompromiss zu kommen. Bis zum neunzehnten Jahrhundert haben wir es also nicht nur mit einem Sieg der neuen Wirtschaftsmonopole (Handel, Industrie und Finanz) zu tun. Der ideologische Sieg war mindestens ebenso wichtig, und er war errungen worden.

2. Religion und Positivismus

Die religiöse Struktur der feudalen Zivilisation war zerfallen. Die Folge war der Protestantismus. Die katholische Kirche hatte ihre prachtvolle Stellung eingebüßt. Max Weber hat mit seiner perfekten Abhandlung allen gezeigt, wie sehr die protestantische Moral, die an ihre Stelle trat, mit dem Kapitalismus harmoniert. Der Laizismus – ein Begriff, der einer Analyse bedarf – gehört zu den ideologischen Erfolgen jener Zeit. Die Welt des Christentums war über das Denken der Völker Europas mit einem extremen Dogmatismus zu einer Zeit hereingebrochen, als die meisten von ihnen noch freie Stämme waren. Der Widerspruch zur Welt war offensichtlich. Es war nicht schwer vorauszusehen, dass mit dem Verlust seines politischen und wirtschaftlichen Schwergewichts das Christentum auch ideologisch schnell überwunden werden würde. Noch wichtiger war die Entwicklung des merkwürdigen Konstrukts, das Laizismus genannt wird. Im Wortsinne bedeutet es zwar nicht-religiös, doch es ist höchst unklar, inwieweit es innerhalb und inwieweit außerhalb der Religion steht. Die Bourgeoisie warf sich dem Positivismus in die Arme. Wo sich der Positivismus zu neuen Weltreligion erklärt hat[108], wie sehr konnte da der Laizismus außerhalb der Religion stehen? Was hieß überhaupt neue Religion?

108 August Comte, der Begründer des positivistischen Philosophie, konzipierte sie gleichzeitig als »positivistische Weltreligion«. In verschiedenen Ländern existieren immer noch positivistische Gemeinden.

Der Positivismus bezieht seine religiöse Qualität aus seiner Verabsolutierung der beobachtbaren Tatsachen. Im Kern ist für den Positivismus die Erscheinung die grundlegendste Wirklichkeit. Was keine Erscheinung besitzt, ist nicht wirklich. Dabei zeigen andere Forschungen und die Philosophie (insgesamt), dass Erscheinung und sinnliche Wahrnehmung identisch sind. Wahrnehmung wiederum ist der einfachste mentale Vorgang; es ist eine Methode zur groben Informationsgewinnung durch oberflächliche Beobachtung eines Objekts. Damit ist sie die unwissenschaftlichste und fehleranfälligste Art des Wissens. Die Tatsachen zum Positivismus zu erheben, bedeutet, dem Objekt die Rolle der grundlegenden Wirklichkeit zuzubilligen. Die Götzenverehrung beruht auf derselben Grundlage: Ein Objekt wird zum Gegenstand der Anbetung erhoben! Egal, wie sehr der Positivismus die Metaphysik und vor allem die Religion angreift – der Positivismus wurde zu einer gänzlich vulgärmaterialistischen Religion, weil er die Realität über das Objekt definiert; metaphysisch ist er als eine neue Variante oder ein neuer Vertreter der Götzenverehrung des Objekts. Und dabei noch ihr oberflächlichster. Nietzsche ist der gleichen Überzeugung. Dieses Thema werde ich im Band *Soziologie der Freiheit* breit diskutieren.

Der Positivismus hat in der Mentalität mindestens so viel Zerstörung angerichtet wie die mittelalterliche Theologie. Er hat die reiche immaterielle Welt der menschlichen Gesellschaft komplett ignoriert. Er erklärte das Ende der metaphysischen Welt für gekommen und warf alles, das Menschen heilig ist, die Akkumulation von Millionen von Jahren, auf den Müll. Er war eine Bewegung der Ignoranz. Mohammed gab seinem Widersacher ʿAmr ibn Hischām ibn al-Mughīra, der die Kunya[109] Abū l-Hakam trug, statt dessen den Beinamen Abū Dschahl, Vater der Ignoranz. Dieser Beiname passt genau auf die Positivisten: Aus sozialwissenschaftlicher Sicht sind sie die zeitgenössischen Abū Dschahl. Väter der Ignoranz. Nichtreligiosität (Laizismus, von griech. *laikós*) und Phänomenalismus (positivistische Philosophie oder Religion) zusammen mit Vulgärmaterialismus (»Der Geist des Menschen ist wie ein Spiegel, er spiegelt nur wider«) sind ideologische Gewebe, die eng mit den kapitalistischen Monopolen zusammenhängen, das müssen wir uns gut klarmachen. Mithilfe dieser drei ideologischen Varianten finden seit mittlerweile mehr als vierhundert Jahren Operationen der Zerstörung und des Terrors gegen die neue Gesellschaft und ihre ideelle Welt statt.

---

109 Eine Kunya ist im Arabischen ein im Laufe des Lebens angenommener Beiname, der sich auf eine Eigenschaft oder auf ein Kind beziehen kann, z. B. Abu Leyla, Vater von Leyla. Bei prominenten Personen ist oft der Beiname bekannter als der ursprüngliche Name.

Ohne die Auflösung der Gesellschaft, die ihre Existenz seit Jahrtausenden durch ihre ideelle Kultur, also durch die Wirkung ihrer Moral, bewahrt hat, wäre der Sieg der materiellen Kultur des Kapitalismus nicht möglich gewesen. Aus diesem Grunde war die ideologische Eroberung nötig. Auch die Religionsfeindlichkeit hatte ihre Ursachen in der moralischen Dimension der Religion. Diese drei Philosophien waren bei der Zerstörung der gesellschaftlichen Moral sehr effektiv. Moralisch entleerte Gesellschaften verkommen entweder oder kapitulieren leicht. Genau das ist passiert. Der Laizismus zerstörte durch die Irreligiosität die moralische Tugend, die in der Religion liegt. Der Positivismus bereitete durch den Phänomenalismus der neuen Götzenanbetung den Weg (die jüngsten Auswüchse des Wahnsinns der Konsumgesellschaft, die fast schon kultische Verehrung von Gegenständen, können wir als moderne Götzenanbetung definieren). Auf diese Weise kam es zu einem enormen moralischen Verfall.

Die Feindlichkeit gegenüber der Metaphysik ist einer der ignorantesten Angriffe des Positivismus. Seit es Menschen gibt, ist die Metaphysik eine Grundbedingung für die Menschheit. Sie ist nicht nur den Zivilisationen, die um den Staat herum gewebt wurden, ein Bedürfnis, sondern allen Menschen und sogar den Tieren, deren geistige Fähigkeiten entwickelt sind. Weder gestern noch heute kann ein Mensch alleine mit Wissen, Wissenschaft oder – in der Sprache der Positivisten – mit Szentismus bewaffnet vollständig ausgerüstet sein. Selbst wenn das nicht unmöglich wäre, reicht das menschliche Denken dafür nicht aus. Wenn wir dem Menschen die metaphysische Welt nehmen oder zerstören, bleibt nur eine tote Hülle. Oder aber es entstehen verrückte Menschen, die sich an keinerlei Regeln mehr halten (in westlichen Gesellschaften ist dieses Phänomen oft beobachtet worden). Wieder ist genau das passiert. Jedenfalls sind die beobachtbaren Tatsachen nicht die ganze Wirklichkeit, sie stellen nur ihre allgemeine, sichtbare Seite dar.

Die Quantenphysik und die Kosmologie haben ihr letztes Wort noch nicht gesprochen. Das Leben hingegen ist überhaupt noch nicht verstanden, wir sind noch nicht einmal bis an den Rand seiner Mysterien vorgedrungen. Daher verdient es der Positivismus, als moderne Ignoranz bezeichnet zu werden. Der Vulgärmaterialismus steht nicht besser da. Leben und Geist lassen sich niemals mit Spiegeltheorien erklären. Sie stellen Universen da, in denen die Wissenschaft täglich auf neue Wunder stößt. Das gesellschaftliche Leben ist noch komplizierter. Als klar wurde, dass es sich bei diesen drei Philosophien um Bewegungen der Ignoranz handelt, die keine sinnvolle Anziehungskraft ausüben, brachte man zwei Ideologien ins Spiel, in denen diese drei auf eher verdeckte Weise synthetisiert wurden: der bürgerliche Internationalismus und der bürgerliche Nationalismus, die einander scheinbar widersprechen, sich tatsächlich aber ergänzen.

3. Bürgerlicher Internationalismus und Globalismus

Die Baumeister der Ideologie achten in der Geschichte der Zivilisation stets auf zweierlei: Die Bewohner des obersten Stockwerks und die gemeinsamen symbolischen Werte. Dies sind die symbolischen Ausdrücke der gemeinsamen Interessen. Ideologien besitzen stets eine symbolische Qualität. Wichtig ist, was und wessen Interesse darin symbolisiert wird. Der Rat der Götter im obersten Stockwerk der Zikkurat war ein Symbol. En, Enlil und Marduk spiegelten das oberste Gremium der institutionalisierten Hierarchie wider. Wir wissen nicht, wie bewusst oder spontan die symbolische Darstellung erfolgte. Doch die Tradition ist eine alte und weist allgemeingültige Züge auf. Diese symbolische Darstellung wurde immer weiter verkompliziert und transformiert, bis wir bei ihrer heutigen Form angelangt sind. Für die im untersten Stockwerk dagegen werden Symbole der Knechtschaft, der Sklaverei geschaffen. Damit sich der heilige Rat der Götter nicht mit ihnen vermischt, werden dünne, aber klare Linien gezogen. Der Knecht muss tun, was ein Knecht tun muss, er darf sich niemals in die Angelegenheiten der Götter einmischen. Es drängt sich die Frage auf, was die Gesellschaft durch solche Märchen verloren und was sie gewonnen hat.

Der heutige Rat der Bewohner des obersten Stockwerks trifft sich – offen oder geheim – regelmäßig in Davos[110]. Doch eines ist gewiss: die heutigen Mitglieder der Oberschicht – die nackte und unmaskierte Version der Bewohner des obersten Stockwerks der Zikkurat – begeben sich hin und wieder unter die Menschen. Auf solchen Versammlungen achten die diensthabenden Priester darauf, zu versichern, dass die Menschen nichts zu befürchten haben, dass die Situation völlig unter Kontrolle sei, dass Vorräte und Kriegsvorbereitungen ausreichend seien und dass man an eine Niederlage überhaupt nicht denken dürfe. Das wird dann behandelt, und alle ziehen positive Schlüsse daraus. Die Priesterelite verbreitet an vielen Orten über hochentwickelte Medienkanäle diese internationalistische Ideologie, die in bisher nicht gekannter Intensität auf das Denken und das Fühlen einwirkt. Universitäten, Moscheen und Kirchen haben das Nachsehen. Das Kommunikationszeitalter ist das Zeitalter des Globalismus. In Konsum und

110 Gemeint sind die jährlich in Davos stattfindenden Treffen des Weltwirtschaftsforums.

Unterhaltung richten sich alle Zivilisationen nach dem, was gerade in Mode ist. Selbst an einem Punkt, da die ökologische Umwelt erstmals im wirklichen Sinne vor ihrer Vernichtung steht, lassen sie auf ihre bestehende Welt nicht das Geringste kommen. Obwohl überall ständig die Alarmglocken klingen, dass Gesellschaft, Stadt, Land und Demografie nicht nachhaltig sind, sind gemäß ihrer internationalistischen Ideologie ihre Augen blind und ihre Ohren taub. Es scheint, dass es keine Gesellschaft gibt, die nicht durch ein irrsinniges Maß an Sex, Sport und Kunst, die ihres Inhalts schon lange beraubt sind, betäubt werden kann.

4. Nationalismus

So sehr er auch wie das Gegenteil des Internationalismus erscheinen mag, ist doch der Nationalismus das strategische Instrument der neuen Teile-und-herrsche-Religion, zu der die Internationalisten der Oberschicht begeistert greifen, um die unteren Stockwerke der Gesellschaft zu narkotisieren. Er ist das effektivste, unverzichtbare ideologische Werkzeug der kapitalistischen Moderne, um sowohl die Probleme beseitigen, die durch ideologische Instrumente wie Positivismus, Laizismus, Vulgärmaterialismus und Szientismus entstanden, als auch um deren Unzulänglichkeiten zu korrigieren. Vor allem ist der Nationalismus die einzige effektive Religion des Nationalstaates. Jedes Zeitalter der Zivilisation besitzt eigene einflussreiche Glaubensvorstellungen. Ohne diese wären sie handlungsunfähig. Der Nationalismus ist die effektivste Glaubensschablone der Moderne. Seine Konstruktion ist höchst simpel: Mache jeden Faktor, der zur Nation gehört, zu einer heiligen Glaubenssache! Behandle dann diese Faktoren in allen Schulen, Kasernen, Moscheen, Kirchen, Familien und anderen gemeinschaftlichen Aktivitäten so, dass sie identisch mit der Ehre werden, bis selbst die unempfindlichsten Individuen begeistert und aggressiv werden! Dann hast du die effektivste Religion geschaffen. Entgegen der landläufigen Meinung wurden Religionen nicht für den Glauben an das Jenseits und die Vorbereitung auf den jüngsten Tag konstruiert. Sie sind politische Programme und Strategien. Ihre gottesdienstlichen Verrichtungen und Rituale sind Instrumente der täglichen Erziehung.

Auch wenn diese Zusammenhänge maximal verschleiert werden, ist es die grundlegende Aufgabe der Soziologie, die Religion auf diese Weise zu analysieren. Andernfalls kann die Soziologie nur eine Rolle als Unterdisziplin des Szientismus spielen. Außerdem gibt es Heiliges in den Religionen, und das ist sehr wichtig. Es ist auch eine ernsthafte Aufgabe, dieses aufzudecken.

Wenn die Religion tatsächlich unter Verrat an ihren Heiligkeiten zu einem vulgären ideologischen Werkzeug gemacht wurde, so wurde sie von ihren eigenen Predigern in eine Position der Heuchelei gedrängt. Kurz gesagt ist auch die Religion eines der Instrumente, derer sich der Nationalismus sehr häufig bedient: Das Werkzeug eines Werkzeugs. Da wir bei den nächsten beiden Themen diese Entstehung und diesen Gebrauch der Religion aus der Nähe betrachten werden, begnüge ich mich an dieser Stelle mit dieser Definition.

Auch wenn es sehr schwer sein mag, so ist es doch die grundlegendste Aufgabe der demokratischen Moderne, Geist, Denken und daher das freie Handeln vom Einfluss sowohl der wirtschaftlichen Monopole der kapitalistischen Moderne als auch der ideologischen Instrumente der Jahrhunderte zu befreien. Der Grund, warum ich angefangen mit Marx und den Marxisten auch Anarchisten, Utopisten und andere Gemeinschaften der Geschwisterlichkeit bis hin zu Sozialdemokraten und nationalen Befreiungsbewegungen so ausführlich kritisiere, ist die Tatsache, dass sie keine effektive ideologische Aufbauarbeit der demokratischen Moderne geleistet habe. Natürlich haben Marx und die Marxisten sich gegen das aufstrebende kapitalistische Monopol stellen und Widerstand leisten wollen. Auch die demokratischen Tendenzen der anderen sind nicht zu unterschätzen. Doch wenn wir auf den heutigen Zustand schauen, ist klar, wie unzureichend, falsch und praxislos ihre Anstrengungen waren. Wir sehen das daran, dass die kapitalistische Moderne trotz ihrer tiefen und beständigen Krisen und trotz der von ihr verursachten Gesellschaftsfeindlichkeit, Umweltkatastrophe, Armut und Arbeitslosigkeit es auf dem Thron so bequem hat wie nie zuvor.

Die Front der demokratischen Zivilisation steht vor der Aufgabe, erfolgreich einen ideologischen Sprung vorwärts zu machen. Dazu muss sie das Erbe der eigenen Vergangenheit aus allen Zeiten sorgfältig durchgehen, dasjenige nehmen, was sie braucht, und Fehlendes durch Analyse der heutigen konkreten Lage ergänzen. Keine andere Aufgabe ist eiliger und heiliger.

D Die Geschichte des jüdischen Volkes – Im Gedenken an den Völkermord

Diese Kapitelüberschrift mag erstaunen. Doch ich denke, dass ein solches Kapitel durchaus sinnvoll und nötig ist. Mein eigener ›Exodus‹, meine Gefangennahme und der Zusammenhang des Völkermordes an den Juden mit dem Nationalismus, der modernen Religion des Kapitalismus, sind hinreichende Gründe, diese Geschichte zum Thema zu machen. Auch die Tatsache, dass die Intellektuellen bisher zum Thema »jüdische Ideologie« bisher keine aufrichtige Selbstkritik geleistet haben – jedenfalls keine, von der ich weiß –, erfordert eine Beschäftigung mit dem Thema. Ich hoffe, es noch ausführlicher in Band 4 und Band 5 diskutieren zu können, die ich »Demokratisierung der mittelöstlichen Kultur« und »Aufbau der demokratischen Zivilisation in Kurdistan« nennen werde[111].

1. Die Juden und die Zivilisation

Jeder Intellektuelle, der sich mit der Geschichte der Zivilisation beschäftigt, stellt sofort fest, dass eine Analyse unbedingt die Rolle des Judentums einschließen muss. Ich habe das Thema schon in früheren Büchern anklingen lassen, daher werde ich mich hier mit einer kurzen Zusammenfassung begnügen.

Abraham gilt als Stammvater der »abrahamitischen«, also monotheistischen Religionen. Alle Informationen, die wir über ihn besitzen, sind ähnlich wie bei Moses und Jesus von mythologischen Schichten überlagert. Die Wahrheit über ihn könnten allenfalls sorgfältige soziologische Forschungen erhellen.

Wir können davon ausgehen, dass Abraham mit einem »Nimrod«, einem babylonischen Fürsten oder Statthalter im heutigen Urfa[112], in einen paradigmatischen Streit geriet. Selbst wenn es nicht so war, wurde es doch folgendermaßen in der mythologischen Erzählung überliefert: Abraham zerschlägt die Statuen der Götzen des babylonischen Pantheons, um zu zeigen, dass sie keine Götter sein können. Daraufhin zum Tode verurteilt,

111 Die tatsächlichen Titel lauten übersetzt »Zivilisationskrise im Mittleren Osten und Lösung der demokratischen Moderne« und »Kurdische Frage und Lösung der demokratischen Nation«.

112 Öcalan geht wie eine Reihe von Forschern davon aus, dass Abraham aus Urfa stammte. Harran, das mehrfach im Buch Genesis erwähnt wird, liegt nur wenige Kilometer von Urfa entfernt.

wird er mit einem Katapult von der Burg Urfas aus auf einen brennenden Scheiterhaufen geschleudert. Während des Flugs verwandelt sich das Feuer in Wasser, und so entsteht der heutige Fischteich[113].

Wahrscheinlich bildete die Achse Urfa-Jerusalem eine Art Pufferzone zwischen den beiden damaligen Supermächten, dem Ägypten der neuen Dynastie und der sumerisch-babylonischen Hammurabi-Dynastie. Auch die Blütezeit der assyrischen Wirtschaft fällt in diese Zeit. Der Handel war erstmals zu einem bedeutenden Wirtschaftszweig geworden, vielleicht gewann er bereits Einfluss auf die Politik. Immer mehr Händler pendelten auf der Strecke Urfa-Aleppo-Damaskus-Jerusalem. Diese Region hatte seit der Jungsteinzeit und der Zeit der ersten Städte Migration, Handel und Invasion, Besatzung und – am wichtigsten – religiösen Austausch erlebt. Bekanntlich wurde die Gegend auch zum Ausgangspunkt für Christentum und Islam. Abraham (man nimmt an, dass er diesen Namen in Ägypten erhielt, da die Ägypter die Einwanderer aus der Wüste Sinai *apiru* nannten, was ›Staubleute‹ bedeutet; die Namen ›Abraham‹ und ›Hebräer‹ sind wahrscheinlich davon abgeleitet) wollte sich in der Nähe von Jerusalem niederlassen. Die dortigen Herrschenden ließen dies jedoch nicht ohne Weiteres zu. Es heißt, er habe dort ein wenig Land erhalten und sei dort gestorben. Die Geschichte, die mit Sara, Hagar, Ismael, Isaak und Jakob beginnt und sich über die Propheten Moses, Jesus, Mohammed und Dutzende weitere Propheten fortsetzt, lässt sich in den heiligen Schriften der Thora und des Koran verfolgen. Auch viele Nebenerzählungen, Romane und Geschichtsbücher können Anhaltspunkte geben. Mir genügt es, an dieser Stelle einige Abschnitte mit ungefährer Chronologie hervorzuheben.

a. Die Erzählungen von Abraham in Urfa und seinem Exodus, wahrscheinlich zwischen 1700 und 1600 v. Chr.
b. Die Ägyptische Gefangenschaft, 1600–1300 v. Chr.
c. Der Exodus unter der Führung von Moses, 1300–1250 v. Chr.
d. Die Ansiedlung im »gelobten Land« unter Führung des Kommandanten und Propheten Josua.
e. Die Zeit der Richter, 1200–1020 v. Chr. Dies war die Zeit geistlicher und weltlicher Führer, noch vor den Königen und Propheten. Sie endet mit Saul, dem ersten König.

113 Diese Erzählung findet sich ebenso im Koran wie im jüdischen »Buch der Jubeljahre«. Vgl. Öcalan: »*Urfa – Segen und Fluch einer Stadt*«, Köln 2008.

f. Die Zeit der Königreiche Juda und Israel, 1000–700 v. Chr. Sie begann mit Saul, David und Salomo und endet mit Ezechiel und der babylonischen Gefangenschaft.
g. Die Zeit von Invasionen, Widerstand, Diaspora[114], Besatzung und Fremdherrschaft durch Aššur, Babylon, Alexander und die Römer, 700 v. Chr.–70 n. Chr.

In dieser Zeit wurden die Königreiche Juda und Israel zerstört. Zwei Gruppen bildeten sich heraus: Widerständler und Kollaborateure. Unter den Kollaborateuren gab es wiederum zwei Gruppen, die sich entweder an Griechenland oder an Persien orientierten. Das dritte Exil nach Urfa und Ägypten wurde das berühmte Babylonische Exil, die mehr als vierzigjährige Gefangenschaft unter König Nebukadnezar von Babylon (586–538). Die Gesetze, die sich in der heiligen Schrift finden und die offenbar vom Zoroastrismus beeinflusst sind, wurden in dieser Zeit erlassen. Es bestand eine große Bewunderung für die Perser, da sie die mehr als vierzigjährige Verbannung beendet hatten. Die ersten Niederschriften der Thora stammen aus dieser Zeit, also dem sechsten Jahrhundert. Das bedeutet, dass es rund sechshundert Jahre lang kein schriftliches Exemplar der heiligen Schrift gab. Die Teile, die in die heiligen Schriften von drei Weltreligionen eingeflossen sind, beruhen also auf sechshundert Jahren mündlicher Überlieferung. Die Ilias von Homer und Hesiods Theogonie stammen aus der gleichen Zeit und sind in ähnlicher Weise niedergeschriebene Erzählungen. Zweimal wurde trotz erbitterten Widerstands der salomonische Tempel zerstört, zuletzt im Jahre 70 n. Chr. durch die Römer. Das Christentum steht in der Tradition des Widerstands der Armen, doch auch der Widerstand der Oberschicht, der Makkabäer, ist berühmt.

Nach 70 n. Chr. lebten die jüdischen Stämme respektive das jüdische Volk überwiegend im Exil, in der Diaspora. Einige lebten innerhalb der assyrischen, armenischen oder griechischen Kultur, der überwiegende Teil der Juden konzentrierte sich aber auf die Gebiete des römischen und des persischen Reiches. In der Umgebung von Jerusalem blieben nur wenige ansässig, die meisten verschlug es in die Diaspora. Die westliche und die östliche Diaspora wurden zu zwei bedeutenden kulturellen Traditionen in der Geschichte des jüdischen Volkes.

---

114 Ursprünglich wurden mit Diaspora (Verstreutheit) geschlossene Siedlungen der Juden bezeichnet, die nach dem Untergang des Reiches Juda 586 v. Chr. zunächst im Babylonischen Exil entstanden und sich in den folgenden Jahrhunderten von dort und von Palästina aus ausbreiteten.

Diese lange Zeit wird auch die Ära der Schriftgelehrten genannt. Immer wieder wurden die heiligen Schriften zusammengestellt, redigiert und interpretiert. Auch Propheten erschienen, doch das Schriftgelehrtentum besaß die größere Bedeutung. Das hohe intellektuelle Niveau der jüdischen Kultur beruht also auf einer historischen Tradition.

Eine andere wichtige Tradition ist die des Handels und der Geldwirtschaft. Dass viele Juden sich diesen Wirtschaftszweigen zuwandten, hängt eng damit zusammen, dass sie keine Möglichkeit bekamen, durch Landwirtschaft ihr Auskommen zu finden. Insofern können wir sagen, dass sie an die Stelle der Assyrer traten und im Mittleren Osten das Monopol für Handel und Geldgeschäfte übernahmen. In mittelalterlichen Städten wie London und Amsterdam, den Wiegen des Kapitalismus, kamen sie so zu Reichtum und Einfluss. Auch ihre Position als Kapitaleigner beruht also auf einer langen historischen Tradition.

h. Die Zeit der Diaspora

Mit der Diaspora begannen die Juden sich in Gegenden zu konzentrieren, die über die Stufe von Stammesgesellschaften hinausgekommen waren. Auch die Juden können wir von da an treffender als »Volk« bezeichnen. Wir sehen, dass jüdische Gemeinschaften in Arabien, dem Iran, Kurdistan, Ägypten und Griechenland entstanden. Mit ihrer eigenen Kultur und der Kultur der Gesellschaften, in denen sie lebten, wurden sie zu einem bikulturellen Volk. Dies hatte große Auswirkungen auf ihre intellektuelle Entwicklung, da sie mit allen antiken und klassischen Kulturen in Kontakt kamen.

Mit der Entstehung des Islam begann ein neuer tragischer Abschnitt. Durch den Islam wurde die arabische Gesellschaft in eine Handelszivilisation transformiert. Damals lag allerdings das Monopol für Handel und Geldgeschäfte auch in vielen Regionen Arabiens in der Hand von Juden. Die Authentizität des Mohammed als *hadith*[115] zugeschriebenen Ausspruchs »Es sollen keine Juden in Arabien bleiben« ist zwar zweifelhaft, muss aber vor diesem Hintergrund verstanden werden.

Auch die arabisch-jüdische Feindschaft hat weit zurückreichende historische Wurzeln. Dass Abraham Hagar und ihren gemeinsamen Sohn Ismael verstieß[116] und in die Gegend von Mekka schickte[117], hängt mit den damaligen Widersprüchen zwischen den jüdischen und den arabischen Stämmen

115 Die als *hadith* bezeichneten überlieferten Aussprüche Mohammeds stellen im Islam neben dem Koran die wichtigste Quelle der Gesetzgebung dar.

116 Gen 21, 9–21.

117 Nach koranischer Überlieferung.

zusammen. Zwischen den Interessen der Juden und der arabischen Scheichs und Händler gibt es seit jener Zeit Widersprüche, die in den heutigen arabisch-israelischen und palästinensisch-israelischen Konflikten eskalieren. Heute ist dieser historische Konflikt, dessen Wurzeln 3500 Jahre zurückreichen, zu einem Kampf der Zivilisationen geworden.

Dass es zwischen den Handelsmonopolen zu heftiger Konkurrenz kam, können wir als normal betrachten. Die Bedeutung, die der Islam dem Handel beimisst, wird durch die Beziehung von Mohammed und seiner ersten Frau Chadīdscha verständlicher. Letztlich wurden die Juden gezwungen, sich zu assimilieren und als nützliche Konvertiten (arabisch: *muhtedī*) in der Region zu bleiben, oder ins Exil zu gehen. Beide Wege wurden beschritten. Ein großer Teil machte sich auf die Wanderung nach Westen in Richtung Europa, die schon zu Zeiten des Römischen Reiches begonnen hatte, andere blieben und wurden als halbfreie Konvertiten mit Tributzahlungen belegt. In der islamischen Zivilisation des Mittelalters, besonders im Iran und in Andalusien, spielten Juden wiederum ihre historische Rolle und wurden als Schreiber, Händler und Geldwechsler berühmt. Es gelang ihnen, mit einer Reihe von politischen Machthabern zusammenzuarbeiten. So festigen sie ihren Ruf als ein Volk von Intellektuellen, Händlern und Geldwechslern. Aus diesem Grund wurden sie zum bevorzugten Angriffsziel eines großen Teils der Intellektuellen und Händler anderer Gesellschaften. Auch die Judenfeindlichkeit, die sich durch die Geschichte zieht, hat also materielle, kulturelle und historische Ursachen.

i. Die Neuzeit

Zu Beginn der Neuzeit schlug so eine Welle des Hasses und der Drohungen über die Juden herein, wodurch sich ihre Auswanderung noch beschleunigte. Denn die Handels- und Finanzmonopole wurden zur Geburtsstätte der Zivilisation des Kapitalismus. Einigen nutzte dies, anderen schadete es. Doch alle wiesen mit dem Finger auf die jüdischen Intellektuellen, Händler und Geldverleiher und sahen in ihnen das Hindernis auf dem Weg zum eigenen Gewinn oder machten sie für die eigenen Verluste verantwortlich. Die Juden standen vor einem gefährlichen Paradoxon. Die Handels- und Finanzmonopolisten der anderen Völker, in deren Interesse eine kapitalistische Entwicklung lag, sahen die Juden als Hindernis. Doch auch die Bauern und Handwerker dieser Nationen, deren Interessen der Entwicklung der kapitalistischen Monopole entgegenstanden, konnten die Juden bequem dämonisieren. Auch im Interesse der systemtreuen Intellektuellen lag es, die Juden wie eine Büchse der Pandora für alles Böse verantwortlich zu machen. So stehen im fünfzehnten und sechzehnten Jahrhundert wieder Pogrome gegen Juden und Exil am Anfang einer neuen, gewalttätigen Phase der Zivilisation.

Das Bemerkenswerte dabei ist, dass die jüdischen Intellektuellen, Händler und Geldverleiher zu einer der treibenden Kräfte beim Aufbau dieser neuen Zivilisation werden konnten, gleichzeitig aber am meisten ihrem Zorn ausgesetzt waren. Hier liegt das Paradox, von dem ich gesprochen habe. Im Zuge der Reconquista ab 1492 wurden nicht nur die Muslime aus Spanien vertrieben, sondern auch in großer Zahl Juden. Der billige Vorwand lautete, sie hätten schließlich Jesus gekreuzigt. Die eigentlichen Ursachen waren jedoch die oben beschriebenen. Auch in Polen und dem zaristischen Russland gab es ähnliche Judenverfolgungen. Die Länder, in denen sie sich in der Folge niederließen, waren in erster Linie Holland und England. Ein Teil der Juden migrierte auch ins Osmanische Reich, das mit den europäischen Monarchien im Krieg stand. Sie wurden nicht nur geduldet, sondern sogar vom Sultan gerufen, um als Geldwechsler und Händler innerhalb seines Monopols zu arbeiten. Nach und nach begann auch die Auswanderung auf den amerikanischen Kontinent. Auch in den aufstrebenden deutschen Städten etablierten sich mit der Zeit jüdische Intellektuelle sowie Händler und Bankiers. In Deutschland kam es zu einer festen Verwurzelung und Vermischung.

Manche Intellektuelle führen die Entstehung des Kapitalismus auf das Judentum zurück, doch finde ich das eine Übertreibung. Auch wenn sie einen gewissen Einfluss hatten, so lagen doch die entscheidenden Ursachen in den Verhältnissen der örtlichen Gesellschaften. Allerdings dürfen wir die katalytische Wirkung von Minderheiten nicht unterschätzen. Der Einfluss jüdischer Bankiers, Händler und Philosophen war für die Entwicklung des intellektuellen Milieus sowohl in Holland als auch in England genauso bedeutend wie für die Tatsache, dass sich der Kapitalismus als Hegemon des neuen Systems durchsetzte. Spinoza spielte eine Schlüsselrolle für das Denken der Neuzeit. Er war einer der ersten jüdischen Säkularisten und einer der großen Vordenker der Freiheit. Die Philosophie des »Verstehen ist Freiheit«[118] schuldet ihm viel. Jüdische Bankiers und Händler ermöglichten es dem britischen und dem holländischen Staat durch ihre Kredite, Kriege zu gewinnen und zu Großmächten aufzusteigen. Eine ähnliche Rolle spielten sie in Amerika, insbesondere im Unabhängigkeitskrieg der britischen

118 Einer von Öcalans eigenen philosophischen Grundsätzen.

Kolonien in Nordamerika. Jüdische Intellektuelle, Händler und Bankiers gehörten zu den wesentlichen Kräften bei der Entstehung der Vereinigten Staaten von Amerika.

2. Die jüdische Ideologie

Jüdische Intellektuelle spielen heute immer noch global eine enorm einflussreiche Rolle. Diese Führungsrolle hat weit zurückreichende historische Wurzeln.

a) Die jüdische Kultur wurde bei ihrer Entstehung von zwei großen historischen Kulturen beeinflusst, der sumerischen und der ägyptischen. Das alte Testament bzw. die Thora gibt in der Sprache des Stammes wieder, was die Hebräer von diesen beiden Kulturen aufgenommen haben und wie es sich in ihrem ethischen Denken widerspiegelt. Die Einflüsse sind klar nachweisbar, es handelt sich um eine der ersten Variationen dieser Kulturen. So sind die Geschichte von Adam und Eva, die Erschaffung der Welt in sieben Tagen, der Begriff *el* für Gott und das Prophetentum von diesen Kulturen übernommen. Die Geschichte von Noah und der Sintflut ist eine sumerische Legende, genau wie die Erzählungen über die Propheten Hiob und Henoch. Eine monotheistische Religion wurde erstmals in Ägypten in der Zeit des Pharao Echnaton im Zuge einer Reform eingeführt. Außerdem war Urfa, die Heimatstadt Abrahams, eines der ältesten Zentren der neolithischen Kultur. Daher dürfen wir auch den Einfluss einer modifizierten neolithischen Ideologie nicht unberücksichtigt lassen. Mit den Ariern und den Semiten stehen zwei große linguistische und kulturelle Gruppen hinter der Kultur des Stammes der Hebräer. All dies sind Quellen ihrer Kultur.

b) Der kulturelle Einfluss der babylonischen und der zoroastrischen medisch-persischen Kultur während des ersten Exils ist offensichtlich. Viele Geschichten flossen aus dieser Kultur ein.

c) Der dritte große Einfluss ist die griechisch-römische Kultur. Insbesondere bei der Weiterentwicklung der Religionsphilosophie ist die griechisch-römische Ära entscheidend. Die gegenseitige Befruchtung von Religion und Philosophie, die im Mittelalter Christentum und Islam prägte, beruhte auf den philosophischen Schulen des hellenistischen Zeitalters, insbesondere auf Aristoteles, Platon und den Stoikern.

d) Christentum und Islam stellen zwei Richtungen des mosaischen Glaubens dar, die den Bedürfnissen der griechisch-römischen beziehungsweise der arabischen Gesellschaften angepasst sind. Die gemeinsamen Ursprünge liegen auf der Hand. Der Widerspruch beider

Glaubensrichtungen zum Judentum rührt von dessen tribalem Charakter her. Der mosaische Glaube entstand zunächst als Religion des Stammes der Hebräer, seit Diaspora und Mittelalter als nationaler Glaube des jüdischen Volkes. Genauer gesagt haben wir es mit einer Reihe von Synonymen zu tun: der Stamm der Hebräer ist gleich die jüdische Religion ist gleich das jüdische Volk. Die jüdische Ideologie hat also von Anfang an einen religiösen Inhalt, der sich wiederum auf einen Stamm beziehungsweise auf ein Volk bezieht. Islam und Christentum dagegen wurden nach den materiellen und ideellen Bedürfnissen der den Juden benachbarten Völker geformt, die gleichzeitig enge Verbindungen zu ihnen wie auch grundsätzliche Widersprüche ihnen gegenüber hatten. So erklären sich sowohl der starke Einfluss als auch die häufigen Konflikte.

e) Die jüdische Ideologie hat außerdem die materielle Kultur stark geprägt. Wir haben gesehen, wie die materielle Kultur die Zivilisationen geformt hat. Daher können wir die jüdische Ideologie als Ideologie einer Zivilisation definieren, die seit den Sumerern in enger Beziehung zu allen Zivilisationen des Mittleren Ostens geformt wurde. Insofern schlage ich folgende Formulierung vor: *Die Essenz der jüdischen Ideologie ist die Synthese aller Zivilisationen.* Dies ist der Grund für ihre Stärke. Entscheidend dafür ist die Rolle, welche die jüdischen Propheten, Schriftgelehrten und Schriftsteller in der Geschichte gespielt haben. So weist das Verhältnis der Gesellschaften zu ihren Zivilisationen dieselben Beziehungen und Widersprüche auf wie ihr Verhältnis zu den Juden.

Weiter können wir folgern, dass das ›Judentum‹ nicht nur eine Religion und ein Volk, sondern darüber hinaus eine Zivilisation der Synthese von Zivilisationen bezeichnet. Wenn wir dazu die tragende Rolle berücksichtigen, welche die jüdische Ideologie für die intellektuellen Strukturen spielt, so verstehen wir besser, warum Juden weltweit immer noch eine bedeutende Rolle spielen.

f) In der Neuzeit spaltete sich die jüdische Ideologie in zwei Hauptrichtungen – einen religiösen und einen laizistischen Flügel. Spinoza (1632–1677) führte den weltlichen Flügel an, eine Reihe weiterer Philosophen jüdischer Herkunft folgte ihm. Die Frage, wie sehr der Laizismus außerhalb der Religion steht oder ob er selbst eine neue Religion darstellt, können wir an dieser Stelle nicht ausführlich diskutieren. Jedoch möchte ich erneut darauf hinweisen, dass ich die Trennung von religiösem Denken und nicht-religiösem Denken für keine besonders sinnvolle halte. Die Trennung sollte an anderer Stelle vollzogen werden. Eine solche Unterteilung erklärt nur wenig, birgt aber die Gefahr der Verzerrung in sich. Jede Form des Wissens, ob mythologisch, religiös, philosophisch oder wissenschaftlich, besitzt eine gesellschaftliche Entsprechung. Es ist eine wichtige Aufgabe der Soziologie, die kontroverse Rolle und die Funktionen dieses Wissens mit ihren sozialen und politischen Konsequenzen aufzudecken.

g) Die Ideologie der Aufklärung wurde vom weltlichen Flügel des Judentums stark beeinflusst. Dieser Ideologie, die wir auch als ›Szientizismus‹ bezeichnen können, entspricht im Bereich der Philosophie dem Positivismus. Diese ideologische Strömung, die die Neuzeit maßgeblich geprägt hat, wurde als Szientizismus oder Positivismus zur Religion der kapitalistischen Moderne. Ich betrachte den Positivismus als Religion in einem neuen Gewand, das sich nur wenig vom Alten unterscheidet. Die szientistische Vorstellung der Naturgesetze ist eng verwandt mit der Vorstellung religiöser Gesetze. Die Auffassung, Religion befasse sich mit geistlichen und jenseitigen Angelegenheit, der Laizismus hingegen mit weltlichen Angelegenheiten führt in die Irre und ist lediglich eine künstliche Aufteilung. Alle Religionen betreffen das Diesseits und die Gesellschaft. Und auch die als ›weltlich‹ bezeichneten Auffassungen betreffen nicht in erster Linie die Welt, sondern die Gesellschaft. Die Begriffe ›geistlich‹ und ›weltlich‹ verdecken einerseits einen ernsten Widerspruch und dienen andererseits dazu, diesen Konflikt verdeckt fortführen zu können. Die Systematisierung der Aufklärung in Form von Szientismus und Positivismus machte sie zur offiziellen Ideologie des neuen Nationalstaats. Doch schon bald wurden sie in den Nationalismus verkehrt.

3. Jüdischer Nationalismus

Die traditionellen jüdischen Händler und Geldverleiher bekamen im kapitalistischen System als ›bürgerliche Klasse‹ ein moderneres Attribut. Dass die Bourgeoisie als neue soziale Klasse ihre offizielle Ideologie im Positivismus fand und den Nationalismus als Staatsverständnis entwickelte, ist durchaus verständlich. Diese Klasse hatte die Nation erschaffen, und durch die neue Ideologie verfestigte sie das Erreichte. Nachdem alle Faktoren, die eine Nation konstituieren, ›nationalisiert‹ waren, fiel es nicht mehr schwer, mittels des Staatsmonopols wirtschaftliche Monopole herzustellen. Die Monopole, die sich in allen europäischen Nationen schnell herausbildeten, konnten gegenüber der Nation nur durch Nationalismus gerechtfertigt werden. Wir sehen hier einen ähnlichen Erfolg einer Ideologie wie bei den Sumerern. Früher war es die Gottheit, nun wurde an ihrer Stelle als höchstes Wesen ›die Nation‹ postuliert. Der Staat, der hinter der Nation steckte, monopolisierte das materielle Leben und wurde so zur größten Macht in der Gesellschaft. Die Verbindung von beidem, der National-Staat wurde zur Neuauflage des Gott-König-Staats. Um sich gegenüber der Gesellschaft zu legitimieren, brauchte der sumerische Staat die Mythologie, der kapitalistische Staat eine Philosophie und für die breiten Massen eine vulgarisierte Form davon. Der Nationalismus befriedigte dieses Bedürfnis geradezu perfekt. So erhielten die europäischen Gesellschaften als Nationen nach vierhundertjähriger Suche eine offizielle Ideologie. Die Nation beförderte den Nationalismus, der Nationalismus die Nation, beide den Staat und der Staat das wirtschaftliche Monopol: So nahm – nach einer Übergangsphase natürlich – die neue Welt Gestalt an. Überall wurde nun nach Nationen differenziert, der Flächenbrand des Nationalismus breitete sich aus. Die jüdische Ideologie hatte darauf Einfluss und wurde davon beeinflusst.

Dass die jüdische Ideologie bei objektiver Betrachtung einen Bezug zu Volk und Stamm, daher auch zum Nationalismus besitzt, ist nicht schwer zu erkennen. In der Form einer Art ›Stammesnationalismus‹ ist die jüdische Ideologie die älteste Form eines Nationalismus. Sie gehört zu den Ideologien, welche die Veränderungen im Zuge einer Verbürgerlichung am einfachsten mitvollziehen konnten. Und wieder stehen wir vor einem Paradoxon. Das Judentum war der ideologische Urahn des Nationalismus, doch dessen jüngste Ausgaben lehnten das Judentum ab. Dieses Paradox entstand auf ideellem und ideologischem Gebiet genauso wie auf materiellem. Alle Nationalismen richteten die Waffen gegen ihren Vorfahren – in ihrer eigenen Ansicht aus ›zwingenden‹ materiellen Gründen. In jeder europäischen Nation begannen die Nationalisten, die Juden, ihre Ideologie, ihre Kultur und ihr Volk für alle Probleme und Hindernisse verantwortlich zu machen. Auf ähnliche Weise hatten bereits Christentum und Islam das Judentum als bedeutendstes Hindernis für sich ausgemacht, obwohl sie doch selbst jüdischer Abstammung waren.

An dieser Stelle komme ich auf meine These zurück, dass das staatliche Wirtschaftsmonopol den Kern der Zivilisation darstellt. Überall wo neue Staaten entstehen, ist ein Konflikt, ja Krieg zwischen alten und neuen Monopolen unausweichlich. Dieser Krieg wird fortgesetzt, bis die eine Seite vernichtet ist, kapituliert hat oder völlig marginalisiert ihr Dasein fristet. Die beschriebenen Konstellationen unterstreichen diese These.

Die Sehnsucht nach einem ›gelobten Land‹, die schon 3500 Jahre zuvor die jüdischen Stämme bewegt hatte, machte sich natürlich auch im Zeitalter des europäischen Nationalismus bemerkbar. Eine neue jüdische Nation brauchte ein neues Land. Da ihnen in Europa stets Feindschaft entgegenschlug, entwickelte sich zwangsläufig eine Strömung, die nach dem alten ›gelobten Land‹ strebte. So entstand der als Zionismus bezeichnete bürgerliche jüdische Nationalismus – als bemerkenswertes Beispiel einer Nationalbewegung des neunzehnten Jahrhunderts, des Zeitalters der Nationalismen.

Die Geschichte seither kann ich hier nur kurz umreißen. Die Unterstützung zweier damals mächtiger Staaten war nötig: Deutschlands und Englands. Frankreich stand erst an dritter Stelle. Die jüdischen Nationalisten arbeiteten in beide Richtungen. Es ist bekannt, wie Juden zum Aufstieg Hollands und Englands beigetragen hatten. Eine ähnliche Rolle spielte jüdisches Kapital in Deutschland. Jüdische Intellektuelle leisteten darüber hinaus einen bedeutenden Beitrag zum ›intellektuellen Kapital‹ (die deutsche Ideologie) Deutschlands. Wegen dieser Unterstützung bekundete der deutsche Kaiser bei zwei Besuchen Jerusalems sein Interesse an der Bewegung für ein neues jüdisches Heimatland. Gleichzeitig war im Osmanischen Reich der stärkste Flügel der Regierungspartei (»Komitee für Einheit und Fortschritt«) deutschlandfreundlich und hatte gute Verbindungen zu den Juden aus Saloniki[119] und jüdischen Kapitalbesitzern. Wenn sie im Ersten Weltkrieg gesiegt hätten, wäre unter deutscher und osmanischer Schirmherrschaft schon früher die Rückkehr nach Palästina erfolgt. Auch die Londoner Fraktion hatte traditionell großen Einfluss.

Doch verlassen wir die politische Geschichte, die wir hier ohnehin nicht erschöpfend behandeln können und betrachten wir einige Beispiele für modernen Antijudaismus. Hitler machte für die deutsche Niederlage im Ersten Weltkrieg eindeutig die Juden verantwortlich. Er sah einen Zusammenhang zwischen der britischen Überlegenheit, der jüdischen Ideologie und dem jüdischen Nationalismus. Deutschland betrachtete er als Opfer eines großen Verrats, für den er die Juden verantwortlich machte. Auch in anderen Nationen mit ähnlichen Problemen entwickelte sich ein ähnlicher Antijudaismus. Die Dreyfusaffäre in Frankreich mag als Beispiel dienen. Natürlich kann man derlei antijüdische Behauptungen im Einzelnen widerlegen. Doch woher kommt es, dass derartige Ideen auf der ganzen Welt weiter im Umlauf sind? Jüngstes Beispiel ist der iranische Staatspräsident Ahmadineschad. Dies hängt mit der Funktionsweise der jüdischen Ideologie

119 In Saloniki waren die nach der Reconquista ins Osmanische Reich fliehenden Juden angesiedelt worden. Die Stadt war das Zentrum jüdischen Lebens im Osmanischen Reich. Auch Mustafa Kemal stammte von dort.

und des Nationalismus auf der Welt zusammen. Diese Ideologie ist immer noch die Leitideologie, wie sie es für die kapitalistischen Monopole war.

Was Hitler getan hat, ist durch nichts zu rechtfertigen. Völkermord ist ein ungeheures Verbrechen gegen die Menschlichkeit. Diese humanitäre, gesellschaftliche Tatsache steht nicht zur Disposition. Auch die Beiträge jüdischer Intellektueller zu den Kämpfen der Menschheit für Freiheit, Gleichheit und eine demokratische Gesellschaft können nicht hoch genug eingeschätzt werden. Selbst wenn wir die Propheten einmal beiseite lassen und in der Neuzeit bei Spinoza beginnen, stoßen wir sofort auf eine große Zahl von Intellektuellen und Revolutionären wie Karl Marx, Sigmund Freud, Rosa Luxemburg, Leo Trotzki, Theodor Adorno, Hannah Arendt und Albert Einstein. Mir sind die demokratischen und sozialistischen Qualitäten jüdischer Intellektueller durchaus bewusst. Ich möchte Adornos Urteil nicht wiederholen. Doch ich möchte die Frage stellen, wann wohl der materielle und ideelle Beitrag der Juden für die Entstehung von Völkermorden kritisch und gleichzeitig konstruktiv analysiert werden wird, damit in der Praxis die nötigen politischen Konsequenzen getroffen werden können? Solange der jüdische Nationalismus als ideologischer Faktor und sogar Vorreiter nicht zutreffend analysiert wird, können wir weder den Völkermord an den Juden angemessen beurteilen noch neue Völkermorde und Massaker verhindern. Der jüdische Nationalismus ist nicht der Nationalismus einer kleinen Nation, er ist der Weltnationalismus, der Urahn aller Nationalismen und Nationalstaaten. Tragischerweise wurden die Juden sein größtes Opfer, das in der Weltgeschichte unvergleichbar ist.

Das Judentum als Problem wurde oft diskutiert, selbst von führenden jüdischen Intellektuellen wie Marx[120] und Freud[121]. Doch folgende Frage blieb ohne Antwort: Wie kam es zum Völkermord? Da Gedenken an den Völkermord nur heißen kann, weitere Völkermorde zu verhindern, stellt sich die Frage, wie wir dies gewährleisten können.

Ich möchte in dieser Verteidigungsschrift das Beispiel der Juden zum Ausgangspunkt für meine Schlussfolgerungen machen:

Der jüdische Stamm *(kabile)* bewunderte die sumerische und die ägyptische Zivilisation. Was er bekam, war das Exil. Der trotzige kleine Stamm entwickelte aus Eifersucht seine eigene Stammesideologie, seine Religion. Er errichtete ein Königreich in Jerusalem – es wurde zerstört. Er blieb trotzig und wurde in die ganze Welt zerstreut. Er suchte nach Land für seinen

120 Karl Marx: *Zur Judenfrage*, Paris 1844.
121 Sigmund Freud: *Der Mann Moses und die monotheistische Religion*, Amsterdam 1939.

Stamm, später für sein Volk *(kavim)*, doch sie bekamen keines. Sie wurden vertrieben. Um nicht aufzugeben, wandten sie sich dem Atom und dem Weltall zu. Nun spekulierte der Stamm mit seinem kleinen Nationalstaat auf die Position der Avantgarde der Zivilisation. Vielleicht können der Mittlere Osten, den er selbst mit erschaffen hat, oder vielleicht auch die ganze Welt die jüdische Zivilisation und ihren Staat vernichten. Aber das wäre auch für sie selbst das Ende. Denn die kleine jüdische Zivilisation ist der Kern, die Essenz der Weltzivilisation. Ohne Weltzivilisation gibt es keine jüdische Zivilisation, ohne jüdische Zivilisation keine Weltzivilisation. Dies ist die große Lehre aus dem Völkermord.

Weise Menschen haben gesagt: Feuer lässt sich nicht mit Feuer bekämpfen. Dem Feuer der Zivilisation entkommt man nicht, indem man kleine Feuer anzündet. Damit meine ich Nationalstaaten und Monopole im Allgemeinen. Durch die gesamte Geschichte hindurch ereilte die Anführer der Stämme und unterdrückten Völker, der Armen und Versklavten, die gegen die Zivilisation kämpften, das gleiche Schicksal. Entweder wurden sie getötet, oder sie waren siegreich. Doch die erste Tat der Sieger war, eine eigene Zivilisation zu gründen. Denn sie kannten nichts anderes. Selbst die siegreiche Avantgarde des wissenschaftlichen Sozialismus schaffte es nicht, etwas anderes aufzubauen als ein weiteres Modell der kapitalistischen Moderne – jedoch eines mit einem eisernen Vorhang. Niemals sahen die Opfer eines Völkermordes ihr Schicksal voraus, bevor es sie ereilte.

Ich kann aufrichtig sagen, dass ich die Opfer von Völkermorden verstehe. Der Grund dafür ist, dass ich zwischen die Räder desselben Systems geraten bin. Ironischerweise waren es Juden, die an diesen Rädern drehten.

Wenn der Machtkampf dieser Ideologie nicht zu einer schöpferischen Kraft der Zivilisation geworden wäre, hätte es dann überhaupt ein Christentum geben können? Wenn es kein Christentum gegeben hätte, hätte es einen Hitler geben können? Der deutsche Nationalismus hat Hitler hervorgebracht, doch die Wurzel des deutschen Nationalismus war die deutsche Ideologie, also die Ideologie der Aufklärung mit Positivismus und Biologismus. So besteht ein dialektisches Verhältnis mit der jüdischen Ideologie und dem jüdischen Nationalismus durch die gemeinsame Wurzel in der Aufklärung. Anders ausgedrückt, so wie der jüdische Nationalismus vom jüdischen Stammesnationalismus abstammt, so stammt der deutsche Nationalismus vom deutschen Stammesnationalismus ab. Dass sich in Deutschland beide in enger Beziehung zueinander entwickelten, führte aufgrund politischer und wirtschaftlicher Monopole zu Verwerfungen in den gegenseitigen Beziehungen. Diese historisch-sozialen Entwicklungen zeigen recht deutlich die Verbindung zwischen diesen beiden Nationalismen auf. Ohne diese beiden Nationalismen zu verstehen, können wir weder auf sinnvolle Weise des Völkermords gedenken noch neue Völkermorde verhindern.

Einen ähnlichen Vergleich können wir zwischen der arabischen Ideologie und dem arabischen Nationalismus sowie der jüdischen Ideologie und dem jüdischen Nationalismus anstellen. Auch hier besteht eine bemerkenswerte Dialektik. Hätte es ohne das Judentum einen Mohammed geben können, ohne Mohammed einen Islam? Hätte es ohne den Islam eine Baath-Partei geben können, ohne Baath-Partei einen Saddam Hussein? Man mag mir hier Tautologie vorwerfen. Doch ich äußere dies vor dem Hintergrund einer Zivilisationsanalyse.

Die USA sind heute eine Weltmacht, ein Hegemon. Vielleicht können wir sie als ein Imperium bezeichnen. Heute kämpfen sie im Mittleren Osten für Israel. Vielleicht werden sie schon morgen gegen den Iran Krieg führen, der Israel bedroht. Es besteht sogar die Möglichkeit, dass diesmal Atomwaffen dafür eingesetzt werden. Die Gefahr, dass der Versuch unternommen werden wird, Atomkrieg durch Atomkrieg zu verhindern, ist nicht wegzuleugnen. Genau wie vergangene Völkermorde darf sich jedoch auch Hiroshima niemals wiederholen. Allerdings müssen wir fragen, warum heute überhaupt wieder die Gefahr eines Völkermordes besteht.

Ich gehöre zu denjenigen, die entschieden für einen Platz der Juden im Mittleren Osten eintreten. Der Leviathan, der zu einem globalen Monster geworden ist, kann zur Demokratisierung der mittelöstlichen Kultur, zu einem demokratisch-konföderativen Israel-Palästina nichts Konstruktives beitragen. Dieses Ungeheuer, dem die Juden seinen Namen gegeben haben, ist die wahre Ursache für den Völkermord.

Die Lösung liegt in einer demokratischen mittelöstlichen Zivilisation. So, wie der Mittlere Osten ohne die Juden eine Ruine wäre, wären die Juden ohne den Mittleren Osten stets zu Diaspora und Massakern verurteilt. Mehr und mehr jüdische Intellektuelle erkennen, dass ihr Problem das Problem der ganzen Welt ist. Seine Lösung sollten wir im Mittleren Osten suchen. Vergessen wir nie: Ein demokratischer Mittlerer Osten ist kein unerfüllbarer Traum, sondern eine Notwendigkeit wie das tägliche Brot. Die Juden sollten wissen, dass eine demokratische mittelöstliche Zivilisation der beste Weg ist, sowohl des Völkermordes zu gedenken als auch neue Völkermorde auf ewig auszuschließen. Alle Völker des Mittleren Ostens sollten wissen, dass es ohne Juden keinen demokratischen Mittleren Osten geben kann und dass ein historischer demokratischer Kompromiss der einzige Weg für eine Lösung ist. Daher müssen sie sich entschlossen der Aufgabe stellen, eine demokratische Gesellschaft aufzubauen.

E Macht in der kapitalistischen Moderne

Die Begriffe Zivilisation, Macht und Staat bilden sowohl für sich als auch in ihrer Verschränkung die am schwierigsten zu analysierenden Kategorien sozialer Verhältnisse. Zivilisation ist ein Thema, dessen Definition weiterhin diskutiert wird. Die Frage, wo Macht beginnt und endet, wann und wie sie entsteht und enden muss, ist ein noch komplizierteres Problem. Obwohl diese Begriffe im täglichen Sprachgebrauch so oft erwähnt werden wie Trinkwasser und Atemluft, besteht doch über ihre Definition so wenig Einigkeit wie bei kaum einem anderen Thema. Das liegt nicht daran, dass es sich um geheimnisvolle und komplizierte Themen handelt, sondern daran, dass dieser Zustand erwünscht ist und eine Reihe von ideologischen Aktivitäten unternommen werden, damit er so bestehen bleibt. Damit etwas gefürchtet wird, ist die erste Bedingung, dass es geheimnisvoll und kompliziert gehalten wird. Wenn sein wahres Gesicht enthüllt wird, wird es zum Gespött der Leute und kann nicht länger als Angstfaktor dienen. Dann zerplatzen auch die Hoffnungen der Interessensgruppen, die so verschleiert werden. Davon kann die einfache Bevölkerung ein Lied singen.

Die Zivilisation lässt man zunächst mit ihren eigenen mythologischen Geschichten beginnen. Die Interessenscliquen oder Mehrprodukt-Monopole könnten ohne diese Geschichten, nur durch Despotie, höchstens ein paar Mal eine Plünderung veranstalten. Um dauerhaft akzeptiert zu werden, brauchen sie unbedingt Mythologien, Religion und Recht. Heute wird zudem versucht, Sex, Sport und Kunst zu popularisieren und in den Medien so zu präsentieren, dass die Gesellschaft geistig und emotional weiter konditioniert wird, um so Kontinuität und Akzeptanz zu garantieren.

Ich habe versucht, die Geschichte der Zivilisation in drei Hauptphasen einzuteilen und jede Phase skizzenhaft zu beschreiben. Ich habe klargemacht, dass ich die Methoden des Szientismus nicht besonders schätze, dass diese Methoden bei begrenztem Gebrauch nützlich sein, aber die Chance auf ein freies Leben bedrohen können, wenn sie zu Dogmen erhoben werden. Ich habe mich sorgfältig bemüht, eine soziologische Interpretationsmethode zu verwenden, ohne in Dogmatismus (durch Szientismus und Positivismus) zu verfallen. Die Grundzüge meiner Interpretation und viele Beispiele habe ich so vorgelegt, dass sie für jegliche Diskussion offen sind. Ich habe oft zu

Wiederholungen gegriffen, werde mich aber bemühen, wo es nicht nötig ist, nicht in diese Angewohnheit zu verfallen.

Während ich versucht habe, die kapitalistische Moderne (gleichbedeutend mit Zivilisation) als diejenige Modernität (Kontemporalität) zu analysieren, die in der Neuzeit (seit dem sechzehnten Jahrhundert) offiziell den Sieg davongetragen hat, habe ich mich gleichzeitig bemüht, unser Zeitalter nicht vollständig dem Kapitalismus zuzuschreiben und auch die Gegenmoderne umfassend zu kritisieren. Ich habe erwähnt, dass ich in Bezug auf die Moderne der Definition des Soziologen Anthony Giddens zwar zustimme, seine Interpretation zum Thema der ›drei Diskontinuitäten‹ jedoch nicht ohne Weiteres teile. Die drei Diskontinuitäten waren Kapitalismus, Nationalstaat und Industrialismus. Ich habe sehr ausführliche Kommentare und Beispiele dafür geliefert, wie sich die Wurzeln aller drei seit den ersten Anfängen der Zivilisation entwickelt und mit der kapitalistischen Moderne ihre stärkste Form erreicht haben. In diesem Abschnitt werde ich versuchen, konkreter aufzuzeigen, wie die offizielle Moderne die Verhältnisse von Macht und Staat geformt hat. (Die *nicht* offizielle Moderne oder Kontemporalität bezeichne ich dabei als demokratische Moderne oder demokratische Zivilisation. Sie sind gleichbedeutend.)

1. Diskontinuitäten

Positivistische Soziologen (Anthony Giddens und ähnliche) glauben, dass sie Soziologie betreiben, wenn sie ihre eigene Zivilisation interpretieren, als sei sie ohnegleichen in jeglicher Phase der Zivilisationsgeschichte und unter den einzelnen Typen. Beispielsweise scheuen sie nicht davor zurück, Tausende Forschungsarbeiten anzufertigen, die die englische Zivilisation und den englischen Staat als historisch beispiellos, exklusiv und einzigartig definieren und analysieren. Forschungsarbeiten wie Sand am Meer! Eigentlich wird mit dieser ›Wissenschaft‹ genannten Betätigung eine subtile Verzerrung vorgenommen, indem der Wald durch Konzentration auf die Bäume unsichtbar gemacht wird. Wir können den Wald nicht definieren, indem wir Millionen von Bäumen zum Forschungsgegenstand machen. Von Anfang an ist klar, dass diese Methode keine richtigen Ergebnisse liefern wird. Doch Zehntausende junger Menschen mit der Behauptung, dass sie sozialwissenschaftlich tätig seien, zu benutzen, um den wahren Charakter des Systems aus dem Blickfeld zu nehmen, ist keine ungeschickte Politik. So werden die Soziologie oder allgemeiner die Sozialwissenschaften inhaltlich ausgehöhlt und sinnlos gemacht.

Richtig wäre Folgendes: Englischer Staat, Macht und Zivilisation hängen mit einer Entwicklung zusammen, deren kategorische Eigenschaften seit fünftausend Jahren klar sind (Staat als Klassen-Stadt-Wirtschafts-Monopol); die Klassen, die um die ab dem zehnten Jahrhundert wieder lebendigeren Städte entstanden, kamen zunächst als König und Aristokratie, ab dem sechzehnten Jahrhundert als Bourgeoisie an die Macht und konsolidierten diese, indem sie sich zu wirtschaftlich-staatlichen Monopolen zusammenballten, sich durch verschiedene ideologische Schleier unsichtbar machten oder mit Hunderten symbolischen Werten ausstaffierten, um sich schwer verständlich zu machen; der englische Staat und die englische Zivilisation als erstes oder eines der ersten Beispiele dieser Entwicklung ist einer der hegemonialen Vertreter des Hauptstroms der Zivilisation, der bis heute fließt. Ich bin sicher, diese Ein-Satz-Definition macht das englische Beziehungsknäuel besser verständlich als zehntausend Forschungsarbeiten. Es besteht kein wesentlicher Unterschied zwischen den Tausende Tontafeln umfassenden Gesellschaftsinterpretationen der sumerischen Priester auf der Grundlage von Sterndeutung und denen von Zehntausenden Wissenschaftspriestern der kapitalistischen Moderne (in Bezug auf die Interessensgruppen, die sie jeweils verbergen). Unterschiedlich sind lediglich ihre Forschungsmethoden, Zeit und Raum.

Natürlich, und darauf haben wir mit Nachdruck hingewiesen, bedeutet ein Unterschied in Zeit und Raum Veränderung und Entwicklung, was allgemein Entstehung genannt wird. Auch Gesellschaften verändern und entwickeln sich abhängig von zeitlichen und räumlichen Unterschieden. Manchmal ist auch ein evolutionärer Rückschritt möglich. Ich kritisiere hier nicht die Originalität; im Universum gibt es keine Entwicklung und Veränderung, die nicht einzigartig ist. Jede Veränderung hat etwas Einzigartiges. Exakte Wiederholung ist lediglich ein dogmatischer Glaube. ›Exakte Wiederholung‹ ist ein Begriffspaar, das für die Beschreibung natürlicher Ereignisse keinerlei Sinn ergibt.

In diesem Sinne besitzt natürlich auch die kapitalistische Moderne sehr bedeutende Einzigartigkeiten. In der Definition von Anthony Giddens fanden diese auf drei Gebieten statt. Insofern mag es auch aufschlussreich sein, sie als ›Diskontinuitäten‹ begrifflich zu fassen. Da wir den Kapitalismus in seiner Einzigartigkeit bereits ausführlich interpretiert und mit Beispielen versehen haben, werde ich das hier nicht wiederholen. Doch eine kurze Zusammenfassung zum Begriff der Macht und des National-Staats als ihres eher konkreten und rechtlichen Ausdrucks ist notwendig und wird sehr aufschlussreich sein.

2. Aspekte von Macht

Wir haben erwähnt, dass in den Sozialwissenschaften viel von Macht gesprochen wird, dass sie jedoch eines der Themen ist, die sie am liebsten verzerren. Diese Kritik gilt nicht nur absichtlichen Verzerrungen. Einer der einzigartigen Aspekte der demokratischen Moderne ist, dass sie jedes Individuum dazu bringt, sich für mächtig zu halten. Keine andere Zivilisation hat das in diesem Ausmaß vollbracht. Dies ist ein Thema, das eine besondere Beschäftigung erfordert. Es hat das Denken des französischen Soziologen Michel Foucault beschäftigt wie kaum ein anders, und doch hat er es nicht ganz bewältigen können. Lenin wollte in seinem Werk *Staat und Revolution* den Staat definieren. Doch noch zu seinen Lebzeiten stellte sich heraus, dass der Staat der Punkt war, an dem er sich am meisten geirrt hatte. Die Macht dagegen wollte er nicht einmal erkennen. Er verstand nicht, dass er durch den Gebrauch dieses ›Steins der Weisen‹, den der ›starke und listige Mann‹ verborgen hinter verschiedenen Zivilisationsmasken bis in die Gegenwart getragen hat, eine grundlegende gesellschaftliche Arbeit wie den Aufbau des Sozialismus, der vollständig durch die demokratische Moderne erfolgen muss, durch die ›sozialistischen Macht‹ von vornherein vereitelte.

Einen Ausspruch von Michail Bakunin finde ich sehr sinnvoll, er lautet ungefähr: »Setzt dem besten Demokraten eine Krone auf, und in vierundzwanzig Stunden wird er zum übelsten Diktator oder moralisch verkommen.«[122] Eine Soziologie der Macht zu entwerfen ist immer noch eine ungelöste wissenschaftliche Aufgabe, für die eine Analyse der Macht erforderlich ist. Was Macht ist, ist für die Gesellschaft ebenso unklar wie die Frage, wie viel davon notwendig ist. Nach Ansicht einiger Köpfe und der sich dahinter versteckenden Interessensgruppen bedeutet absolute Macht eine absolute Lösung. Das muss wohl auch die Sichtweise Aššurs gewesen sein: Das angegriffene Ziel komplett vernichten. Es gibt auch die besonders bei Anarchisten und Pazifisten verbreitete Ansicht, dass Macht eine Krankheit ist. Laut ihnen muss man jede Art von Stärke und Autorität meiden wie

---

122 Das Originalzitat stammt aus Bakunins Broschüre *Nauka i nasuščnoe revoljucionnoe delo* (etwa: Die Wissenschaft und die aktuelle revolutionäre Lage) von 1870, die nur in Auszügen ins Deutsche übersetzt wurde. Eine ungefähre Übersetzung lautet: »Nehmt den radikalsten Revolutionär und setzt ihn auf den allrussischen Thron oder gebt ihm diktatorische Macht, von der unsere grünen Revolutionäre so sehr träumen, und in einem Jahr wird er schlimmer sein als selbst [der Zar] Aleksandr Nikolaevič.«

die Pest. Eigentlich ist diese Auffassung jedoch die objektive Form der Kapitulation vor der Macht.

Die Definition und die Lösung, die das System der demokratischen Zivilisation bringt, unterscheiden sich qualitativ davon. Das Recht jeder gesellschaftlichen Gruppe auf Verteidigung ist heilig. Eine Verteidungskraft gegen jeden Angriff darzustellen, die sich gegen die Existenz der Gruppe und damit verbundene Werte richtet, ist mehr als ein unverzichtbares Recht; es ist existenzbegründend. Ich bin der Überzeugung, dass eine solche Verteidigungskraft nicht im klassischen Sinn als Macht bezeichnet werden kann. Es ist angemessener, von einer demokratischen Verteidigungskraft oder -autorität zu sprechen. Wenn wir uns vor Augen führen, dass sich selbst eine Rose als Pflanze mit ihren Dornen verteidigen will, so möchte ich das Paradigma der demokratischen Autorität die ›Theorie der Rose‹ nennen.

a) Die passendste und funktionalste Definition von Macht in Zusammenhang mit Zivilisation ist jegliche Art gesellschaftlicher Handlung, um Mehrprodukt zu erhalten, zu vergrößern und zu beschlagnahmen. Von ideologischen bis militärischen Aktivitäten, von Gutenachtgeschichten bis zu Völkermorden, von Glücksspielen bis zu religiösen Ritualen – jegliche Aktivität, die nützt, um Mehrprodukt und Mehrwerte abzuzweigen, lässt sich in letzter Analyse als Machtaktivität bezeichnen. Macht ist in diesem Sinne ein sehr umfassender Bereich gesellschaftlicher Aktivitäten. Macht besitzt besonders in zivilisierten Gesellschaften die ständige Tendenz, sich im gleichen Maße zu vergrößern, wie sich das Mehrprodukt ausweitet und vertieft.

Wenn wir die Begriffe Mehrprodukt und Mehrwert erläutern, wird die Natur der Macht verständlicher. Wenn wir die Handlung, die darin besteht, die materiellen und immateriellen Schöpfungen von Personen und Gruppen, ihre Errungenschaften, ihre kulturellen Werte in ihrer Gesamtheit durch den Gebrauch von Zwang an sich zu reißen, und deren institutionalisierte Form als ›Kunst der Macht‹ betrachten, dann wird konkret, was das Beschlagnahmte ist und wer die Beschlagnahmenden sind. Macht ist der Akt und die Kunst, Dinge, die einem nicht gehören, ständig durch Gewalt an sich zu reißen, als einem selbst gehörig zu betrachten, zu assimilieren, in Besitz zu verwandeln, einzubürgern oder bei Problemen wieder mit Gewalt wegzuwerfen, zu exilieren, auszubürgern, arbeitslos und besitzlos zu machen, ganz allgemein in materieller und immaterieller Hinsicht wertlos zu machen. Dies nur auf die Beschlagnahme wirtschaftlichen Mehrprodukts und Mehrwerts zu beschränken, wäre eine zu eng gefasste Herangehensweise.

Das Eigentliche hierbei ist das An-sich-reißen. Doch auf dem Weg dahin reißen die Kräfte der Macht Tausende andere Werte an sich, sodass es realistischer erscheint, deren Summe als Macht zu benennen.

Die Hauptfunktion der demokratischen Autorität dagegen ist es, die Existenz der betreffenden Personen und Gruppen und die mit ihrer Existenz direkt und indirekt zusammenhängenden materiellen und immateriellen Werte zu verteidigen, ihre Entwendung nicht zu ignorieren, und sie im Falle einer Entwendung wieder zurückzuholen. Insofern betrifft sie in jeder Hinsicht positive, notwendige, gerechtfertigte und schwer verzichtbare Situationen. Demokratische Autorität ist die Kunst, für diese Inhalte in Aktion zu treten. Es ist vielleicht richtiger, sie als Kraft und Kunst der Aktion zur Verhinderung von Entwendung zu bezeichnen. Es besteht ein ontologischer Unterschied zwischen dem Einsatz von Gewalt (Armeen, Kriege) zur Entwendung der Heimat und Aktionen oder der Kunst des Einsatzes von Gewalt zur Verhinderung derselben. Beides sind einander entgegengesetzte Begriffe. In der Gesellschaft werden derartige Situationen durch fundamentale Gegensatzpaare wie gut und schlecht, Sünde und gute Tat, richtig und falsch, gerecht und ungerecht, schön und hässlich ausgedrückt.

b) Wir können die Macht in Hinsicht auf ihre Perspektive in vielfacher Hinsicht einteilen.

I. Politische Macht: Dies ist die am meisten benutzte Form der Macht. Sie bezeichnet die Funktion der Regierung und Leitung des Staates und seiner Abbilder (Parteien und am Staat ausgerichtete zivilgesellschaftliche Organisationen). Diese Form der Macht ist besonders entscheidend und historisch die am meisten benutzte und diskutierte Form der Macht.

II. Wirtschaftliche Macht: Sie bezeichnet die monopolistischen Kräfte, die die Aneignung des Mehrprodukts und Mehrwertes durchführen. Sie wurde historisch in vielen Formen angewandt.

III. Gesellschaftliche Macht: Sie bezeichnet die Handlungen und Traditionen der grundlegenden gesellschaftlichen Gruppen, die auf der relativen Stärke zueinander beruhen. Es gibt eine Vielzahl von wichtigen Unterschieden wie Familie, Klasse, Geschlecht und ethnische Wurzeln. Einige davon müssen wir gesondert behandeln. In der Familie repräsentiert der Vater, in der Klassengesellschaft die sich den Mehrwert aneignende Klasse, in Bezug auf Geschlecht der Mann, in Bezug auf Ethnie die herrschende, unterdrückende Ethnie die Macht.

IV. Ideologische Macht: Dies bezieht sich auf das herrschende Denken. Personen und Gruppen, die intensive Beziehungen zu Wissenschaft und Kultur pflegen, befinden sich in einer Position ideologischer Macht.

V. Militärische Macht: Dies ist diejenige Institution, die vor allen anderen mit Macht identifiziert wird. Sie ist die extremste, gesellschaftsfeindlichste, unmenschlichste Form der Macht. Sie ist die Mutter jeder anderen Macht – besser gesagt: ihr Vater!

VI. Nationale Macht: Sie drückt die zentrale Macht aus, die auf nationaler Ebene ausgeübt wird. Sie bemüht sich, sich als geeint und unteilbar darzustellen. Wir können sie auch als nationale Souveränität bezeichnen.

VII. Globale Macht: Sie bezeichnet die hegemoniale Position oder das Imperium der herrschenden Zivilisation oder Moderne. Die heutige kapitalistische Moderne muss diese ihre Macht durch das globale wirtschaftliche Monopol unter Führung der USA und zusammen mit den Nationalstaaten ausüben.

Noch weitere Einteilungen dieser Art sind möglich.

3. Legitimität von Macht

Macht ist die Summe der historisch-gesellschaftlichen und der institutionellen Verhältnisse. Historisch legt sie sich über die lebenswichtigsten Gewebe und Bereiche der gesellschaftlichen Entwicklung und versucht, zur Tradition zu werden. Tradition bedeutet auch Institution. Bereiche von Macht sind diejenigen Bereiche von gesellschaftlichen Beziehungen, die am stärksten institutionalisiert sind, um die sich am stärksten bemüht wird und die sogar durch Protokolle geregelt werden. Weil sie für die Betreffenden so gut funktionieren, ist es für Kontinuität und Repräsentanz so wichtig, Institutionalisierung und Formalitäten an Protokolle zu binden. So wurden beispielsweise die Machtübertragung auf einen Sultan, Krönungsfeiern oder Machtergreifungen durch grandiose Zeremonien, Symbole und Protokolle geregelt. Von ihrer Kleidung bis zu ihren Speisen, von Hochzeiten bis zu Begräbnissen gibt es für alles Formen, die in Jahrtausende alten Traditionen vorgezeichnet sind. Daher kann nicht jeder nach seinem Gusto und nur durch Stärke die Macht repräsentieren. Dann wird er Thronräuber oder Despot genannt. Dabei sind Räuberei und Despotismus die offenste Form und der wahre Kern der Macht. Doch die erhabene, gesegnete Institution der Macht betrachtet es für ihre eigene Kontinuität und Respektabilität als notwendig, sich gegen derartige offene Formen der Macht zu stellen, damit die eigene Maske nicht fällt. Sie ist sich bewusst, dass ihre eigene Legitimität zu großen Teilen durch diese Traditionen und Symbole gewährleistet wird.

Ich muss auch an einen Vergleich erinnern, den ich in meinem vorigen Werk[123] gemacht habe. Wir können die Macht, das Knäuel aus den historisch gewachsenen Interessensmonopolen der zivilisierten Gesellschaft, mit einem Schneeball vergleichen, der von einem Berggipfel hinunterrollt und dabei immer größer und gewaltiger wird. So ist die bisherige Geschichte abgelaufen.

4. Macht als Krankheit

Die Macht können wir besser verstehen, wenn wir sie mit einer ansteckenden Krankheit vergleichen. Also: Macht ist ansteckend. Diese gesellschaftliche Krankheit, die der ›starke und listige Mann‹ alleine zunächst gegenüber Jagdtieren, später gegenüber den Mutter-Frauen mit ihrem angesammelten Wissen anwandte, wurde erstmals in der hierarchisch-patriarchalen Ordnung vom Trio Priester (der den Sinn besitzt) + Regierender (der mit seiner Erfahrung die Gesellschaft leitet) + militärischer Kommandant (der das Gewaltmonopol innehat) institutionalisiert. Durch die Errichtung von Klassen und Städten wurde sie verstaatlicht. Doch wir dürfen nicht glauben, dass durch die Errichtung der Staatsmacht die hierarchisch-patriarchale Ordnung des starken und listigen Mannes verschwunden sei.

So können wir jetzt die Formel der Macht folgendermaßen weiterentwickeln: Macht = starker und listiger Mann + hierarchischer Patriarch + Staat. Diese drei wesentlichen Institutionen bilden die Machtgesellschaft. Diese Ordnung, zusammen mit einer großen Zahl von tiefer und höher liegenden Stockwerken, nennen wir als allgemeine Kategorie Zivilisation. Im Erdgeschoss befindet sich die Wirtschaft, im obersten Stockwerk hingegen der Rat der Götter. So haben die Sumerer die Zivilisation konstruiert. Die Form hat sich gewandelt, aber im Wesen hat sie ihre Bedeutung stets bewahrt und sich weiter verstärkt. Im Erdgeschoss befand sich historisch immer das Menschenmaterial, angefangen mit Sklaven, Leibeigenen und Arbeitern, das für das Mehrprodukt benutzt wurde. Auch Handwerker, Bauern und andere Gruppen, die freie Berufe ausübten, verrichteten ihre Angelegenheiten im Wesentlichen in diesem Stockwerk. Im obersten Stockwerk befanden sich die mythologischen Götter, die Götter der monotheistischen Religionen (manchmal saßen dort auch ihre Schatten, die

123 Abdullah Öcalan: *Jenseits von Staat, Macht und Gewalt,* Neuss 2010, S. 120 u. 130.

Sultane, oder ihre Botschafter, die Propheten, Schamanen und Priester), die regierenden Gedanken und Gesetze (Platons Ideen[124]).

Während im Altertum und im Mittelalter Macht eher in Form dieser grundlegenden Institutionen und besonders von Staaten ausgeübt wurde, wurde im Zeitalter der kapitalistischen Moderne die gesamte Gesellschaft von der Macht angesteckt. Anders ausgedrückt infizierte sich die gesamte Gesellschaft mit der Vorstellung, sie besäße Macht. Die Ausbreitung von Macht durch die besonders wichtigen Institutionen, die Anthony Giddens als Diskontinuitäten bezeichnet, ist zwar eine Krankheit, doch diese ist im Wesentlichen der kapitalistischen Moderne eigen. Dabei spielen einige Ideologien und Institutionen die entscheidende Rolle. Diese Themen werde ich im folgenden Abschnitt behandeln.

Auch wenn die gesamte Gesellschaft mit Macht kontaminiert ist, bedeutet das nicht unbedingt ihre Stärkung. Es bedeutet auch, dass sie immer hilfloser und jämmerlicher wird und dass sich der Prozess ihrer Auflösung beschleunigt und seiner letzten Phase nähert. Wenn irgendetwas an sein Ende kommt, können zwei Dinge passieren: Entweder kümmert sich jemand darum und tut, was getan werden muss, oder niemand tut etwas und das Ding verfault. Wenn beispielsweise ein Apfel seine volle Reife erlangt hat, muss er gepflückt werden. Wenn das nicht passiert und noch etwas Zeit vergeht, fault der Apfel; er wird wurmstichig, zerfällt, verrottet. Der Vergleich mag grob wirken, doch ähnlich ist es mit der Macht. Sie ist ohnehin eine Krankheit, schon wenn sie errichtet wird. Mit der kapitalistischen Moderne erreicht sie das Stadium der Fäulnis; sie fängt an zu stinken. Mit Bakunins Worten, sie ist so faul, dass selbst der gesundeste, moralischste Mensch, der sich mit ihr ansteckt, erkrankt.

Bakunins Urteil lautete sinngemäß: »Wenn du dem größten Demokraten die Macht als Krone auf dem Kopf setzt, macht sie ihn in kürzester Zeit zum übelsten Diktator.« Das stimmt; setze diese verfaulende Macht der unterdrücktesten Frau auf wie eine Krone, und auch sie wird zur Diktatorin werden. Der einzige Weg, diese Fäulnis, diese Krankheit zu stoppen, ist der Aufbau der demokratischen Moderne als System.

124 In Platons Ideenlehre existieren die Ideen als eigenständige Entitäten und sind den sinnlich wahrnehmbaren Objekten übergeordnet.

F Kapitalistische Moderne und Nationalstaat

Der Begriff ›Nationalstaat‹ ist nicht nur undurchsichtig, er ist auch einer der am meisten verzerrten Begriffe. Es wird beharrlich vermieden, seine wirkliche Funktion und Rolle klarzumachen. Wir können sagen, dass er eher zum Zwecke der Propaganda verwendet wird. Insbesondere wird darauf geachtet, seinen ontologischen Zusammenhang mit Faschismus und Nationalismus unsichtbar zu machen, genauso wie den leidigen Zusammenhang von Faschismus und Nationalismus mit der offiziellen Moderne. Diese Haltung ist nicht spezifisch für bürgerliche Liberale. Auch Sozialisten verteidigen entweder den Nationalstaat oder definieren ihn wie irgendeinen belanglosen Begriff und halten sich nicht lange damit auf. Dabei gehört der Nationalstaat zu den Schlüsselbegriffen, um unser Zeitalter zu verstehen und zu verändern. In diesem Zusammenhang finde ich Anthony Giddens' Betonung der Wichtigkeit des Nationalstaates sehr erhellend, auch wenn sie noch nicht ausreicht.

Alle Analysen bis zu diesem Punkt lassen sich gewissermaßen auch als Vorbereitung verstehen, um den Nationalstaat zu definieren und seine Funktion offenzulegen. Ohne die Entstehungsfaktoren des Kapitalismus und die Begriffe Moderne, Macht, Nation und Staat zumindest skizzenhaft zu definieren, wäre es wenig hilfreich, die Rolle des Nationalstaates feststellen zu wollen. Auch mein Versuch, die jüdische Frage in groben Zügen unter einigen Überschriften zu präsentieren, hängt eng mit diesem Thema zusammen. So, wie die Analyse des Nationalstaates für die Analyse der heutigen gesellschaftlichen Probleme von entscheidender Bedeutung ist, so ist es für die Analyse des Problems des Nationalstaats ziemlich aufschlussreich, die jüdische Problematik im Zusammenhang mit den Zivilisationen historisch-gesellschaftlich zumindest auf der Ebene der Definition zu behandeln, und kann als Beispiel dienen. Der Opfer des Völkermordes an den Juden zu gedenken und sie sinnvoll zu würdigen, könnte nur unzureichend und damit falsch bleiben, wenn nicht gleichzeitig eine Analyse der jüdischen Problematik und des Nationalstaates erfolgt. Die gegenwärtige Tragödie im Mittleren Osten bestätigt diese Einschätzungen zur Genüge.

1. Monopolisierung der Nation

Der Nationalstaat ist die Form, in der sich der kapitalistische Monopolismus realisiert. Bereits im sechzehnten Jahrhundert war die Staatsform, die notwendig war, um die Hoffnungen des spanischen und des französischen Imperiums zerbrechen zu lassen, eine Art Proto-Nationalstaat. Das Fürstentum Holland und das Königreich England versuchten, die Oberhand zu gewinnen, indem sie sich zu Nationalstaaten entwickelten. Als mit dem Westfälischen Frieden 1648 zwischen den Staaten der nationale Faktor in den Vordergrund geriet, beschleunigten sich die Entwicklungen hin zum Nationalstaat. Ein weiterer beschleunigender und verstärkender Einfluss, der den nationalen Markt in den Vordergrund stellte, war die Entscheidung der Staaten für den Merkantilismus. Bemühungen um nationale Sprache, Kunst und Geschichte gerieten immer mehr unter das Monopol des Staates. Verschiedene Konflikte und Kriege zwischen Staaten ließen sich mittlerweile nicht mehr führen, ohne eine Macht von der Art des Nationalstaats zu sein. Die Napoleonischen Kriege spielten dabei eine Vorreiterrolle. Ohne Frankreich in einen Nationalstaat zu verwandeln, hätte kein Krieg geführt werden können. Die deutschen Ideologen, die diesen Prozess genau beobachteten, hatten alle nötigen Hinweise für einen deutschen Nationalismus und einen deutschen National-Etatismus in der Person Napoleons gefunden. Der sich schnell entwickelnde deutsche Nationalismus sollte eine Hebelwirkung für die baldige Einigung Deutschlands und die Schaffung des Staates spielen, den die Moderne anstrebte. Zu Beginn des neunzehnten Jahrhunderts sollte der Prozess eingeleitet werden, der später Hitler hervorbringen würde.

Eigentlich ist das Thema noch tiefgründiger; es hängt mit den Grundlagen der kapitalistischen Moderne (oder Zivilisation) zusammen. Diese Bewegung, in deren Zentrum das Siegesstreben des wirtschaftlichen Monopols steht, sollte nicht nur die nationale Entwicklung verzerren; sie musste sämtliche Faktoren nationalisieren, die eine Nation konstituieren. Ohne eine Nationalisierung der Religion wäre die Kontrolle des Wirtschaftsmonopols über den Markt schwierig. Die Nationalisierung von Kunst und Kultur hängt mit einer ähnlichen monopolistischen Position zusammen. Die Nationalisierung der Kriege sollte den letzten und wichtigsten Faktor bilden. Die Nationalisierung all dieser Faktoren würde einen nationalen Geist hervorbringen, dieser würde den Nationalismus zur Folge haben. Arbeiten der Ideologen zu Nation und Staat hatten die notwendigen geistigen Grundlagen schon längst gelegt. Es ist ganz offensichtlich, dass all diese Faktoren das Werk des monopolistischen Kapitalismus waren, der einen großen Kampf für einen nationalen Markt und um diesen Markt führte, sich aufzwang und dabei bereit war, über Leichen zu gehen.

2. Industrialismus

Die industrielle Revolution beschleunigte all diese Prozesse. Die Industrie, die nach und nach einen größeren Mehrwert produzierte als der Großhandel, sollte deswegen das Hauptthema der Nationalisierung darstellen. Eine nationale Industrie bedeutete auf nationaler Ebene für alle Kapitalisten ein Maximum an Profit. Das neunzehnte Jahrhundert war in dieser Hinsicht entscheidend. Industrialismus als Ideologie hängt eng mit dem Nationalen zusammen. Dass der Nationalismus die Lieblingsideologie des neunzehnten Jahrhunderts und zur politischen Handlungsmacht wurde, können wir nicht getrennt vom Industrialismus denken. Die Handelsbourgeoisie kann vom Umfang her eine Nation nicht alleine tragen. Der Merkantilismus ist weit davon entfernt, ein wirtschaftliches Monopol zu bilden, dass für sich allein die Nation anführen könnte. Die Bourgeoisie, deren Umfang durch die Industriemonopole deutlich zunahm, fing nun langsam an, sich für berechtigt zu halten, im Namen der ganzen Nation zu sprechen. Sie schriebe ihre Geschichte um und klärte ihre philosophische Tendenz. Sie machte die nationale Kultur zu einem Teil der Geschichte. Sie prägte die nationale Armee und die nationale Bildung. Durch die nationale Industriebourgeoisie wurden die Dominanz und der Sieg des Kapitalismus auf der nationalen Ebene dauerhaft.

Der Begriff der ›bürgerlichen Revolution‹ hat einen Sinn, wenn er all diese Prozesse beinhaltet. Entgegen der landläufigen Meinung waren nämlich die englische, französische oder ähnliche Revolutionen keineswegs geplante bürgerliche Revolutionen. Die Bourgeoisie hat lediglich diese Revolutionen für ihre eigenen Interessen benutzt. Falsch wäre auch, die industrielle Revolution als einen Sieg der bürgerlichen Klasse zu betrachten. Auch diese Revolution ist die Folge einer großen historischen Akkumulation.

Wie in jedem Bereich nahm die egoistische monopolistische Bourgeoisie auch diesen Bereich in Beschlag und drängte sich und ihre Profite in den Vordergrund. Genauso, wie die Wirtschaft ein gesellschaftlicher Bereich ist, der keine Bourgeoisie als Klasse benötigt, ist auch die Industrie ein Wirtschaftsbereich, der nicht von vornherein eine Industriebourgeoisie benötigt. Was die Handelsmonopole taten, war, sich diesen Bereich anzueignen, der historisch viel größere Profite abwarf als der Handel. Keiner der wesentlichen Akteure der Revolutionen gehörte zur Bourgeoisie. Bei den Vorbereitungen der industriellen Revolution gab es weder in der Theorie noch in der Praxis eine Bourgeoisie. Die industrielle Revolution war einer der wichtigsten Sprünge der Wirtschaft im historisch-gesellschaftlichen Entwicklungsrhythmus, ganz wie die landwirtschaftliche Revolution im neolithischen Zeitalter. Der Staat, im Kern ein Wirtschaftsmonopol, und seine Kollaborateure sollten über diesem neuen und produktiven Bereich der wirtschaftlichen Produktion, die sich zu jeder Zeit weiterentwickelt, äußerst ehrgeizige, rücksichtslose und auch vor Gewalteinsatz nicht zurückschreckende neue Monopole errichten. Der Nationalstaat würde im Grunde in diesen Monopolen seine materielle Basis finden und, wo er sich nicht findet, erschaffen.

3. Revolutionen

Die Mitte des neunzehnten Jahrhunderts gehört zu den Wendepunkten der Geschichte. Entweder würde der zentralistische Nationalstaat der Bourgeoisie gewinnen oder die konföderative Bewegung aller Gruppen der Gesellschaft, die außerhalb dieser neuen Monopole und neuen Aristokratie standen. In den englischen Revolutionen von 1640 und 1688 und der Französischen Revolution von 1789 spielten diese beiden Strömungen der aufständischen Kräfte die Hauptrolle, auch wenn es keine offensichtliche Trennung zwischen beiden gab. Die Anhänger der Kommune[125] in der Französischen Revolution und die Levellers[126] in der Englischen Revolution waren Vertreter der demokratischen Tendenz. Diese Tendenzen sollten später eliminiert werden. Die Revolutionen von 1848 waren Volksrevolutionen im vollen Sinne. Die Arbeiten von Karl Marx und Friedrich Engels bis 1848, der Bund der Kommunisten und das Kommunistische Manifest, waren notwendige historische Schritte. Die Niederlage der Revolutionen infolge des Verrats der Bourgeoisie, die mit allen reaktionären Kräften Kompromisse schloss, war der erste strategische Rückschlag. Der Frühling der Völker war von kurzer Dauer und der harte Winter setzte wieder ein. Die revolutionäre Haltung der Bourgeoisie hing mit ihren momentanen Interessen zusammen. Wäre sie erfolgreich gewesen, hätte sie schon bald die politische

125 Am 10. August 1792 bildeten die aufständischen Pariser Sektionen eine aufständische Kommune (*commune insurrectionelle*), die die Stadtverwaltung verjagte und an ihre Stelle trat. In der Folge stellte die revolutionäre Kommune ein alternatives politisches Organ zur Nationalversammlung dar. Davon zu unterscheiden ist die Pariser Kommune (*La Commune de Paris*) von 1871.

126 Die Levellers kämpften für die Abschaffung der Monarchie, aller Privilegien des Adels und der Zensur.

Macht in ein wirtschaftliches Monopol transformieren können. Statt alles zu verlieren, wahrte sie ihren Besitzstand und begnügte sich mit begrenzten Zugewinnen. Auch die Anhänger der alten Monarchien und die Aristokratie hatten nicht bekommen, was sie sich erhofft hatten. Der Nationalstaat als eine Art Ausgleichskraft sollte in dieser Phase weiter gestärkt werden. Die Allianz der wirtschaftlichen und politischen Monopole in Bezug auf den zentralistischen Nationalstaat sollte die folgende Phase bestimmen. 1861 wurde der italienische, 1871 der deutsche Nationalstaat offiziell ausgerufen. Die Ausrufung der anderen Nationalstaaten sollte folgen.

Als die erhoffte neue revolutionäre Welle nicht eintrat, zog sich Marx nach London zurück und begann, das Kapital zu erforschen. Er war auch am Experiment der Gründung der Internationalen Arbeiterassoziation beteiligt.[127] Indem die deutschen Kommunisten (einschließlich Marx und Engels) den zentralistischen Nationalstaat zugrunde legten, hatten sie objektiv ihre Niederlage akzeptiert. Hatten sie zunächst noch gemäß der Krisentheorien vom Sturz des Kapitalismus Programme, Organisationen, Strategien und Taktiken ersonnen, schlossen sie mit dem Kapitalismus innerhalb der gleichen Schablonen der Moderne (Industrialismus und Legitimation des Nationalstaates) immer mehr Kompromisse gegen die Gesellschaft und transformierten sich so in eine ökonomistische Bewegung, also eine Bewegung mit dem Ziel, vom Monopol einen Teil abzubekommen. Ökonomismus bedeutet, das wirtschaftliche und nationalstaatliche Programm der Industriemonopole anzuerkennen. Auch die sowjetische Revolution konnte wie die zuvor nicht verhindern, zum Werkzeug für das Programm ›monopolistischer Staatskapitalismus plus Nationalstaat‹ zu werden. Und auch die chinesische Revolution ging denselben Weg: nach einer langen, turbulenten Phase gelangte sie zur Formel ›chinesischer Nationalstaat + chinesischer Monopolkapitalismus + Kompromiss mit dem globalen Monopol‹ und teilte so dasselbe Schicksal.

Die Revolutionen nationaler Befreiungsbewegungen als Revolutionen mit einer noch weiter modernistisch verengten Mentalität hatten sich Industrialisierung und Nationalstaat als Maximalprogramm gegeben. Zwar gab es unter ihnen auch viele Beispiele für Realsozialismus, doch waren deren Programme dieselben. Der Hauptgrund für den Misserfolg der einhundertfünfzigjährigen Bewegung, die unter dem Namen ›wissenschaftlicher Sozialismus‹ agierte, war, dass sie die aufklärerische Moderne nicht

127 In der Internationalen Arbeiterassoziation, die 1864 in London gegründet wurde.

überwand und nicht die Kraft aufbrachte, die demokratische Moderne theoretisch, programmatisch, strategisch und taktisch aufzubauen und auszuführen. Besser gesagt, dass sie nicht einmal die Absicht dazu hatte. Alles weist darauf hin, dass diese Bewegung Eigenschaften wie einen kleinbürgerlichen Charakter, einen engen Horizont und eine Siegestrunkenheit aufwies, die eine Kapitulation vor dem System erleichterten.

Die Anarchisten, die gegen diesen Prozess protestierten, besonders Bakunin, Proudhon und Kropotkin, hatten zwar wichtige Kritikpunkte und Programmvorschläge; ihr Unvermögen, sich auf dieser Grundlage zu organisieren, ihre ideologische Enge, ihre oberflächliche Kenntnis der Gesellschaft und zusätzlich ihr individualistisches Aktionsverständnis verhinderten, dass sie zu einer politischen Alternative wurden. Ihr Eingreifen in den historischen Prozess brachte nicht das gewünschte Ergebnis. Die wesentliche Schwäche beider Strömungen war jedoch ihre Berufung auf die Philosophie der Aufklärung und ihre dogmatische Abhängigkeit vom positivistischen Szientismus. Ihr Misserfolg hing überwiegend mit ideologischen Gründen zusammen.

Murray Bookchin führt aus, dass bis zu den 1850er Jahren bei den städtischen und ländlichen Werktätigen in Europa demokratisch-konföderale Tendenzen sehr stark waren und dass die Sozialisten durch die Kapitulation vor der Idee des zentralistischen Nationalstaates ihre Chance einbüßten. Mir scheint, damit diagnostiziert er die Vorgänge im gesellschaftlichen Bereich besser.

4. Kritiker

Der große Philosoph Friedrich Nietzsche (es ist angemessen, ihn als den stärksten oppositionellen Propheten des kapitalistischen Zeitalters zu bezeichnen) gehörte zu den ersten, die die große Gefahr bei der Deklaration des deutschen Nationalstaates 1871 bemerkten. Während sämtliche Intellektuellen einschließlich der Sozialdemokraten dieser Entwicklung applaudierten, sah er darin einen großen Verlust an Menschlichkeit. Wenn ich mich nicht irre, war die Essenz seines Kommentars: »Der zum Gott erhobene Staat bedeutet zu Ameisen reduzierte Arbeiter und Individuen, eine verweiblichte, kastrierte Gesellschaft.«

Proudhons Kritik an der Staatsbürgerschaft ist noch prägnanter. Sie wirkt, als habe er das heutige Individuum schon damals vorausgesehen. Max Weber definiert die Gesellschaft unter dem Einfluss der Moderne als

›Gesellschaft in einem eisernen Käfig‹[128] Noch grauenvollere Definitionen finden sich in der Welt der Literatur. Je stärker die Gesellschaft in die Falle es Nationalstaats gezwängt wird, desto mehr Interpretationen dieser Art gibt es. Doch all diese Kritiken und Vorhersagen sind weit davon entfernt, der Gesellschaft eine konkrete Lösung und ein Programm der Freiheit zu bieten. Vom sechzehnten bis zum Ende des zwanzigsten Jahrhunderts haben die Völker und Intellektuellen einen historisch beispiellosen Widerstand geleistet. Tatsächlich haben sie auch einige Erfolge erzielt. Dass im Zeitalter kapitalistischer Finanzmonopole die globale Hegemonie mit voller Kraft aufrecht dasteht, während die Strömung der demokratischen Moderne große Mängel bei der Analyse demonstriert, beweist, dass es ihr nicht gelungen ist, die Fehler und Mängel in Programm, Strategie, Organisation und Aktionslinie zu beheben.

5. Analyse des Nationalstaats

Die drei Hauptelemente der Moderne mit gleichem Gewicht zu analysieren und auf dieser Grundlage als Alternative die Hauptelemente der demokratischen Moderne durch intensive intellektuelle Aufklärung und jegliche Art von gesellschaftlicher Bewegung voranzutreiben, ist unverzichtbare und unaufschiebbare Aufgabe jeder Ära der Zivilisation. Da die Kritik am Kapitalismus, wenn auch mit Mängeln, im Überfluss geleistet wurde, wird es im gesellschaftlichen Kampf für Freiheit und Gleichheit im finanzmonopolistischen Zeitalter immer wichtiger, die Spitze des Pfeils auf den Nationalstaat zu richten und dies mit einer Kritik des Industrialismus zu vervollständigen. Ich versuche, meinen Anteil daran zu leisten.

Es ist mittlerweile nicht mehr schwierig festzustellen, dass alle Arten von Nationalismus ihre Aufgabe als Leim erfüllen, sei es für die Bildung eines Nationalstaats, sei es für seine Fortführung. In dieser Situation möchte ich darauf hinweisen, dass wir den Nationalismus als ein ideologisches Element bewerten, das eine spezifische Rolle besitzt. Es wäre angemessener, ihn als Religionisierung der positivistisch-laizistischen Ideologie zu bezeichnen. Auf der Stufe der Entstehung des Systems spielten positivistische und laizistische Herangehensweisen – selbst, wenn sie von der Mentalität der demokratischen Moderne sehr weit entfernt sind – eine positive Rolle bei der Überwindung des traditionellen Dogmatismus. Sie hatten Anteil an der Entwicklung der wissenschaftlichen Interpretation. Doch ab der Mitte des

128 Zum Begriff ›eiserner Käfig‹ siehe Fußnote 59 auf Seite 148

neunzehnten Jahrhunderts driftete das System, wie bei jeder Zivilisation zu beobachten, in ideologischer Hinsicht ins Religiöse ab. Grund dafür waren einerseits der erzielte politische und wirtschaftliche Sieg, andererseits die andauernde Bedrohung durch demokratische Aktionen. Den religiösen Bedarf deckte der Nationalismus voll und ganz.

Nach diesen einleitenden Vorbemerkungen zum Nationalstaat, können wir ausgehend von der Bedeutung des Themas eine konkrete und detaillierte Analyse versuchen, die nötig und aufschlussreich sein wird.

a) Eine umfassendere Definition könnte wie folgt lauten: Der Nationalstaat ist die Einheit der Machtinstrumente, die sich in der Ära der kapitalistischen Moderne in der gesamten Gesellschaft ausgebreitet haben, mit den Staatsbürger (*vatandaş*) genannten Individuen innerhalb eines rechtlichen Rahmens. Der entscheidende Begriff hier ist die ›Macht, die sich in der gesamten Gesellschaft ausgebreitet hat‹. Die Legitimität aller früheren Staatsformen war auf deren eigene Institutionen und Kader beschränkt. Im Nationalstaat wird diese Begrenzung überwunden. Essenz des Nationalstaates ist, die ›Staatsbürger‹ genannten Individuen, die der Staat nach den eigenen ideologischen, institutionellen und wirtschaftlichen Interessen heranzubilden versucht, so zu verstaatlichen, als seien sie jeweils Mitglieder des Staates mit Rechten und Pflichten. Die Schaffung von Staatsbürgern ist eines der Themen, die für den Nationalstaat höchste Bedeutung besitzen. Dabei macht er sich eine Vielzahl von Elementen zunutze: Ideologie, Politik, Religion, Bildung und Medien.

1. Das effektivste ideologische Instrument ist der Nationalismus. Es besitzt den Wert einer neuen Religion. Der Nationalismus spricht dem Nationalstaat eine Sakralität zu, als sei er »Abbild Gottes auf Erden«. Diese neue Religion erfordert eine Loyalität zum Staat bis zum Tod und die Verinnerlichung des Staates als dem höchsten Wert.

2. Die Attraktivität und der Einfluss der politischen Macht werden intensiv benutzt, um das Individuum zum Staatsbürger zu machen. Dafür übernehmen insbesondere politische Parteien eine wichtige Rolle. Macht zu erlangen, indem das Individuum sagt »Das ist mein Staat«, ist der kürzeste Weg zu Sicherheit und Ansehen.

3. Da mit der industriellen Revolution die wirtschaftsmonopolistische Qualität des Staates sich ausweitete und der Industriemonopolismus sich stark entwickelte, ist nahezu die halbe Gesellschaft in staatlichen Institutionen als Arbeiterin oder Beamter beschäftigt. Dies allein drängt bereits einen großen Teil der Gesellschaft in einen Wettbewerb darum,

Mitglied des Nationalstaates, also Staatsbürger zu sein. Es ist schwierig, sogenannte private Monopole und die Monopole des Nationalstaates auseinanderzuhalten. Beide formen eine feste Einheit und Partnerschaft. Es ist schwierig festzustellen, wo das staatliche Monopol endet und das private Monopol beginnt. Die privaten Monopole geben mehr als die Hälfte des Profits an den Staat ab, der Staat gewährt ihnen dafür endlose Privilegien, als seien sie moderne Steuerpächter. Daher ist die Verstaatsbürgerlichung durch die privaten Monopole manchmal noch reaktionärer als durch die staatlichen. Denn die Drohung mit Arbeitslosigkeit erleichtert es, die Individuen in der gewünschten Weise zu erziehen. Auch dass die Gewerkschaften in letzter Zeit konservativer geworden sind und den Nationalstaat verteidigen, hängt mit diesen Entwicklungen zusammen. Durch den Realsozialismus wurden die Arbeiter geradezu zu Militanten des Nationalstaates gemacht.

4. Der Zusammenhang zwischen dem Recht und der Staatsbürgerschaft ist sehr konkret. Jedes Individuum, das seiner Arbeit nachgehen will, muss ein Identitätsdokument besitzen. Der Ausweis selbst bedeutet ohnehin Staatsbürgerschaft. Er ist der symbolische Ausdruck der Mitgliedschaft in einem Staat.

5. Das Bewusstsein über Macht und Staat, also ihre Tradition, wird stets in der Geschichte lebendig gehalten. Offenbar leistet das einen wichtigen Beitrag zur Formung der Staatsbürgerschaft.

6. Der Effekt des Sexismus entsteht durch die Auffassung, der Vater sei der Vertreter des Staates in der Familie. Zuhause ist jeder Mann den Frauen gegenüber Staat. Diese Wahrnehmung gilt auch für die Gesellschaft als Ganze. Der Nationalstaat fördert diese Auffassung noch und versucht sie nach eigener Maßgabe zu justieren.

7. Die Institution des Militärs und des Militärdienstes ist für den Nationalstaat ganz fundamental. Sie gehört zu den Institutionen, wo die Identität des Individuums am intensivsten neu geformt und in Denken und Fühlen eingraviert wird. Alle Institutionen des Nationalstaates besitzen ähnliche Funktionen. Aber keine reicht an die Rolle des Militärs heran.

8. Religion ist ein Instrument, das der Nationalismus im Prozess des Aufbaus des Nationalstaates intensiv benutzte und das er geradewegs in die Religion des Nationalstaats verwandelte. Die Religion wird in den Zeiten des Nationalstaates, sowohl in der nationalisierten als auch in der nationalistischen Form, in einen Konflikt mit ihrem moralischen Kern als gesellschaftliche Institution gestürzt. Die gesellschaftlichen Kreise, die außerhalb des weltlichen Nationalismus stehen, werden durch religiösen Nationalismus

bewusst oder unbewusst zu Knechten des alten Gottes in neuem Gewand gemacht. Dadurch erfährt die Religion eine Art inneren Verrat. Der Konflikt zwischen Religion und Laizismus hängt eng mit diesem Verrat zusammen.

9. Die effektivste Institution der Moderne, um das Individuum zum Staatsbürger zu machen, ist die Bildung mit ihren Einrichtungenvon der Grundschule bis zur Universität. Sie wetteifert insofern mit dem Militär um den Spitzenplatz. Vordringliches Ziel dieser Einrichtungen ist es, die durch die in veränderter Form weiterbestehende historische Gesellschaft geschaffenen Werte zunächst durch Religionismus, dann durch Nationalismus zu filtern, im Schmelztiegel der offiziellen Ideologie zu verrühren und dieses Gebräu zur Aufzucht möglichst verblödeter Staatsbürger einzusetzen. Der Fanatismus, der dabei aufgewendet wird, übersteigt die mittelalterliche Scholastik bei Weitem.

10. Die Medien sind das effektivste Instrument des Modernismus, um Herzen und Hirne zu waschen. Dieser Apparat erleichtert es dem Nationalstaat, der die Möglichkeiten der Kommunikationstechnologie dazu nutzt, die gewünschten Staatsbürger zu erziehen. Die Medien spielen eine Hauptrolle dabei, Sex, Sport und Kunst zu popularisieren und ihrer Essenz zu berauben, sie dann der Gesellschaft zu präsentieren und so verdummte, banale und narkotisierte Staatsbürger zu formen.

Durch die hier stichpunktartig angeführten Instrumente und Methoden, deren Liste wir noch verlängern könnten, wurde ein Typ von Staatsbürgern herangezogen, den es historisch niemals zuvor gegeben hat. Wesentliche Lebensziele sind ein Auto, eine Familie (Ehefrau oder Ehemann finden, zwei Kinder) und eine Wohnung zu besitzen und Normalverbraucher zu sein. Der Sinn von Gesellschaftlichkeit kann dabei für billigen, selbstsüchtigen Ehrgeiz einfach beiseite gewischt werden. Weil das Gedächtnis zum Verkümmern gebracht wurde, ist auch die Verbindung zur Geschichte gerissen. Was sie für Geschichte halten, sind nationalistische Klischees über die Nation. Sie besitzen keine Philosophie oder glauben nicht, dass es überhaupt eine Philosophie des Glücks außer eng gefasstem Utilitarismus geben könnte. Äußerlich sind sie modern. Innerlich dagegen haben wir es mit leeren, ausgehöhlten Individuen einer ›Herde von Staatsbürgern‹ und einer ›Massengesellschaft‹ – oder vielmehr *Nicht-Individuen* – zu tun, die darauf vorbereitet werden, für die dunkelsten Machenschaften (Faschismus) zu arbeiten.

Viele berühmte Autoren haben große Romane über die Rolle geschrieben, die dieser Staatsbürgertyp auf dem Weg in den Faschismus spielte. Besonders Romane, die eine Analyse des Völkermordes beinhalten, sind hier recht lehrreich. Auch die im Zuge des Postmodernismus verfassten Kritiken zum Konzept des ›Mitbürgers‹ (*yurttaş*) sind sehr aufschlussreich.

Nationalstaaten und Gesellschaften, die diese Art von Staatsbürgern produzieren, gehören zu den größten Hindernissen für die demokratische Moderne. Deswegen ist es eine der ersten Aufgaben der Demokratisierung, diesen Nationalstaat und seine Gesellschaft zu analysieren, die diese Art von Nicht-Individualismus hervorbringen (denn sie ignorieren das tatsächliche Individuum), und egalitäre, freie und demokratische Individuen (freie Mitbürger, *özgür yurttaş*) auszubilden, die die demokratische Zivilisation aufbauen werden.

b) Besonders wichtig ist es, die ontologische Verbindung zwischen dem Nationalstaat und dem Faschismus zu sehen. Einer der grundlegenden Fehler, die beim Thema Faschismus gemacht wurden, ist, seine Verbindung zur Systematik des Nationalstaates entweder überhaupt nicht zu betrachten, nicht zu erklären oder, wenn es unumgänglich wird, mit ein paar Nebensätzen abzutun. Dabei konnte selbst diese skizzenhafte Analyse aufzeigen, dass eine fundamentale Verwandtschaft des Faschismus mit der Ideologie der Aufklärung (einschließlich positivistisch-laizistischer Ideologien) besteht. So, wie die grundlegende Form der Macht der offiziellen Moderne der Nationalstaat ist, so ist ihre neue Religion der Nationalismus. Gesellschaften, die den Filter des nationalstaatlichen Nationalismus durchlaufen haben, sind Gesellschaften, die ständig bereit sind, Faschismus zu produzieren. Wir können den Faschismus ohne den Nationalstaat nicht denken. Natürlich können wir auch den Nationalstaat nicht getrennt vom konzentrierten Ausdruck des wirtschaftlichen Monopolismus (Handel plus Industrie plus Finanz) denken.

Die Wurzeln des Hitlerfaschismus in der deutschen Ideologie zu sehen, fällt nicht schwer. Der einzige Ausweg für die deutsche Bourgeoisie war eine monopolistische Konzentration als Nationalstaat. Das gesamte neunzehnte Jahrhundert hindurch sowohl im ideologischen als auch im materiellen Bereich diesen Staatstyp zu produzieren, war die wichtigste Anstrengung und der größte Erfolg der deutschen Bourgeoisie und ihrer Ideologen. Das ist eine lange Geschichte, die ich nicht erzählen kann. Auch der Beitrag jüdischen Kapitals und seiner Ideologen ist nicht zu vernachlässigen. Eine Reihe von Forschungen bestätigt, dass in Deutschland ein dialektisches Verhältnis von Juden und jüdischem Nationalismus sowie deutschem Nationalismus und Faschismus bestand. Auch unsere theoretische Herangehensweise zeigt diesen Zusammenhang.

Das deutsche Modell wurde später zur Inspirationsquelle sämtlicher Nationalismen und nationalstaatlicher Bewegungen. Die größte Schwäche aller Antifaschisten einschließlich der Sowjetunion war, die systematische Verbindung zwischen Nationalstaat, Monopolen (staatlich und privat) und dem Faschismus nicht zu sehen und auch allgemein die ontologische Verbindung zwischen der kapitalistischen Moderne und dem Faschismus nicht zu analysieren.

c) Die Frage von Nationalstaat und Sowjetunion besitzt immer noch Bedeutung und harrt einer Analyse. Quelle aller Fehler ist, dass schon zu Zeiten von Marx und Engels der zentralistische deutsche Nationalstaat als grundlegender Rahmen für die Arbeiterklasse akzeptiert wurde. Marx und Engels selbst stuften die demokratisch-konföderativen Gebilde, die bis in die Mitte des neunzehnten Jahrhunderts existierten und die sich auf starke Aufstände in Städten und Dörfern stützten, als rückständig ein und unterstützten den zentralistischen Nationalstaat. Die Kritiken und Ansichten Bakunins und Kropotkins[129] zu diesem Thema sind meiner Meinung nach noch immer aktuell. Die Feststellungen von Marx und Engels sind der wesentliche Grund für das Scheitern der Ersten und Zweiten Internationale, die Totgeburten glichen. Objektiv existierte ein Bündnis mit der deutschen Industriebourgeoisie. Darüber wurde bereits ganz offen geschrieben. Die Folge war die Absorption durch den Nationalstaat. Die einhundertfünfzigjährige Geschichte des Marxismus ist die Geschichte, das Opfer dieses Fehlers zu sein.

Die Beispiele, die dies am besten belegen, sind das Experiment der UdSSR und das heutige China. In Russland war bereits vor 1920 die demokratische Struktur der Sowjets, also der Räte, abgeschafft worden. Übrig blieb das Modell des Nationalstaats und der Weg des Aufbaus des Sozialismus in einem Land. Deshalb wurden alle Oppositionellen liquidiert, die Bauern als führende demokratische Kräfte vernichtet, die Intellektuellen zum Schweigen gebracht. Es entstand ein moderner ›Pharaonensozialismus‹. Eine demokratische Moderne fiel ihnen nicht ein, genauer gesagt, sie wurde verhindert. Demokratie sollte dann ab den 1990er Jahren wieder auf die Tagesordnung kommen, auch sie als Totgeburt. Das zeitgleich zum Hitlerfaschismus sich

129 Siehe dazu Pjotr Alexejewitsch Kropotkin: *Der Staat und seine historische Rolle*, Münster 2008.

entwickelnde System als ›Stalinfaschismus‹ zu bezeichnen, halte ich nicht für richtig. Beide Bewegungen kommen aus verschiedenen Kanälen. Doch das Beispiel und die historische Erfahrung der UdSSR zeigt auf äußerst prägnante Weise, dass der sowjetische Versuch kein Sozialismus war und dass ein Sozialismus, der sich nicht auf die demokratische Zivilisation stützt, nicht zu verwirklichen ist.

Mao befasste sich durchaus mit der Demokratie, und er hatte wichtige Kritiken gegenüber den Sowjets. Die chinesische Kulturrevolution ist der Beweis dafür, dass etwas schief gelaufen war. Doch Maos Bewusstsein und die Instrumente und Methoden, die er verwandte, waren nicht auf einem Niveau, dass er die marxschen Irrtümer und die sowjetische Erfahrung hätte überwinden können. Der Zustand des heutigen China ist in dieser Hinsicht vielsagend.

Die nationalen Befreiungsbewegungen, die sich zumeist entlang einer realsozialistischen Linie entwickelten, hatten von vornherein den Nationalstaat als Maximalprogramm. Wenn wir uns jedoch vor Augen führen, dass sich das von ihnen etablierte Modell nur durch Kollaboration mit den kapitalistischen Monopolen wie USA, EU, IWF und Weltbank auf den Beinen halten kann, so dürfen wir uns über ihre antidemokratischen und zunehmend konservativeren Strukturen nicht wundern.

Das traurigste Beispiel ist der Baath-Sozialismus von Saddam Hussein. Für alle, die verstehen wollen, ist er als Beispiel Gold wert.

Der ›Wohlfahrtsstaat‹ der Sozialdemokraten ist ohnehin nichts anderes als der Nationalstaat. Die deutschen Sozialdemokraten, die auch bei diesem Thema weltweit führend sind, behaupten ihre feste Position noch, indem sie mit ihrem Ökonomismus dem eigenen Nationalstaat nicht wie Hitler Schaden zufügen, sondern ihm Profit einbringen. Der Preis dafür ist, dass sie die demokratischen Bewegungen der Welt ›kastrieren‹ und zu Helfershelfern der eigenen Bourgeoisie machen!

d) Eine der schlimmsten Auswirkungen des Nationalstaates ist die historisch nie dagewesene Zerstörung, Liquidierung und Assimliation von kulturellem Erbe. Eines der einzigartigen Merkmale des Nationalstaates ist die Berufung auf eine herrschende Ethnie der Nation, das Ignorieren aller anderen Ethnien und ihrer Jahrtausende alten Kulturen (»Eine Sprache, eine Nation, ein Land, ein Staat« war ja quasi das Hauptmotto Hitlers), dann ihre Zerstörung, Assimilierung und Liquidierung. Diese Methoden, zu der keine repressive und ideologische Gewalt in der Geschichte gegriffen hatte, hängen mit der Struktur des Nationalstaates zusammen. Seine basale Kulturpolitik beginnt bei Kehrversen wie »ein Staat, eine Nation, eine Sprache« und besteht in der Schaffung von pechschwarzen oder schneeweißen Wüsten aus einander ähnlichen Staatsbürgern und Institutionen. Man hat versucht, den Darwinismus, also einen Biologismus, auf die Gesellschaft anzuwenden. Auch eine der schlimmsten Sünden des Positivismus richtete sich gegen diesen Bereich. Er hielt es für eine Regel der Evolution, dass die stärkste Kultur die anderen Kulturen absorbiert. Natürlich, indem er Millionen von Jahren menschlicher Kultur und Evolution ignoriert oder vernichtet!

Dass heute die Kultur zunehmend oberflächlich wird, ihren Zauber, ihre Faszination und Fähigkeit zur Inspiration verliert, liegt daran, dass der Nationalstaat wie mit einer Dampfwalze über sie hinweggerollt ist. Tausende von Sprachen, Zehntausende von Klans und Stämmen, archäologisches Erbe, verschiedene Lebensweisen, also Kulturen, wurden Opfer dieser auf ›ein Einziges‹ fokussierten Politik des kulturellen Völkermords. Es ist nicht klar, wie weit dies noch führen wird. Die Kultur von National-Staat, National-Individuum und National-Gesellschaft, die nur einen Typ und eine Farbe kennt, bringt nicht nur den Faschismus hervor; sie verwüstet das Leben und initiiert einen Prozess der Bestialisierung, der stets ein Ziel sucht, gegen das sie Krieg führen kann. Die Folge sind unvermeidliche Kriege zwischen Ethnien, Religionen, Sprachen und Kulturen. Unsere Gegenwart wird von derartigen Kriegen erschüttert. Hitler war der Beginn und das Symbol dieser Kriegskultur. Heute wird dieses Symbol wieder zur Realität. Noch einmal: Wer lernen will, für den ist das Beispiel des Irak Gold wert. Was dort geschieht, geschieht vor aller Augen.[130]

Der Nationalstaat ist nicht nur – wie im Zweiten Weltkrieg – eine Bewegung des politischen und militärischen Krieges gegen Staaten und herausgehobene Kulturen; er ist eine Massenbewegung des gesellschaftlichen Krieges gegen die gesamte historisch-gesellschaftliche Tradition und jedes Gebilde, das Hoffnung für die Zukunft verspricht und anders ist. Die in der Gründungslogik des Nationalstaates liegenden Verse von Singularitäten wie ›eine Nation, ein Staat, eine Sprache, ein Land‹ und ähnliche bedeuten nichts anders als einen andauernden Kriegszustand an jeder Front – mal heimlich, mal offen, mal blutig, mal demagogisch!

e) Auch im politischen Bereich bemüht sich der Nationalstaat um Uniformität. So, wie es im Nationalstaat keinen Raum für verschiedene

130 Es ist mehr als interessant, dass der Autor bereits hier (2008) die Entwicklung bis hin zum Genozid, wie 2014 an den irakischen Jesiden, vorausgesehen hat und dazu schreibt: Es »geschieht vor aller Augen.«

nationale Identitäten gibt, wird auch anderen politischen Gebilden kein Raum gelassen. Mit dem zentralistischen Staat, auch unitärer Staat genannt, ist gemeint, dass es unmöglich gemacht wird, auf der Grundlage von Unterschiedlichkeiten Politik zu machen – eine der Grundbedingungen der Demokratisierung. Dies gilt als Gefahr für die staatliche Einheit. Selbst die Anerkennung minimaler Kompetenzen von Kommunalregierungen wird in diesem Zusammenhang misstrauisch beäugt. Die zentrale Bürokratie ist seine Hauptgewalt und sein Körper. Der Nationalstaat ist der Staat, den die moderne Bürokratie geschaffen hat. Er hält die gesamte Gesellschaft im eisernen Käfig unter Aufsicht. Eine Grundbedingung für Parteien und die Zivilgesellschaft ist es, deckungsgleich mit der Politik des Staates zu handeln. Daher wird der Pluralismus, ein unverzichtbares Prinzip der Demokratisierung, die Entwicklung unterschiedlicher politischer, sozialer, kultureller und wirtschaftlicher Organisierungen als Bedrohung empfunden und stets verfolgt. Er lässt nicht zu, dass sie Optionen schaffen und so einen Platz bei der Regierung finden. Der Nationalstaat ist aus strukturellen Gründen gegen politische Pluralität und daher antidemokratisch. Dass sich im Rahmen des Nationalstaates demokratische und sozialistische Haltungen (realsozialistische oder andere) nicht weiterentwickeln können, sondern liquidiert werden, liegt wie gesagt daran, dass sie entweder den Nationalstaat verteidigen oder vor ihm kapitulieren. Von einer Struktur, die offen für Demokratie ist, können wir dann sprechen, wenn Nationalstaat und Demokratie als unterschiedliche Einheiten zu einem prinzipiellen Kompromiss gelangen.

f) Der Nationalstaat schafft nicht nur auf der Ebene des Individuums eine Uniformität; er pfropft allen gesellschaftlichen Strukturen eine uniforme Mentalität und Gefühlswelt auf. So verbreitet er gleichzeitig seine eigene Macht in die gesamte Gesellschaft und schafft eine uniforme Gesellschaft, die nationalstaatliche Gesellschaft. Das Ziel ist es, eine korporatistische Gesellschaft zu schaffen – das Gesellschaftsmodell des Faschismus. Wir sollten das nicht als Ermächtigung der Gesellschaft missverstehen, das Gegenteil trifft zu. Indem sich der Nationalstaat in alle Poren der Gesellschaft Personen und Institutionen einnistet, die als seine Agenten fungieren, versucht er, seine Macht zu vertiefen und auszuweiten. Dadurch entsteht lediglich eine gelenkte Gesellschaft. Die Macht in der gesamten Gesellschaft zu verbreiten, bedeutet also den Krieg gegen die gesamte Gesellschaft, nicht die Ermächtigung der Gesellschaft. Michel Foucault unterstreicht diesen Punkt. Die über die Frau herrschende Männlichkeit spielt diese Rolle einer

Agenten-Institution. Durch Sexualpolitiken den gesellschaftliche Sexismus wie eine Seuche in der Gesellschaft zu verbreiten, bedeutet gleichzeitig, Krieg gegen die Gesellschaft zu führen. Besonders die Frau wird bis ins Mark versklavt. Vermännlichung für Freiheit zu halten, bedeutet besiegte Weiblichkeit. Und zwar besonders tiefgreifend!

Auch Sport und Kunst wurden in Hinblick auf ihre gesellschaftliche Funktion in effektive Agenten-Institutionen im Dienste des Nationalstaates zum Krieg gegen die Gesellschaft verwandelt. Besonders die Populärkultur und Sportprogramme werden zu diesem Zweck breit eingesetzt. Die bewusste Aushöhlung der Bereiche Sex, Sport und Kunst durch das globale Kapital und ihre Transformation in effektive Agenten-Institutionen hat sie in letzter Zeit zu höchst effektiven Instrumenten im Krieg gegen die Gesellschaft gemacht. Diese Einschätzung bedeuten zweifellos nicht, dass wir sexuelle, sportliche und künstlerische Aktivitäten an sich verurteilen. Ganz im Gegenteil besitzen sie großen ethischen Wert für das gesellschaftliche Wohlergehen, und es gehört zu den grundlegenden Aufgaben der demokratischen Zivilisation, sie im Dienste der Gesellschaft anzuwenden.

Sport ist ein Bildungswerkzeug für eine gesunde Gesellschaft, doch im Zusammenhang mit dem Nationalstaat wurde er auf ein Werkzeug für Ruhm und Ehre reduziert. Als sei man im Krieg, wird Sport ins Korsett von Sieg und Niederlage gezwängt und so in ein Kriegswerkzeug der Macht verwandelt. Besonders der Fußball wird von den Nationalstaaten zu diesem Zweck als Machtmonopol benutzt. Der Sport wurde vernationalstaatlicht und gleichzeitig zu einem effektiven Schauplatz des Krieges gegen die Gesellschaft gemacht.

Die Kunst ist der zweite wichtige gesellschaftliche Kriegsschauplatz, dem sich sowohl die staatlichen als auch die privaten Monopole zugewandt haben. Besonders die Popkultur und die Arabeskkultur sind effektiv dabei, die Gesellschaft gefangen zu nehmen. Eine Armee von Stars scheint die Gesellschaft geradezu zu bombardieren. Das Ansehen klassischer Kunst wird herabgesetzt, die Volkskultur durch Popularisierung von der Funktion entfernt, die sie über Jahrtausende ausgeübt hat, und in ein Instrument zur Vernichtung der Gesellschaft verwandelt. Noch mehr gilt dies für die Sexualität, die wie nie zuvor gegen die Gesellschaft eingesetzt wird. Kein anderes Instrument ist im Krieg gegen die Gesellschaft derart effektiv wie der Sex.

Da ich dieses Thema im Band *Soziologie der Freiheit* ausführlich zu diskutieren hoffe, möchte ich hier nur noch als Randbemerkung anführen, dass für jeden Mann der Geschlechtsakt in einen Akt der Macht verwandelt wurde. Der Geschlechtsakt wurde vom Leben und von seiner biologischen Funktion für die Erhaltung der Art losgelöst oder fehlgeleitet und in eine Handlung zur unbegrenzten Vermehrung und Verbreitung patriarchaler Macht im gesellschaftlichen und politischen Bereich verwandelt. Der Geschlechtsakt wurde in einen Akt der Macht verwandelt. In allen homosexuellen, heterosexuellen oder anderen Beziehungsformen spielt das Machtverhältnis eine entscheidende Rolle. Dafür existiert zwar eine breite historische Grundlage, doch in keiner anderen Gesellschaft und in keinem anderen Staat wurde dies in Tiefe und Breite so systematisch und auf Macht abzielend (und daher auf Versklavung abzielend) vervielfacht und angewandt wie im Nationalstaat und seiner Gesellschaft. Der gesellschaftliche Sexismus ist das Ereignis, das Verhältnis und die Tatsache gesellschaftlicher und politischer Macht.

Der Nationalstaat hat durch seine Politik zur Sexualität sowohl in der Familie als auch außerhalb eine regelrechte Perversion der Macht ausgelöst. Dadurch, dass die Frau sich als sexuelle Ware betrachtet und der Mann sich zum sexuellen Machtinstrument macht, treiben sie nicht nur die Gesellschaft in die moralische Krise; sie machen sowohl sich selbst als auch die Gesellschaft zu Opfern im Krieg um die Macht.

Auch die Medien sind einflussreiche Instrumente im Krieg auf diesen drei Gebieten. Kein Instrument hat eine so verheerende Rolle im Krieg gegen die Gesellschaft gespielt wie die von den Monopolen kontrollierten Medien. Wenn sie dagegen von der demokratischen Zivilisation gebraucht werden, werden sie zweifellos die Rolle eines wirkungsvollen Instruments der Demokratisierung spielen.

Die sorgfältig entwickelte Gefängnis- und Krankenhauspolitik des Nationalstaates trägt auch effektiv dazu bei, die eigene Macht zu stärken und die Gesellschaft gefangen zu halten. Wer ins Gefängnis oder ins Krankenhaus muss, steht gegenüber der Macht vor dem Verlust einer Reihe von materiellen und ideellen Werten.

Der Nationalstaat, der seine Macht bis in die feinsten Äderchen der Gesellschaft presst, gesteht damit eigentlich, dass sein Ende gekommen ist. Eine Macht, die so weit gekommen ist, kann ihren Sturz letztlich nicht vermeiden. Die demokratische Zivilisation muss in allen Bereichen der Gesellschaft ein effektives Konzept von Demokratisierung, Organisierung und Handeln etablieren und umsetzen.

g) Der Nationalstaat setzt im Wesentlichen auf die Mittelklasse. Auf der Ebene der Klassen positioniert er sich in der Mitte. Eine andere Entwicklung ist zwar theoretisch möglich, kann aber in der Praxis nicht vorkommen. Der Nationalstaat ist der moderne Gott der Mittelklasse. Die Mittelklasse lebt in ihrem Denken und ihren Leidenschaften stets so, dass sie davon träumt, ihren Gott zu erreichen (indem sie Posten und Interessen sichert). So, wie früher die Gesellschaft die Götter des Altertums anbetete, ohne diese genau zu kennen, so kennt auch die heutige moderne Mittelklasse ihren Gott (im Sinne der kapitalistischen Moderne) eigentlich nicht. Doch sie weiß auch, dass sie keine andere Option hat als ihn. Eine Position in seiner Bürokratie oder seinen Monopolen (wegen der beruflichen Formation) zu ergattern, bedeutet Erlösung. Die Mittelklasse glaubt, die Gesellschaft bestehe aus ihr selbst. Sie ist eine sehr egoistische Klasse. Die Liberalen halten die Mittelklasse für eine der Grundbedingungen der Demokratie. Eigentlich trifft das Gegenteil zu. Die Mittelklassen sind das Reservoir, aus dem sich nicht die Demokratie, sondern der Faschismus bedient. Zwischen Faschismus und Nationalstaat besteht eine strukturelle Beziehung, und genauso ist die Beziehung des Faschismus zur Mittelkasse eine strukturelle. Dass eine strukturelle Beziehung zwischen Faschismus und dem kapitalistischen Monopol besteht, ändert nichts an der Einschätzung bezüglich der Mittelklasse. Ausnahmen bestätigen nur diese Grundtendenz.

Während die liberale Demokratie im Wesentlichen auf die Mittelklasse setzt, zielt sie darauf ab, in größter Manipulation der Demokratie die Vorherrschaft über die wirklich demokratischen Kräfte der Gesellschaft zu erringen und so die Demokratie auszuhöhlen. Die liberale Bourgeoisie, die liberalen Demokraten, können lediglich in einer Umgebung, in der starke demokratische Entwicklungen stattfinden, die positive Rolle als linker Flügel übernehmen. Geachtet werden muss auf die Wankelmütigkeit der Mittelklasse. Angesichts des Kampfes der Gesellschaft um Demokratisierung hat der Kapitalismus große Erfahrung darin gesammelt, das liberale Bürgertum und die Mittelklasse zu benutzen. Seine Politik baut darauf, Zugeständnisse zu machen, Illusionen zu wecken, auf die Unterschichten der Gesellschaft hinzuweisen und die Mittelklasse ständig in Angst zu halten. Der Nationalstaat ist in diesem Sinne der intensivierte Krieg der Mittelklasse. Ebenfalls in diesem Sinne ist der Nationalstaat der Kriegsgott der Mittelklasse. So fasst sie ihn auf, so träumt sie von ihm, so betet sie ihn an. Den demokratischen Kräften bleibt keine andere Wahl, als gegen diesen Gott und seinen intensivierten Krieg ein eigenes Denken und Handeln zu erschaffen. Die einzige und heiligste Option gegen diesen Gott ist das freie Leben selbst!

h) Bei der Bewertung des Nationalstaats wird es hilfreich sein, einige Staatsformen zu vergleichen und die verschiedenen Modelle kennenzulernen, die ihm innewohnen. Wichtig ist dabei, Nationalstaat und Republik als Begriffe und Institutionen nicht gleichzusetzen. Nicht jede Republik ist ein Nationalstaat. Andererseits können sogar Königreiche Nationalstaaten sein. Manche Republiken können sich zu Nationalstaaten transformieren. Republiken sind eher offen für Demokratie. Ihre Beziehung zur Gesellschaft entspricht nicht dem Stil des Nationalstaates. Sie halten größeren Abstand zu den Monopolen. Während die Republik ein Regime der Bündnisse und Kompromisse ist, ist der Nationalstaat ein Regime, das der Gesellschaft seinen Willen aufzwingt und sie nach seinen Wünschen formt. Während die Republik auf ihre Bündnisse und das gesellschaftliche Gleichgewicht achtet, ist das Ziel des Nationalstaats, jegliche Bündnisse und Gleichgewichte zu zerstören und so die zentrale Autorität zu maximieren und abweichende politische, gesellschaftliche, wirtschaftliche und kulturelle Werte und Auffassungen zu absorbieren. Eine Republik kann man sich teilen; viele unterschiedliche Ansichten, Kulturen, Ethnien und politische Strukturen, lokale und regionale Regierungen können unter dem Dach der Republik Platz finden. Die Mentalität und Struktur des Nationalstaats stehen diesen Unterschiedlichkeiten und Ganzheiten entgegen.

Bei den Modellen des Nationalstaats ist oft von drei Beispielen die Rede:

Das erste Modell des Nationalstaats ist das französische. Frankreich ist die Geburtsstätte des Nationalstaates. Sein Schöpfer und sein Gott ist Napoleon. Für den französischen Nationalstaat ist die politische Identität grundlegend. Indem er den politischen und rechtlichen Bereich stärkt, gibt es eine traditionelle Haltung, die das Abrutschen in einen Faschismus deutschen Typs erschwert. Frankreich ist beim Thema ›Rasse‹ und herrschende Ethnie nicht fanatisch. Alle, die die französische Sprache und Kultur teilen, können im französischen Nationalstaat Platz finden. Dieses Modell hat weltweit Nachahmer gefunden. Auch die Türkei wurde von diesem Modell inspiriert.

Das deutsche Modell legt die Kultur zugrunde. Die für die deutsche Nation spezifische Kultur ist sowohl für die Staatsbürgerschaft als auch für den Nationalstaat Vorbedingung. Dass die Tendenz zum Faschismus hier höher ist, hängt mit der Entwicklung des deutschen Nationalstaats auf dieser Grundlage zusammen. Der deutsche Nationalstaat hat die Welt beeinflusst, einschließlich der Türkei. Die Deutschen sind dabei, dieses Modell zu überwinden.

Das englische Beispiel ist das flexibelste. Für die Engländer ist weder wie für die Franzosen die politische Einheit, noch wie für die Deutschen die kulturelle Einheit fundamental. Sie präsentieren ein Modell des Nationalstaates, das unterschiedlichen politischen Strukturen und Kulturen offener gegenübersteht.

i) Den Nationalstaat in seiner zeitlichen Einordnung zu behandeln, ist wichtig, um seine Entwicklung und Veränderung verstehen zu können. Wir haben vielfach betont, dass er die grundlegende Staatsform der kapitalistischen Moderne darstellt, doch ohne ihn innerhalb des Fortgangs der historischen Entwicklung zu behandeln, können wir seine Rolle nicht vollständig erfassen.

Holland und England, die die imperialen Hoffnungen Spaniens und Frankreichs brechen wollten, suchten nach einem effektiveren Staat, was den Typ des Nationalstaates auf die Agenda gebracht hatte. Sowohl in finanzieller und politischer Hinsicht als auch ganz besonders bei der Reform der Armee bewies der Nationalstaat mit der Zeit immer mehr seine Überlegenheit gegenüber den alten politischen und militärischen Strukturen. Beide Länder errangen zuerst die Vorherrschaft zur See. Am Ende des sechzehnten Jahrhundert war die Vorherrschaft und damit maritime Hegemonie auf Holland und England übergegangen. Anfang des achtzehnten Jahrhunderts, im Spanischen Erbfolgekrieg, bewiesen sie in den Schlachten gegen Frankreich auch ihre Überlegenheit zu Lande. Doch die französische und die österreichische Dynastie gaben ihre imperialen Hoffnungen keineswegs auf. Das kam beide teuer zu stehen. Sie verloren die Chance, zu Nationalstaaten zu werden. Außerdem waren ihre staatlichen Strukturen finanziell viel kostspieliger.

Gegen diese imperialen Hoffnungen unterstützten Holland und England politisch den Aufbau von Nationalstaaten. Besonders den preußischen Staat als starken Nationalstaat Österreich und Frankreich entgegenzustellen war ein effektiver politischer Schachzug. Ein weiterer war, sämtliche oppositionellen Kräfte Europas, darunter diejenigen, die Nationalstaaten anstrebten, ständig zu unterstützen, wodurch sie ihre Gegner zermürbten. Denn es erschien unmöglich, dass ihre Konkurrenten mit den Nationalstaaten fertig würden. Der Westfälische Frieden war die Folge dieser Entwicklungen. Das Europa der Nationalstaaten erzielte nach und nach Geländegewinne und die Vorherrschaft gegenüber dem Europa der Imperien. In der Französischen

Revolution verfolgte England das Ziel, den König, der sich nicht auf einen Kompromiss mit England einließ, zu stürzen und die Opposition gegen ihn ans Ruder zu bringen. Daher unterstützte England alle, die im Widerspruch zum König standen. Eigentlich war die Revolution so in gewissem Sinne (natürlich nicht vollständig) eine englische Verschwörung. Doch das Königreich und der folgende Übergang zur Republik sowie die Entwicklung zum Nationalstaat unter Napoleon machten einen Strich durch die Rechnung. England konnte sich nur um Haaresbreite vor Napoleon retten. Auch ihre Preußenpolitik konfrontierte sie mit ähnlichen Ergebnissen.

Ein Modell ähnlich dem napoleonischen sehen wir beim Aufbau der Republik Türkei. Als England eigene Anhänger in der Opposition gegen den pro-deutschen Flügel des Komitees für Einheit und Fortschritt[131] unterstützte, ging General Mustafa Kemal als Sieger hervor, als wollte er das Beispiel Napoleons wiederholen. Sowohl die pro-deutsche als auch die pro-englische Seite unterlagen. Es gibt viele Beispiele für politisches Handeln, das dem englischen ähnelt. Derartige Beispiele verdienen sorgfältige Untersuchung. Wir dürfen auch nicht vergessen, dass Mustafa Kemal gemeinsam mit den Freimaurern Politik machte.

Der Sieg des Nationalstaates auf europäischer Ebene vollzog sich mit der nationalen Einigung Italiens 1861 und Deutschlands 1871, die mit der Gründung zweier Nationalstaaten einhergingen. Daraufhin verschob sich der Krieg um die Hegemonie und fand zwischen England und Deutschland statt. Die dreiundvierzig Jahre zwischen 1871 und 1914 vergingen für beide Seiten mit der Suche nach Bündnissen. Der Erste Weltkrieg versetzte den deutschen Hoffnungen auf Hegemonie einen kräftigen Schlag. Der Zweite Weltkrieg war eine Art Rachefeldzug. Am Ende stand die Zerstörung des deutschen Nationalstaates.

Russland wollte nach der Oktoberrevolution von 1917 das durch die deutsche Niederlage entstandene Hegemonie-Vakuum füllen. Zu diesem Zweck wurden die Sowjets schnell in einen Nationalstaat verwandelt. Doch die Allianz aus dem erfahrenen England und den USA vereitelte die hegemonialen Träume Russlands ebenso wie vorher die der Franzosen und der Deutschen. Die offizielle Auflösung der Sowjetunion 1991 bedeute die Aufgabe des Hegemonialanspruchs. Die dreihundert Jahre andauernde Hegemonie Englands wurde 1945 an die USA übertragen, im Gegenzug blieb England der kleine Bündnispartner. Die Politik der Sowjetunion,

131 Das KEF war die politische Partei der Jungtürken. Sie regierte in den letzten Jahren des Osmanischen Reiches.

gegen die Hegemonie der USA nationale Befreiungsbewegungen zu unterstützen, war eine Folge des Kalten Krieges, der von 1949 bis 1989 andauerte. Die Zeit des Kalten Krieges zwischen USA und UdSSR war das goldene Zeitalter der Nationalstaaten. Die Spannungen zwischen beiden sorgten für eine schnelle Vermehrung der Nationalstaaten. Der Prozess der Gründung von Nationalstaaten, der in Europa 1914 abgeschlossen war, war Anfang der 1970er Jahre auch auf globaler Ebene im Wesentlichen vollendet. Der Zweite Weltkrieg war Ausdruck der ersten ernsthaften Krise der europäischen Nationalstaaten. Die EU entstand als Produkt dieser Krise.

Ein anderes Thema, das wir beleuchten müssen, ist die Frage, warum die kapitalistische Moderne als Modell den Nationalstaat entwickelt hat. Unser Narrativ erklärt den Grund dafür. Als einen weiteren Grund können wir anführen, dass dieses Model Entwicklungen von der Art des Imperiums erschwert. Wenn das Imperium als Modell gesiegt hätte, wären die Entwicklungschancen der kapitalistischen Monopole möglicherweise nicht größer gewesen als im Mittelalter. Daher bissen sie die Zähne zusammen, setzten alles auf eine Karte und stellten sich gegen die Hoffnungen vier großer Reiche. Erst durch nationalstaatliche Politik wurden die Hoffnungen auf ein Imperium 1600–1700 für Spanien zunichte gemacht, zwischen 1600 und 1870 für Frankreich, 1871–1945 für Deutschland und 1945–1990 für Russland (in die Reihe gehören außerdem das Osmanische Reich und Österreich-Ungarn).

So sehr Nationalstaaten auch das Etikett ›bürgerlich‹ angehängt wird, stellt sich heraus, dass der Nationalstaat im Grunde das Werk der kapitalistischen Monopole ist, die ein Welt-System anstreben. Selbst das türkische Modell, das sich für am strengsten national hält, konnte nur mit Zustimmung seiner Verbündeten England und USA praktiziert werden. Ohne das internationale kapitalistische System sind Entstehung und Entwicklung des Nationalstaates undenkbar. Das schließt auch den sowjetischen und den chinesischen Nationalstaat mit ein. Wichtigster Faktor für seine Gründung und das Fortbestehen des Nationalstaats ist, dass er die beste politische Form für die Profitgarantie des Kapitals ist. Sobald Staaten diese Eigenschaft verloren, versuchten sie zunächst unter englischer und später unter US-Hegemonie, sich ganz langsam zu transformieren und ihre Existenz fortzusetzen. Ohne mit der Politik des Weltsystems (der kapitalistischen Moderne und ihres Hegemons) konform zu gehen, kann sich kein Nationalstaat lange auf den Beinen halten. Das Gegenteil widerspräche der Logik des Systems. Wer sich dem entgegenstellt, lebt unter großen Schwierigkeiten oder wird zerschlagen.

Ein anderes Beispiel mit Beweiskraft sind die vielen Kompromisse mit den USA, welche die Sowjets und China für nötig erachteten, um sich auf den Beinen zu halten.

So können wir auch das tragische Ende Saddam Husseins nun besser verstehen. Saddam erkannte das System nicht an oder wollte es zumindest nicht anerkennen. Um sich auf den Beinen zu halten, hatte nur eine einzige Chance, und das wäre die Transformation des Irak in ein umfassendes demokratisches System gewesen. Weil er einen starken Glauben an seinen Nationalstaats-Gott besaß, nutzte er diese Chance nicht. Als er zum Galgen geführt wurde, hielt er den Koran in der Hand, in dem die Worte des alten Gottes aufgeschrieben sind. Doch leider zeigte sich, dass der alte Gott gegen den neuen Gott des Systems nicht zur Hilfe eilte und ihn nicht retten konnte. Doch auch der Gott des Systems, der Leviathan, steckt nun im Sumpf des Irak fest. Der gesamte Mittlere Osten ist in einer schwierigen Lage.

Europa sucht nach einem neuen Gott für sich. Wahrscheinlich wird es sich einen friedlicheren Gott bauen, der dem Recht Raum gibt. Die Europäische Union wird als Versuch entwickelt, auf die kriegerische Vergangenheit der letzten vierhundert Jahre zu reagieren – der Zeit der Nationenbildung und der Nationalstaaten mit fürchterlichen Kriegen, deren verheerendster der Zweite Weltkrieg war. Die EU versucht mit evolutionären Methoden, die offenbar gewordenen gigantischen zerstörerischen Aspekte des Nationalstaates zu überwinden. Dafür entwickelt sie auf Basis der Idee von einer neuen europäischen Staatsbürgerschaft neue Ideen, Überzeugungen und Institutionen im wirtschaftlichen, sozialen, politischen und historischen Bereich. Dies ist eine Art selbstkritischer Haltung. Wir müssen diesen Prozess aufmerksam verfolgen, denn es lässt sich nicht voraussagen, wie er ausgehen wird. Die USA hingegen haben durch den Sturz von Saddam – einer Art Ludwig XVI. der nationalstaatlichen Zivilisation – und seinem Regime im Irak radikal demonstriert, wie sie sich gegenüber Nationalstaaten verhalten, die ihnen nichts ins Konzept passen. Sie mögen vielleicht die Methode versuchen, den Nationalstaat in föderativem Stil (entsprechend der Struktur der USA selbst) wieder aufzubauen.

Dass die USA zwischen Hegemon und Empire in der Zwickmühle sitzen, beweist, dass sie sich in einer schwierigen Phase befinden. Für einen schwachen Hegemon ist es schwierig, die Nationalstaaten zu lenken. Als Beispiel dafür können wir die Beziehungen zur Türkei anführen. Sollten sie sich für das Empire entscheiden, könnten die USA isoliert werden. Der Zusammenbruch Roms ist noch präsent. Die Chancen sind gering, dass sich eine andere Macht findet, die es wagt, sich zum Empire aufzuschwingen. Alles deutet darauf hin, dass die USA sich in eine Sackgasse bewegen. Mit der klassischen nationalstaatlichen Hegemonie konnten sie sich gerade noch ins einundzwanzigste Jahrhundert hinüberretten. Die EU ist bisher nur ein erster Schritt und befindet sich erst im Entstehen. Ihre Zukunft ist noch nicht klar. Das UN-System zeigt wie ein Spiegel die Sackgasse des Nationalstaats. Die UN sind kein Organ, das Probleme löst, sondern sie geradezu verschlimmert. Da wir auch von den anderen regionalen und kontinentalen Unionen eine Überwindung des Nationalstaates nicht erwarten können, existieren scheinbar keine Lösungsmöglichkeiten. Der Nationalstaat hat aufgehört, ein Lösungsmodell für die gesellschaftlichen Probleme sowohl im Inneren als auch nach außen hin darzustellen. Dazu kommt, dass, obwohl er bei seiner Errichtung ein passendes Modell gegen Besatzung und für ursprüngliche Kapitalakkumulation gewesen sein mag, heute all die Probleme, die er im Innern unterdrückt hat, wieder zum Vorschein kommen – mit all ihren historischen, gesellschaftlichen, kulturellen, ethnischen, ökologischen, feministischen und politischen Dimensionen. Dies beweist, dass er keine Lösungskraft ist. Hunderte Beispiele belegen, dass er auch in internationalen Streitfällen ein Modell ist, das Stagnation und Stillstand generiert.

Die Israel-Palästina-Frage ist in dieser Hinsicht ein Lehrstück. Beide Seiten halten starr am Modell des Nationalstaats fest. Um die Jerusalem-Frage lösen zu können, müssen sie diese Stadt entweder zerstückeln oder einander bis zur Vernichtung bekämpfen. Wir werden kaum ein Beispiel finden, das die Sackgasse des Systems besser aufzeigt. Auch die Situation im Irak, in Afghanistan und im Libanon ist offensichtlich. An der Reihe sind wahrscheinlich der Iran und andere Länder. Täglich wird klarer, dass das Modell keine Chance haben kann, da es weder gerecht, noch human, noch demokratisch ist.

Der Nationalstaat geriet nach seinem Höhepunkt in den 1970er Jahren und besonders seit dem Zerfall der UdSSR in eine tiefe Krise. Wegen dieser Krise, weil er keine Antwort für die Probleme des Systems darstellt sondern zunehmend ein Hindernis darstellt, hat der Nationalstaat in den Augen der kapitalistischen Monopole sein früheres Ansehen verloren. Der Versuch, mit dem EU-Modell die Krise evolutionär zu überwinden, bietet nicht viel Hoffnung. Dies hängt mit der allgemeinen, globalen Krise der kapitalistischen Moderne zusammen. Der Mittlere Osten ist das Gebiet, wo der Krisenzustand sich in Chaos verwandelt. Was wir dort sehen, besitzt die

Dimensionen eines Dritten Weltkriegs[132]. Eine zweite EU oder ein *Greater Middle East Project*[133] sind weit davon entfernt, den Realitäten der Region zu entsprechen. Wir müssen damit rechnen, dass der Zustand des Chaos lange anhalten wird. Das System mag versuchen, den Nationalstaat als Demokratie verkleidet von Neuem aufzubauen. Die passendste Antwort besteht für die Kräfte, die Gleichheit, Freiheit und Demokratie anstreben, darin, die demokratische Zivilisation zu entwickeln.

Im vierten Band meines Manifests, ›Zivilisationskrise im Mittleren Osten und Lösung der demokratischen Moderne‹ werde ich versuchen, das Projekt einer regionalen Demokratischen Konföderation zu diskutieren.

j) Ohne eine Diskussion des epistemologischen Aspekts des Nationalstaates als eines sehr tief verwurzelten Paradigmas würde hier etwas Wesentliches fehlen. Die bisherigen Beschreibungen zeigen, dass der Nationalstaat auf einem ganz anderen Paradigma beruht als ein beliebiger anderer Staat. Thomas S. Kuhns Arbeiten zur Epistemologie unterstreichen die Bedeutung des Paradigmas.[134] Worauf es mir hier im Zusammenhang mit dem Paradigma ankommt, ist die enorme Kraft des Nationalstaates, die Wahrnehmung zu verzerren. Der wissenschaftliche Blickwinkel einer Person, die in der gesellschaftlichen Umgebung des Nationalstaats aufwächst, ist (nach meiner groben Schätzung) zu neunzig Prozent der Wirklichkeit entgegengesetzt. Neben der Art und Weise, wie die Staatsbürger geschaffen werden, ist der Hauptgrund dafür, dass das nationalstaatliche Paradigma in allen Schichten der Gesellschaft ein eigenes Bewusstsein von Geschichte und Gesellschaft konstruiert und durchsetzt. Besonders die so (ineinander verwoben) geschaffene Geschichte von Nation und Staat negiert sowohl die allgemeine Geschichte als auch weitgehend die Geschichte anderer Nationen und Staaten und die Geschichte der Gesellschaften oder aber verzerrt sie und verwendet sie als Material für die eigene Geschichte.

---

132 Das Manuskript dieses Buches wurde 2008 fertiggestellt, mehr als zwei Jahre vor dem Beginn des Arabischen Frühlings. Die Interpretation der Vorgänge im Mittleren Osten als Dritter Weltkrieg hat der Autor seither vielfach bekräftigt.

133 Der Begriff stammt ursprünglich aus verschiedenen Thinktanks sowohl der US-Demokraten als auch der Neocons. Seit Ende 2003 verfolgte die US-Regierung unter George W. Bush offiziell ein solches Projekt, das anschließend auch im Rahmen von NATO und G8 diskutiert wurde. Inhaltlich geht es dabei um die Umgestaltung des Mittleren Ostens nach den Vorstellungen der USA. Die Rede ist von »Demokratisierung« und »marktwirtschaftlichen Reformen«. Der Begriff »Greater Middle East« bezieht sich dabei auf die gesamte Region von Marokko bis Pakistan.

134 Der Wissenschaftstheoretiker Thomas S. Kuhn prägte mit seinem Hauptwerk *Die Struktur wissenschaftlicher Revolutionen* (1962) den Begriff des Paradigmenwechsels. Seine Ausführungen beeinflussten die Wissenschafts- und Methodenkritik Öcalans, der sich um ein neues, nicht-nationalstaatliches Paradigma für den Kampf um Befreiung bemüht.

Für einen Staatsbürger, der dieses Paradigma durchlaufen hat, ist es beinahe unmöglich, Wissenschaftler zu werden. Zumindest wird er nicht in der Lage sein, sinnvolle Interpretationen zu entwickeln, und seine Wissenschaftsproduktion wird ziemlich verzerrt sein. Zunächst einmal ist er fanatisch; er betrachtet alles aus der Sicht der Interessen des Nationalstaates. Kein Phänomen ergibt für ihn einen Sinn, bevor es nicht in die Schablone des Nationalismus eingepasst wurde. Es ist ihm unmöglich, die Sozialwissenschaften zu verstehen. Die chauvinistisch-nationale Perspektive reduziert die Chance auf wissenschaftliche Ergebnisse; er ist nur in der Lage zu verstehen, wenn etwas in den eigenen Akzeptanzrahmen passt. Kein Phänomen, Umstand oder Ereignis kann seine Denkroutine durchbrechen. Die Verheerung, die der Nationalismus als Religion anrichtet, springt uns hier ins Auge. Was nicht dem eigenen Nationalismus dient, erscheint nicht sinnvoll; es interessiert ihn nicht, Geist und Seele sind diesem Gegenstand gegenüber verschlossen. Soziale Tatsachen, die eine Bedeutung außerhalb der Phänomene des Nationalstaates ausdrücken, betrachtet er daher als widersinnig. Denn im Bereich der sozialen Realität muss alles durch die Brille des National-Etatismus gesehen werden. Das gilt besonders, wenn diese an beiden Seiten Scheuklappen besitzt. Wer durch diese Brille blickt, kann nicht objektiv auf Geschichte und Philosophie blicken. Die Erstarrung des Denkens ist an sich bereits ein Hindernis. Eine derartige Perspektive ist auch dem wissenschaftlichen Verständnis nicht zuträglich.

Auch Gesellschaften außerhalb der eigenen nationalstaatlichen Gesellschaft kann er nicht berücksichtigen. Die Starrheit in diesem Punkt verzerrt entweder die objektive Beobachtung oder verführt zu einem uninteressierten Hinschauen. Da er auf die anderen mit einem fanatischeren Paradigma schaut als die fanatischsten Religiösen, wird er sie entweder nicht sehen oder sie als Feinde betrachten. Dies ist der Grund dafür, warum die Welt der Nationalstaaten ständig Kriege produziert. Das Beispiel Hitlers ist hier vielleicht prägnant. Europa und die Welt müssen so sein, wie er sie sieht, oder sie werden nicht sein, sie werden vernichtet. Es wäre nicht schwer, anhand zahlreicher Beispiele aufzuzeigen, wie dieses Paradigma sich in einen Faktor der Gewalt verwandelt.

Religionskriege hängen ganz offenbar mit anderen Paradigmen zusammen. Dass die Zahl der aus Nationalismus erwachsenden Kriege derart hoch geworden ist, hängt mit dem Nationalstaats-Paradigma, also der Grundperspektive zusammen, die der Nationalstaat aufzwingt. Eine Information nicht richtig wahrzunehmen, führt natürlich zu

Fehlinformation, die wiederum zu falschen Entscheidungen und Praktiken führen werden.

Von einer Person der Wissenschaft, welche die Tiefenperspektive (das Paradigma) des Nationalstaates besitzt, können wir in keiner Wissenschaft, vor allem nicht in den Sozialwissenschaften erwarten, dass sie die Fähigkeit zu sinnvollen Interpretationen besitzt.

Eine Mentalität, die alles zum eigenen Besitz zu machen versucht (»meine Grenzen«, »meine Gesellschaft«, »mein Land«), versinkt in einem tiefen Egoismus und übertriebener Selbstüberschätzung. Von dieser Persönlichkeit können wir natürlich weder fundierte Entscheidungen, gesunde Beziehungen noch solides Handeln erwarten. Weil solche Personen sich mit ihrem Staat und dessen Gesellschaft, seiner Geschichte und seinem Horizont, seinen Interessen und Leidenschaften identifizieren, können wir von ihnen weder nationalen noch internationalen Frieden noch die geringste Solidarität erwarten.

Ohne die nationalstaatliche Perspektive dieses Paradigmas aufzugeben, die ich hier grob zu skizzieren versucht habe, können wir keine Wissenschaft betreiben und haben folglich keine Aussichten auf richtige Entscheidungen und Verhältnisse. Alles weist darauf hin, dass eine demokratische Atmosphäre die günstigsten Bedingungen für wissenschaftliche Revolutionen bietet. Ob wir das Wissen betrachten, das zwischen 6000 und 4000 v. Chr. im Fruchtbaren Halbmond geschaffen wurde, Ionien und Athen zwischen 600 und 400 v. Chr. oder das Europa der Renaissance, Reformation und Aufklärung ab dem fünfzehnten Jahrhundert: Wir sehen, dass Zeiten, in denen die Wissenschaften sich am schnellsten entwickeln, mit dem Niveau gesellschaftlicher Freiheit zusammenhängen. Wenn Europa trotz all der Werte, die es der Menschheit vermacht hat, immer noch stark kritisiert wird, so liegt dies am selbstsüchtigen Egoismus des Nationalstaats. Genauso, wie das nationalstaatliche System alle großen, so nie dagewesenen Kriege der letzten vierhundert Jahre hervorgebracht hat, so ist es auch der Grund dafür, dass die auf ihm aufbauende Moderne keine Lösungen für die heutigen Probleme hervorbringen kann.

Die Sichtweise der demokratischen Zivilisation bietet eine enorme Chance in Bezug auf die Produktion von Wissenschaft. Das besonders in Zeiten von Krisen und Chaos bestehende Bedürfnis nach einer neuen Wissenschaft kann nur gestillt werden, wenn das Paradigma der demokratischen Gesellschaft die Oberhand gewinnt.

Da sich praktische Lösungen nicht entwickeln können, wenn die epistemologischen Probleme nicht gelöst sind, werden das Niederreißen des nationalstaatlichen Paradigmas und der Sieg des Paradigmas der demokratischen Moderne es ermöglichen, die notwendige Kraft für eine Lösung zu erlangen.

Vierter Teil

Die Zeit der kapitalistischen Moderne

Es ist nicht falsch, die Geschichte der Zivilisation in Altertum, Mittelalter und Neuzeit aufzuteilen. Streit gibt es eher um den Inhalt dieser Definitionen. Ich bin überzeugt, dass die Form des Narrativs, auf der dieses Manifest beruht, dazu aufschlussreiche Beiträge leisten kann. Wir haben bereits diskutiert, inwieweit es richtig ist, den Kapitalismus als eine Zivilisation zu betrachten. Grundlage meiner Diskussion der Zivilisation ist, dass sie ein Ganzes bildet und in Form eines ›Hauptstroms‹ fließt. Ihr Ausgangspunkt ist das Dreieck von Stadt, Klasse und Staat. Die Formen, die diese drei annehmen, bestimmen auch die Form der Zivilisation. Die Zivilisation in Sumer und Ägypten können wir als ihre erste, klassische Form, die graeco-römische, islamische und christliche Ära als Reifephase und die Ära der europäischen Zivilisation hingegen als Ära des Zerfalls und des Chaos betrachten.

Eine Differenzierung muss ich allerdings für die Dimension der demokratischen Zivilisation vornehmen. Die demokratische Zivilisation fließt zwar innerhalb der Hauptstrom-Zivilisation, kann aber nicht mir ihr gleichgesetzt werden. Ohnehin ist die Zivilisation ein höchst widersprüchliches Ganzes. Der grundlegende Widerspruch besteht zwischen der staatsmonopolistischen Zivilisation und der demokratischen Zivilisation der nicht-staatlichen Gesellschaft. Den Widerspruch zwischen der staatlichen Zivilisation und der demokratischen Zivilisation können wir am besten zwischen zwei griechischen Städten der Antike beobachten: zwischen Sparta, regiert durch eine Monarchie, und dem demokratisch regierten Athen. Als sich die europäische Zivilisation entwickelte, gab es dort einen ähnlichen, intensiven Widerspruch. Die intensiven Konflikte, die vom vierzehnten bis zur Mitte des neunzehnten Jahrhunderts zwischen Staaten und Stadt-Demokratien existierten, bestanden im Kern aus einem Konflikt zwischen staatlicher und demokratischer Zivilisation.

Einer der bedeutenden Mängel des Marxismus war, diesen Konflikt aus einem engen Klassenblickwinkel zu betrachten. Der direkte Konflikt zwischen Klassen ist ein analytisches Konstrukt. Die konkreten Konflikte finden zwischen den gesellschaftlichen Körpern statt: zwischen der staatlichen Gesellschaft und demokratischen Gesellschaften. Die Folgen des engen Klassenblickwinkels sind bekannt. Außerdem ist für Klassen, deren Grenzen niemals definitiv gezogen werden können und zwischen denen täglich Übergänge stattfinden können, das Eigentliche das jeweilige Bewusstsein und ihre Kultur. Eine Klasse, die ihre Zivilisation nicht kennt oder nicht bilden kann, ist ohnehin nicht existent. Klassenkampf ohne Zivilisation ist unmöglich. Die sowjetische Erfahrung hat klar gezeigt, welch katastrophaler Fehler die These vom Kampf zweier Klassen innerhalb einer einzigen Zivilisation war. Da es nicht gelang, die Gussformen der europäischen staatlichen Zivilisation zu durchbrechen, konnte keine spezifisch sowjetische Zivilisation errichtet werden. Weil man in großem Maße die Schablonen der kapitalistischen Moderne zugrundelegte, ließ sich nicht vermeiden, dass man schließlich ihr glich. In der Geschichte kam es zu vielen ähnlichen Situationen. Wenn ihr mit den Waffen (dem Lebensstil der Zivilisation) Anderer kämpft, werdet ihr wie die Anderen. Dass solche Situationen eintreten, hängt damit zusammen, dass es Revolutionen nicht gelingt, eigene Zivilisationsformen zu bestimmen.

Kapitalistische Zivilisation ist insofern ein zu enger Begriff. Doch eine Zivilisation wie die europäische, die sehr starke demokratische Elemente beinhaltet, darzustellen, als sei sie die gemeinsame Zivilisation zweier Klassen (Arbeiter und Kapitalisten), birgt auch viele Missverständnisse. Daher ist es vielleicht erhellender, statt von einer einzigen europäischen Zivilisation zu sprechen, das demokratische und das kapitalistische Europa zu trennen. Die heutige EU ist der fortdauernde Versuch eines Europas des Kompromisses zwischen diesen beiden Zivilisationen. Es ist ein interessantes Unterfangen, das es wert ist, untersucht zu werden. Dass Europa gezwungen ist, seine starre staatliche Zivilisation mit starken demokratischen Traditionen und weichen Kräften wie Vernunft und Recht auszubalancieren, passt zu unserer Definition als der letzten Phase der staatlichen Zivilisation (des Einhergehens von Zivilisation mit Krisen). Die heftigen Kriege über vier Jahrhunderte sind ein weiterer Beweis der krisenhaften Struktur. Das sowjetische System kann auch als Beispiel in Systemdiskussionen dienen. Schon allein die Diskussionen über Struktur und Zukunft der EU demonstrieren zur Genüge, wie unentschlossen die Moderne ist und dass sie sich nicht aus der Krise befreien kann.

Der Hauptgrund, warum wir zu diesem Urteil gelangen, hängt mit der Struktur des kapitalistischen Monopols zusammen. Wie Marx in *Das Kapital* gezeigt hat, besteht ein struktureller Zusammenhang der Krise mit dem Kapital, also mit den Monopolen. Kapitalakkumulation und Profit können ohne Krisen nicht gewährleistet werden. Da das Kapital nicht ohne Profit stillstehen kann, kann es auch nicht krisenfrei sein. Dass ständig Revolutionen, Demokratisierung und Menschenrechte auf die Tagesordnung kommen, liegt nicht nur an seinen internen Problemen, sondern an der Notwendigkeit der Suche nach Lösungen für die Krise. Der Grund dafür ist die unregierbare Situation der Erde. In jeder Phase hat das globale Kapital nicht nur die Welt regiert, sondern es hat gegen die Welt gekämpft. Die Kämpfe wegen der Krise, die in seiner Natur liegt, haben sich auf die gesamte Welt ausgedehnt. Mit der Entstehung der Zivilisation entstanden die ersten professionellen Armeen und Kriege, die seither ununterbrochen existieren. Es liegt im Wesen der staatlichen Zivilisation, dass sie sich nicht entwickeln kann, ohne über die Gesellschaft souverän zu bestimmen. Souveränität bedeutet aber Macht. Macht kann nicht ohne Herrschaft stattfinden, diese wiederum nicht ohne Gewalt. Deswegen verglich Hegel die Geschichte mit einer Schlachtbank[135].

Die beiden dem Kapitalismus vorausgehenden Zivilisationen unterscheiden sich von diesem durch eine andere Struktur von Klasse, Stadt und Staat. Die Städte waren klein, die Klassen begrenzt, die Staaten wenige und klein. Daher waren Kriege spärlich und dauerten nur kurz. Trotzdem war die Gewalt struktureller Bestandteil der Zivilisation und gehörte zu ihrem Charakter. Im Kapitalismus jedoch schlucken Stadt, Klasse und Staat nicht nur die gesamte Gesellschaft, sondern auch die Umwelt und alles unter und über der Erdoberfläche. Chaotische Zustände ergreifen sowohl von der Gesellschaft als auch von der Umwelt Besitz. Immanuel Wallerstein urteilt, dass der Kapitalismus seit den 1970er Jahren in eine strukturelle Krise geraten ist und diese Krise fünfundzwanzig bis fünfzig Jahre andauern könne. Er führt an, dass die Qualität von Wissenschaft, Organisation und Aktion den Ausgang bestimmen werden, und damit verweist er teilweise zutreffend auf Tatsachen und Zusammenhänge. Offenbar hat er sich noch nicht von der marxistischen Auffassung der zyklischen Krisen gelöst. Mir scheint es zutreffender, die Krise für die gesamte Zeit des Kapitalismus anzunehmen.

In diesem Teil werde ich versuchen, die Zeit des Kapitalismus in Phasen einzuteilen und so seine Struktur, seinen krisenhaften Zustand und die Probleme bei seiner Veränderung kurz und skizzenhaft zu diskutieren.

---

135 In der Einleitung zu den *Vorlesungen über die Philosophie der Geschichte* schreibt Hegel: »Aber auch indem wir die Geschichte als diese Schlachtbank betrachten, auf welcher das Glück der Völker, die Weisheit der Staaten und die Tugend der Individuen zum Opfer gebracht worden, so entsteht dem Gedanken notwendig auch die Frage, wem, welchem Endzwecke diese ungeheuersten Opfer gebracht worden sind.«

A Der handelsmonopolistische Kapitalismus

Der Handel ist die älteste Domäne des Kapitals. Im vierten Jahrtausend v. Chr. können wir von einem Zeitalter des Handels sprechen, der sich von Uruk ausgehend entwickelte. Wir wissen, dass die Assyrer von Anatolien bis Indien Handelskolonien gründeten. Die Phönizier waren der erste Volksstamm, dem es gelang, Handelskolonien an allen Küsten des Mittelmeers zu errichten. Die Ausdehnung des Perserreiches und die Sicherheit, die es bot, führten zu einer quasi globalen Ausweitung des Handels. In der graeco-römischen Zivilisation setzte sich der starke Einfluss des Handels fort. Ohne Handel könnten sich große Städte kaum halten. Große Städte bedeuten Großhandel. Die islamische Zivilisation, die globale Macht des Mittelalters, ist der letzte große Abschnitt auf dem Weg zum westlichen Handel. Alle nötigen Traditionen für den Handel scheinen sich gebildet zu haben. Elemente wie Geld, Kredite, Banken, Wechsel, Märkte und Transport nehmen in Debatten in der islamischen Zivilisation zu jeder Zeit breiten Raum ein. Die italienischen Handelsstädte übernahmen im Grunde die Traditionen des levantischen, islamischen und byzantinischen Handels.

Im dreizehnten Jahrhundert geht die Vormachtstellung im Handel über Italien auf Europa über. Die italienischen Handelsstädte halten diese Stellung vom dreizehnten bis zum sechzehnten Jahrhundert. Ab dem sechzehnten Jahrhundert geht sie auf die Monopole holländischer und englischer Städte über. Der Sieg des Handelskapitalismus wurde ab da hauptsächlich durch die Hauptstädte dieser beiden Länder, London und Amsterdam, errungen. Die Entdeckung der Seewege und damit neuer Handelsrouten über den Atlantik nach Amerika und um das Kap der Guten Hoffnung nach Südostasien ist eine der größten Revolutionen im Handel. Unter der Nutzung dieser Routen litten die traditionellen Ost-West- und Nord-Süd-Handelsrouten, die unter der Hoheit des Mittleren Ostens standen. Ab dem sechzehnten Jahrhundert büßten sie ihre alte Bedeutung ein, und die mittelöstliche Zivilisation trat in einen Prozess beständiger Rückwärtsentwicklung ein, was eng mit der Rolle der Handelsrouten zusammenhing. Mit der industriellen Revolution erlitt die mittelöstliche Zivilisation einen gewaltigen strategischen Rückschlag; bis heute hat sie nicht die Chance gehabt oder die Kraft aufgebracht, sich davon zu erholen.

Die erste große Kapitalakkumulation, die vom fünfzehnten bis achtzehnten Jahrhundert in Europas stattfand, war von großer Bedeutung. Bereits ab dem zehnten Jahrhundert errichtete dieses Kapital seine erste Hegemonie über das aufstrebende städtische Handwerk und die Landwirtschaft. Die erste ernsthafte industrielle Bewegung, die Monopolisierung, Ausbreitung und Vergrößerung der Manufaktur, geschah in engem Zusammenhang mit dem Hegemoniestreben des Handelsmonopols. Die größten Handelsgesellschaften ihrer Zeit, die Niederländische und die Britische Ostindien-Kompanie und die Niederländische Westindien-Kompanie, waren lange Zeit führend. Effektive Instrumente des Kapitals wie Banken, Wechsel, Kredite, Papiergeld, Buchführung und Handelsmessen verwandelten sich in dieser Zeit in starke Institutionen.

In dieser Zeit sehen wir einmal mehr, dass eine starke Einheit zwischen privaten Handelsmonopolen und staatlichen Monopolen bestand. Im Grunde können wir gar nicht von eigenständigen privaten Handelsmonopolen ohne den Staat als Monopol sprechen. Vom ersten Zeitalter des Handels bis zum europäischen Zeitalter des Handels war der Staatsmonopolismus stets führend. Die Rede, dass sich Liberalismus gegen den Staat richte, ist Nonsens. Die Hauptbedeutung von Liberalismus ist, den Staat völlig in den Dienst des wirtschaftlichen Monopolismus zu stellen, den politischen Staat zum wirtschaftlichen Staat zu machen. Liberalismus ohne Staat ist wie ein verlassener Garten ohne Gärtner. Wesentlichen Einfluss auf den Staat besaß zu dieser Zeit sein Verhältnis zum Handel, besser gesagt: zum Handelsmonopolismus.

Wegen dieses Einflusses wird die Zeit vom fünfzehnten bis zum achtzehnten Jahrhundert auch Phase des Merkantilismus genannt. Im Wesentlichen bedeutet dies, dass sich der Staat über den Handel wieder sammelt und seine Einnahmen erhöht. Wir können auch von Handelsnationalismus sprechen. An andere Staaten mehr zu verkaufen als einzukaufen, ist der effektivste Weg, zum überlegenen Staat zu werden. Diese Phase gilt auch als die Zeit des Aufstiegs des nationalen Staates in Form der nationalen Monarchie. Gleichzeitig war es die Phase, in der sich die Aristokratie dem Handel zuwandte und die Händler in die Aristokratie aufstiegen, während sich die Bourgeoisie als neue moderne Klasse erstmals etablierte. Von der Ideologie der Bourgeoisie bis zu ihrem Lebensstil, von ihrem Modeverständnis bis zur städtischen Architektur – in jedem Bereich ereignen sich radikale Reformen.

Reformation und Aufklärung fanden in diesem Zeitraum statt. Doch es wäre ganz falsch, sich Reformation und Aufklärung jeweils als bürgerliche Bewegungen vorzustellen. Die Reformation war im Kern die Nationalisierung der Religion, die Eröffnung nationaler Filialen. Sie besaß keinen kausalen Zusammenhang mit der Bourgeoisie. Sie beabsichtigte die Erneuerung des religiösen Denkens, das durch veraltete Dogmen erstickt wurde, unter den neuer Bedingungen der Zeit. Es war die Bewegung der Anpassung der Religion an die Zeit. Dies war ein Teil einer geistigen Revolution. Die umfassendere Revolution des Denkens war aber die Aufklärung, während der die meisten der alten Paradigmen überwunden und die Zeit durch ein neues Paradigma geprägt wurden. Sie bedeutet die Erneuerung der Denkweise in jeglicher Hinsicht. Diese beiden Entwicklungen hingen auch eng mit den Revolutionen in Wissenschaft und Philosophie zusammen. Dass diese Revolutionen mit dem Zeitalter des Handels zusammenfielen, ist Zufall; doch es zeigt sich, dass die Bourgeoisie aufgrund ihres Klassencharakters sich beide zu eigen machte. Sie verwandelte beide Bereiche in intellektuelles Kapital, um es für sich zu nutzen. Dies ist von großer Bedeutung, denn im Gegenzug gewann sie Ansehen als legitime Klasse. Denker der Aufklärung spielten eine wichtige Rolle dabei, dass die parasitischen Eigenschaften des Monopolismus, die mindestens so ausgeprägt waren wie bei den absolutistischen Monarchen und der Aristokratie, ignoriert wurden. Da die Bourgeoisie als Klasse ein neues Gebilde war, dachte man kaum an zukünftige Folgen und schrieb alles Negative den alten Klassen zu. Die Bourgeoisie war wesentlich dafür verantwortlich, dass die Eigenschaften der Mittelklasse das Zeitalter prägten.

Ideologisch unterstützte die Bourgeoisie den Nationalismus. Sie bezweckte damit, ein Monopol über dem nationalen Markt zu errichten. Der Nationalismus half effektiv, Konkurrenten auszuschalten. Die Ausgrenzung der Kapitalbesitzer, die anderen Nationen und Nationalitäten angehörten, bildete den Boden für jegliche Art von Rassismus und nationaler, ethnischer und religiöser Feindschaft und befeuerte die Entwicklung von Nationalismus auf allen Seiten. Aus diesem Grunde wuchsen überall die Hassgefühle gegenüber dem Judentum. Juden wurden nun als Repräsentanten des Bösen und als ernsthaftestes Hindernis für nationale Aspirationen betrachtet. Die Juden bauten dagegen eine Art internationaler Verteidigung auf. Um Freunde zu fördern und Feinde auszuschalten, förderten sie die Organisation der Freimaurer. Deren Wurzeln liegen zwar im Mittelalter, doch erst jetzt spielten sie eine eigentlich wichtige Rolle. Die Freimaurerei besaß bedeutenden

Anteil an vielen umstürzlerischen Bewegungen und bereitete den Weg für den jüdischen Nationalismus, den Zionismus.

Wenn wir uns den Zusammenhang zwischen Handel und Kolonialismus und beider mit dem Zeitalter der Entstehung des Kapitalismus sowie die folgenden Entwicklungen vor Augen führen, so war zu erwarten, dass der Kolonialismus in der Zeit des Merkantilismus sprunghaft zunimmt. Der Kolonialismus dieser Zeit begegnet uns als ›klassischer Kolonialismus‹ (*sömürgecilik*). Zwei Erdteile, die in der Geschichte überhaupt keinen Kolonialismus erlebt hatten, Amerika und Australien, und Tausende Inseln lernten ihn nun kennen. Alle Kontinente der Welt, vor allem Afrika und Asien, wurden nun geradezu von Neuem entdeckt, um sie in koloniale Erdteile zu verwandeln. Dazu entstanden Strömungen und Disziplinen wie der Orientalismus und die Anthropologie. Dies mag als gutes Beispiel für den Zusammenhang zwischen der Wissenschaft und der neuen Gesellschaft dienen. Auch Theorien über Herrenrassen konnten sich in dieser Zeit entwickeln. Darwinismus sollte auch auf die Gesellschaft angewendet werden. Zum gleichen Zweck erhielten auch Arbeiten zu Geografie und Geschichte ein neues Paradigma. Es handelt sich bei alledem geradezu um Entdeckungsreisen, um die Welt für den Kapitalismus zu öffnen.

Kolonisierung oder klassischer Kolonialismus, der systematischere Folgen zeitigte, sind im Grunde politische Maßnahmen zur Ausbreitung von Handelsmonopolen. Sie sind die moderneren Formen der Plünderung. Der europäische Handelskapitalismus entstand großenteils auf der Grundlage der Ausplünderung von Kolonien. Wichtige Instrumente zur Plünderung des amerikanischen Silbers und Goldes waren billige Textilien, die zu Fantasiepreisen verkauft wurden. Im Handel gab es oft Zeiten, in denen die Preise nicht nur unausgewogen festgesetzt, sondern von einer Seite diktiert wurden. Kolonialismus spielte eine bedeutende Rolle beim Diktieren von Preisen durch Handelsmonopole und die dadurch erzielten obszönen Gewinne. Der Gewinn des Händlers resultiert ohnehin daraus, Preisdifferenzen zwischen Märkten entweder auszunutzen oder durch verschiedene Methoden (Einlagern von Waren, Erzeugung von Mangel) eigenhändig zu schaffen.

Fernand Braudel erklärt, dass die entscheidende Rolle für die Entstehung des Kapitalismus die spekulativen Aktivitäten des Großhandels spielten und nicht der normale Warenaustausch auf dem Markt, der eine normale wirtschaftliche Aktivität darstellt. Bei ihm beginnt die Wirtschaft mit der Entwicklung des Tausches. Die Warenproduktion zum Zwecke des

Gebrauchs zählt er nicht zur Wirtschaft. Erst, wenn die Schwelle zum Tauschprozess erreicht wird, hat die Wirtschaft begonnen. Von Profit kann in diesem Bereich noch keine Rede sein. Wir können allenfalls von Gewinnen der verschiedenen Seiten durch den Austausch sprechen. Hier findet keine Spekulation statt. Die eigentliche Spekulation findet im Bereich des Großhandels statt, hier ist »der Kapitalismus in seinem Element«[136]. Preisunterschiede werden durch eigenhändige Preismanipulation gewährleistet. Daher zählt Braudel dies nicht zur Wirtschaft, sondern betrachtet es als ›etwas‹, das der Wirtschaft von außen aufgezwungen wird, scheint es aber nicht aufdecken zu wollen. Dass er es anschließend nicht wirklich definiert, hinterlässt als große Leerstelle ein Fragezeichen.

Fernand Braudel ist sich über den Unterschied von Staat und Macht im Klaren[137]. Zwar vernachlässigt er die Bedeutung von Staat und Macht nicht so sehr wie Marx, aber auch er legt nicht dar, wie wirkmächtig sie tatsächlich sind. Wenn im Marxismus der Staat als personifizierte Wirtschaft definiert wird, kommt das der Realität schon sehr nahe.[138] Doch ist dies eine sehr abstrakte Verallgemeinerung. Macht und Staat sind im Grunde die ›Wirtschaft, die nicht Wirtschaft ist‹; sie betrachten also die Wirtschaft als einen Bereich, um Mehrprodukt und Werte herauszupressen, und errichten auf diesem Bereich ein Monopol. In diesem Sinne sind sie der Bereich, der sich direkt über der Wirtschaft befindet. Sie interessieren sich sehr stark für die Wirtschaft. All ihre Mechanismen existieren, um mit verschiedenen Methoden Mehrprodukt und Werte einzuheimsen. Landwirtschaft, Handel und Industrie sind die vorrangigen Bereiche, in denen sie Monopole errichten. Die erste der Methoden, die sie benutzen, ist das Besteuern. Durch indirekte Steuern zeigt der Staat beispielsweise, dass der direkt als Handelsmonopol agiert. Der Staat ist hier richtiggehend ein Händler;

136 »Der Kapitalismus in seinem Element« ist die Überschrift von Kapitel vier in Fernand Braudels *Der Handel*. Im Gegensatz dazu steht Kapitel drei, *Die Produktion oder der Kapitalismus im fremden Lager*. Damit nimmt Braudel, dem der Autor hier folgt, eine andere Position ein als Marx, der die kapitalistische Produktionsweise herausstellt.

137 Braudel in *Der Handel:* »Im Augenblick dagegen wollen wir lediglich festhalten, dass der Machtapparat, die Macht, die sämtliche Strukturen durchdringt und umschließt, weit über den Staat hinausgreift. Daß dieser Apparat eine Summe politischer, wirtschaftlicher, gesellschaftlicher und kultureller Hierarchien darstellt, eine Anhäufung von Zwangsmitteln, durch die der Staat stets seine Präsenz bekunden kann und die er oft genug als Schlußstein zusammenhält, über die er aber fast nie allein gebietet.« (2:614).

138 Im *Anti-Dühring* beschreibt Friedrich Engels 1877 den modernen Staat folgendermaßen: »Der moderne Staat, was auch seine Form, ist eine wesentlich kapitalistische Maschine, Staat der Kapitalisten, der ideelle Gesamtkapitalist. Je mehr Produktivkräfte er in sein Eigentum übernimmt, desto mehr wird er wirklicher Gesamtkapitalist, desto mehr Staatsbürger beutet er aus.«

er ist nicht sein konzentrierter Ausdruck, sondern er ist es direkt selbst. Bekanntlich machen Steuern mehr als die Hälfte seiner Einnahmen aus.

Der Staat stellt außerdem genau deshalb ein wirtschaftliches Monopol dar, weil er die Märkte von Viehzucht und Ackerbau unter Kontrolle hält und die landwirtschaftlichen Preise festsetzt. In der europäischen Wirtschaftsliteratur wird das Verhältnis von Staat und Macht stets im Unklaren belassen. Obwohl sowohl Sozialisten als auch Liberale Zehntausende Bände an Büchern veröffentlicht haben, ist dieses Gebiet noch weit davon entfernt, aufgeklärt zu sein. Dass Marx sich dieses Gebietes nicht angenommen oder seine Lebensdauer dafür nicht ausreichte, ist ein großer Mangel. Der Anteil dieses Mangels an der gewaltigen Verwirrung ist erheblich.

Wie immer wir auch darauf schauen, müssen wir eingestehen, dass beim Sieg des Zeitalters des Handels zwischen dem fünfzehnten und dem achtzehnten Jahrhundert außerwirtschaftliche Mechanismen die Hauptrolle spielten. Was also waren sie, wenn nicht Wirtschaft? Für jegliche Kraft außer Macht im Allgemeinen und ihres rechtlichen Ausdrucks, des Staates, im Besonderen ist es, wenn nicht unmöglich, so doch schwierig, diesen Bereich nach Belieben zu nutzen. Vielleicht können wir von verschiedenen monopolistischen Cliquen sprechen. Aber letztlich müssen auch diese Kräfte entweder mit der Macht oder ihrem konkreten Ausdruck, dem Staat, in Beziehung stehen. Manchmal können wir auch vom monetären Bereich sprechen. Sobald das Geld aufhört, nur einfaches Tauschmittel zu sein, kann es tatsächlich mindestens so stark werden wie das Schwert. Napoleon soll nicht umsonst auf die Frage, womit man einen Krieg gewinnt, geantwortet haben: »Geld, Geld, Geld«. Aber welches Geld ist hier gemeint? Es ist nicht das Geld als Tauschmittel; es ist das Geld, das nicht Wirtschaft ist, das Großhandelsgeld, das Geld als Spekulationsinstrument. In diesen Bereichen ist das Geld ganz Kommandant, es regiert. Weil die Bourgeoisie dies sehr gut verstanden hat, maß sie dem Geld eine große Rolle zu. Um das Geld dauerhaft zur befehlshabenden Gewalt zu machen, wurde die Gesellschaft geradezu mit dem Schlachtermesser zerlegt. Die Gesellschaft, ja sogar der Staat wurden in einen Zustand versetzt, dass sie ohne Geld nicht weiterexistieren können.

Vielleicht ist es die wirkliche bürgerliche Revolution, das Geld an diesen Punkt gebracht zu haben. Gesellschaft und Staat, die auf Geld angewiesen sind, befinden sich unter dem Kommando der Bourgeoisie. Diese Situation, die wir als Geldrevolution bezeichnen können, wurde historisch erstmals umfassend im Europa jener Zeit erreicht. So ist es zum Beispiel jetzt unnötig, einen Arbeiter wie früher einen Sklaven oder Leibeigenen zu binden. Wenn er seinen Tagelohn nicht erhält, wird er ohnehin hungern, wegen des Hungers ist er auf Geld angewiesen. Der Arbeiter wurde in eine Lage gebracht, in der er keine Wahl hat, als vor dem Geld zu kapitulieren. Daher ist es, um den Arbeiter zu beschaffen und zu regieren, nicht nötig, ihn wie ein klassischer Sklavenhalter oder ein feudaler Leibherr zu behandeln. Das wäre kostspielig und bedeutete auch mehr Verantwortung. Der Kapitalist hingegen beschafft und benutzt den Arbeiter nach Belieben, allein indem er die Kraft des Geldes demonstriert.

Auch zum Thema Waren lässt sich Ähnliches feststellen. Waren als Güter wurden in die Lage gebracht, ohne Geld unbeweglich zu sein. Jegliche Art der Bewegung von Waren hängt mit Geld zusammen. Weder ihre Produktion, noch ihr Transport, noch ihr Konsum ist ohne Geld möglich. Dies ist eine große Revolution des Kapitalismus: Die Wirtschaft unter das absolute Kommando des Geldes zu stellen. Die Wirtschaft ist nun in der Hand des Geldes wie ein Spielball. Nie zuvor war die Wirtschaft so sehr von Geld abhängig. Hier erscheint das Geld ganz wie ein Staat. Mehr als Schein, es ist Staat! Sogar der Staat befindet sich ebenfalls in solch einem Abhängigkeitsverhältnis. Der Staat ohne Geld, der Arbeiter ohne Geld, sind zu einem Gut gemacht worden. Auch, wenn es paradox wirkt: Der Staat des Staates ist eigentlich das Geld. Den Staat in diese Lage zu bringen, ist eine Neuerung Hollands und Englands im sechzehnten Jahrhundert. Es wurde ein starker Staat geschaffen, doch ist dies ein von Geld abhängig gemachter Staat. Die Historiker sagen, dass Frankreich den Krieg um die Hegemonie gegen England und Holland deswegen verlor, weil ihm derselbe Erfolg nicht gelang. Es wird erhellend sein, das Thema des Geldes im Finanzzeitalter etwas ausführlicher zu diskutieren.

Das Auftauchen der Handelsbourgeoisie als wichtigstem Akteur im zivilisatorischen Geschehen vom fünfzehnten bis achtzehnten Jahrhundert und dessen Auswirkungen auf die gesamte Gesellschaft wären ausführlich zu diskutieren. Die Charakteristika der vom Handel geprägten Gesellschaft sind bekannt. Im kollektiven Gedächtnis der Menschheit nehmen sie als Geizhälse, Zinswucherer, Halsabschneider und Banker einen äußerst negativen Platz ein. Die Kunst dieser Jahrhunderte, allen voran die Literatur, befasste sich ausgiebig mit der Kritik dieser Elemente, die der Moral schwersten Schaden zufügten. Es ist, als sei ein Virus in die Gesellschaft eingedrungen, der sie ständig schwächt. Das Geld, das für den allgemeinen Verfall der Gesellschaft verantwortlich gemacht wird, friert die früheren warmen und menschlichen Beziehungen an seiner kalten Oberfläche ein. Wer kein Geld hat, erscheint als Verlierer im Überlebenskampf. Um sich großzutun, braucht man nun nicht mehr wie früher goldene Throne, silbernes Essgeschirr, güldene Paläste, Prunk, Machtdemonstrationen, bunte Gewänder und luxuriöse Gelage. Es genügt ein Ort, um das Geld zu verstecken; dann bist du der Größte! Dass die Menschheit in diese Lage kommt, kann unmöglich ein Aufstieg sein. Auch wenn wir von Neuzeit sprechen, bietet diese Zeit doch nichts Neues. Allenfalls kann es der Beginn der Krise der Zivilisation sein. Für jemanden, der den Respekt vor der Gesellschaft nicht verloren hat, ist keine kritischere und herabwürdigendere Situation denkbar.

Es zeigt sich, dass sich das Handelskapital in dieser Zeit wenig für die anderen Bereiche interessierte. Die Profitraten, die dort möglich waren, befriedigten es nicht. Kein Bereich konnte sich mit dem Profit des Großhandels messen. Der Einstieg in Landwirtschaft und Manufakturen erfolgte erst, als sie einen Profit nahe dem des Großhandels in Aussicht stellten. Daher fanden in diesen Bereichen nur begrenzte Entwicklungen statt.

Die politische Geschichte dieser Zeit ist von großen Verwerfungen geprägt. Spanien, Frankreich und Österreich wetteiferten darum, Nachfolger des Großen Römischen Reiches zu werden, doch wegen ihrer Neigung zu Imperien alten Stils mussten sie unweigerlich verlieren. Dabei spielte das Verhältnis von Geld zu Staat eine bedeutende Rolle. Es war die Befehlsgewalt des Geldes des Großhandels, die nacheinander Holland und England zur Hegemonie führte. Während sie ihre Staaten durch Kredite bei Händlern stärkten, ließen sie den Staat selbst wie einen Händler agieren. Wir sehen einen Staat und eine Politik, die profitabel werden. Insbesondere beim Aufbau neuer Armeen und Flotten bewiesen sie die Kommandogewalt des Geldes. Der Sieg des Kapitalismus in ihren Wirtschaften war die billige Produktion. Billige Produktion bedeutete Überlegenheit im Handel. Diese wiederum führte zur Niederlage der Konkurrenten (der Staaten, die sie in die Knie zwingen wollen) auf internationaler Ebene. Ohnehin waren diese Staaten auch im militärischen Bereich meist unterlegen. Holland und England, die auf Verschwörerart revolutionäre Umtriebe beförderten, bewiesen auch politisch ihre Überlegenheit.

Auf allen diesen Gebieten den Konkurrenten überlegen zu sein, kommt offenbar einer hegemonialen Überlegenheit gleich. Diese Überlegenheit bewiesen sie, indem sie vormalige spanische und portugiesische Kolonien an sich rissen. In Asien und Afrika fanden nacheinander ähnliche

Besitzerwechsel und Wechsel der Vorherrschaft im Handel statt. Durch Allianzen in Kontinentaleuropa neutralisierten sie Frankreich, vereitelten die Hoffnungen Österreichs auf ein Deutsches Reich und es gelang ihnen, das russische Zarenreich nach Belieben zu benutzen. Das Osmanische Reich, damals eines der mächtigsten Reiche, trieben sie in einen Prozess, der es zur Halbkolonie machen sollte. Gegenüber der kapitalistischen Produktion und der kapitalistischen Staatsform sahen die Osmanen wie die anderen dynastischen Reiche, dass ihre Zeit abgelaufen war. Die Reiche in China und Indien erwartete ein Schicksal als Kolonien und Halbkolonien. Der Prozess der schnellen Liquidation der alten Zivilisationen stand auf der Tagesordnung der Geschichte. Neu war alles, was einen Fortschritt betraf, von dem kaum bekannt war, worin er bestand. Wie bei jeder neuen Religion war man ihr im Glauben verbunden. Die Religion war der Handel, ihr Gott war das Geld.

B Die industrielle Revolution und das Zeitalter des Industrialismus

Industrie wird meist mit der industriellen Revolution gleichgesetzt. Dabei hat es Industrie durch die Geschichte schon immer gegeben. Bereits das erste Behauen eines Steines war Industrie. Die Entdeckung der Landwirtschaft war in ihrem Bereich eine industrielle Revolution. Das Handwerk ist eine Industrie. Jedes neue Werkzeug, jedes neue Wissen und jede neue Methode für die Produktion stellen einen Fortschritt in der Industrie dar. Der Mensch ist die einzige Spezies, die für Ernährung, Kleidung und Behausung mit Werkzeugen produziert. Industrie, also Produktion mit Werkzeugen, ist eine Besonderheit der Menschen.

Die Entwicklungen, die sich Ende des achtzehnten Jahrhunderts in England, dem hegemonialen Land Europas, abspielten – besser gesagt, denen England vorausschritt –, waren ein wichtiges Glied in einer lange bestehenden Kette von Neuerungen. Ihr symbolischer Ausdruck ist eine Maschine, die durch Energie in Form von Dampf ein Rad rotieren lässt. Dampf und Maschinenkraft waren seit Langem bekannt und wurden genutzt. Holland und England hatten zuvor bereits in den Bereichen Landwirtschaft und Manufakturen die Führung übernommen. Sie produzierten massenhaft und am billigsten. Zunächst lagen Frankreich und Italien bei der Industrie in keiner Weise zurück. Billige Massenproduktion brachte Vorteile. Diese Tatsache liegt dem Hegemoniestreben zugrunde. Die besondere Bedeutung der Industrie, die im neunzehnten Jahrhundert einen Sprung vorwärts machte, lag darin, dass sie beim Profit, als dem Gewinn aus Kapital, auf den Spitzenplatz rückte. Die so genannte Revolution war, dass der Profit aus der Industrieproduktion gegenüber Gewinnen oder Profiten aus Handel und Landwirtschaft um ein Vielfaches schneller wuchs. Erstmals in der Geschichte wurde die industrielle Produktion führend. Dies ist der Kern der industriellen Revolution. Zuvor waren Landwirtschaft und Weberei traditionelle Bereiche der Produktion. Der Handel erfolgte in beiden Bereichen in Form des Warentausches mit den Überschüssen der Produktion. Dies war auch der Kern der als Wirtschaft bezeichneten Aktivitäten.

Wenn wir nur aus der Perspektive der Produktion schauen, können wir nicht viel von der industriellen Revolution lernen. Stets hat es Produktion sowohl von Überfluss als auch von Vielfalt gegeben. Wir können sogar so weit gehen zu sagen, dass noch immer keine andere Revolution der landwirtschaftlichen Revolution bezüglich Dauer und Bedeutung für die Gesellschaften gleichkommt. Insofern liegt die Wichtigkeit der industriellen Revolution woanders, und zwar nicht nur an einem Punkt, sondern an mehreren.

1. Erstmals in der Geschichte überstieg die Produktion in der Stadt diejenige auf dem Land. Der Handwerker, als aus der Stadt stammender Produzent, war Jahrtausende lang immer ein Hilfsproduzent des Landes. Er war vom Land abhängig. Auch ohne ihn hätte sich das Land versorgen können. Nach Tausenden von Jahren stellte die industrielle Revolution des neunzehnten Jahrhunderts dieses Verhältnis auf den Kopf. Wenn wir das fünfzehnte bis neunzehnte als Jahrhunderte des Gleichgewichts annehmen, so verschob sich dieses Gleichgewicht im neunzehnten Jahrhundert vollständig zugunsten der Stadt. Dies war eine Neuerung mit äußerst bedeutsamen Folgen.

2. Noch wichtiger war eine Neuerung im gesellschaftlichen Bereich. Die städtische Gesellschaft rückte im Rang vor die ländliche Gesellschaft. Während vorher die Städte einfache Anhängsel der Gesellschaft auf dem Lande waren, erhöhte die industrielle Revolution die Stärke der Stadtgesellschaft enorm. Die ländliche Gesellschaft mit Basis und Überbau geriet vollständig unter die Herrschaft der Stadt. Die Stadt schuf gewissermaßen eine koloniale Dialektik gegenüber dem Dorf. Die Stadtgesellschaft hatte begonnen, die Dorfgesellschaft kolonial auszubeuten. Überall errichtete die Stadt eine Kolonialherrschaft über das Dorf – vom ideologischen Bereich bis zu den Produktionsmitteln, von der Moral bis zur Kunst. Die geistige Revolution bereitete mit hoher Geschwindigkeit der Vorherrschaft der Stadt den Weg.

3. Auch bei den Klassen kam es zu historischen Transformationen. Durch die industrielle Revolution konnte die Bourgeoisie ihre Vorherrschaft über die anderen Klassen und Schichten deklarieren. Sie machte die Arbeiterklasse zu ihrer Hilfskraft und stellte sich gegenüber der Feudalzeit und dem übriggebliebenen Handwerk als besonders fortschrittlich dar: Sie besaß die Wahrheit, das moderne Leben, Paradigma, Mythologie, Religion, Philosophie und Wissenschaft; sie war Gesellschaft, Nation und Geschichte. Alle andern waren rückständig, museumsreif.

4. Mit der industriellen Revolution können wir erstmals von einer planmäßigen Beteiligung der Wissenschaft an der Produktion sprechen. Vorher hatten sich Wissenschaft und Produktionstechniken voneinander getrennt

entwickelt. Mit der industriellen Revolution reichten sie einander erstmals die Hand. Wissenschaft hatte aufgehört, Selbstzweck zu sein, und war auf ein Werkzeug reduziert worden. Die Instrumentalisierung der Wissenschaft sollte einen ernsten Verfall der Gesellschaft mit sich bringen.

5. Die Profitrate der Industrie lag um ein Vielfaches höher als in anderen Bereichen. Die Industriellen waren die neuen Akteure der Gesellschaft. Industrie bedeutete strategische Überlegenheit in jedem Bereich. Wer diese Waffe effektiv führte, konnte nicht in die Knie gezwungen werden. Selbst der Handel hatte seine Überlegenheit eingebüßt, die Landwirte waren zu Parias herabgesunken.

6. Noch wichtiger waren die politischen Folgen der industriellen Revolution. Einerseits ebnete diese Revolution dem Nationalstaat den Weg, andererseits sollte sie nach außen hin den Prozess des Imperialismus initiieren. Dieser marschierte systematischer über die Erde als der Kolonialismus. Eines oder mehrere industrialisierte Schlüsselländer waren nun in der Lage, der Welt den zweiten großen globalen Vorstoß aufzuzwingen. Der erste Vorstoß war der Kolonialismus gewesen. Er war auf Schwierigkeiten gestoßen und hatte sich als eine nicht sehr ertragreiche Methode der Herrschaft herausgestellt. Kolonialismus erforderte Kapitalexport und lokale Kollaborateure. Auf Grundlage der industriellen Revolution wurde der kapitalistische Imperialismus möglich.

Es zeigt sich also, dass die industrielle Revolution umfassende Probleme mit sich brachte. Die sozialen und politischen Folgen der Revolution waren mindestens so durchschlagend wie die wirtschaftlichen. Letztlich entscheidend für den Sieg der europäischen Zivilisation waren die industriellen Vorstöße des neunzehnten Jahrhunderts.

Innerhalb einer Diskussion der industriellen Revolution ist eine Kritik an einigen Auffassungen wichtig. Die erste ist die Gleichsetzung der industriellen Revolution mit dem Kapitalismus. Diese Revolution wird wahrgenommen, als sei sie die direkte Folge des Kapitalismus. Diese Auffassung müssen wir durchbrechen. Wie Renaissance, Reformation und Aufklärung besitzt auch die industrielle Revolution einen ihr eigenen historischen und gesellschaftlichen Prozess. Sie ist die Folge einer langen historisch-gesellschaftlichen Akkumulation.

Das staatliche Monopol im Allgemeinen und kapitalistische Monopole im Besonderen sind Institutionen, die sich ständig auf das Mehrprodukt und Werte konzentrieren. Wo immer eine Akkumulation eines Überschusses stattfindet, nehmen sie wie die Geier sofort dessen Witterung auf und begeben sich dorthin. In dieser Hinsicht ist ihr Geruchssinn sehr empfindlich. Sie konnten unmöglich übersehen, dass die Anwendung von Energie und selbst arbeitenden Maschinen in der Produktion immense Profitquellen erschließen würden. Die Leistung des Kapitals in der Industrie war es, diese beiden mit dem profitabelsten Bereich zusammenzuführen.

Energie wurde erstmals unabhängig von der Körperkraft. Maschinen hatten Motoren erhalten, die einen bedeutenden Anteil der körperlichen Arbeit übernehmen konnten. Außer Dampf wurden auch Kohle, Öl, Wasser und elektrischer Strom in Kraftquellen verwandelt, und so fand eine wahre Revolution der Energiequellen statt. Grundlage der Explosion in der Produktion war die Zusammenführung selbst arbeitender Maschinen mit neuen Arten der Energie. Bis heute sind Energienutzung und maschinelle Apparate, deren Arten in die Millionen gehen, dabei, Natur und Gesellschaft mit hoher Geschwindigkeit und überwiegend in negativer Weise aufzulösen, zu zerstückeln und zu zerschlagen. Das Kapital betrachtete dies als größte Gelegenheit aller Zeiten und entwarf und errichtete in nie dagewesenen Dimensionen Machtstrukturen über Gesellschaft und Natur. Seither sind Gesellschaft und Natur in nie gesehenem Ausmaß Angriffen des Kapitals ausgesetzt. Gesellschaft und Natur zu verteidigen ist – jenseits von Klassenkämpfen, ja sogar jenseits von sozialen Kämpfen – mittlerweile zu einer existenziellen Frage geworden. Mit einigen Beispielen können wir diese Thesen konkretisieren.

a) Wir erleben eine krebsartige Wucherung der Stadt und den Zusammenbruch des ländlichen Raums. Gesellschaft, Natur und das Verhältnis zwischen beiden hören auf, eine Lebensweise darzustellen. Wir stehen vor einer kranken Gesellschaft und einer ökologisch nicht nachhaltigen Situation. Die Gesellschaft ist nicht länger eine Daseinsform, in der wir leben, sondern wird in ein Bauteil, einen Ausläufer eines Apparats zum Zwecke der Herrschaft und Ausbeutung verwandelt. Die Zivilisation hat wie nie zuvor Gesellschaft und Individuum in den Gegensatz zur Natur gestellt. Egoismus und eine aus dem ökologischen Gleichgewicht geratene Natur wurden zu Faktoren eines Gegenangriffs gemacht, der sich an Gesellschaft und Umwelt rächt. Die Medizin zeigt zunehmend an vielen Beispielen, dass individuelle Krebserkrankungen einen gesellschaftlichen Hintergrund besitzen. Wenn wir uns allein vor Augen führen, dass Zigarettenkonsum als gesellschaftliche Angewohnheit eine Hauptursache für Krebs darstellt (Tabakkonsum als von der Moderne angefachte kapitalistische Profitquelle), wird verständlich, dass die Rede vom gesellschaftlichen

Krebs eine zutreffende Begrifflichkeit darstellt. Die Gesellschaft ist nicht länger ein Rahmen für das Leben.

Die größte Bedrohung des Industrialismus (Industrie nur als Profitquelle zu betrachten) liegt darin, dass er anti-gesellschaftliche Dimensionen angenommen hat. Dies ist eines der Themen, bei denen der Marxismus sehr mangelhaft geblieben ist. Aufgrund seiner positivistischen Struktur hat der Marxismus die Industriegesellschaft als Ideal widerspruchslos akzeptiert, ja sogar vergöttlicht. Denn er ging davon aus, dass die Arbeiterklasse ohne sie nicht entstehen und leben könnte. Dies bildet seinen theoretischen Kern. Der Marxismus übte nicht die kleinste Kritik an der Industrie, statt dessen pries er endlos den Apparat aus Maschine und Fabrik. So können wir getrost behaupten, dass sein Anteil an der Entstehung der Religion namens Industrialismus mindestens so einflussreich war wie derjenige der Kapitalisten. Der Industrialismus ist mittlerweile zum globalen Leviathan geworden – mindestens so sehr wie der Leviathan des Nationalstaates.

Die Stadt bildet das Grundgewebe des gesellschaftlichen Krebswachstums. Wir haben ausführlich die Gründungsgeschichte der Städte und ihre Funktion dargestellt, doch wir müssen wieder ihren Zusammenhang mit der gesellschaftlichen Entwicklung diskutieren. Die Stadt ist eine Gesellschaftsform, genauso bedeutet sie Herstellung von Klassen, und sie ist das Hauptquartier der Staatswerdung. Diese drei wesentlichen Phänomene (städtische, staatliche und Klassengesellschaften) gelten allgemein als diejenigen, welche den Zivilisationsprozess definieren. Der arabische Ausdruck für Zivilisation lautet nicht umsonst *madanīya*, was ›zur Stadt gehörig, städtisch‹ bedeutet. Auch der Begriff *civilisation*[139] besitzt eine ähnliche Bedeutung.

Andererseits wäre es zu engstirnig, die Stadt nur als ein Phänomen der Zivilisation zu betrachten. Die Stadt muss nicht unbedingt der Ort der Zivilisierung sein. So, wie die Gründung des Dorfes ein historisches Phänomen des gesellschaftlichen Lebens darstellte, so können wir auch die Stadt in diesem Sinne interpretieren. Natürlich konnte die Menschheit nicht für immer in Höhlen und auf Bäumen leben, auch musste sie nicht zwangsläufig in Dörfern bleiben. Sie musste ein Leben und Räume aufbauen, die über Höhle und Dorf hinausgingen. Die Stadt erschien als Ergebnis dieser Suche in der Geschichte. Ihre Rolle für die Entwicklung der analytischen Intelligenz ist von Bedeutung. Die Stadt als Raum einer komplexer werdenden Gesellschaft erfordert eine analytische Benutzung des Verstandes.

139 Im Original englisch.

Sie zwingt dazu. Da mit dem Gehirn nach Lösungen für die zunehmenden gesellschaftlichen Probleme gesucht wurde, ist verständlich, dass sich die entsprechenden Bereiche in Richtung analytisches Denken entwickelten. Ohnehin erfordert die Gesellschaft selbst diese Art der Intelligenz. Die Stadt hebt dies dann auf eine höhere Stufe.

Die Stadt lässt sich außerdem auch als gemeinsamer Interessensraum der dörflichen Gruppen definieren. Dies ist ein sehr wichtiger Punkt. Die Gründungsphilosophie der Stadt finden wir in diesem Phänomen. Städte lassen sich nicht als dorflose Gründungen denken. Diese namenlose, aber weit verbreitete Vorstellung, die wir Urbanismus nennen können, stellt im Kern das Dorf als Gegensatz zur Stadt dar. Dieser Ansatz hängt direkt mit der Katastrophe zusammen. Die Stadt gegen das Dorf in Stellung zu bringen, sie als ein gegen Dorf und ländlichen Raum gerichtetes Phänomen zu betrachten und darzustellen, ist nicht nur eine Auffassung, sondern eine in der Geschichte oft gesehene Tendenz. Eigentlich existiert diese Tendenz weder in der Gründungsphilosophie der Stadt noch in ihrer historischen Basis; sie spiegelt eine enge klassenbasierte und etatistische Auffassung wider. Diese Haltung, deren Bedeutung in der Aneignung des Mehrprodukts und der Herrschaft zuungunsten des Dorfes liegt, hat in der Zivilisation tiefe Wurzeln geschlagen. Das Dorf oder das flache Land zu verachten, herabzusetzen, die Landbevölkerung als dumm und grob zu definieren, entspringt diesem Denken, das sich durch die Geschichte zieht. Staat und Stadt scheinen geradezu eine historische Allianz gegen Dorf und Land eingegangen zu sein und damit gegen die Klan- und Stammesformen, die im ländlichen Raum existieren. So haben sich die Widersprüche zwischen Stadt und Land, die ungerechterweise die Stadt von ihrer wirklichen Gründungsphilosophie entfernen und Probleme schaffen, bis heute fortgesetzt.

Dabei könnten Stadt und Dorf bzw. Land auch als einander nährende (symbiotische) Räume, als unverzichtbare Lebensräume des gesellschaftlichen Lebens ausgewogen und harmonisch gebaut werden. Besonders zwischen der Bevölkerung in Dorf und Stadt kann ein Gleichgewicht hergestellt und ein ideales Verhältnis gefunden werden. Eine der größten Zerstörungen, welche die Zivilisation angerichtet hat, ist die ständige Vergrößerung der Stadt auf Kosten von Dorf und Land und ihre Positionierung als Herrschafts- und Ausbeutungszentrum und -raum. So wurde ihre Rolle verfälscht und die Stadt ihrer eigentlichen Funktion beraubt. Allein diesen Bereich wieder zu seiner wirklichen Gründungsphilosophie zurückzuführen, bedarf schon großer gesellschaftlicher Anstrengungen.

Ein anderes Ergebnis, das wir aus der Geschichte der Stadt mitnehmen können, ist ihr krebsartiges Wachstum, das ihr Verhältnis zur Umwelt ignoriert. Die Frage nach der Grenze der Stadt und ihres Raumes besitzt keine Antwort. Die pervertierte Logik der Stadt und die in dieser Logik gewachsenen Zivilisationen sind entgegen der landläufigen Meinung nicht das Werk der Vernunft, sondern der Unvernunft. Genauer gesagt sind sie das Produkt einer analytischen Vernunft, die wie hohles Blech klingt und jegliche Verbindung zu Leben und Emotion verloren hat. Die Dimensionen der Katastrophe und ihrer wahrscheinlich unwiderruflichen Veränderungen verstehen wir heute besser. Trotzdem waren die Städte im Altertum prachtvoller als heute. Die Vernunft war noch nicht so sehr verloren wie heute. In der sumerischen und ägyptischen Zivilisation waren die Widersprüche mit Natur und ländlicher Dorfgesellschaft noch nicht sehr tief. Der Schwerpunkt im Gleichgewicht lag auf Seiten des Landes. Die Städte, die um Burgen herum oder in ihrer Nähe wuchsen, bildeten örtlich mit der Landwirtschaft eine Einheit. Ihre Einwohnerzahl überstieg nur sehr selten einige Hunderttausend. Vielleicht konnten einige wenige Hauptstädte dieses Niveau erreichen. Das Problem der Umweltverschmutzung besaß noch keine bedeutenden Dimensionen. Die Architektur war sinnvoll, die Städte bildeten ein organisches Ganzes. In der graeco-römischen Zivilisation beruhten Tempel, Markt, Forum, Theater und Gymnasion auf einer prächtigen, wohlproportionierten Architektur. Ensembles aus Häusern, Gärten und Terrassen ergänzten einander organisch. Die Überreste dieser Städte sind noch immer aufregend und flößen tiefe Ehrfurcht ein. Es waren Orte, die eine gewisse Sakralität und philosophischen Sinn beinhalteten.

Im Mittelalter setzte sich die städtische Entwicklung fort, wenn auch durch den wachsenden Handel die Ganzheit verloren ging. Das Übergewicht der immateriellen Kultur schob die religiöse Architektur in den Vordergrund. Die Größe der Städte wurde niemals bedrohlich. Sie waren eher in einem einander ergänzenden Gleichgewicht mit dem Land. Die Bedeutung der Landwirtschaft führte zu einem entwickelten handwerklichen Sektor in der Stadt. Der Handwerker brauchte den Bauern, der Bauer brauchte den Handwerker. Statt im Widerspruch zu stehen, ergänzten sie einander organisch. Das einzige Risiko, vor dem sie standen, waren Naturkatastrophen (wie Erdbeben oder Dürren) und Kriege. Verteidigungsanlagen wie Stadtmauern und Burgen waren weiterhin prächtig. Der Großhandel hatte noch nicht die Dimensionen erreicht, um Handwerk und Dorf schlucken zu können. Der Handel war auf einem normalen Entwicklungspfad als ein

Bereich der Wirtschaft. Die italienischen Städte des dreizehnten bis sechzehnten Jahrhunderts waren unter dem Einfluss der Renaissance die letzten Vertreter dieses Zeitalters. Venedig, Genua und Florenz bildeten die verbindende Brücke zwischen der klassischen und der neuzeitlichen Zivilisation.

Mit der Neuzeit begann der Urbanismus, andere Bedeutungen anzunehmen. Die Dominanz des Marktes zeichnete sich am Horizont ab. Der Handel bekam immer mehr Gewicht. Das historische Gleichgewicht hatte langsam begonnen, zum Nachteil von Land und Dorf zu kippen. Eine Stadtarchitektur gemäß der Bedürfnisse der Händler kam auf. Ein von Leben und Umwelt völlig losgelöstes Profitdenken bestimmte mittlerweile alles. Städte wie Paris, London, Amsterdam und Hamburg waren architektonisch vom Merkantilismus geprägt. Die Städte des Zeitalters des Handels unterschieden sich einerseits vom klassischen Verständnis der Stadt, andererseits wurden die Widersprüche mit der ländlichen Gesellschaft und der Natur schnell deutlich. Die Stadt als Hauptstützpunkt des modernen Leviathans hatte begonnen, ihre Krallen nach allen Bereichen von Gesellschaft und Umwelt auszustrecken. Das Zeitalter des Industrialismus ist der Tod der Stadt. Interessanterweise ist auch der biologische Krebs überwiegend eine Zivilisationskrankheit. Krebs hängt mit Sicherheit damit zusammen, dass die Stadt die eigene Gesellschaft zu einer kranken Gesellschaft macht.

Die industrielle Revolution, die sich im neunzehnten Jahrhundert beschleunigte, traf die Gesellschaft zunächst in ihren Geburtszentren. Die lawinenartig anwachsenden Industrieanlagen entsprachen gemäß ihrer Natur nicht den Bedürfnissen des Lebens, sondern den Bedürfnissen des Profits. Barackensiedlungen und Slums voller Proletarier, der modernen Sklaven, hatte die Stadt vorher nicht gekannt. Sie repräsentierten die Kolonisierung des ländlichen Bereichs. Barackensiedlungen und Slums wurden als eine innere Kolonisierung vorangetrieben, die schlimmer war als die Kolonisierung des Handelszeitalters. Ob die Menschen dort Arbeit hatten oder nicht, diese Gegenden bildeten die Arbeitskraftreserve der Industrie. Was für den Handel die Speicherstadt ist, sind für den Industriellen die Barackensiedlung und der Slum. Damit ging eine Reihe von weiteren Effekten einher. Den Fabriken zuarbeitende Fabrikanten fielen in die Städte ein. Das Stadtmodell und das Denken des klassischen Altertums gerieten in Vergessenheit. Die Städte verwandelten sich in Zentren, die die Gesellschaft schluckten. Ende des neunzehnten Jahrhunderts erstickten die Städte beinahe unter den Rauchschwaden der Stadtpolitik des Industrialismus. Erstmals in der Geschichte erschienen Millionenstädte. Doch die Wissenschaft von der

Architektur weiß, dass nicht nur Millionenstädte, sondern bereits Städte mit über einer halben Million Einwohnern nicht mehr funktional sein können. Städte mit einer Million und mehr Einwohnern demonstrieren die krisenhafte Dimension der Krankheit.

Krebsartiges Wachstum bedeutet, dass Zellen sich solange vermehren, bis sie ein Organ vollständig befallen haben. Dann können die anderen Zellen des Organs ihre Aufgabe nicht mehr erfüllen und die kranke Person stirbt. Das Wachstum der Stadt besitzt für die Gesellschaft ähnliche Konsequenzen. Historisch-gesellschaftliche Phänomene besitzen verschiedene Dimensionen. Wenn eine dieser Dimensionen lawinenartig anwächst, so hat ein Krebswachstum begonnen. Städte mit mehr als einer oder gar zehn Millionen Einwohnern, sind keine Gesellschaften mehr; hier handelt es sich um eine Massengesellschaft, die auch als Herdengesellschaft bezeichnet werden kann. Wie Herden einen Stall bevölkern, so wird auch die Stadt für die menschliche Bevölkerung zum Stall. Menschen, die sich in eine Herde verwandeln, bevölkern einen Stall genannt Stadt. Längst wurden sie daran gewöhnt, eine zufriedene Herde von Konsumenten darzustellen, wie die Herde im Stall. Nebenan wurde eine Herde Arbeitsloser einquartiert. Dadurch werden sie ruhig gehalten. Regierungszentren, Villen und Häuser mit Garten passen schon als Begriffe nicht zum Geist der Stadt. Ein Regierungszentrum lässt sich auch auf einem Berggipfel errichten. Villen und Häuser mit Garten brauchen keine Stadt, sie können überall stehen.

Was also bleibt von der Stadt? Tempel, Theater, Parlament, Gymnasion und Marktplatz sind längst durch Attrappen ersetzt. Wir sollten besser von Orten künstlicher Beatmung sprechen. In diesem Zustand ist die Zukunft der Stadt ungewiss. Eine Zehnmillionenstadt zu ernähren, bedeutet für eine Region als ökologische Gesellschaft den Tod. Allein die Ernährung dieser Stadt erfordert ein Massaker an Gesellschaft und Umwelt. Um ein Land zu töten, sind einige Fünf- bis Zehnmillionenstädte ausreichend. Allein die Luftverschmutzung durch Verkehr genügt für den Tod der Stadt. Das Wachstum der Stadt über normale Proportionen hinaus bedeutet den Verlust ihres Sinnes. Wo kein Sinn existiert, können wir nicht von Leben sprechen – wenn wir unter Leben mehr verstehen als bloßes Ein- und Ausatmen.

Städte waren einst Räume, wo die Wirklichkeit erkundet und die Philosophie erdacht wurde. Heute haben wir in den zerfallenden Städten des Industrialismus Zuchtfarmen, wo durch die inhaltliche Aushöhlung von Sex, Sport und Kunst Herden produziert werden. Was, wenn nicht dies, ist der Tod der Stadt?

b) Eine weitere zerstörerische Dimension des Industrialismus ist sein Angriff auf das Verhältnis von Leben und Umwelt. Während die Stadt für die Gesellschaft eher von innen heraus karzinogen wirkt, attackiert der Industrialismus insgesamt die belebte Umwelt. Die industrialistische Politik des Nationalstaats, die nicht an Bedeutung verloren hat, verlangt eine Unterordnung des gesamten Landes und der gesellschaftlichen Ressourcen unter die Industrie. Der Nationalstaat betrachtet dies als einen Entwicklungspfad. Dabei hat diese Politik eigentlich nichts mit dem Reichtum, der Entwicklung oder der Stärke des Landes zu tun. Der wesentliche Grund ist, dass die höchste Profitrate des Kapitals in diesem Bereich erzielt wird. Industrialismus ist eine Operation des Profitmanagements. Die Begriffe Investition und Entwicklung sind die Schleier, um den eigentlichen Zweck zu verhüllen. Wenn sie Profit bedeuten, erfolgen Investitionen und Entwicklung. Für sich allein haben Investitionen und Entwicklung keinerlei Sinn. Industrialismus ist ein vieltausendmal größerer Diebstahl als Eigentum. Und zwar ein Diebstahl am ganzen Volk und an der Natur eines Landes.

Ich möchte anmerken, dass ich Investitionen an sich und fabrikbasierte Produktion nicht verurteile. Wenn das Wohl von Gesellschaft und Umwelt zur Grundlage gemacht wird, lässt sich jederzeit ein angemessenes Modell für Investition und Fabrik entwickeln. Diese allein sind nicht der Ursprung des Übels. Erst, wenn sie unter das Kommando des Profits geraten, lösen sie Krebs aus. Industrie für Profit ist nicht für gesellschaftliche Bedürfnisse da. Das Gesetz des Maximalprofits hat seinen Ursprung nicht in den Bedürfnissen, sondern besitzt eine Eigenlogik. Mit dem Bereich der Bedürfnisse wird sich befasst, wenn es Profit bringt. Sonst wird sie dem Tod überlassen. Wenn die vorhandenen Technologien richtig entwickelt und angewandt würden, gäbe es weder Arbeitslosigkeit und Armut noch Krankheit und fehlende Bildung als gesellschaftliche Probleme. Vor allem wäre die Zerstörung der Umwelt durch Technik und Fabrik, um Ressourcen zu fördern, unnötig.

Zehntausende als unprofitabel betrachtete Bereiche, die mit Sicherheit lebenswichtige Bedürfnisse befriedigen können, werden nur deswegen vernachlässigt, weil sie keinen Profit bringen. Für Profit dagegen werden ohne Rücksicht auf lebensgefährliche Folgen in kurzer Zeit Ressourcen verbraucht, die manchmal das Ergebnis von Millionen von Jahren der Evolution sind. Öl-, Bergbau-, Forst- und Meerespolitik haben aus Gründen der Profitabilität die Umwelt an den Rand des Kollapses gebracht. Kein einzelnes Phänomen kann die grausame Dimension des Profits besser erklären als das Massaker an der Umwelt. Wenn diese Art des extremen Profiterwerbs noch ein paar Jahrzehnte – nicht Jahrhunderte – anhält, ist die Umweltkatastrophe unausweichlich, so die Feststellung Tausender Menschen aus der Wissenschaft.

Der Industrialismus ist ein phantastischer Sieg für den analytischen Verstand, jedoch eine bittere Niederlage für den emotionalen Verstand. Er der Spuk der uralten göttlichen Offenbarung, alle Lebewesen dem Menschen untertan zu machen. Dabei ist es falsch, von ›dem Menschen‹ zu sprechen; alle Lebewesen werden der Profitgier einer Handvoll Kapitalisten geopfert. So ist es nur eine Frage der Zeit, bis der Mensch selbst als Opfer dargebracht wird. Kein anderes Beispiel verkörpert so sehr wie der Industrialismus das, was in den heiligen Schriften als »das Böse« beschrieben wird.

c) Wir dürfen den Industrialismus nicht als ein Problem der Produktion betrachten. Seine eigentliche Bedeutung verleiht ihm das Monopol von Profit und Kapital, das über der Produktion errichtet wurde. Solange die Industrie nicht im Dienst der Profitmonopole steht, ist stets eine Produktions- und daher Investitionspolitik nach den Möglichkeiten von Wissenschaft und Technologie vorstellbar, die grundlegende gesellschaftliche Bedürfnisse und Umweltbedingungen berücksichtigt. Dabei macht es im Kern keinen Unterschied, ob dies mit oder ohne Maschinen erfolgt. Die einen produzieren schneller, die anderen langsamer, das ist alles. Das Entscheidende hierbei sind die Bedingungen des Einklangs mit den gesellschaftlichen Bedürfnissen und der Umwelt bzw. Ökologie. Geschwindigkeit oder Langsamkeit ist kein Selbstzweck. Daher ist auch die Maschinisierung an sich weder gut noch schlecht. Solange das seit dem neunzehnten Jahrhundert existierende Phänomen, das wir Industrialismus nennen, und alle Prozesse von Investition, Produktion und Konsum, ob mit oder ohne Maschinen, schnell oder langsam, vom Profitstreben geprägt sind, wird alles zum Problem und zur schwärenden Wunde. Daher sind die Städte anormal gewachsen. Daher wurden fürchterliche Waffen entwickelt, riesige Armeen ausgehoben. Weltweit gab es verheerende Kriege und Massaker an der Umwelt. Das Monster des Nationalstaats wurde erfunden. Das Leben wurde vollständig seines Inhalts beraubt. Die Politik wurde vernichtet. Sobald der Kapitalismus als Monopol der maschinellen Produktion seinen Stempel aufdrückt, wird das Monster des Industrialismus gezeugt. Das ist der entscheidende Punkt.

Das staatliche Monopol bekam zunächst in der Landwirtschaft, später im Handel das Mehrprodukt zu fassen. Mit der Errichtung eines Monopols über der Industrieproduktion, natürlich mit neuen Erfindungen bei Energie und Maschinen, erzielte dieses historisch niemals dagewesene Profite, mit anderen Worten Kapital als Äquivalent des Mehrprodukts. Sobald der Industrialisierung Profit aufgezwungen wird, gerät alles außer Kontrolle. Industrie und Industrialismus Konzentration des Profits sind also ganz verschiedene Begriffe. Industrialismus ist außerdem auch nicht Wirtschaft, sondern ein Wirtschaftsmonopol; ein der industriellen Produktion aufgezwungenes Monopol, egal ob staatlich oder privat. Es geht hierbei nicht um Produktionsstätten wie Fabrik, Werkstatt, Bauernhof oder Manufaktur, welche die Gesellschaft seit Tausenden von Jahren in Handarbeit, ohne Entfremdung, als wirtschaftliche Aktivitäten betreibt. Das Problem rührt nicht von der Produktion an diesen Stätten her. Es entstammt auch nicht dem Tauschvorgang auf dem Markt. Ernsthafte wirtschaftliche und soziale Probleme entstehen genau dann, wenn der Staat selbst oder einige Leute im Namen des Staates diese Bereiche, die wegen menschlicher Bedürfnisse existieren, von außen unter Kontrolle bringen und beginnen, mit Methoden wie Steuern, Plünderung und Profit die Überschüsse zu stehlen. Seit der industriellen Revolution und dem neunzehnten Jahrhundert wurde die Produktion zu einem Bereich anormaler Profite; dadurch kam es gleichzeitig infolge der Zumutungen der Monopole zu großen Kämpfen und Kriegen, vor allem zu Klassenkämpfen und Kriegen zwischen Nationen; sowohl die Konflikte im Innern der Gesellschaft als auch nach außen mit anderen Gesellschaften und mit der Natur verschärften sich. Die Gesellschaft wird seither in nie gekanntem Ausmaß von den Mächtigen beherrscht. Alle kämpfen gegen alle. In gewissem Sinne beendet dieser Leviathan, von dem Hobbes im gleichnamigen Werk spricht, nicht den »Krieg aller gegen alle«; im Gegenteil verwandelt er den »Krieg aller gegen alle« in einen Krieg gegen die Natur und gegen sich selbst. Das ist die letzte Stufe, auf die das Monster die Gesellschaft und die Gesellschaft das Monster gebracht hat.

d) Auch der Begriff ›Industriegesellschaft‹ ist für sich genommen nicht sinnvoll. Als Industriemonopole errichtet wurden, geriet die Gesellschaft unter die Kontrolle der Kommodifikation, also der Warenproduktion für den Tausch, und die Produktion unter die Kontrolle der Industrie. Um monopolistischen Industriekapitalismus handelt es sich, wenn die anderen Produktionsbereiche von der monopolistischen Industrie abhängig werden. In diesem Sinne kann der Begriff der Industriegesellschaft als eine weitere Stufe der Zivilisation sinnvoll sein. Tatsächlich prägte diese Stufe der Zivilisation das neunzehnte Jahrhundert. Wir können auch vom goldenen Zeitalter des Kapitalismus sprechen, da ihm die Möglichkeit eröffnet wurde, mehr Profit zu machen als je zuvor. In diesem Zeitalter ergriff die Profitgier die gesamte Gesellschaft. Kapitalist zu werden, wurde zum Lebenszweck und zu einer natürlichen Lebensweise erklärt. In diesem Sinne ist die Industriegesellschaft eine Neuerung; sie ist die Gesellschaft der maximalen Kapitalisierung. Dass der König ohne Kleider dastand, nackt, kam so: Die führenden Kapitalisten präsentierten sich nun als eine Gruppe von Königen in neuen, aber normalen Kleidern, ganz wie normale Mitbürger. Die Könige vermehrten sich, verloren aber ihren früheren prächtigen und geschmückten Habitus. Die Industriegesellschaft ist in diesem Sinne die Gesellschaft der nackten Könige.

In dieser Gesellschaft fand die Fesselung der Arbeiter durch den Lohn weite Verbreitung. Die Arbeiterklasse ist in gewissem Sinne eine Klasse, die aus der Gesellschaft gerissen wurde. Der Unterschied zur klassischen Sklaverei ist die Versklavung durch den Lohn. Aus ethischer Perspektive verbietet sich ein Urteil, was besser ist. Einer der bedeutendsten Fehler der Marxisten war, in dieser Gesellschaft die Industriebourgeoisie und die Arbeiterklasse als fortschrittlich zu deklarieren und den Rest der Gesellschaft als rückständig abzustempeln. Dabei ist das Gegenteil richtig. Dass Industrie und Arbeiterklasse gemeinsam bestehen, mag vielleicht eine Besonderheit der Moderne sein; aber aus der Sicht von Gleichheit, Freiheit und Demokratisierung gehören beide zum monopolistischen Staat. Beide gemeinsam demonstrieren eher eine anti-gesellschaftliche Haltung. Dass die Intellektuellen mit dieser Klassenallianz liebäugelten oder sich ihr anschlossen, war für den Sozialismus eine äußerst unglückliche Verirrung. Die Gesellschaft der Industriemonopole ist im Kern eine Gesellschaft des ständigen Krieges. Nicht umsonst wurde der Nationalstaat zur Staatsform dieser Ära.

e) Die politische und staatliche Form des Industriemonopolismus ist der Nationalstaat, der sich auf der Grundlage des intensivsten Nationalismus und der Verschmelzung des Staates mit der gesamten nationalen Gesellschaft bildete. Der Nationalstaat wurde am stärksten in dieser Ära idealisiert und verwirklicht. Hauptgrund hierfür ist der maximale Profit des Kapitals und seine Ausbreitung in der Gesellschaft. Die Erhöhung des Profits erfordert die Abhängigkeit der gesamten Gesellschaft von den industriellen Monopolen. Das wiederum bedeutet Krieg im Inneren. Nur durch starken Nationalismus und den Nationalstaat, in dem die Macht am intensivsten ausgeübt wird, können dieser Krieg innerhalb der Gesellschaft niedergehalten und die Ordnung der Profitmaximierung abgesichert werden. Dass der Faschismus sich in dieser Ära nach und nach als System entwickelt, ist kein singuläres Ereignis; es ist die Verwandlung der Gesellschaft in eine Herde und die Ausbreitung der Macht bis in die kleinste Zelle, und die Möglichkeit dazu wird erst durch die Erhebung des Nationalismus zur Religion geschaffen.

Die westliche Moderne entwickelte die blutigste Zivilisation, das blutigste Zeitalter der Geschichte, weil sie durch das Trio Industrialismus, National-Etatismus und Kapitalismus entstand. Die Moderne, die auf diesem ineinander verschränkten Trio beruht, gerät in die Lage, sowohl im Inneren (Faschismus), als auch zwischenstaatliche nationale, regionale Kriege und Weltkriege zu führen. Der zugrundeliegende Faktor, ich wiederhole es ständig, ist die Form der Entstehung und Aufteilung des Profits. Als der Nationalstaat sich die Industrialisierung als Hauptziel auf die Fahnen schrieb, hob er damit die Qualität der Kapitalisierung oder den Wunsch nach ihr auf die Tagesordnung. Als Kapitalisten den Nationalstaat als ihr politisches Ziel benannten, machten sie damit sichtbar, dass sie den Nationalstaat nur ermöglichen können, indem sie die Nation durch Nationalismus zusammenleimen, und dass dies die notwendige staatliche Ordnung für die Ordnung des Profits ist. Als die Industrie sowohl für den Staat als auch für den Kapitalismus zum Hauptziel wurde, war das Schicksal des neunzehnten und des zwanzigsten Jahrhunderts vorgezeichnet. Das Zeitalter der Industrie ist wie das der Landwirtschaft und der Manufaktur ein Zeitalter der Produktion. Es beruht auf dem Erbe der Zivilisation. Doch kein Produktionszeitalter hat so sehr wie das Zeitalter der Industrie dem staatlichen und dem kapitalistischen Monopol die Stärke verliehen, Profit und Macht zu vermehren. Daher wetteifern Staat und Kapitalist um die Industrialisierung. Was sie antreibt, ist nicht der Gedanke an Gesellschaft und Individuum, nicht der Respekt vor der Nation; sie zeigen diese Liebe, weil sie eine historische Gelegenheit für Profit erwischt haben.

Historisch hing die Industriegesellschaft eng mit Kriegen und Idealen von Hegemonie zusammen. Als die Verbündeten England und Holland von Frankreich bedrängt wurden, fanden diese Staaten abermals Zuflucht und Schutz in der billigen Produktion, um ihre hegemoniale Position nicht zu verlieren. Die Geschichte zeigt, dass England ohne seine Vorreiterrolle bei der industriellen Revolution Anfang des neunzehnten Jahrhunderts, besonders gegen Napoleon, seine Hegemonie wahrscheinlich verloren hätte. Es heißt, dass außer Frankreich auch die damals aufstrebenden USA und das russische Zarenreich die Chance auf eine Hegemonie gehabt hätten. Englands Chance, vielleicht der einzige Ausweg, war die industrielle Revolution. Dies zeigt einmal mehr, dass Not erfinderisch macht. Die Dampfmaschine und der mechanische Webstuhl rissen das Rad der Geschichte ein weiteres Mal zum Vorteil Englands herum. Politische und militärische Neuerungen gewannen durch die neue industrielle Produktion an Geschwindigkeit und Stärke. Dies wiederum zog militärische Erfolge nach sich.

Ist die Kette erst einmal geschmiedet, ist es schwer, sie wieder zu brechen. Wahrscheinlich war Napoleons Niederlage neben anderen Faktoren hauptsächlich wohl eine Folge der industriellen Revolution. Mit dieser industriellen Revolution baute England seine Hegemonie zum Weltreich des neunzehnten Jahrhunderts aus. Das neunzehnte Jahrhundert war das glorreiche Jahrhundert Englands. In diesem Jahrhundert wurde es zum ›Reich, in dem die Sonne niemals untergeht‹. Das war kein klassisches Imperium. Es operierte nicht wie beispielsweise Rom oder das Osmanische Reich. Das Vorhandensein mehrerer politischer Gebilde auf dem Niveau von Staaten beschädigte das Empire nicht. Als ein Modell, das eigene, plurale politische Gebilde beinhaltet, überlebt es sogar heute noch als *Commonwealth of Nations* (früher *British Commonwealth*), wenn auch zunehmend geschwächt.

Der Export der industriellen Revolution in die Welt erfolgte auf ähnliche Weise wie jede Form der Zivilisation. Nachdem sie sich bewiesen hat, breitete sie sich zunächst in Westeuropa, am Ende des neunzehnten Jahrhunderts in ganz Europa aus. Diese Ausbreitung beschleunigte sich und dehnte sich Anfang des zwanzigsten Jahrhunderts auf die ganze Welt aus. Die Unausgewogenheit dieser Entwicklung – einer Konkurrenz zwischen Industriemonopolen, deren Vorreiter englische und deutsche Monopole waren – wurde zum Thema zweier Weltkriege und vieler regionaler und lokaler Kriege. Ein weiteres Mal begegnet uns die Tatsache, dass industrieller Profit Monopol bedeutet, Monopol Nationalstaat und Nationalstaat Krieg. Wenn wir uns vor Augen führen, dass kein Nationalstaat ohne Krieg errichtet wurde, sehen wir auf frappierende Weise in diesen Kriegen die blutige und profitable Geschichte der Industrialisierung und der Eroberung von Exportgebieten für die Industrie. Es ist ganz offensichtlich, dass der Profit den Kern des Krieges und des nationalen Etatismus darstellt.

Dass die Zeit des Industrialismus auch die des Imperialismus verstanden wird, hängt mit diesem industriellen Export zusammen. Schon eine begrenzte Entwicklung der Industrialisierung in Kolonien oder Halbkolonien und abhängigen Gebieten bedeutete erwartungsgemäß Krieg nach innen und außen. Nationale Befreiungskämpfe, ein auffälliges Phänomen des zwanzigsten Jahrhunderts, hingen im Kern mit dem Programm zur Industrialisierung von Kolonien und Halbkolonien zusammen. Wer auch immer sie anführte – dass sie alle dem Nationalstaat und der Industrialisierung dieses Nationalstaates höchste Priorität einräumten, gehörte zu den Grundpfeilern des Verlaufs des globalen Kapitalismus. In diesem Sinne waren auch die Russische und die Chinesische Revolution jeweils Revolutionen des Nationalstaats und der Industrialisierung, wie die weiteren Entwicklungen in bemerkenswerter Weise bestätigten. So war also das zwanzigste Jahrhundert schwerpunktmäßig die Ära der außereuropäischen Industrialisierung – ob durch nationale Befreiungskämpfe oder andere Methoden.

Diese Ära dauerte ungefähr bis zum letzten Viertel des zwanzigsten Jahrhunderts an. Die folgende Stufe ist die Stufe des Exports der Industrie, die Europa selbst mittlerweile wenig Profit bringt und zur Last wird (Umweltverschmutzung, hohe Löhne) in den Rest der Welt. Dieser Export erfolgte in drei Etappen: Zunächst wurden Güter in die Welt getragen, im neunzehnten Jahrhundert Güter und Kapital, im zwanzigsten Jahrhundert dann Güter, Kapital und Industrie. Mittlerweile gibt es anscheinend kein Gebiet auf der Welt mehr, das nicht die Industrialisierung kennengelernt hat. So können wir feststellen, dass die Ära der Industrie ihre Bedeutung eingebüßt hat, oder besser gesagt: dass die Industrie durch das Finanzkapital ersetzt wurde. Die europäische Zivilisation, deren erste Phase vom Handel und die zweite von der industriellen Revolution geprägt war, durchlebt nun ihre dritte und letzte Phase, das Zeitalter der Finanzen. Der Finanzbereich wurde nach den 1970er Jahren zum führenden. Das Zeitalter der Finanzen ist das Thema des folgenden Abschnitts.

Kein Zeitalter hebt das vorherige vollständig auf, es drängt es zurück. Der Handel fand auch im neunzehnten Jahrhundert weiter statt. Doch bei der Erzielung von Profit hatte er seine frühere Stärke verloren und wurde zweitrangig. Das Zeitalter der Finanzen hatte schon seit Langem seine Fundamente gelegt. Die italienischen Stadtrepubliken waren eine Art Finanzrepubliken. Sie machten viele Königreiche finanziell von sich abhängig. Schon im Zeitalter des Handels waren sie sehr agil bei Geldgeschäften und der Aufnahme und Vergabe von Krediten. Kredite wurden eine wichtige Quelle von Profiten. Doch noch warf dieser Sektor nur drittrangige Profite ab.

Die Kritik an der Industrie und die Zahl ihrer Kritiker ist angewachsen, seit die augenfälligen Risiken der Umweltzerstörung planetare Dimensionen angenommen haben. Es wird heiß diskutiert, wie gegen die Katastrophen gekämpft werden kann, die der Industrialismus hervorgebracht hat. Der Widerspruch zum Leben insgesamt hat unerträgliche Dimensionen angenommen. Es wird sogar diskutiert, dass der derartig unverantwortliche Gebrauch von Wissenschaft und Technik eines Tages den Weltuntergang bedeuten könne.

Allen Problemen liegt der Zusammenhang von Profit und Industrie zugrunde. Die ungezügelte Vereinigung beider hat zu einem Knäuel von Problemen geführt, anstatt Entwicklung zu garantieren. Dass die Industrie sämtliche gesellschaftlichen Bereiche beherrscht und sie ausnahmslos der Kommodifizierung unterwirft, hat die gesellschaftlichen Probleme in bisher nicht dagewesene Dimensionen befördert. Viele der von Industrie herrührenden Entwicklungen bedrohen gleichermaßen die gesellschaftliche Natur wie die natürliche Umwelt. Der ländliche Raum wurde beinahe vollständig geschluckt; mit den Folgen befassen wir uns erst seit Kurzem. Auch die Folgen der Verwandlung der Stadt in ihr Gegenteil sehen wir erst neuerdings. Die Problematik, wie Alternativen aussehen müssen, hat die Ebene der Diskussion noch nicht verlassen. Zweifellos wird die Gesellschaft nicht ohne Industrie existieren können. Aber wir können auch nicht erwarten, dass sie weiter das erträgt, was im Namen der Industrie getan wird. Ein Anti-Industrialismus wird möglicherweise mit der Zeit stärker werden. Viele derartige Strömungen sind in Aktivitäten zu Stadt und Umwelt bereits zusammengekommen. Was in den politischen Bereich getragen wird, kommt langsam auch auf die Tagesordnung. Doch von diesen Bemühungen, die die Grenzen des Reformismus nicht überschreiten, die Wiederherstellungen des Gleichgewichts beider Naturen zu erwarten, wäre naiv; solange das jetzige Paradigma der Zivilisation weiter besteht, können wir nichts als äußerliche Veränderungen erwarten.

Das industrielle Zeitalter hat die negativen Seiten, die fünftausend Jahre Zivilisation mit sich gebracht haben, um ein Vielfaches vermehrt. Darin sind sich alle Beobachter einig. Die Erderwärmung ist hier lediglich *ein* Beispiel. Die Zerstörung ist viel tiefer und umfangreicher, als gemeinhin angenommen. Nötig ist nicht nur eine Kritik des industriellen Zeitalters, sondern der gesamten Zivilisation. Dass Marxisten und andere Oppositionelle die Probleme entweder in einen engen Rahmen von Klassenökonomismus oder Kategorien wie Umweltschutz, Kulturalismus und Feminismus sperren, mag zwar zu einigen positiven Resultaten führen, doch verweisen die Unfähigkeit, ein ernsthaftes politisches Programm zu schaffen und in Aktion zu treten, auf ihre grundsätzlichen Mängel.

Wenn wir uns auf die Option der demokratischen Zivilisation konzentrieren, werden wir täglich besser sehen, dass sie eine treffende Wahl darstellt. Nur, wenn wir Optionen der tief verwurzelten demokratischen Zivilisation mit umfassender Kritik und Programmen sowie Organisationen und Aktionen zusammenfügen, die sie lebendig werden lassen, können wir auf Natur und Leben mit dem Paradigma einer freieren, egalitäreren demokratischeren Gesellschaft schauen und vorwärtskommen.

C Das Finanzzeitalter – Kommandant Geld

Zweifellos ist es eine wichtige Entwicklung, dass das Geld zu einer Kraft geworden ist, die die Gesellschaft kommandiert. Unser Begriff von der Gesellschaft bliebe äußerst mangelhaft, wenn wir diese Situation nicht analysierten. Geld ist der Wert, der für einen flüssigen Ablauf im wirtschaftlichen Leben sorgt, ähnlich wie das Blut, das über Gefäße Nährstoffe zu den Zellen transportiert, damit überall im Körper die nötige Energie gebildet werden kann. Geld ist ein äußerst ernsthaftes gesellschaftliches Phänomen, von dem wir verstehen müssen, worin es besteht und wie es wurde, was es ist. Infolge welcher historischen und gesellschaftlichen Faktoren konnte dieser Apparat, der so viel Schmutz mit sich führt, was nicht zu leugnen ist, in diese Position gelangen? Was richtet er wirklich in der Gesellschaft an? Welche Personen und Gruppen gewinnen dadurch, welche verlieren? Kann es ohne Geld gehen? Wodurch könnte es ersetzt werden? Diese und noch viele Fragen mehr können wir stellen.

Geld als Tauschmittel, als Mittel für eine einfache Transaktion, lässt sich leicht verstehen. Trotzdem müssen wir aufpassen. Was wird getauscht? Kann Geld ein Mittel sein, um zwischen zwei Tauschobjekten ein gerechtes Maß sicherzustellen? Das Problem beinhaltet offenbar schon ganz zu Beginn große Schwierigkeiten. Nehmen wir als Beispiel einen ganz simplen Tausch, einen Apfel gegen Birnen, sagen wir, im Verhältnis eins zu zwei: Ein Apfel = zwei Birnen. Das Geld soll auf dem Markt diese Funktion erfüllen. Warum nun eins zu zwei, warum nicht eins zu drei oder eins zu eins? Schon im allereinfachsten Fall kommt also der Arbeitswert ins Spiel. Weitere Probleme folgen möglicherweise auf dem Fuße. Was gibt der Arbeit ihren Wert? Man könnte ›andere Arbeit‹ sagen und die Frage endlos wiederholen. Offenbar erscheint es schwierig, wie beim Problem des Austausches das Geld ein gerechtes Maß sicherstellen soll. Sehr wahrscheinlich gewann es Stärke und Ansehen, weil es Wahlmöglichkeiten eröffnete. Weil es so betrachtet wurde, akzeptierte man es. Die Grundlage des Geldes in Maßstäben wie Gerechtigkeit, Wert oder Arbeit zu suchen, ist vergeblich. Die zeitlich und räumlich Anwesenden sagten »lasst uns einen Vermittler wählen, um unsere Angelegenheiten zu vereinfachen«, und das vermittelnde Objekt, das sie fanden, nannten sie Geld. Mit dieser kurzen Geschichte versuchen wir das Geld zu definieren. Doch wir sehen uns einem solchen Vermittlungsinstrument gegenüber, das alles durcheinanderbringen kann, wenn es diese Rolle verlässt und andere Rollen annimmt.

Machen wir dies mit einem Beispiel verständlicher. Die Gesellschaft betrachtet eine Frau nur dann als akzeptabel, wenn sie auf ›ehrenhaft‹ genannte Weise in einer Verbindung mit einem Mann zusammenlebt. Was passiert, wenn die Frau dies nicht tut, sondern mit mehreren Männern zusammenlebt oder der Mann mehrere Frauen ins Haus holt? Dann gerät, gelinde gesagt, alles durcheinander. Im Falle des Geldes ist es noch komplizierter. Führen wir unser Beispiel weiter. Weil die Frau gegen die Regeln der Akzeptanz verstoßen hat, kann eine Lösung darin bestehen, sie aus dem Haus zu werfen. Beim Geld ist die Sache aber möglicherweise nicht so einfach. Wenn der, der das Geld besitzt, unehrenhaft ist, sagt er vielleicht: »Je mehr Geld dazukommt, desto besser.« Tatsächlich hat die Gesellschaft ähnlich wie in dem Beispiel [eine moralische Grenze gezogen und] festgelegt, Geld als Mittel nicht zu akzeptieren. Sehr wahrscheinlich hat sie gesagt: »Es anzuhäufen ist die größte Ehrlosigkeit.«

Ich bin überzeugt, dass es genau so abgelaufen ist. Ein höchst relativer Vermittler, der räumlich und zeitlich begrenzt zur Erleichterung eines Vorgangs eingesetzt wurde, war nie dazu gedacht, sich durch Zeit und Raum auszubreiten und wurde dafür nicht akzeptiert. Wir sehen hier einen schweren Missbrauch. Die Gesellschaft mag sagen: »Das akzeptiere ich auf keinen Fall.« Doch da ist das Kind vielleicht schon längst in den Brunnen gefallen. Das Urteil der Gesellschaft reicht dann nicht aus. So erscheint es wiederum sehr wahrscheinlich, dass das Geld deshalb zu einer einzigartigen Hure wird, die auf allen Hochzeiten tanzt[140]. Sie kann sich dem einen für einen, dem anderen für tausend Dollar vermieten. Es gibt keine Kraft mehr, die dem entgehenstehen und es verhindern könnte. Wie kam es dazu? Versuchen wir, das weiter aufzuklären und dabei ein wenig die Sprache der Ökonomie zu verwenden.

Die Wirtschaft beim Tausch beginnen zu lassen, ergibt eigentlich wenig Sinn, doch ist der Tausch ein wichtiger wirtschaftlicher Faktor. Dinge,

140 Das Bild des Geldes als Hure stammt von William Shakespeare. Im *Timon von Athen* schreibt er über das Gold: »Verdammt Metall, gemeine Hure du der Menschen, die die Völker tört.« Karl Marx zitiert ihn in den *Ökonomisch-philosophischen Manuskripten* (MEW 40, 1844): »Shakespeare hebt an dem Geld besonders 2 Eigenschaften heraus: 1. Es ist die sichtbare Gottheit, die Verwandlung aller menschlichen und natürlichen Eigenschaften in ihr Gegenteil, die allgemeine Verwechslung und Verkehrung der Dinge; es verbrüdert Unmöglichkeiten; 2. Es ist die allgemeine Hure, der allgemeine Kuppler der Menschen und Völker.«

die gegeneinander getauscht werden, heißen Güter oder Waren. Als die Gesellschaft noch keinen anderen Wert als den Gebrauchswert kannte, betrachtete sie lange Zeit den Tausch als unmoralisch. Sie hing einem System an, das wir Schenkwirtschaft nennen. Einen Gegenstand, den eine Person produziert oder anderweitig erhalten hatte und den sie als besonders wertvoll erachtete, schenkte sie anderen, die sie wertschätzte. Die Geschenkkultur drückte eine Ehrung aus, die Gabe wurde der geehrten Person geschenkt. So wurde der Wert der wertgeschätzten Person bewiesen, die geehrt wurde. Die übriggebliebenen Dinge wurden im täglichen Leben verbraucht. Anhäufen war nicht gut angesehen. Auf diese Weise, ohne Gütertausch, konnten Hunderttausende Jahre lang menschliche Gemeinschaften überleben. Einem Austausch von Gütern gegeneinander oder gegen Geld entsprachen weder der Moral noch dem Gewissen der Gesellschaft. Denn die Menschen dachten nicht, dass der Wert, den sie produzierten, einen Preis, einen Gegenwert haben könnte, schon den Gedanken daran taten sie als unmoralisch ab. Vielleicht hielten ihr gesunder Menschenverstand oder ihr moralisches Bewusstsein so etwas auch für eine Täuschung.

Wenn die Schwelle zum Tausch die Schwelle zur Wirtschaft ist, so kann der Beginn der Wirtschaft wohl nicht als gelungen bezeichnet werden. Denn er erfolgte gegen die eigentliche Tradition. Den Tausch als Grundwert des wirtschaftlichen Verhältnisses anzusehen, mag eine Hypothese sein. Aber ich bin überzeugt, dass wir dies nicht als einzige Hypothese in Betracht ziehen dürfen. Die Ökonomie lässt sich auch mit anderen Faktoren als dem Tausch wissenschaftlich entwickeln. Genauer gesagt lassen sich durchaus Formen entwickeln, die sich vom Tausch unterscheiden, oder sogar solche, in denen der Tausch auf Konsens beruht und nicht auf einem Mittler wie Geld. Wir sollten uns nicht scheuen, diese Formen in Theorie und Praxis kreativ zu entwickeln. Wichtiger als der Tausch ist das Problem der Verwandlung von Gütern in Waren. Die Unterwerfung des Gebrauchswerts unter den Tauschwert wird als Zur-Ware-Werden oder Kommodifizierung definiert. Das erste Auftreten des Phänomens der Ware fand kurz vor dem Beginn des Prozesses der Zivilisation statt. Die Ware war der wesentliche Faktor für die Akzeptanz des Handels. Die Ware selbst entstand dort, wo sie die Hand der Person verlässt, die sie zuerst besaß. Diese Wegnahme zu akzeptieren, ist der Beginn der Ware. Wenn die Person im Gegenzug etwas erhält, ist der Prozess des Zur-Ware-Werdens abgeschlossen.

Geben wir wieder ein Beispiel. Stellen wir uns vor, eine Person füttert jahrelang eine Gazelle, jemand anderes eine Ziege. Dann werden die beiden

Tiere ausgetauscht. Niemand wird je beweisen können, dass dieser Tausch gerecht oder gleich ist. Denn niemand kann erahnen, wieviel Schweiß und Herzblut für diese beiden Tiere geflossen ist. Noch wichtiger, eine Ziege und eine Gazelle können niemals gleich sein. Analogien wie diese dienen dazu, die Widersprüche in der Tauschlogik zu erfassen, und derartige Widersprüche sind stets vorhanden.

Wenn wir diese Widersprüche akzeptieren und zu unserem Thema zurückkehren, erkennen besser wir die Täuschungen, die das Geld beinhaltet. Beim Versuch, Gesellschaften zu verstehen, ist ein Punkt von großer Bedeutung: Gesellschaftliche Phänomene sind nicht wie physikalische Phänomene. Zwei Wasserstoffatome und ein Sauerstoffatom bilden, wenn auch nicht absolut immer, doch unter irdischen Bedingungen ein Wassermolekül (H_2O) und keine andere Verbindung. Die Formel hat keine andere Bedeutung. Die Gesellschaft dagegen, auch wenn sie voller Unbekannten steckt, ist das Gesamtpaket sämtlicher Phänomene, die Menschen konstruiert haben. Die Gesellschaft kann ändern, was sie selbst konstruiert hat, und neue Konstruktionen verwirklichen. Es ergibt sich als Regel: Gesellschaftliche Wirklichkeiten sind konstruierte Wirklichkeiten und weder natürlich noch gottgegeben. So können wir auch das Geld leicht eine konstruierte Wirklichkeit nennen. Auch Tausch und Waren sind konstruierte Realitäten. Sie sind weder natürlich noch gottgegeben.

Die größte Sünde der Positivsten war, die gesellschaftlichen Realitäten in die gleiche Kategorie einzuordnen wie die physikalischen Realitäten. Wenn wir ein gesellschaftliches Phänomen mit einer unveränderlichen Tatsache gleichsetzen, so schaffen wir ein Einfallstor für gesellschaftliche Paradigmen, die massive Irrtümer enthalten. So enthält der positivistische Blickwinkel auf die Wirtschaft unübersehbare Nachteile. Wer Nationalismen als Ausdruck einer objektiven Realität begreift, landet am Ende bei den Positionen Hitlers und Stalins, die zwar gegensätzlich, in philosophischer Hinsicht aber gleich waren. Beide, also alle Positivisten und auch alle Vulgärmaterialisten, konnten sich nicht davon frei machen, den von ihnen akzeptierten gesellschaftlichen Realitäten den Wert absoluter Tatsachen zuzumessen. Ein Faktor, der das Thema Geld äußerst delikat macht, rührt von einer Auffassung her, die die Gesellschaft aus diesem positivistischen Blickwinkel betrachtet: Geld als wirklich zu betrachten. Durch Geld vermittelte Besitzerwechsel führen dazu, dass Geld nach und nach als wirklich begriffen wird.

Unser Thema ist keine Untersuchung der Frage, wie das Geld durch den Tausch in der Wirtschaft Einzug hielt und wie es sich historisch weiterentwickelte. Doch die zunehmend unverzichtbare Rolle des Geldes für die Wirtschaft führte auch dazu, dass die in ihm enthaltenen Nachteile wuchsen. Wenn wir uns nochmals den Widerspruch vor Augen führen, den bereits ein einzelner Tauschakt enthält, so wird verständlich, welch nachteilige und unheimliche Situationen entstehen können, wenn das Geld grenzenlose Tauschkraft erlangt. Es ist keine triviale Sache, die konkrete Verkörperung Tausender Widersprüche zu sein. Das Geld in seinem widersprüchlichen Zustand nahm immer breiteren Raum in der Wirtschaft ein, bis es im Finanzzeitalter ankam. Die so entstandene verheerende Situation beim Versuch, die Gesellschaft verständlich zu machen, zu übersehen, heißt sich selbst zu betrügen. Mit verheerender Situation meinen wir, dass das Geld mit all seinen inneren Widersprüchen so komplex ist wie nie zuvor. Dies ist in etwa so, als machte man einen Tyrannen mit besonders übler Bilanz zum Oberkommandierenden einer riesigen Armee. Dieses zweifelhafte Instrument, das zu Beginn der Gesellschaft nur auf der momentanen Akzeptanz von Anwesenden beruhte und nur vorübergehend genutzt wurde, wird nun in göttliche Sphären gehoben. Dabei hält es seine höchst effektive Kommandogewalt fest in der Hand.

Eine Untersuchung der Entwicklungsgeschichte des Geldes wäre höchst interessant gewesen. Es heißt, die ersten Goldmünzen seien von Krösus, dem König von Lydien, ausgegeben worden. Krösus lebte in der Stadt Sardes in der Nähe des heutigen Manisa, wo die Goldminen heute immer noch Probleme verursachen. Über ihn und seine Probleme existieren zahlreiche Geschichten. Waren, Tausch und Monetarisierung entwickelten sich schnell Hand in Hand und dominierten die Wirtschaft. Aus den Funden von Hunderten verschiedener Münzen wissen wir, dass sich in Persien und in der graeco-römischen Zivilisation der Gebrauch von Geld stark verbreitete. Geld wurde zu etwas, das immer problematisch war, ob man es hatte oder ob man keines hatte.

In der islamischen Zivilisation genoss der Golddinar mindestens so viel Ansehen wie die Sultane. In den Städten saß das Geld fest im Sattel. Besonders jüdische Geldverleiher hatten große Bedeutung. Jüdische und armenische Geldverleiher und Händler hatten in den Städten an den Handelsrouten, die sich von Europa bis nach Indien erstreckten, eine parallele Route eines Geld- und Handelsmonopols errichtet. Diese Kapitalroute parallel zur politischen Herrschaft, war sehr effektiv. Sie machten Sultane und Emirate von sich abhängig und stärkten ständig ihren Einfluss in Europa und Asien. Hinter den ablehnenden Reaktionen der Gesellschaften gegen Juden und Armenier als Volksstämme stecken zu einem bedeutenden Teil wohl auch diese Tatsachen. Dies sollte bei Forschungen zu den Pogromen gegen Juden und Armenier berücksichtigt werden.

Gegen Mitte des dreizehnten Jahrhunderts übernahmen die italienischen Städte von der islamischen Welt die Vorreiterrolle in Bezug auf Geld und Handel. Besonders Venedig, Genua und Florenz entstanden jeweils als wirkliche Geld- und Handelswunder. Bis zum sechzehnten Jahrhundert waren sie die Stars unter den Städten, die – angefangen mit der Renaissance – in jeglicher Hinsicht führend in Europa waren. Die italienischen Städte schufen nicht nur die Revolution der Renaissance; sie waren auch wichtige Architekten der Geldrevolution. Zwar hatten sie ihre ersten Vorläufer in der islamischen Welt, doch ihre eigenen Beiträge waren erheblich. Diese Städte entwickelten und institutionalisierten alle unverzichtbaren monetären Instrumente der Moderne wie Banken, Aktien, Papiergeld, Kredite und Buchführung. All diese Entwicklungen waren wichtige Meilensteine in der Geschichte des Geldes. Jede von ihnen bedeutete eine Revolution für Markt und Handel. Sie steigerten die Geschwindigkeit von Kommodifizierung und Monetarisierung um vielleicht das Hundertfache. Dies waren Meilensteine auf dem Weg zur Dominanz des Geldes.

Die Gesellschaft wurde nach und nach auf die Herrschaft dieser Instrumente vorbereitet. Auf den ersten Blick handelte es sich dabei nur um simple technische Vorgänge. Banken sollten zu den Orten der Akkumulation von Geld werden. Wechsel waren Papierstücke, die einen monetären Gegenwert besaßen. Papiergeld war eine Art allgemeiner Wechsel. Es war leicht und machte die Vorgänge einfacher und schneller. Kredit war Geld, das klammen Kunden gegen eine angemessene, später zu entrichtende Zinszahlung geliehen wurde. Auch das wirkte beschleunigend und verhinderte Leerlauf; es diente dazu, dass der Schuldner, anstatt faul herumzusitzen, seine Arbeit fortsetzen und mit zukünftigem Profit die Schulden zurückzahlen konnte. Die Buchführung erklärte Gewinne und Verluste, Einnahmen und Ausgaben; wie ein Spiegel zeigte sie Personen oder Firmen regelmäßig ihre Situation auf. Dies waren einfache Revolutionen, jedoch mit enormen Folgen. Europäische Städte wie Sevilla, Lissabon, London, Amsterdam, Hamburg, Lyon, Antwerpen und Paris leiteten diese revolutionären italienischen Produkte genauso wie die der Renaissance in ihre Länder weiter. So verbreiteten sie die Revolutionen auf dem Kontinent und machten sie erfolgreich.

Wir haben bereits skizziert, wie im sechzehnten Jahrhundert Holland und England zunächst in Landwirtschaft und Handel, dann in der Industrie mit der effektiven Hilfe dieser Revolutionsprodukte eine allgemeine kapitalistische Revolution verwirklichten. Kapital, Kapitalisten und Kapitalismus waren die Vorstufen der Herrschaft des Geldes[141] gewesen. Sie überschritten sie und wurden zu wirklichen Königen: den nackten Königen. Den schnell wachsenden Profit des Zeitalters des Handels verdankten sie zu großen Teilen dieser Monetarisierung und den Geldinstrumenten. Die Herrschaft des Geldes schritt still und unter der Oberfläche fort. Das Geld spekulierte nicht nur auf ein Königreich, sondern sogar auf Göttlichkeit – erstmals ohne Maske und höchstpersönlich. Das Zeitalter der Industrie schuldete ihm viel und bot ihm gleichzeitig große Gelegenheiten. Ohne Ausweitung der Märkte, Urbanisierung und Kommodifizierung in der Gesellschaft hätte die industrielle Revolution nicht stattfinden können. All diese Prozesse wären ohne Geld nicht erfolgt. Die Beschleunigung von Geld und Monetarisietung hatte die Rolle des Blutkreislaufs im Körper angenommen. Ihn zu unterbrechen, hätte den Ausfall eines Organs und den Verlust seiner Funktion bedeutet, was gleichbedeutend mit dem Tod gewesen wäre.

Die Situation wird noch besser verständlich, wenn wir das Verhältnis von Fabrik und Arbeitern analysieren. Fabriken lassen sich nicht mit Sklaven und Leibeigenen betreiben. Proletarisierung, das Zum-Arbeiter-Werden, kann ohne Loslösung von Sklavenhaltern und Grundherren nicht erfolgen. Die vollständige Proletarisierung erfolgt durch den absoluten Lohn. Der Lohn wiederum ist ein Wert, der nicht ohne Geld gezahlt werden kann. Der Arbeiter war nun zum Geld verdammt. Dem Geld gelang es, den neuen Sklaven unter eine absolute Herrschaft zu zwingen, ohne selbst Sklavenhalter oder Grundherr zu sein. Dies war ein Riesenschritt auf dem Weg zur Macht. Die neue Industriegesellschaft war die erste große Gesellschaftsform, die auf diesem Wege die Herrschaft des Geldes vollständig kennenlernte. Keine frühere Gesellschaft einer Zivilisation hatte in diesem Maße eine Herrschaft des Geldes erlebt. In der Industriegesellschaft wurde Geld zur Kultur. Alles gewann über das Geld Sinn. Es verführte zu großen Träumen, und selbst kleine Projekte konnten ohne Geld nicht angegangen werden. Jede Familie war sich der absoluten Notwendigkeit des Geldes bewusst – ob sie einem

141 Fernand Braudel untersucht in *Der Handel,* dem zweiten Band der Sozialgeschichte des 15.–18. Jahrhunderts, in einem gleichnamigen Abschnitt, wann diese Begriffe erstmals auftauchten und wann sie sich etablierten (nämlich in dieser Reihenfolge 12./13. Jahrhundert, Mitte des 17. Jahrhunderts und 20. Jahrhundert).

Kind einen Schuh kaufen oder im Haus das Licht anmachen will, ob sie in einer entlegenen Ecke oder im exklusivsten Viertel einer Stadt wohnt. Keine Arbeit war inakzeptabel, kein Plan undenkbar, wenn sie Geld einbrachten. Alle waren nun gezwungen, ihrem neuen Gott alles zu opfern, was nötig war, um an Geld zu kommen.

Dem Augenschein nach wurde Arbeitskraft, dieser heilige Wert, verkauft. Dies ist ein typischer Irrtum, wie ihn das Geld schafft. Das, was für Geld verkauft, also weggegeben wird, ist nicht nur Arbeitskraft. Um diese zu erlangen, braucht der Arbeiter vor allem einen gesunden Körper; um einen Körper zu haben, muss er eine Mutter haben; damit es eine Mutter geben kann, muss eine Frau vorhanden sein. So können wir eine endlose Kette von Vorbedingungen beschreiben. Die Arbeitskraft musste sich außerdem Fähigkeiten angeeignet haben, sonst wäre sie nicht gekauft worden. Dafür waren Handwerksmeister und Ladenverkäufer notwendig, diese wiederum brauchten die Erfahrung von Jahrtausenden und die Werktätigen, die sie einst erarbeitet haben. Ein simpler Lohn – etwas mehr, als zum Sattwerden nötig ist – war der Trick, all diese heiligen Werte zu verscherbeln. Geschichte und Gesellschaft wurden verkauft. Das menschliche Individuum war so instrumentalisiert worden. Kein gesellschaftlicher Gott hatte je über seine Knechte eine derartige Herrschaft errichtet.

Ein wichtiger Meilenstein in der Geschichte des Geldes war, dass es sich davon befreite, als Gegenwert von edlen Metallen wie Gold und Silber dargestellt zu werden. Diese große Revolution (die Schwarzgeldrevolution) ereignete sich in den 1970er Jahren. Das Geld war endlich völlig frei. Seine erste Befreiung war erfolgt, als sie freien italienischen Städte es mit Instrumenten wie Papier, Wechsel und Kredit verbanden. Die zweite große Revolution dagegen war die offizielle Loslösung des US-Dollars vom Goldstandard und damit von jeglicher Abhängigkeit von Gold und Silber.

Diese Revolution war der offizielle Einstieg ins Finanzzeitalter. Diese Tatsache liegt der als dritter Globalisierungsoffensive bezeichneten historischen Entwicklung zugrunde. Die erste große Globalisierungsoffensive des Kapitalismus war bekanntlich das Zeitalter des Handels (15.–18. Jahrhundert), das mit der Ära der Kolonisierung oder Halbkolonisierung ganzer Kontinente einherging. Die zweite große Globalisierungsbewegung war die imperialistische Offensive des Industriezeitalters (ungefähr vom Anfang des neunzehnten bis ins letzte Viertel des zwanzigsten Jahrhunderts) und die aus ihr erwachsende Phase ausgedehnter Klassenkriege und nationaler Kriege. Zweifellos war das Geld einer der wesentlichen Baumeister dieser rund vierhundert Jahre dauernden Phase. Es wäre nicht falsch, alle zusammen das Zeitalter des Geldes zu nennen. Der große Gott (Zeus/Jupiter) der kapitalistischen Moderne war der Nationalstaat; Geld hingegen der Macht- und Kriegsgott (Ares/Mars). Es war der Gott der Wirtschaft und ganz allgemein der neue, aufstrebende Gott der Neuzeit, der keine historische Entsprechung besitzt: Der Gott, der alle alten Götter unterwirft und seine Hegemonie errichtet!

Wesentliche Eigenschaft des Finanzzeitalters ist, dass die Institution ›Geld‹ mit allen ihren Instrumenten die dominante Position einnimmt. Es hat die Industrie- und Handelsmonopole vollständig unter seine Kontrolle gebracht. Auch den Staat als Monopol (und besonders den Nationalstaat) hat es stark von sich abhängig gemacht. Auch die wesentlichen Stockwerke der Wirtschaft, die Ebenen für Ge- und Verbrauch, Produktion und Austausch gerieten vollständig unter seine Kontrolle. Die Liste der genutzten Finanzinstrumente ist lang: IWF, Weltbank, Welthandelsorganisation, alle Zentralbanken der Welt, global operierende Banken, verschiedene Kreditpapiere, Märkte und Börsen, Aktien und Anleihen, Kreditkarten, Zinsen, Devisenkurse und so weiter und so fort. Durch diese Instrumente wurde das Geld zu einem Gespenst. Besser gesagt, es blieb in der Position des hierarchischen Regenten der patriarchalen Familie. Dagegen spielen diese Institutionen die Rolle der Kinder, die noch grün hinter den Ohren sind. Doch es ist auch wahr, dass sie alle die Saat des Geldes, ihres Urahnen, in sich tragen.

Diese Institutionen sind untereinander enorm vernetzt und in höchstem Maße organisiert. Sie informieren und beeinflussen einander im Sekundentakt. Ihre Handlungen ordnen sie nach kurz-, mittel- und langfristigen. Diese können entsprechend ›heißes Geld‹ oder hot money, Aktien und Anleihen oder langfristige Wertpapiere heißen, die Namen und Anlagefristen können je nach der Mode häufig wechseln. Ihre gesellschaftliche Etablierung erfolgt rasend schnell. Wichtigstes Abrechnungsinstrument sind die Währungen US-Dollar und Euro. Das System wird zwar noch weiterentwickelt, kann aber als vollständig gelten. Wie nun werden die Profite – das Hauptziel – in diesem System realisiert?

Alle Verhältnisse und Widersprüche der wirtschaftlichen, gesellschaftlichen und politischen Welt wurden unverändert in dieses virtuelle System übertragen. Dazu kam noch die Welt der ideologischen, akademischen und kulturellen Argumente, die ebenfalls in die Klauen dieses Systems geriet.

Ein genauerer Blick wird uns in die Lage versetzen, den Sinn des Ganzen zu erfassen.

Was bedeutet es, dass der Dollar (und der als Reserve vorgehaltene Euro) die grundlegende Abrechnungseinheit ist? Welche konkreten Verhältnisse und Widersprüche und daher Allianzen und Kriege in der Welt spiegeln die Gebiete, in denen Dollars akkumuliert werden, die Kursschwankungen der nationalen Währungen, die Kursbewegungen von Aktien und Anleihen an den Märkten, Zins- und Preisbewegungen wieder? Der Dritte Weltkrieg, von dem immer häufiger die Rede ist, wird sich doch nicht etwa vorwiegend in dieser symbolischen, virtuellen Welt abspielen? Die Kriege in der wirklichen Welt werden doch nicht etwa der Ausdruck ihrer tektonischen Verwerfungen sein?

Es ist nahezu allgemein anerkannt, dass die USA nach dem Zweiten Weltkrieg zur Hegemonialmacht emporstiegen. Das Gewicht des Dollars in der Welt war die Folge dieser Vorherrschaft. Interessant ist nun, dass genau zu dem Zeitpunkt, als diese Hegemonie auf ihrem Höhepunkt war, der Dollar von der Goldbindung befreit wurde. Hier zeigt sich offenbar eine Art unkalkulierbarer und unverantwortlicher Hegemon. Es ist bekannt, dass die USA seit den 1980er Jahren die Welt mit Billionen von ungedeckten Dollars fluteten. Das ist furchtbar und bedeutet einen jährlichen Gewinn von Milliarden von Dollars, allein durch Betätigung der Notenpresse. Niemals und nirgends hat das Geld sich derart vermehrt. Kann irgendetwas noch besser erklären, wie sich eine Hegemonie erstmals im Geld ausdrückt bzw. dass hier das Geständnis erfolgt, dass Geld selbst der Hegemon ist? Wenn wir uns vor Augen führen, dass alle Nationalstaaten verschuldet sind (und merkwürdigerweise sind es die USA selbst, die am höchsten verschuldet sind), schärfen wir ein weiteres Mal unseren Blick dafür, warum das Geld der totale Hegemon ist. Dass die US-Notenbank durch winzige Manipulationen am Geld (Senkung und Erhöhung der Zinsen und Preise) die Welt massiv erschüttern kann, zeigt ziemlich gut, wie fest das Finanzsystem im Sattel sitzt. Es gibt also sehr viele Tatsachen, welche die Kraft des Geldes beweisen.

Noch frappierender ist der Zusammenhang zwischen den Krisen und dem System. Zyklische Krisen infolge von Kettenreaktionen, wie sie in asiatischen Ländern, Russland und Lateinamerika aufgetreten sind[142], ereigneten sich vollständig im Geldsektor. Die Auswirkungen auf die Realwirtschaft erfolgten immer erst anschließend. Früher hatten Krisen in der realen Welt

142 Gemeint sind offenbar die Asienkrise 1997/98, die Russland-Krise 1998/99 und die Argentinien-Krise 1998–2002.

begonnen und waren in der Welt des Geldes geendet. Im Finanzzeitalter laufen die Krisen genau umgekehrt ab. Die Realwirtschaft wird für das Ende aufgehoben, und nach dem Willen der Herren der Finanzwelt wird die Krise ohne größere Verschlimmerungen beendet, wenn die Länder oder Länderblöcke auf Linie gebracht worden sind. Das Beispiel Russlands ist in dieser Hinsicht aufschlussreich. Nach Auflösung der UdSSR wurde es in eine immer ernster werdende Finanzkrise geführt. Diese Krise wurde 1998 auf ihren Höhepunkt getrieben.

Interessanterweise war auch ich zu jener Zeit nach den Entwicklungen um meine Abreise aus Damaskus in Moskau[143]. Russische Offizielle sagten mir, ich müsse Russland schnellstens verlassen und sie seien bereit, alles dafür zu tun. Selbst der Chef des Geheimdienstes sagte mir: »Sechs Monate später wäre alles einfacher gewesen. Wir hätten uns dann dir gegenüber nicht so verhalten.« Tatsächlich hatte die Krise von 1998 Russland zur Kapitulation gezwungen, wie höchstrangige Verantwortliche aus erster Hand bestätigten. Ich erinnere mich noch sehr genau. Der israelische Ministerpräsident Ariel Scharon und die US-Außenministerin Madeleine Albright, die die Operation gegen mich führten, kamen eilig nach Moskau und stellten sicher, dass ich im Gegenzug für einen 10-Milliarden-Kredit aus Russland geworfen werde. Ein diesbezügliches Abkommen wurde mit dem IWF unterzeichnet. Außerdem war zwischen der Türkei und Russland für meinen Rauswurf das *Blue Stream* genannte Gas-Abkommen unterzeichnet worden. Eine Bedingung Russlands – trotz der Einwände der USA – war die Unterzeichnung dieses Abkommens. Nachdem Russland auf die Linie der vom Hegemon gewünschten neoliberalen Politik gebracht worden war, schüttelte es seine Lähmung langsam ab und integrierte sich in das System. So wurde eine Konterrevolution im Zeitalter der virtuellen und finanziellen Konterrevolution umgesetzt!

Eine Analyse, wie das Finanzzeitalter die wirkliche Welt regiert, wird sehr aufschlussreich sein:

a) Wir haben mehrfach erwähnt, dass der Aufstieg des Geldes zur kommandierenden Gewalt damit zusammenhängt, dass es die Welt der Realwirtschaft regiert. Projekte, die den wesentlichen politischen Vorgaben

143 Öcalan flog am 9. Oktober 1998 nach Athen, konnte dort aber nicht bleiben und reiste am folgenden Tag nach Russland, wo er sich einen Monat lang bis zu seinem Flug nach Rom am 12. November aufhielt. Das russische Parlament nahm am 4. November einstimmig (!) eine Entschließung an, nach der er in Russland Aufenthaltsrecht erhalten solle, dies wurde jedoch von der Jelzin-Regierung unter Primakow gestoppt.

des Hegemons dienen, genießen hohe Priorität. Wie wird die Weltwirtschaft dem Finanzzeitalter gemäß gestaltet? Welche Region wird sich auf welche Güter konzentrieren? Wie groß wird ihr Anteil sein? Wie sollen die politischen Grundlinien der Länder ausgerichtet werden, wie ihre wirtschaftlichen und sozialen Strukturen erneuert, wie ihre Schulden bezahlt werden? Wie sollen sie ihre Ressourcen verwenden? Außerdem: wie sollen rebellische Länder und Wirtschaften, sogenannte Schurkenstaaten, auf Linie gebracht werden? Wie sollen sich der frühere Sowjetblock, China und die sogenannten Länder der Dritten Welt in das hegemoniale System integrieren? Wie sollen die Beziehungen zu Israel gestaltet werden? Insgesamt gilt: Je nachdem, wie sich die Welt, Länder, Staaten und Völker den neoliberalen Kriterien des neuen Finanzzeitalters anpassen, werden entsprechend den Ländern, Firmen, Staaten und Individuen Projekte vorgesetzt. Dann werden diese Projekte mit einer Reihe von politischen und militärischen Bedingungen verknüpft, anschließend wird durch entsprechende Investitionen und monetäre Instrumente die Finanzierung gesichert. Wer sich aber nicht anpasst, wird in die Krise getrieben und an den Rand des Ruins gebracht. Finanzzeitalter bedeutet ohnehin Zeitalter der Projektkredite, die an Bedingungen geknüpft sind.

Auf dieser Grundlage wird das System betrieben. Diese kurzen Beschreibungen zeigen schon klar, dass der Kapitalismus im Finanzzeitalter keine Wirtschaft ist. Die Instrumente, die das am besten demonstrieren, sind die Papierspiele, die nicht Wirtschaft, sondern außerwirtschaftliche Zumutungen darstellen. Die Maximalprofite machen die Monopole durch diese Papiere. Kann etwas noch weiter von Wirtschaft entfernt sein? Diese Profite, die viel höher sind als diejenigen in den Zeitaltern des Handels und der Industrie, und auch jeden anderen Zeitalters oder Sektors, erklären das Finanzzeitalter besser als irgendetwas sonst. Im Gegenzug für kleine Coupons wird jeder mit Profit infiziert und so einerseits zum Mittäter am System, das sich andererseits dadurch weiter stärkt und rettet. Das Finanzzeitalter ist ein Zeitalter mit einer Gesellschaftsform und einer Kultur, die noch stärker als während des industriellen Zeitalters von Nicht-Wirtschaft geprägt sind.

Ganz offenbar sehen wir uns einer monetären Monopolisierung auf höchster Stufe gegenüber. Es handelt sich um die Ebene eines Supermonopols, das selbst Staaten (sogar die USA) absorbiert. Es hat die Kraft erlangt, sämtliche Prozesse der Macht zu kontrollieren, zu entwickeln, zu zerstören und neu zu errichten. Dies ist der Kern des neuen Globalismus. Es ist nicht, wie oft angenommen, das Kommunikationszeitalter, das die Globalisierung definiert. Seine Essenz ist die Verschränkung von Wirtschaft und Politik, ein Politik-Monopol von nie dagewesenen, globalen Ausmaßen. Es drückt sich darin aus, dass lokale und nationale, politische und wirtschaftliche Entscheidungen unter die Kontrolle der globalen supermonopolistischen Kräfte geraten. Dies ist eine neue Situation, mit der wir uns noch viel befassen werden müssen.

b) Die Auswirkungen des Geldes auf die gesellschaftliche Realität zielen vollständig auf Eroberung ab. Ziel ist eine monetäre und virtuelle Gesellschaft. Der effektivste Weg, um die Gesellschaft zu kapitalisieren, ist, sie durch Instrumente wie Anleihen, Pensionsgeschäfte und Aktien am Profit zu beteiligen. So wird die Gesellschaft – insbesondere die Mittelklasse – in die Finanzwelt integriert. Gegen einen kleinen Profit wird sie in eine Kraft verwandelt, die die Ordnung verteidigt. Die Reflexe gegen die Ordnung werden so in bedeutendem Ausmaß abgestumpft. Durch Schaffung einer Konsumgesellschaft, durch Konsumkredite, Mikrokredite und alle möglichen Projektkredite soll die Gesellschaft zur Kapitulation gebracht werden. Die Methode ist einfach: Erst werden Krisen aufgezwungen und der Welt der Arbeitslosen eine neue Welt der Arbeitslosen hinzugefügt. Die Mittelklasse wird erst zum Zusammenbruch und dann in eine Bittstellerposition gebracht. Hunger und Armut werden bis an die Grenze des Todes vorangetrieben. Verwerfungen und Chaos werden vertieft. Anschließend wird die Gesellschaft für ihren Wiederaufbau von Krediten abhängig gemacht, die an Bedingungen geknüpft sind.

Früher hätte man versuchte, Gesellschaften durch Revolutionen und kulturell-aufklärerische Bewegungen zu transformieren. Heute erzielt man Resultate (oder versucht es) mit finanziellen Methoden: umfassender, planvoller, mit der Feuerzange, ohne sich die Finger zu verbrennen. In allen Gesellschaften gibt es Umstrukturierungen, die den Einspruch gegen das System nach Kräften minimieren. Ihr Ziel ist die globale kulturelle Homogenisierung und die Schaffung einer Massen- und Herdengesellschaft. Gesellschaftliche Projekte wurden in dieser Hinsicht an die Stelle der früheren Revolutionen und Utopien gesetzt. Utopien und Revolutionen sind mittlerweile überflüssig, für alles kann es ein Projekt geben. Ein Finanzier steht auch bereit. Das muss wohl die Anti-Gesellschaft, die Gesellschaft des Simulakrum, die virtuelle Gesellschaft, die gleichförmig denkende Gesellschaft sein. Was uns hier aufgedrängt wird – ist das nicht das Projekt eines globalen Faschismus mit neuer Maske? Wir müssen die Gesellschaft des Finanzzeitalters in jeder Hinsicht kennenlernen und definieren.

c) Die politischen Maßnahmen und die Staatspolitik des Finanzzeitalters tragen Eigenschaften, die teilweise zu denen des Industriezeitalters im Widerspruch stehen. Industrialismus konzentriert sich im Wesentlichen in Nationalismus und nationalstaatlicher Politik. Er will Monopole schaffen. Das Finanzzeitalter betrachtet diese Monopole mittlerweile als Hindernisse, weil es global sein muss. Auch Kapitalismus, der zu einem Weltsystem geworden ist, kann das nationalstaatliche Monopol nicht endlos unterstützen. Nationalstaatliche Monopole, die zur Abschottung tendieren, werden zum Hindernis für diejenigen Monopole, die global agieren wollen. Im Finanzzeitalter lässt sich der Profit insbesondere durch Anwendung seiner Instrumente auf globaler Ebene steigern. Der Nationalstaat bildet dagegen ein ernsthaftes Hindernis. Er wird der neuen Situation angepasst oder zerschlagen: wie Nordkorea, Libyen, Syrien, Iran oder Irak. Libyen hat die Anpassung akzeptiert und daher seine Existenz zunächst bewahrt. Als der Irak gleiches nicht akzeptierte, zog er sich als eine Macht von symbolischer Bedeutung den Zorn des Finanzzeitalters zu. Ein neuer Irak muss aufgebaut werden, er muss nicht vollständig zerstört werden. Weil besonders Länder wie Brasilien, Türkei, Argentinien, China, Indien und Russland stark auf den Nationalstaat setzen, sind sie die ersten, die durch Krisen gezüchtigt und wieder ins System integriert werden.

Noch wichtiger ist, dass der auf Einheitlichkeit getrimmte Standard-Nationalstaat auch eine tief greifende Globalisierung verhindert. Der Globalismus setzt statt der lokalen politischen Einheiten nach Art des Nationalstaates vielmehr einen Typus des kleineren Staates auf die Tagesordnung, der sich mit einer begrenzten, abhängigen Macht begnügt. Die globale Hegemonie will mittelgroße Staaten durch lokale Einheiten transformieren. Es sieht aus, als bliebe uns der Widerspruch zwischen Nationalstaat und dem Globalismus des Finanzzeitalters noch lange erhalten. Auch die in ihnen in begrenztem Ausmaß existierenden antikapitalistischen Elemente machen dies unausweichlich. Es wird versucht, die tiefen Unzulänglichkeiten des klassischen Staates allgemein und insbesondere des Nationalstaates durch ein Puffersystem zu überwinden, das Zivilgesellschaft genannt wird, im Kern aber die Zivilgesellschaft im vollen Sinne nicht repräsentiert. Eine ihres demokratischen Inhalts beraubte Zivilgesellschaft soll benutzt werden, um die Ausweglosigkeit des Nationalstaats im Liberalismus erträglicher zu gestalten. Die Zivilgesellschaft ist derjenige Bereich, über den die klassische Zivilisation und die demokratische Zivilisation sich am stärksten im Konflikt befinden. Die Demokratisierung der Zivilgesellschaft ist ein prinzipielles Problem, dessen Bearbeitung und Lösung zu den grundlegenden Aufgaben der demokratischen Politik gehören.

Zu den wichtigsten Themen und Problemen, die das Finanzzeitalter im ideologischen Bereich auf die Agenda gebracht hat, gehören Fragen wie der Kampf der Zivilisationen, Radikalismus, Terrorismus, Umbau des Staates, Globalismus und die wachsende Bedeutung der Religion.

Die These vom Kampf der Zivilisationen ist in zweifacher Hinsicht wichtig. Es steht zu erwarten, dass die Hegemonialmacht des Systems auf der Zivilisation besteht, der sie selbst angehört. Dies ist keineswegs, wie manche Kreise behaupten, eine weiß-angelsächsisch-christliche Zivilisation. Der sozialistischen Zivilisation, die durch den Realsozialismus geschaffen werden sollte, gelang es nicht, die kapitalistische Zivilisation zu überwinden. Daher fügte sie sich wieder ins System ein und half so, eine scheinbar bevorstehende Zivilisationskrise zu überwinden. Mit der Auflösung der UdSSR und der kapitalistischen Transformation Chinas war klar geworden, dass die Blockkonfrontation nicht zwischen zwei Zivilisationen bestanden hatte, sondern zwischen zwei Hegemonialmächten, die beide dieselbe Zivilisation repräsentierten.

Das als islamische Welt bezeichnete Gebiet stellt einen sehr alten Zivilisationsraum dar. Doch erst die Tatsache, dass der Islam als eine Art regionaler Nationalismus fungiert und Widersprüche mit Israel existieren, brachte die Frage der Zivilisationen auf die Agenda. Der Mittlere Osten integrierte sich in keinem der drei Zeitalter des Kapitalismus wirklich ins System. Der Nationalstaat brachte keine Lösung, sondern machte stattdessen die Situation noch verfahrener. Der Aufschwung des religiösen Nationalismus sowohl auf dem saudi-arabischen als auch auf dem schiitisch-iranischen Flügel, die ständige intensive Präsenz von Gewalt und die bleibenden Auswirkungen der israelisch-palästinensischen Frage fügten der Diskussion um die Zivilisation weitere Richtungen hinzu. All dies bildete jedoch die Dimension, die in der Zivilisation selbst liegt. Die andere Dimension war der Wunsch der Völker der Region, der Mosaikgesellschaften, ihre Existenzen zu bewahren, ihre kulturellen Identitäten zu verteidigen, sich vom faschistischen Staat, dieser Mischung aus Despotie und Nationalstaat, zu befreien. In gewissem Sinne war dies die regionale Widerspiegelung des Konfliktes zwischen der demokratischen Zivilisation mit ihrem starken Potenzial und der klassischen, despotischen Zivilisation. Dazu kommen noch die Probleme um Öl und Wasser, sodass wir ganz offenbar von einem ernsthaften Problem zwischen den Zivilisationen sprechen können.

Radikalismen sind im Kern Reaktionen auf den Globalismus des Finanzzeitalters; es sind ideologisch-politische Vorstöße, die in ihren religiösen und rassistischen Varianten eine stärkere Abschottung des Nationalstaates bezwecken. Dafür gibt es überall Beispiele. Religiöse Radiskalismen wie islamischer, christlicher, hindusistischer oder afrikanisch-animistischer und rechter Radikalismus der nationalistisch-rasisstischen Elemente innerhalb jedes Nationalstaates bilden die beiden Flügel des Radikalismus. Oft überschneiden sich auch beide oder fallen zusammen. Sie repräsentieren die rückwärtsgerichtete Form des Lokalismus gegen den Globalismus. Auf der anderen Seite kommen die lokalen demokratischen, kulturellen, feministischen Strömungen und die neue Linke gegen den Globalismus auf verschiedenen Plattformen, besonders bei den Weltsozialforen zusammen und demonstrieren eine Stärke in der noch unzulänglichen Diskussion um die demokratische Zivilisation. Der Terrorismus ist mit großer Wahrscheinlichkeit eine Provokationsbewegung des Systems selbst. Es gibt deutliche Hinweise darauf, dass es sich um ein bewusst eingesetztes Instrument handelt, das der Herrschaft des Finanzzeitalters legitime Vorwände verschaffen soll. Beispielsweise bleibt al-Qaida weiterhin mysteriös. Dabei trägt das Finanzzeitalter selbst stark terroristische Merkmale.

Die durch das Geld zerrissenen gesellschaftlichen Verhältnisse stellen an sich schon ein großes Terrorismusproblem dar. Kein Terror kann so wirkungsvoll sein wie die Hegemonie des Geldes, die die Gesellschaft von ihren tiefsten Bindungen entfremdet. Ein Großteil der Aktivitäten, die das System unternimmt, um seine Existenz in allen wirtschaftlichen, gesellschaftlichen und politischen Bereichen zu behaupten, fällt unter den Begriff ›Terror‹, und zwar in einem historisch nie dagewesenen Ausmaß. Diesen großen Terror möchte es durch provokative Elemente verbergen. Dass sich das Geldverdienen aus Geld in großem Maße außerhalb der Realwirtschaft abspielt, bedeutet, dass die uns in der Geschichte häufig begegnende starke und listige Hand zum System geworden ist und an der Spitze der Gesellschaft steht. Die Beute aus den Raubzügen der Vierzig Räuber aus Tausendundeiner Nacht betrug nicht einmal ein Milliardstel des Raubes des Finanzzeitalters. Derartig große Raubzüge können nur in einem System totalen Terrors stattfinden. In diesem Sinne ist das sogenannte Kommunikationszeitalter vielleicht notwendig, um den Finanzterror zu verdecken. Vielleicht kann auch unser Begriff eines zu diesem Zwecke entwickelten Medienterrors sinnvoll sein. Kurz: Das System selbst ist der größte Terrorist aller Zeiten – der vergangenen und der zukünftigen.

Die Aufwertung von Religion kann ebenfalls im Zusammenhang mit Verdeckung und Bemäntelung Sinn ergeben. Die Art der Ausbeutung erfordert eine hohe Legitimationskraft wie die der Religion. Der Ausschluss der Gesellschaft von der Produktion, die einstmals auf der Grundlage ihrer Bedürfnisse stattgefunden hatte, erreicht mit dem Finanzzeitalter ihren Höhepunkt. Es kommt zu Massenarbeitslosigkeit. Wissenschaftlich kaum zu erklärende Vorgänge (inakzeptable Entwicklungen) lassen sich nur durch Religion dämpfen und erträglich machen, und genau das findet statt. Die religiöse Kultur wird keineswegs unterdrückt; es kommt vielmehr zu einer erneuten Religionisierung. Dies ist eine ideologische Tatsache, die für jedes Zeitalter gilt, wenn es konservativ wird. Auf diese Weise wird die Gesellschaft mit den Kettengliedern Rentenökonomie, Herdengesellschaft, Kampf der Zivilisationen, Terror und religiösem Konservatismus stramm gefesselt. Wo der eiserne Käfig, das große Kontrollsystem die Gesellschaft nicht mehr zu kontrollieren vermag, werden derartige neue ideologische Faktoren eingeführt und hinzugefügt.

Das Zeitalter des Finanzkapitals, das auf den ersten Blick als das stärkste Zeitalter des Kapitalismus erscheint, drückt mit allen seinen Eigenheiten seinen Zerfall aus. Es zeigt, dass das System sein Potenzial zur Selbsterhaltung aufgebraucht hat. Je sinnentleerter ein Zeitalter wird, desto stärker spürt es die Notwendigkeit des Konservativismus. Diese Notwendigkeit ist nicht Beweis der Stärke, sondern der Schwäche. Die Produktion ist die grundlegende Aktivität der Menschen, ohne die eine Gesellschaft nicht existieren kann. Das Finanzzeitalter ist dagegen das Eingeständnis, dass dies nicht gewährleistet werden kann. Ein System, das die Produktion nicht realisieren kann, ist ein System ohne Arbeit. So ist es tatsächlich. Die einzige Überlebenschance eines Systems, das derart im Widerspruch zu Arbeit und Produktion steht, ist der Terror. Im Grunde ist es dies, worüber so viel geredet, was verzerrt und durch Provokationen in Gang gebracht wird.

Anfang der 1980er Jahre war mit den Angriffen auf Nicaragua und die Malwinen (Falklandinseln) durch Reagan und Thatcher, die an der Spitze der beiden Hegemonialmächte USA und Großbritannien standen, eine Welle des Terrors in Gang gesetzt worden. Die in Pakistan (1977) und der Türkei (1980) durch Putsche an die Macht gekommenen Cliquen waren ihre treuesten Helfer. Lateinamerika wurde komplett terrorisiert. Das Wettrüsten, das seine Fortsetzung im ›Krieg der Sterne‹-Programm fand, hatte Russland davon abgeschreckt, zur Hegemonialmacht zu werden. Die Reformen Deng Xiaopings in China bestanden in Zugeständnissen an das System. Auch die durch nationale Befreiungskämpfe und den Wohlfahrtsstaat erreichten Zugeständnisse wurden wieder abgeschafft und überall wurde der Sturm des Terrors des Finanzzeitalters entfacht. Clinton setzte dies mit weicheren, aber effektiven, politischen Maßnahmen fort.

Es blieb der Mittlere Osten, der nie völlig erobert werden konnte. Dieser wurde in eine Region verwandelt, in der Zivilisation, Radikalismus, Terror und Probleme mit religiösen Wurzeln zu einem unentwirrbaren Knäuel verknotet wurden. Wenn das System nicht an Boden verlieren wollte, musste es auf die eine oder andere Art die Eroberung vervollständigen. Außerdem gab es die lebenswichtige Frage des Öls. Öl war derjenige Sektor, der im Finanzzeitalter am meisten für Furore sorgte. Das System stellte fest, dass noch ein weiteres Jahrhundert lang Bedarf danach bestehen werde. Die arabisch-israelische Frage schwebte wie ein Damoklesschwert über dem System. Der schiitische Iran stellte weiterhin eine große Gefahr dar.

Dass die Region ein großes Knäuel von Problemen darstellt, ist das Erbe Englands und Frankreichs. Der Erste Weltkrieg ist eigentlich in der Region niemals zuende gegangen. Putsche, Aufstände, Bürgerkriege und Guerillas waren und sind die Symptome dieses unvollendeten Zustandes. Die Grenzen wurden gerade deshalb mit dem Lineal gezogen, um die Probleme zu vermehren. Man hätte ahnen können, dass die USA wegen dieser Probleme seit Langem ein Projekt suchten. Ohne die Probleme mit dem Kalten Krieg, der UdSSR, Lateinamerika und Europa hätten die USA schon längst in der Region intervenieren müssen. Die genannten Probleme waren mit Beginn der 1990er Jahre für das System zwar nicht vollständig gelöst, aber doch auf dem Weg einer relativen Lösung. Der Mittlere Osten jedoch blieb eine schwärende Wunde. Entweder mussten die USA sich vollständig abwenden oder intervenieren. Hätten sie sich zurückgezogen, wäre Israel verloren gewesen und der Iran hätte die Chance erlangt, zum Hegemon zu werden. Saddam Hussein wiederum besaß Ambitionen auf die Rolle eines arabischen Bismarcks.

Im Zeitalter des Handels waren große Plünderungskriege geführt worden. Das Industriezeitalter sah außer zwei großen Weltkriegen und dem inneren Klassenkampf auch eine Vielzahl von nationalen Befreiungskriegen. Das Finanzkapital aber wurde zum Machtkampf der Gesellschaft gegen sich selbst. Dieses letzte der Monopole der Zivilisation hätte sich durch den vollständigen Verlust des Mittleren Ostens am Boden des strukturellen Chaos wiederfinden können. Tatsächlich kam es zu einer ähnlichen Situation. Die Erfolgschancen des Systems hängen mittlerweile zu großen Teilen von den Entwicklungen in dieser Region ab. Daher fand wegen der besonderen spezifischen Bedingungen ein Dritter Weltkrieg statt. Die folgenden Entwicklungen sollten dies bestätigen.

Ich denke, der kritische und strategische Zusammenhang dieser Phase mit meiner Person wird im Folgenden besser verständlich. Das Thema klärt sich ohnehin nach und nach auf. Mir wurde zugetragen, dass bei zwei Treffen zwischen dem einflussreichen Führer Syriens, Hafiz al-Assad, und dem ebenfalls einflussreichen Führer der USA, Clinton, die Hälfte der Tagesordnung mir galt. Offenbar war ich in eine Schlüsselposition geraten. Im *Greater Middle East Project* war für die Kurden langfristig eine strategische Rolle vorgesehen. Die Kurden und Kurdistan sollten als Rammbock für die Lösung der Probleme zwischen der Region und dem Finanzkapital benutzt werden. Eine Zeitlang waren die Armenier und die anderen Völker (Hellenen, Assyrer, sogar die Juden, Araber und Palästinenser) für derartige Zwecke benutzt worden. Gegenüber Mächten, die am *Status quo* festhalten wollten, die extrem national-etatistisch waren, bei Problemen mit dem System ein Hindernis darstellten, anstatt bei Lösungen zu helfen, und die ihre Hoffnungen, regionaler Hegemon zu werden, nicht begraben wollten, konnte die Drohung mit dem kurdischen Knüppel eine auflockernde Wirkung entfalten.

Ich war unerwartet zu einem Schlüsselelement dieses Plans geworden, der offenbar seit den 1970ern vorbereitet worden war. Entweder würde ich genau tun, was sie sagten, und so zu ihrem Soldaten werden, oder ich würde unschädlich gemacht. Meine Persönlichkeitsstruktur eignete sich nicht dazu, ein Soldat des Systems zu werden. Daher ist es verständlich, dass ich als dasjenige Element betrachtet wurde, das zuerst und am leichtesten zu eliminieren wäre. Der Erste Weltkrieg hatte mit dem Schuss eines serbischen Militanten auf den österreichischen Thronfolger begonnen. Aber dieser Krieg ging im Mittleren Osten immer noch weiter – und er sollte sich noch intensivieren: zum Dritten Weltkrieg. Das Opfer jedoch sollte, diesmal umgekehrt, gemäß dem Plan aller organisierten Kräfte des Systems ich sein. An diesem Punkt sehen wir eine bemerkenswerte Ähnlichkeit und aktualisierte Wiederholung der Geschichte. In der Verteidigungsschrift zu meinem Verfahren vor dem Athener Schwurgericht hatte ich etwas geschrieben wie: »Wie der Gott Zeus und seine Helferinnen und Helfer, die Göttin Athene, Hades und Ares gemeinsam Prometheus in Ketten legten und an die Felsen des Kaukasus schmiedeten, so nahmen mich ihre menschlichen

Nachkommen gefangen und ketteten mich an die Felsen der Insel İmralı.« Es zeigt sich, dass diese Einschätzung nicht ganz vollständig war.

Durch diese Analyse wird verständlicher, dass mich ein wirklicher Gott in Ketten geschlagen hat. Dieser Gott, zunächst noch klein wie ein Kind, wuchs in den Gängen der Geschichte langsam heran und wurde reich, bis er sich mit dem kapitalistischen Zeitalter in der Gesellschaft offen zeigte. Er hat sich derartig etabliert, dass sämtliche Götter aller vorherigen Zeitalter verschwunden sind. Könige krochen vor ihm zu Kreuze, Köpfe rollten. Er zwängte der Menschheit die blutigsten Zeiten und Ausbeutung bis ins Mark auf. Er verschmutzte alles über und unter der Erde, brachte alles durcheinander. Tatsächlich vernichtete er den Menschen und darüber hinaus unzählige weitere Lebewesen.

Die Gottwerdung des Geldes ist furchtbarer als seine Realität. Wenn es mir gelungen sein sollte, mit diesen Zeilen den Charakter des Systems, auf dem es beruht und das es anführt, ein wenig darzustellen, so ist das darüber empfundene, Glück genannte Gefühl vielleicht die einzige Belohnung, die mir gewährt wird. Spinoza sagte in etwa: »Verstehen bedeutet frei zu sein.«[144] Ich glaube ebenfalls, dass es außerhalb dessen keine Freiheit gibt. So frei zu werden, wie mein Verstehen reicht – das ist meine größte Stärke für das Leben. Der größte Gott des Finanzzeitalters hat sich mit allen seinen Helfern und Lakaien zusammengetan und mich an den Felsen İmralı geschmiedet. Doch er sieht sich denen gegenüber, die in den Zagros- und Taurusbergen, wo die Throne aller heiligen Götter und Göttinnen der Geschichte standen, die Fackel der Freiheit entzündet haben, die niemals wieder verlöschen wird.

Apollon ist der Gott des Lichtes und der Verteidigung. Ihn mag ich ganz gerne. Dionysos ist der Berggott der Liebe, Freude und des Weins. Auch seine Kultur gefällt mir. Beide sind nach Anatolien hinübergeschwappte Abbilder von älteren Göttern, deren Wurzeln im Taurus und im Zagros liegen. Offenbar drücken sie die über Tausende von Jahren gefilterten Identitäten der Völker aus. Licht und Freude sind die schönsten Ausdrücke des Lebens. Was die beiden alten Götter unserer Region betrifft, Guda und El-Lāh, so denke ich auch über sie nach und versuche sie zu analysieren. Ich möchte wissen, warum sie unsere Völker ohne Licht und Schutz gegen den Geldgott – *Parallah*[145] – gelassen haben und einverstanden sind, dass

144 Der Autor zitiert aus dem Gedächtnis vermutlich folgende Stelle aus dem achtundsechzigsten Lehrsatz von Spinozas *Ethik* (1677): »Ich habe den frei genannt, der bloß von der Vernunft geleitet wird.«

145 Eine Zusammenziehung von *para* (Geld) und *Allah* (Gott).

sie bluten und leiden. Als ein Kind, das in die Region verliebt ist, bin ich glücklich, dass ich unsere Völker nicht der Willkür des täuschenden, betrügenden und blinden Gottes des Geldes überlassen habe. Ich glaube auch fest, dass meine Freunde und die Gemeinschaften, zu denen sie gehören, mit mir immer glücklich sein werden.

Fünfter Teil:

Schlussfolgerungen – Ist ein Kompromiss zwischen staatlicher Zivilisation und demokratischer Zivilisation möglich?

In Folgenden werde ich versuchen, meine Einschätzungen in Form kurzer Schlussfolgerungen zusammenzufassen.

1. – Solide soziologische Arbeit können wir nicht betreiben, ohne das Gebilde zu analysieren, das wir Macht nennen und das uns durch die gesamte Geschichte hindurch begegnet. Durch eine positivistische Auffassung von Wissenschaft oder, anders ausgedrückt, durch den Versuch, sie mithilfe eines positivistischen Paradigmas zu entwickeln, sind die Gesellschaftswissenschaften vollständig in die Sackgasse geraten. Solange wir diese Tatsache nicht akzeptieren, können wir nicht erklären, warum die Phänomene Ausbeutung und Krieg derart zugenommen haben. Wissenschaftler können der Gesellschaft gegenüber nicht weniger verantwortlich sein als Kleriker oder Ethiker. Wenn doch die Wissenschaft eine höhere Kraft des Verstehens darstellt als Mythologie, Religion und Philosophie, wenn doch die Wissenschaft mit der Wissenschaftlichen Revolution seit dem siebzehnten Jahrhundert den Sieg errungen hat; warum konnte dann die Wissenschaft diese Überlegenheit nicht benutzen, um die so nie dagewesenen Phänomene von Krieg und Ausbeutung zu zügeln? Als Grund dafür können wir die Bindung der Wissenschaft an die Macht anführen. Eine Wissenschaft, die sich in die Macht integriert, verliert ihre Freiheit.

Wissenschaft lässt sich als die am weitesten entwickelte Interpretation von Sinn und Bedeutung definieren. Dass sie sich derart schnell in die Macht integrierte, ist entweder eine Niederlage der Wissenschaft und der Wissenschaftler, oder das, was als Wissenschaft definiert wird, hat ein ernsthaftes Problem mit dem Verstehen. Ich wollte den Zusammenhang mit dem Positivismus herstellen. Zwar wurde der Positivismus oft für die Kritik an Metaphysik und Religion verwendet, doch fiel der Positivismus noch hinter beide zurück. Dass er in Kombination mit einem vulgären Materialismus selbst zu einer Religion und einer Metaphysik gemacht wurde, zeigt sich deutlich im Ausmaß der Verantwortungslosigkeit der sogenannten positivistischen Wissenschaften. (Die Positivisten taten nichts gegen Ausbeutung und Krieg, sie betrachteten sie nicht als ihr Problem. Später sorgten sie für die Anbindung der Wissenschaft an die Macht.) Die wichtigste Schlussfolgerung, die wir hieraus ziehen müssen, ist der dringende Bedarf an einer neuen Interpretation von Sinn und Bedeutung in der Wissenschaft. Die Wissenschaft braucht eine neue paradigmatische Revolution. Als praktische Anwendung meiner Interpretationskraft habe ich in diesem Werk meine Fähigkeit getestet, Bedeutung zu verstehen und Sinn zu erfassen. Die daraus resultierenden Folgen hängen mit diesem Versuch zusammen.

2. – Macht müssen wir uns als eine Tradition, als eine der ältesten Traditionen überhaupt vorstellen. Die Macht ist nicht die Gesamtheit aller Handlungen, die täglich entstehen und ihre Herrschaft über die Gesellschaften ausüben. Vor allem müssen wir uns klarmachen, dass Macht nicht nur aus dem Staat besteht. Die Macht auf den Staat und die verschiedenen Staatsformen zu reduzieren, ist ein oft gemachter Fehler, der zur Grundlage weiterer Fehleinschätzungen werden kann. Eine ganz und gar opportunistische Beschreibung der Macht wäre, kriegerische Handlungen mit anderen augenfälligen Machtpraktiken zu verknüpfen und sie gemeinsam zu präsentieren. In diesem Werk habe ich als bildhaften Begriff häufig den Ausdruck ›listiger und starker Mann‹ verwendet. Wir hören ja oft von der ›unsichtbaren Hand‹, die die Märkte reguliert; wir verwenden den Ausdruck in ähnlicher Weise. Ich bin allerdings überzeugt, dass er höchst aufschlussreich ist, um die Grundlage der Macht zu verstehen. Alle Verhältnisse, die Macht regulieren – mal völlig offen, meist aber unter der Oberfläche der Gesellschaft –, und die Lenker dieser Verhältnisse sind Bausteine und Erbauer der Macht.

Macht ist ein gesellschaftliches Phänomen, das eine äußerst hohe Beständigkeit und eine Tendenz zur Konzentration aufweist. Einen der ersten und größten Anteile daran besitzt vielleicht der Mann, der die Frau domestiziert hat. Dass die Schamanen, die ein Monopol über die Kraft der Bedeutung errichtet hatten, zu Priestern wurden und eine religiöse Identität erhielten, trug viel dazu bei, die nackte Gewalt der Macht zu sakralisieren und sie in eine geheimnisvolle Aura zu hüllen. Die Konstruktion sämtlicher Begriffe der Macht-Mythologie und der Vergöttlichung der Macht können wir auf diese Gruppe zurückführen. Mythologischer und religiöser Diskurs wurden beim Aufbau und der Legitimierung der Macht äußerst effektiv eingesetzt. Im hierarchisch-patriarchalen Regime fungierte das Trio aus Priester, Regierendem und Kommandant als Wegbereiter, um den Einflussbereich der Macht so weit wie möglich in der Gesellschaft auszudehnen. Sie schufen als Erste die Tradition, Throne zu errichten und Macht zu symbolisieren. Dinge wie Göttlichkeit, die Abkoppelung von Gott und Mensch, die Diskreditierung der Göttin, Erhabenheit, Throne und Knechtschaft sind starke Symbole der Macht, die aus dieser Zeit stammen.

3. – Staatliche Macht, die auf Hierarchie, der domestizierten Frau, Knechtschaft und Sklaverei aufbaut, ist eine dauerhaftere und konkretere Machtformation. Sie stellt die Ordnung der in der Gesellschaft weit verbreiteten Machtverhältnisse, die Zuweisung einer gewissen Verantwortung an sie und ihre effektivere und wirtschaftliche Nutzung dar. Macht beinhaltet den Staat, aber noch viel mehr als nur den Staat. Staaten sind Institutionen mit monopolistischen Eigenschaften, die sich selbst in der Geschichte stets als zentrale Begriffe formulierten und die Geschichtsschreibung bei sich beginnen ließen. In letzter Analyse bedeutet dies: die wachsende wirtschaftliche Stärke der Gesellschaft wird dem Einflussbereich der demokratischen Politik entzogen, durch die herrschende Macht ein Monopol über der Wirtschaft errichtet und dadurch Mehrprodukt und Werten beschlagnahmt. Alles, was den Staat betrifft – Mythologie, Philosophie, Religion, Wissenschaft, Krieg und politische Maßnahmen – hängen mit diesem eigentlichen Zweck zusammen. Selbst, wenn es sich um einen kommunistischen Staat handelt, ändert dies nichts an dieser Konsequenz. Durch den Staat wird die Macht in der Gesellschaft offiziell und baut ihre Legitimität aus.

Handlungen, Kämpfe oder Diskurse, die für die Gesellschaft sinnvoll erscheinen können, interessieren die Repräsentanten des Staates ganz besonders. Rechtlich gesehen ist der Staat eine Gesamtheit von Regeln. Eine andere Definition für den Staat, die wir verwenden können, ist ein Zustand geregelter Tradition, der durch Gewalt untermauert wird. In diesem Sinne können wir ihn auch die Summe hoch entwickelter, abstrakter Verhältnisse nennen. Bezeichnungen wir Religionsstaat, Despotie, Königreich, Imperium oder Republik, absolutistischer, National-, Klassen- oder ethnischer Staat, Rechtsstaat, laizistischer, demokratischer oder Sozialstaat beinhalten zwar Unterschiede in der Form, doch im Wesen sind alle Staaten, die mit diesen Bezeichnungen belegt werden, jeweils Ordnungen der Macht, die Konkretisierung von Verhältnissen. Als die gesellschaftlich komplizierter werdende Stadtgesellschaft sich in Klassen aufspaltete, begannen Städte für Staaten und Machtgebilde die Hauptrolle zu spielen. Und doch können wir die Stadt nicht einfach mit dem Staat gleichsetzen.

4. – Zivilisation ist der umfassende Ausdruck der gesellschaftlichen Vorherrschaft, die der Staat im Rahmen seiner Konzentration auf die Stadt erlangte. Der erste Vorstoß der Zivilisation war der Beginn der staatlichen Regierung der Stadt. Als Synonym für Zivilisation *(uygarlık)* drückt das Wort *medeniyet*[146] einen engen Bedeutungszusammenhang mit Urbanität und Stadtbewohnern aus. Die Zivilisation besitzt einige Eigenschaften, die über den Staat hinausgehen. Die Zivilisation steht in engem Zusammenhang mit Zeit und Raum. Sie birgt eine Vielzahl von Ethnien, Stämmen, Nationen, Religionen, Glaubenssystemen und Ideen in sich. Der Staat ist zwar der Kern der Zivilisation, aber nicht ihr Ein und Alles. Die Stadt ist für den Staat ein wesentlicher Raum, aber die Stadt ist nicht nur der Raum des Staates oder gar der Macht. Zivilisationen können sich in verschiedenen Räumen und Zeiten vermehren, so kennen wir beispielsweise die ägyptische, sumerische, persische, graeco-römische, christliche, islamische, indische, chinesische, aztekische und europäische Zivilisation. Allen gemeinsame Phänomene sind Urbanität, Klassen und die Stadt. Die Verhältnisse innerhalb von Zivilisationen und die Beziehungen zwischen ihnen können, abhängig von ihrem wirtschaftlichen und politischen Gehalt, friedlich oder kriegerisch sein. Wenn sie mit dem Anteil zufrieden sind, der ihnen zufällt, können die Krieg führenden Seiten dies als gerechte Aufteilung bezeichnen und Frieden schließen. Wenn sie unzufrieden sind, so ist das Mittel zur Herstellung von ›Gerechtigkeit‹, zu dem Zivilisationen und daher Staaten meist greifen, der Krieg. Es besteht ein enger Zusammenhang zwischen Gewalt und Krieg und Zivilisation, Staat, Recht und Gerechtigkeit. Im Wesentlichen geht es darum, ob die gesellschaftlichen Gruppen und Individuen die Kontrolle über ihre eigenen Handlungen besitzen und sie verteidigen können, oder ob andere Personen und Gruppen sich ihre Handlungen (wirtschaftlich, politisch, ideologisch) aneignen. Die Zivilisation ist die Gesamtheit der Verhältnisse all dieser Traditionen, Institutionen und Regeln. Manchmal werden sie nach der Bildungsweise des Mehrprodukts bezeichnet, mit Begriffen wie Sklavenhalterzivilisation, feudale Zivilisation und kapitalistische Zivilisation. Die Formel »domestizierte Frau + hierarchisches Patriarchat + Staat + Zivilisation = geschichtete Gesamtheit der Macht« beschreibt, um welch umfassende Anhäufung von Machtverhältnissen es sich handelt.

5. – Die demokratische Zivilisation bildet eine von der staatlichen Zivilisation getrennte Kategorie. Dieser Begriff soll sowohl die vorstaatlichen und vorzivilisatorischen gesellschaftlichen Formen als auch ihre späteren Strukturen, die außerhalb des Staates geblieben sind, umfassen. In

146 *medenyiet* ist im Türkischen ein aus dem Arabischen stammendes Fremdwort, das von *madīna*, die Stadt, abgeleitet ist. Es wird praktisch synonym mit *uygarlık* verwendet. Der Bedeutungszusammenhang besteht auch in vielen anderen Sprachen.

der Geschichte bemühten sich die Staaten stets, sich mit der Gesellschaft gleichzusetzen. Zum Grundpfeiler ihres ideologischen Diskurses machten sie stets, dass es keine vom Staat getrennte Gesellschaftlichkeit geben könne. Die Aussage, dass die Gesellschaft etwas anderes als der Staat ist und zum Staat in radikalem Widerspruch steht, zieht die heftigsten Reaktionen der Vertreter des Staates auf sich. Und doch ist es wichtig festzustellen, dass der Staat im Kern ein sehr enges Interessenmonopol darstellt und er sich die öffentlich genannten Angelegenheiten (die gemeinsamen Angelegenheiten der Gesellschaft) nicht zur Hauptaufgabe, sondern zum Deckmantel seiner Legitimität macht.

Zweifellos ist die Gesellschaft seit der urkommunalen Stufe komplexer geworden und es ist eine Reihe von Angelegenheiten entstanden, um die sich die Gesellschaft kümmern muss. Der Staat macht diese Angelegenheiten zur Begründung für seine Legitimität und schließt dabei die Gesellschaft aus. Die Demokratie hingegen schlägt vor oder gewährleistet, dass diese gemeinsamen Angelegenheiten von der Gesellschaft selbst erledigt werden. Dies ist der grundlegende Unterschied zwischen staatlicher Zivilisation und demokratischer Zivilisation. Das ist von lebenswichtiger Bedeutung. Wenn Gesellschaften die Stärke erlangen, alle sie selbst betreffenden Angelegenheiten zu besprechen und zu behandeln, können wir sie demokratisch nennen. Andernfalls, wenn die Mehrzahl ihrer gemeinsamen Angelegenheiten vom Staat oder anderen Gruppen erledigt wird, verliert sie Fähigkeiten, Freiheit, Gleichheit und Bewusstsein. Individuen und Gruppen, die sich nicht in Sprache und Handlung ausdrücken können, können kein Bewusstsein und keine Fähigkeiten erlangen und nicht frei und gleich leben. Eine phänomenologische Unterscheidung kann derart bedeutende Konsequenzen besitzen.

Eine grundlegende Tatsache, die wir in Bezug auf die Gesellschaft festhalten müssen, ist die kommunale Ordnung, in der die Ur-Klans und Stämme Millionen von Jahren gelebt haben. Die ursprünglichste Form der Demokratie können wir in dieser kommunalen Ordnung finden. So, wie der Staat der Kern der Zivilisation ist, ist die urkommunale Ordnung der Kern der demokratischen Zivilisation. Diese Tatsache allein erklärt die Stärke des demokratischen Fundaments. Die geschriebene Geschichte spricht stets von staatlichen Zivilisationen. Diese Geschichte umfasst nicht, wie die Gesellschaften Millionen von Jahren in kommunalen Ordnungen lebten und wie sie ihre Angelegenheiten betrieben. Dabei müsste genau dies die eigentliche Geschichte sein. Denn das kommunale Leben, das die menschliche

Spezies im Rahmen der *langen Dauer* und in weiten Gebieten führte, drückt die Gesellschaft an sich aus. Dies ist die eigentliche Gesellschaft. Staat und Zivilisation dagegen kamen erst viel später und sind künstlich. Sie sind eine Art unnützer, glitzernder, der Gesellschaft aufgeladener Ballast. Die Gesellschaft hätte sich auch ohne sie weiterentwickelt. Tatsächlich entwickelt sie sich auch weiter, doch wurde sie zu einer verzerrten Entwicklung voller Ausbeutung verdammt.

Wenn wir die Sprache und Geschichtsschreibung der Gesellschaften betrachten, die Schrift und Staat besitzen, so sehen wir in der verwendeten Terminologie immer eine Sprache voller Lügen, Täuschung, Tyrannei und Unterdrückung. Es wurde eine Welt von Symbolen geschaffen, die suggeriert, Gesellschaften könnten nicht ohne Repression und Ausbeutung, ohne Unterdrückte, Knechte und Sklaven leben. Im Übergang vom Symbolischen zum Realen wurde der natürliche Fluss, also das demokratische Potenzial der Gemeinschaften, schon an der Quelle in Ketten gelegt. Diese Situation ist das Anormale, die Zivilisation in Ketten. Diese Zivilisation brachte die Atombombe zur Explosion; sie hat in ihrer fünftausendjährigen Existenz nur dreihundert Jahre in Frieden verbracht und sonst dauerhaft Krieg geführt; sie ist verantwortlich dafür, dass die Umwelt unbewohnbar und alle gesellschaftlichen Probleme zu schwärenden Wunden geworden sind. Dies festzustellen ist ein starkes Argument, um einen demokratischen Aufbruch zu rechtfertigen. Die unnatürliche Situation ist das riesenhafte Anwachsen der staatlichen Zivilisation und der demgegenüber zwergenhafte Zustand der demokratischen Zivilisation. Dies ist der Hauptwiderspruch, der im Innern aller Gesellschaften existiert. Es ist die Zivilisationskrankheit, sich nicht demokratisch entwickeln zu können und keine Stimme und Handlungsfähigkeit, sondern einen Staat zu haben. Dass Gesellschaften fröhlich und voller Liebe sind, sollte als mindestens ebenso normal angesehen werden wie ein schmerzerfüllter, trauriger und liebloser Zustand. Die demokratische Zivilisation ist die Gesellschaft, die sich auf diese Zivilisation voller Liebe und Freude zubewegt. Dies ist mehr als nur eine Option: Es ist der Unterschied, den das natürliche, der menschlichen Natur entsprechende freie Leben macht, in dem sich die emotionale und die analytische Intelligenz des Menschen ergänzen können.

6. – Die Ordnung des Kapitals ist – entgegen landläufiger Meinung – nicht das Produkt des Kapitalismus der letzten vierhundert Jahre, sondern das der Zivilisation der fünftausendjährigen staatlichen Zivilisation. Die materielle

Grundlage der Bildung von Kapital war das in der Landwirtschaft entstandene Mehrprodukt. Erstmals organisierte es sich auf dem Boden des Tempels. Dieses System mit seinem obersten Stockwerk für den Gott (den obersten Regenten), dem mittleren Stockwerk für den Priester (Helfer des obersten Regenten, Botschafter für die Gemeinschaften und Untertanen) und dem unteren Stockwerk für die Sklaven, die arbeiten mussten, um satt zu werden, vervielfältigte sich und differenzierte sich aus, bildete neue Schichten und setzte sich bis heute fort. Urbanisierung, Klassen- und Staatenbildung sind letztlich Ergebnisse dieses Mehrprodukts. Als Folge seiner Vermehrung wurde die Gesellschaft einer immer weitreichenderen Arbeitsteilung ausgesetzt, in Rangstufen unterteilt, mit Stärke ausgerüstet, zu Angriff und Verteidigung gedrängt – all dies beschreibt den Vorgang, der Zivilisierung genannt wird, und zeigt deutlich den Zusammenhang mit dem Kapital. Im engeren Sinne wird Kapital zwar als etwas definiert, das sich kurzfristig vermehrt, doch im weiteren Sinne ist die langfristige Vermehrung im Kern gleichbedeutend. So, wie das tägliche Plus des Händlers Kapital ist, genauso können wir das jährliche Mehrprodukt des Agrarmonopols (des Agrarstaats) ohne Weiteres als Kapital definieren.

Das Zeitalter des Handels reicht weiter zurück als die Zivilisation. Es besitzt eine sechstausendjährige Geschichte (von der Uruk-Zeit 4000 v. Chr. bis heute). Die Händlerzivilisation, die gegenüber der Agrarzivilisation zweitrangig blieb, hat zwar zu verschiedenen Zeiten und an verschiedenen Orten prächtige Städte hervorgebracht, genoss aber bei den Gesellschaften kein hohes Ansehen. Die Tatsache, dass die Gewinne durch Ausbeutung zustande kamen, spielte hierbei eine wichtige Rolle. Sie nistete sich eher in den dunklen Gängen und abgelegenen Ecken der Gesellschaftsgeschichte ein und entwickelte sich durch die Zeitalter hindurch immer weiter. Der Handelssektor, der erstmals vom dreizehnten bis siebzehnten Jahrhundert in den italienischen Städten und vom fünfzehnten bis achtzehnten Jahrhundert in allen europäischen Städten zu einer hegemonialen Kraft wurde, spielte bei der Geburt der europäischen Zivilisation die wesentliche Rolle. Der Handel stieg zum neuen gesellschaftlichen Akteur auf und brachte den politischen Bereich unter seinen Einfluss. Für die Vergrößerung des Kapitals spielten die großen Handelsmonopole und die Ausplünderung der Kolonien die entscheidende Rolle. Es gelang ihm, die Bewegungen von Renaissance, Reformation und Aufklärung der eigenen Hegemonie unterzuordnen.

Mit der industriellen Revolution wurde im neunzehnten Jahrhundert die Industrialisierung zum eigentlichen Bereich des Profits. Der Höhepunkt der europäischen Zivilisation wurde erreicht, als Produktion, Zirkulation und Konsum unter die Kontrolle der Industriemonopole gerieten. Diese Situation führte im Innern zu Klassenkämpfen und nach außen zu nationalen Befreiungskämpfen. Die hegemoniale Ideologie des Systems neutralisierte diese beiden Widerstandsbewegungen durch Zugeständnisse innerhalb des Systems. Am Ende des zwanzigsten Jahrhunderts nahmen die von ihm ausgelösten Krisen – vor allem die Stadt- und Umweltprobleme des Industrialismus – strukturellen Charakter an. Die Folge war das Finanzzeitalter. Diese Phase, in der sich das Kapital von der Produktion und das Geld von den Goldreserven befreite, wodurch eine vollständige Verantwortungslosigkeit Einzug hielt, verwandelte sich in die totale Krise des Zivilisationsprozesses. Das Kapital, dessen gesellschaftliches Potenzial aufgebraucht ist, versucht, sich in Form von virtuellen Systemen zu erneuern und zu erhalten. Die Kapital-Profit-Ordnung, die sich mittlerweile auf Papierrollen stützt, versucht, den gesellschaftlichen Reflexen durch ständige Krisen ihre Spitze zu nehmen. Das als dritte Globalisierungsoffensive bezeichnete Phänomen ist eigentlich die Phase der strukturellen Krise der dritten und letzten Stufe der Zivilisation.

Wir fanden es angemessen, das Zeitalter des Kapitalismus selbst als gesellschaftliche Krise zu beschreiben. Wir haben als grundlegende These betont, dass der Kapitalismus – eine angeblich wirtschaftliche Zivilisation – als ein Machtmonopol, das gar keine Wirtschaft darstellt, sondern sich von außen der Wirtschaft aufzwingt, nicht als legitim angesehen werden kann. Dass eine höchst egoistische, auf Vorteil bedachte und kriegerische Kraft wie der Kapitalismus eine Herrschaft über ein Phänomen wie die Gesellschaft, eine höchst komplexe Gesamtheit von Gemeinschaften, errichtet hat, kann in der Geschichte nur eine ›Ausnahmesituation‹, einen Krisenzustand darstellen. Das Finanzzeitalter ist das Auftauchen dieser Tatsache in all ihren Aspekten in jedem Teil der Gesellschaft. Dass das System ständig Terror produziert, dass ein großer Teil der Gesellschaft ohne Arbeit gelassen wird, dass selbst Arbeitersein auf eine Art Arbeitslosigkeit reduziert wird, dass eine Massen- und Herdengesellschaft entsteht, dass Kunst, Sex und Sport industrialisisert werden, dass die Macht bis in die Kapillaren der Gesellschaft gepresst wird – all dies sind Symptome dafür, dass das System am Ende ist. Es wurde eine Atmosphäre geschaffen, die den Eindruck vermittelt, alle Geschichte und Zukunft könne nur auf der Grundlage der Ordnung des Kapitals existieren.

Die wichtigste Rolle des sogenannten Mediensektors liegt darin, diese virtuelle Gesellschaft, dieses Simulakrum, zu präsentieren, als sei es real.

Die Gesellschaft, die wir verwirklichen und in der wir leben sollten, wird dagegen als unergiebig, illusionär und utopisch ständig von der Tagesordung ferngehalten. Entgegen der landläufigen Meinung ist das Kapital ein Machtmonopol und eine Gewaltordnung. Es hat sich von Anfang an am Kopf der Wirtschaft breitgemacht, sie nach Kräften verbogen und sich statt auf Gegenstände des notwendigen Bedarfs auf Bereiche gestürzt, wo es den Profit wuchern lassen kann wie einen Tumor.

7. – Im Gegensatz zur Ordnung des Kapitals ist die Wirtschaft das Gebiet, auf dem die Gesellschaft ihre materiellen Bedürfnisse befriedigt. Die Wirtschaft blieb lange Zeit innerhalb der Grenzen des Gebrauchswertes, was mit der kommunalen Ordnung zusammenhängt. Das gesellschaftliche Ganze wurde von einem Prinzip geleitet, das darauf beruht, dass für jede und jeden das Leben garantiert ist. Auch die Natur der menschlichen Spezies erfordert dies. Produktion war nie zum Zwecke des Profits gedacht. Als die Geschenkwirtschaft noch essenziell war, etablierte sich die Tauschwirtschaft erst nach langem Zögern als Folge einer steigenden gesellschaftlichen Arbeitsteilung. Auch die Bildung des Tauschwertes zusätzlich zum Gebrauchswert erfolgte zunächst nicht zum Zwecke des Profits. Sie trug in sich die Befriedigung der Bedürfnisse aufgrund steigender Vielfältigkeit und gegenseitiger Abhängigkeit. Das Verhältnis von Kommodifizierung, Markt und Geld wurde zunächst nicht mit Profitabsicht entwickelt, sondern wegen dieser vielfältigen Bedürfnisse und Abhängigkeiten. Die sogenannte Marktwirtschaft ist nicht wie meist angenommen die Kapital- und Profitwirtschaft, sondern eine Wirtschaft, wo ein intensiver Austausch stattfindet. Handel ist eine nützliche und notwendige wirtschaftliche Aktivität, wenn sie auf eine Weise entlohnt wird, die der Anstrengung für die Zirkulation entspricht. Wenn Preise durch nichtmonopolistischen Wettbewerb bestimmt werden, wird der Markt zum Ort des wirtschaftlichen Pulsierens. Geld ist lediglich ein Instrument, das den Austausch erleichtert. Alle Sparten von kleinen Ladenbesitzern und Berufen spielen eine nützliche Rolle als wirtschaftliche Elemente, solange sie am Markt nicht auf Ausbeutung abzielen. Die Ausdifferenzierung der Bedürfnisse in verschiedene Sektoren wie Nahrung, Kleidung, Wohnung, Transport und Unterhaltung ist ein Symptom für die wirtschaftliche Entwicklung. Alle Anstrengungen, die für diese Sektoren geleistet werden, sind als wirtschaftliche Aktivitäten sinnvoll. Normalerweise ist all dies für die Gesellschaft verständlich, wertvoll und ethisch.

Was jedoch auf heftige Reaktionen und Widerspruch stößt und historisch immer als schlecht, hässlich, brutal, tyrannisch, ungerecht und abzulehnen betrachtet wurde, sind die der Wirtschaft von außen aufgezwungenen, entweder mit Gewalt oder Methoden subtilen Betrugs errichteten monopolistischen Zumutungen. Diese Ordnung der Errichtung von Monopolen wird allgemein Kapital-Profit-Ordnung genannt. Ihr Prinzip ist, dass einige viel verdienen, die große Mehrheit aber arbeitslos oder arm gemacht und an der Hungergrenze gehalten wird, sodass sie ständig die Kapitalordnung benötigt. Als Rechtfertigung dient, dass, sobald die Möglichkeit großer Gewinne besteht, ein Wettbewerb beginnt, der die Wirtschaft ankurbelt. Dies ist eine große Lüge, was wir daran sehen, dass diejenigen, die im heutigen Finazzeitalter an der Spitze sitzen, keinerlei Bezug zur Wirtschaft besitzen (außer spekulativen Angelegenheiten wie Börsen, Zinsen, Devisenkursen). Wenn sie jedoch eine Verbindung zur Wirtschaft herstellen, ist dies gleichbedeutend mit Krise. Sie interessiert nichts als der Profit.

Dank einer verfälschenden, politische Ökonomie genannten Wissenschaftsdisziplin werden die wirklichen wirtschaftlichen Aktivitäten von der Agenda genommen und aus der Ökonomie gedrängt, während Aktivitäten, die nicht zur Wirtschaft gehören (Spekulation betreffende Themen wie Börse, Zinsen, Devisenkurse), als ihre unverzichtbaren, ja heiligen Bestandteile präsentiert werden. Dies sollen wir als hohe ökonomische Wissenschaft schlucken. Das Machtmonopol ist in der Lage, vor aller Augen die Wirtschaft als Nicht-Wirtschaft zu präsentieren, das Nichtwirtschaftliche oder sogar gegen die Wirtschaft gerichtete dagegen als hohe Ökonomie, als Heiligtümer der Wirtschaft. Wenn die Frage gestellt wird, was das grundlegendste Problem der Wirtschaft ist, sollten wir vor allem antworten: »Uns von diesem Raubmonopol zu befreien; um eine wirkliche Wirtschaft zu sein, müssen wir uns vom Nicht-Wirtschaftlichen, von der von außen durch das Machtmonopol aufgezwungenen Wirtschaftsfeindlichkeit befreien.« Das grundlegendste Problem ist, uns von den Manipulationen der Zins-, Börsen- und Devisenspekulanten zu befreien, die uns unter dem Namen Wirtschaftsnachrichten präsentiert werden. Die wirkliche Wirtschaft dient Befriedigung wirklicher Bedürfnisse durch Produktion, Verteilung und Verbrauch mit gesunden, zugänglichen und umweltfreundlichen Investitionstechniken. Der erste notwendige Schritt zu einem von uns so definierten wirtschaftlichen Aufbau ist die planvolle, programmatische und organisierte Aktion zur Befreiung vom Nicht-Wirtschaftlichen.

8. – Den ersten Widerstand und die ersten Aufstände gegen die Barbareien des kapitalistischen Zeitalters leisteten die Völker und Stämme, die dem Prozess der Kolonisierung oder Halbkolonisierung unterzogen werden sollten. Die Ureinwohner Nordamerikas und die aztekische Zivilisation und andere in Mittel- und Südamerika leisteten Widerstand bis zum Letzten. Auch die asiatischen und afrikanischen Zivilisationen, Stämme und Völker (Zivilisationen in China, Indien, Äthiopien und Tausende Stämme) leisteten ständig Widerstand oder erhoben sich. In einer bewussteren und organisierteren Form erzielten nationale Befreiungsbewegungen überwiegend im zwanzigsten Jahrhundert bedeutende Erfolge, trotz Fehlern und Mängeln. Der große Warnruf im Inneren hingegen war der Prozess der Proletarisierung selbst. Anders als angenommen stellt der freie Verkauf der Arbeitskraft auf dem Markt keine Erlösung von Leibeigenschaft und Halbsklaverei dar; im Gegenteil ist es die Verdammung zur grausamsten Sklaverei, die keinen Ausweg kennt, als für Lohn zu arbeiten. Dass dieses neue Tyrannenregime schlimmer ist als das vorige, zeigt sich sofort in der Unmöglichkeit, Arbeit zu finden, genauso wie in einem Lohn, der nie ausreicht.

Alle großen Aufstände gegen den Kapitalismus wurden unternommen, um *nicht* zu solchen Arbeitern zu werden. Diese Aufstände waren nicht der Kampf für das Arbeiterwerden, sondern dagegen. Dies falsch darzustellen und zu sagen »Es lebe der Kampf der Arbeiter« ist gleichbedeutend mit »Es lebe die Sklaverei«. Richtig und auch vom Leben gestützt ist, sich gegen die Verdammung zum Lohn zu stellen. Diese sich spontan entwickelnden und lawinenartig anwachsenden Aufstände von einerseits Bauern und andererseits Handwerkern in Werkstätten und Manufakturen sind stets in die Geschichte des Kapitalismus eigewoben. Auf der anderen Seite suchten die Intellektuellen, die keine Hoffnung in die Zukunft der feudalen Ordnung setzten, aber die Entwicklung der neuen Ordnung auch nicht abschätzen konnten, stets ein »Land der Sonne«.[147] Die ersten Utopisten kündeten niemals vom Kapitalismus. Im Gegenteil, gegen diesen Alptraum stellten sie Projekte einer zwar illusorischen, aber dennoch hoffnungsfrohen Zukunft. Im Zeitalter des Übergangs zum Kapitalismus war dies der Kampf einer breiten und heroischen Generation, angeführt von großen Utopisten wie Saint-Simon, Campanella, Fourier und Erasmus, für ein Zeitalter der Gleichheit, der Freiheit und einer kommunalen Ordnung.

147 Die utopische Schrift von Tommaso Campanella, *La città del Sole* (Die Stadt der Sonne, 1602), ist im Türkischen als »Land der Sonne«, im Deutschen als »Der Sonnenstaat« erschienen.

Unter der Führung von Karl Marx und Friedrich Engels wurde die Fahne des Aufstandes gegen den Kapitalismus erstmals auf wissenschaftlicher Grundlage gehisst. Diese erste Bewegung gegen das System war unter dem Namen wissenschaftlicher Sozialismus für einhundertfünfzig Jahre der Alptraum des Kapitalismus, auch wenn sie bedeutende Fehler und Mängel in sich trug. Sie vollbrachte immense Heldentaten und erkämpfte sich bedeutende Stellungen. Nicht weniger als siebzig Jahre lang war sie die offizielle Ideologie der UdSSR. Sie brachte Festlandchina auf die Beine. Sie wurde zur Inspirationsquelle nationaler Befreiungsbewegungen. Das Pech dieser gegen das System gerichteten Bewegung war, dass es ihr nicht gelang, die kapitalistische Moderne zu analysieren und einen radikalen Bruch mit ihr zu vollziehen. Ihr wissenschaftliches Paradigma war positivistisch. Sie verstand zu wenig, wie die Tradition der staatlichen Zivilisation und Macht sich in der kapitalistischen Zivilisation fortsetzte. Dennoch hat sie es mehr als verdient, einer der Eckpfeiler der demokratischen Zivilisation zu sein.

Auch den Antikapitalismus der Anarchisten dürfen wir niemals geringschätzen. Viele Anarchisten, allen voran Proudhon, Bakunin und Kropotkin, waren meisterhafte Revolutionäre, die Systemkritik mit demokratischem Kommunalismus verbanden. Die Freiheits- und kommunalistische Bewegung verdankt ihnen viel. Grundlegende Mängel und Fehler auch dieser Bewegung waren, den Kapitalismus nur als Wirtschaftssystem zu sehen, seine Grundlage in Zivilisation und Macht nicht vollständig zu erfassen und die Schablonen der Moderne nicht durchbrechen zu können.

Die studentische und Jugendbewegung, die sich ab 1968 sprunghaft entwickelte, war die größte Protestbewegung am Beginn des Finanzzeitalters. Zwar überwog ihre utopische Seite, doch wurde sie zur Fackel von Aufklärung und Freiheit in einer schmutzigen und dunklen Zeit. Die sich anschließend entwickelnden kulturellen, feministischen und ökologischen Bewegungen waren mit ihrer erstmals anti-modernistischen Perspektive bahnbrechend. Ohne sich auf Macht zu stützen, verbreiterten sie den Aufbruch im Kampf für Gleichheit, Freiheit und Demokratie. Die Systemgegner, die in der globalen Gesellschaft gegen den globalen Kapitalismus einen Namen haben und sich bemerkbar machen, würden durch eine Selbstkritik an der Vergangenheit und mit einem besser strukturierten Verständnis von Geschichte und Gesellschaft stärker werden. Dann könnten sie durch einen vollständigen Bruch mit der kapitalistischen Zivilisation und integriert in die demokratische Zivilisation auf dem Weg von Freiheit, Gleichheit und Kommunalismus vorangehen.

9. – Der Erfolglosigkeit der Revolutionäre des neunzehnten und zwanzigsten Jahrhunderts lagen ihre Irrtümer bei den Themen Macht und dem Nationalstaat als ihrer modernen, konkreten Verkörperung zugrunde. An die Macht zu kommen, betrachteten sie als grundlegenden Schritt für die Lösung gesellschaftlicher Probleme. In ihren Programmen war die Ergreifung der Macht als erstes Ziel aufgeführt. Alle Formen des Kampfes waren an dieser Perspektive ausgerichtet. Dabei bedeutet die Macht selbst die Abwesenheit von Freiheit und Gleichheit und das Gegenteil von Demokratie. Dieses Instrument hat traditionelle Eigenschaften, die selbst aufrechteste Revolutionäre krank machen, wenn sie sich mit ihnen anstecken. Außerdem fehlte ihnen eine historisch-soziologische Analyse der Macht, die sie als Instrument zur Befreiung betrachteten. Fragen wie die nach der Entstehung von Macht durch die Geschichte hindurch, ihre Entwicklungsstufen, ihr Verhältnis zu Wirtschaft und Staat, ihre Rolle in den Zivilisationen und wie sie sich in der Gesellschaft etablierte, wurden nicht einmal gestellt. Als würde sie wie ein Zauberstab in den Händen der Revolutionäre alles bei Berührung in ein Paradies verwandeln. Welches Problem sie auch berührte, würde auf den Pfad der Lösung gebracht. Selbst der Stil der Diktatur erschien attraktiv, und so wurde gegen die Diktatur der Bourgeoisie die Diktatur des Proletariats ausgerufen. Noch offensichtlicher konnte man nicht in die Falle tappen. Die heroischen Kämpfe aus einhundertfünfzig Jahren versanken in den Strudeln der Macht. Am Ende stand die Einsicht, dass die Macht als griffbereites Instrument den reaktionärsten Mechanismus des Kapitalismus zur Herstellung von Ungleichheit, Unfreiheit und Anti-Demokratie darstellt. Doch vieles war bereits verloren. Die Krankheit der Macht, die in der Geschichte bereits das Christentum ereilt hatte, hatte in ähnlicher Weise erneut zugeschlagen.

Die Haltung zum Nationalstaat geriet noch katastrophaler. Dieser in höchstem Maße mit Nationalismus, Sexismus, Religion und Szientizismus aufgeladene Leviathan der Moderne wurde als grundlegender und richtiger Rahmen des Kampfes akzeptiert. Im Vergleich zum demokratischen Konföderalismus wurde der zentralistische Nationalstaat als fortschrittlicheres und besser problemlösendes Mittel, besser gesagt als Zweck präsentiert. Keinerlei Analysen gab es zum Nationalstaat, der ja die Grundlage für eine Struktur der Macht bildet, die durch nationalistische Verallgemeinerung, gesellschaftlichen Sexismus, religiösen Fanatismus und szientistischen Positivismus einen aufgeblasenen, äußerst grotesken Staatsbürger schafft, die Gesellschaft vollständig durch den Staat absorbiert und letztlich in den

Faschismus führt. Als die Wahl des wissenschaftlichen Sozialismus auf dieses Instrument fiel, das die Macht bis in die Zellen der Gesellschaft pumpte, war das Schicksal des Sozialismus von vornherein besiegelt. Die offizielle Erklärung seiner Auflösung 1989 war nur eine Formalität. Als die demokratischen Qualitäten der Sowjets bereits in der Frühzeit der Oktoberrevolution beseitigt wurden, hätte klar sein müssen, dass nicht Sozialismus, sondern Kapitalismus entstehen würde. Mit dieser Form der Macht hing auch zusammen, dass die nationale Befreiung nicht das Erhoffte bieten konnte. Wie hätten Freiheit und Gleichheit mithilfe eines Instruments errichtet werden sollen, das auf der Unterdrückung von Freiheiten, Gleichheit und Demokratie beruht? Da Demokratie als ein Instrument betrachtet wurde, das ohnehin nur die Macht aufweicht, war sie gleich zu Beginn abgeschafft worden.

Der Nationalstaat als Proto-Faschismus rollte wie ein Bulldozer über den Reichtum hinweg, den die Gesellschaft im Laufe der Geschichte erlangt hatte, und begrub dazu noch ihre Hoffnung auf die Zukunft in einem dunklen Grab. Es blieb nur der Nationalstaat, der durch eine positivistisch-nationalistische Religion des Götzendienstes an Objekten geschützt wird, der sich selbst als das einzig Richtige konstruiert, der für seine Gefühllosigkeit und Brutalität bekannt ist, die bis zum Völkermord reicht, und der selbst zum Gott wird. In der fünftausendjährigen Geschichte des Kapitals wurden erstmals Wirtschaft, Politik, Gesellschaft und Ideologie in eins zusammengeschweißt. Das dadurch erreichte Gewaltmonopol war selbst die Quelle aller Probleme. Klar ist: Solange der Nationalstaat als Begriff und Praxis nicht überwunden wird, kann der Kampf für den Sozialismus nicht mehr als einen Selbstbetrug darstellen. Und solange der Industrialismus nicht als Zwilling des Nationalstaates analysiert wird, können das krebsartige Wachstum vor allem der Stadt und die Zerstörung der Umwelt nicht gestoppt werden. Der zum revolutionären Ziel erklärte Industrialismus ist die Form des Maximalprofits des Staatsmonopolismus. Dies lässt sich allenfalls als Pharaonensozialismus deuten. Als gröbste Verfechter des Industrialismus sanken die UdSSR bis zu ihrer Auflösung und heute das sozialistische China zu Regimen herab, von denen das kapitalistische System immens profitierte und auch heute noch profitiert. Es ist ein Sieg des liberalen Kapitalismus, dass sie zu den stursten Verfechtern eines Modernismus des Nationalstaates und des Industrialismus wurden.

Eine besonders aufschlussreiche Methode ist, bei einem System wie dem Finanzzeitalter, das sich als besonders wirtschaftlich präsentiert, stets das

Gegenteil von dem anzunehmen, was es behauptet. So werden wir zu besseren Interpretationen gelangen. Wenn es »Finanzen« sagt, sollten wir eine Macht verstehen, die sich bis in die kleinsten Zellen der Gesellschaft ausgebreitet hat. Wenn es »Wirtschaft« sagt, sollten wir ein außer- oder gar anti-wirtschaftliches System verstehen. Wenn es »Neoliberalismus« sagt, sollten wir starren Konservativismus verstehen.

Nationalstaat, Industrialismus und Finanzmonopol sind Instrumente, um den Zerfall nicht nur der kapitalistischen Moderne aufzuhalten, sondern auch den der fünftausendjährigen Zivilisationsstrukturen. Bis zu einer Neustrukturierung, die ihnen mehr Dauerhaftigkeit verleiht, wird man an diesen Instrumenten noch stärker festhalten und sie als Waffe gegen Alternativen benutzen, indem man diese Alternativen zu falschen, vorschnellen und unausgereiften Vorstößen zwingt, um sie dann zu zähmen und zu neutralisieren.

10. – Die demokratischen und armen sozialen Gruppen haben im Laufe der Geschichte in ihren Kämpfen auf das falsche Pferd gesetzt. Sie dachten, sie könnten ihre Feinde nur besiegen, indem sie deren Waffen benutzten. Es gelang ihnen nicht, eigene Waffen zu entwickeln, die ihren eigenen freiheitlichen, egalitären und demokratischen Strukturen entsprochen hätten. Selbst wo sie dies taten, verzichteten sie nach Erfolgen oder Misserfolgen schnell wieder darauf. Sie fanden es einfacher, die weiter entwickelten Waffen ihrer Gegner zu verwenden. Und nicht nur ihre militärische Technik und Werkzeuge; von Götterkonstrukten bis zu Kleidung, von Architektur bis Denkweisen, von Ausbeutungsformen bis Machtfiktionen übernahmen sie früher entstandene Mentalitäten und Institutionen der Zivilisation entweder direkt oder integrierten und assimilierten sich. Das kommt davon, wenn man aufs gleiche Pferd setzt wie die Gegner.

Die Führer der semtischen und arischen Stämme machten sich die sumerische Denkart und die sumerischen Institutionen unverändert zu eigen und setzten sich entweder an ihre Spitze oder wurden in ihnen zu Knechten. Die Jahrtausende währenden Widerstände der Stämme, ihre Melodien mit Trommeln und Flöten, ihre legendären Heldentaten, die immer noch unsere Herzen erschüttern – so versiegten und verschwanden sie.

Die Apiru, die die ägyptische Zivilisation angriffen, blieben überwiegend Sklaven, einige wurden Bürokraten, nicht mehr. Nur den Stamm der Hebräer kennen wir; sie sind das Erbe sowohl der sumerisch-babylonischen als auch der ägyptischen Zivilisation. Sowohl für sich selbst als auch für die

Welt wurden sie zum Problem. Sie wurden weder ganz Sklaven, noch gelang es ihnen, ganz frei zu werden.

Medische und skythische Stämme leisteten dreihundert Jahre Widerstand gegen das Assyrische Reich und griffen es an. Am Ende bereiteten sie dem urartäischen und dem Perserreich den Weg, Kopien des Assyrischen Reiches. Manche wurden zu Militärführern der Urartäer und Perser, die meisten aber konnten nicht vermeiden, ihre Knechte zu werden.

Der Widerstand gegen die graeco-römische Zivilisation dauerte fünfhundert Jahre ununterbrochen an. Von außen leisteten diesen Widerstand die keltischen, nordischen, gotischen und hunnischen Stämme und Wanderungsbewegungen, im Inneren die Sklavenaufstände und das Christentum, die Partei aller Armen verschiedener Ethnien. Die Errungenschaften, die ihnen blieben, waren nicht mehr als das Papsttum und als Kopfschmuck auf den Häuptern einiger Stammesführer eine blasse Kopie der römischen Krone. Das Andenken von Millionen von Widerstand leistenden Menschen die den Löwen vorgeworfen, verbrannt und gekreuzigt wurden, blieb in den eiskalten Kalkulationen der Zivilisation eingefroren.

Die arabischen, türkischen, kurdischen, armenischen, assyrischen, tscherkessischen und hellenischen Stämme, die siebenhundert Jahre lang gegen die sassanidische und byzantinische Zivilisation (und ihre Erben) Widerstand leisteten, hinterließen Sultanskronen, die blasse Kopien frühere Zivilisationen waren, und Millionen von armen Stämmen, Subjekten von Aghas[148] und Sklaven.

Was denen widerfuhr, die gegen die europäische kapitalistische Zivilisation Widerstand leisteten und den Aufstand probten, habe ich ohnehin detailliert aufgeführt.

Das (materielle und ideelle) Erbe der kommunalistischen Ordnungen, der großen, revolutionären Gesellschaft des neolithischen Zeitalters, voll von Heiligkeit; dieses Erbe, an dem alle Zivilisationen endlos genagt haben und das sie doch nicht aufbrauchen konnten; dieses Erbe zerreißt uns, zerreißt mir das Herz. Diese großartige, legendäre Geschichte derer, die widerstanden und angriffen, müssen wir als unsere eigene Geschichte betrachten, als die ›Geschichte der demokratischen Zivilisation‹. Wir müssen diese vergessene und geraubte Geschichte schreiben, beanspruchen und pflegen, aber indem wir sie sorgfältig durchkämmen. Niemals sollten wir uns um die Geschichte der blassen gekrönten Häupter und Palastknechte kümmern,

148 Agha (*ağa)* bezeichnet im Türkischen einen Großgrundbesitzer, dem mitunter die Dorfbewohner tributpflichtig sind.

die in den Schmuck einer Krone der Zivilisation verliebt waren und die die Arbeit, den Widerstand, die Aufstände, Heldentaten und die Weisheit der Armen von Stämmen, ganzen Ethnien und Völkern verrieten. Ohne diese Unterscheidung können wir die Geschichte der demokratischen Zivilisation nicht schreiben. Und wenn diese Geschichte nicht geschrieben wird, können wir auch den heutigen Kampf um Freiheit, Gleichheit und Demokratie nicht erfolgreich führen. Die Geschichte ist die Wurzel. So, wie die eigenen Wurzeln für alle Lebewesen die Grundlage ihrer Existenz bilden, so kann auch die menschliche Spezies ohne ihre grundlegende Sozialgeschichte nicht den Weg eines freien und würdevollen Lebens wählen.

Die Geschichte der herrschenden Zivilisation behauptet, die einzige Geschichte zu sein, und beruht auf der These, es könne keine andere Geschichte geben. Solange wir nicht mit diesem reduktionistischen und dogmatischen Geschichtsverständnis brechen, kann sich ein demokratisch-soziales Geschichtsbewusstsein nicht entwickeln. Glauben wir nicht, es gebe in der Geschichte der demokratischen Zivilisation keine oder zu wenige Ereignisse, Beziehungen und Institutionen. Im Gegenteil besitzt diese Geschichte eine Fülle von Material. Sie kennt mindestens so viel Mythologie, Religion, Philosophie, Wissenschaft, Kunst, Weise, Barden und Schriftsteller. Wir müssen nur verstehen, mit unserem eigenen Paradigma zu schauen, zu wählen, zu unterscheiden und zu schreiben! Ich sage nicht, dass wir die Waffen, Institutionen und Denkweisen der Feinde und Gegner nicht benutzen können. Doch wenn wir nicht mindestens im selben Maße, wie wir diese benutzen, auch unsere eigenen Denkweisen, Institutionen und Waffen herausbilden und zur Grundlage nehmen, können wir nicht verhindern, von ihren Denkweisen, Institutionen und Waffen besiegt zu werden und so zu werden wie sie.

11. – Aus all meinen Lösungsvorschlägen und Thesen lässt sich natürlich nicht schlussfolgern, dass »die Zivilisationen kompromisslos, bis zur gegenseitigen Vernichtung und bis zum Sieg gegeneinander Krieg führen«. Meine philosophische Auffassung, die ich darzulegen versucht habe, besagt ja, dass derartige Urteile, die von der Auffassung einer destruktiven Dialektik herrühren, nicht zur Dialektik des universalen Flusses passen. Selbst, wenn es destruktive Extreme geben sollte, ist das Wesentliche doch die Entwicklung in gegenseitiger Abhängigkeit und durch gegenseitiges Nähren. Auch in der Natur der Gesellschaft wirkt überwiegend diese Dialektik. Ein Leben mit Konsens und Kompromiss, ohne gegenseitige Vernichtung, das auf gegenseitigem Nähren beruht, ist die eigentliche Grundlage der Gesellschaften. Geschichte und Gegenwart liefern eine überwältigende Mehrheit von Beispielen für diese Natur. Vernichtende, extrem ausgrenzende (*›othering‹*) Beziehungsformen sind die seltene Ausnahme, ganz so, wie in der Tierwelt die Löwen eher selten vorkommen.

Die staatliche Zivilisation und die demokratische Zivilisation können Kompromisse eingehen und gemeinsam leben, ohne einander zu vernichten. Erste Bedingung dafür ist, dass die Zivilisationen die Identität der jeweils anderen anerkennen und einander respektieren. Die eigene Identität der anderen unter Zwang oder Ausnutzung verschiedener Vorteile oder Vorsprünge aufzudrücken, ist keine Methode des Kompromisses, sondern der Vernichtung. Diese Methode ist der Macht-Krieg-Weg, der uns in der Geschichte so oft begegnet und auch heute den Gesellschaften bis in die letzte Zelle eingeflößt wird. Europa und teilweise die USA als Hegemonialmächte des kapitalistischen Systems haben aus der Macht-Krieg-Methode, die vierhundert Jahre lang praktiziert wurde, nie die nötigen Lektionen gelernt und versuchen, den Nationalstaat in Form föderaler Einheiten neu zu konstruieren, ohne ihn komplett niederzureißen (denn diese Art der Organisierung der Macht ist der Hauptgrund für Kriege im Inneren und Äußeren). Dazu mischen sie ihre Argumente von Menschenrechten, Zivilgesellschaft und Demokratisierung hinein. Offensichtlich soll der Nationalstaat im Vergleich zu seiner früheren starren Form flexibler gestaltet werden, um ihn als Instrument so umzuformen, dass er bessere Lösungen hervorbringt. Auch in Russland und China gibt es ähnliche Entwicklungen. Nationalstaaten wie Nordkorea, Irak, Syrien, die Türkei, der Iran und ähnliche, die auf ihrer Starrheit beharren, werden härter angefasst. Der Irak wurde als Ziel ausgewählt, um für andere eine Lehre zu sein. Nun versucht man, aus der mittlerweile chaotischen Krise mit möglichst geringen Verlusten und wenig Blessuren herauszukommen.

Es wird diskutiert, ob das System ein Imperium von der Art Roms darstellt oder nicht. Zweifellos gibt es heute eine viel effektivere globale Herrschaft als zu Zeiten Roms. Ob es nun eine Hegemonialmacht oder ein Imperium ist, das Gewicht und die Stärke dieses Willens stehen außer Frage. Er wird versuchen, sein System ständig zu restaurieren und auf den Beinen zu halten. Ordnungen auf kontinentaler Ebene von der Art der EU werden auch in Asien, Afrika und Amerika diskutiert. Für den Mittleren Osten wird das *Greater Middle East Project* weiterentwickelt. Eine Reform der Vereinten Nationen ist angedacht. Wirtschaftliche, kulturelle und soziale

Umstrukturierungen werden zum Dauerzustand. Das Zivilisationssystem, dem wir uns gegenübersehen und innerhalb dessen wir als Herde getrieben werden, durchlebt zwar die chaotischste Phase seiner letzten Ära, doch ist es keineswegs untätig.

Besitzt das System nun einen Reflex zum Kompromiss? Ich denke, dass es diese Methode niemals auslässt. Tatsächlich wurde diese Methode in der Geschichte oft angewandt, und sie ist für die eigentlichen Erfolge verantwortlich. Solange Bewusstsein, Organisationsgrad und Freiheitsdrang der Gegenseite schwach blieben, ging das System aus Prozessen der Kompromissfindung stets erfolgreich hervor. An den Beispielen der UdSSR und Chinas sehen wir, wie es den Realsozialismus mit dieser Methode neutralisierte. Diesen Erfolg erzielte es, indem es sich die aus der Moderne herrührende Schwäche der Gegenseite (Nationalstaat, Industrialismus, Positivismus) zunutze machte. Die Kräfte der nationalen Befreiung und die Sozialdemokraten assimilierte und neutralisierte es noch leichter. Es gelang ihm auch, anarchistische, feministische, ökologische und einige weitere radikale Bewegungen zu marginalisieren.

Trotz all dieser Anzeichen von Stärke ist das System nicht unüberwindbar. Mehr noch, das System ist schwächer denn je. Wenn es der Front der demokratischen Zivilisation immer noch nicht gelingt, die gewünschten, notwendigen und verdienten Errungenschaften zu erlangen, ist der wesentliche Grund dafür, dass sie die notwendige paradigmatische Revolution immer noch nicht vollenden und noch keine ausreichende Stärke in Programm, Organisation und Aktion erlangen konnte. Dies sind keine unmöglichen oder unerreichbaren Ziele. Indem die Bewegung der demokratischen Zivilisation sich ihrer eigenen, eigentlichen Identität annimmt (Freiheit, Gleichheit, Demokratie) und starke historisch-soziale Analysen erstellt, kann sie ihre Programm-, Organisations- und Aktionsformen auf globaler, regionaler und lokaler Ebene erschaffen. Ein ›Globaler Demokratischer Konföderalismus‹ und regionale demokratische Konföderalismen für Asien, Afrika, Europa und Australien können auf die Agenda gesetzt werden. Insbesondere für den Mittleren Osten wird das Projekt eines ›Mittelöstlichen Demokratischen Konföderalismus‹ in der jetzigen chaotischen Situation eine besonders sinnvolle Unternehmung darstellen.

Wir sollten daher nicht wie so oft der Taktik des ›alles oder nichts‹ verfallen, sondern sie vermeiden. Die Haltung ›Revolution oder Krieg bis zum Letzten‹ oder ihr Gegenteil, die Haltung von Jesus, Frieden bis zum Letzten, können gegen die tief in Traditionen verwurzelte und komplizierte

Macht weder erfolgreich noch effektiv sein. Eine konstruktivere und gewinnbringendere Methode ist, Widerstand, Aufstand und Aufbau zu einer Lebensweise zu machen, im Freiheitsstreben nie nachzulassen und mit allen Kräften des Systems zu gegebener Zeit Kompromisse einzugehen. Aber ich muss nochmals die ganz wesentliche Bedingung dabei unterstreichen: Die demokratische Zivilisation ist unsere Identität; wir können mit den Kräften des Systems Kompromisse eingehen, aber wir müssen wissen, dass wir uns niemals von der staatlichen Zivilisation absorbieren lassen und uns in ihr verlieren dürfen; wir müssen die demokratische Zivilisation aufbauen und verteidigen!

12. – Ich möchte mit ein paar Bemerkungen zu meinem Schreibstil schließen. Am Anfang hatte ich gesagt, dass ich als Methode ausprobieren werde, mythologische, religiöse, philosophische und wissenschaftliche Bedeutungskategorien ineinander verschränkt zu verwenden. Ich denke, das ist mir teilweise gelungen.

Auf die mythologische Erzählweise können wir nicht verzichten. Insbesondere das Neolithikum vor der geschriebenen Geschichte, die Antike und die Geschichte der demokratischen Zivilisation sind zu großen Teilen mythologisch. Legenden und Erzählungen von Weisen verleihen ihnen eine Stimme. Wenn diese erfolgreich soziologisch analysiert werden, werden sie Erzählung der Geschichte mit Sicherheit stärker und bunter machen.

Auch die religiöse Sicht – nicht eins-zu-eins, sondern einer soziologischen Interpretation unterzogen – ist auf jeden Fall ein unverzichtbares Argument der historischen Erzählung. Die Geschichte wurde zu einem bedeutenden Teil in religiösen Dogmen verborgen. Dafür gibt es viele Gründe. Auch gesellschaftliche Entwicklungen finden sich in der Religion meist in der ihr spezifischen Erzählweise wieder. Wenn wir eine soziologisch-historische Herangehensweise zugrunde legen, bilden sie eine enorm informative Quelle.

Ohne Philosophie lässt sich natürlich keine Geschichte schreiben. Obwohl der Positivismus selbst eine äußerst grobe Metaphysik darstellt, behauptet er, dass sich allein auf Phänomene gestützt Geschichte schreiben lasse. Das ist Unfug. Als offizielle Ansicht und Religion des Kapitalismus tut er so, als gebe es in der Geschichte kein Kapital und als sei alles plötzlich in Europa vom Himmel gefallen. Eigentlich sind gerade derartige Ansätze mythologisch. Wenn sie zur Religion werden, repräsentieren sie die moderne Version des Götzendienstes an Objekten. Daher müssen wir oft und intensiv zur Philosophie greifen, die eine unverzichtbare Quelle für die historisch-gesellschaftliche Erzählung darstellt.

Bei meiner wissenschaftlichen Herangehensweise geht es mir weder um überwiegend objektive noch subjektive Erzählweisen. Ich bin mir der Identität oder Ähnlichkeit von Wahrnehmung und Tatsachen bewusst. Meine wissenschaftliche Methode dagegen lässt sich, weil ich wie gesagt alle genannten Quellen ineinander verschränkt verwende, als ›Interpretationismus‹ bezeichnen.[149] Aus der Art meiner Analyse wird deutlich, dass ich dem Objektivismus kein großes Gewicht beimesse, dass ich das für unnötig halte. Wer sich mit der Thematik auskennt, wird auch leicht feststellen, dass ich ebenso wenig in den Subjektivismus abgerutscht bin.

Mit dem Hinweis, dass ich mich ständig um die Weiterentwicklung einer Interpretationsfähigkeit bemühe, die die Trennung von Subjekt und Objekt überwindet, ohne sie zu verleugnen, bitte ich, grobe Mängel und Unzulänglichkeiten zu verzeihen. Wenn ich etwas dazu beitragen konnte, das Verständnis all derer zu stärken, die sich für die Gesellschaft interessieren, kann ich mich glücklich schätzen.

149 Die Art und Weise, wie die Begriffe im Türkischen verwendet werden, lässt die Wortschöpfung Interpretationismus (*yorumculuk*), als direkten Gegenentwurf zum Positivismus (*olguculuk*) erscheinen.

Index

Q

R

S

T

U

V

W

Biografien

Abdullah Öcalan

Abdullah Öcalan ist Gründer der Arbeiterpartei Kurdistans (PKK). Seit seiner Verschleppung 1999 ist er unter Isolationsbedingungen auf der Insel İmralı inhaftiert. Im Gefängnis verfasste er mehr als zehn Bücher, welche die kurdische Politik revolutionierten. Er schreibt ausführlich über Geschichte, Philosophie und Politik und gilt als Schlüsselfigur für die politische Lösung der kurdischen Frage. Öcalan leistet Beiträge zur Diskussion über die Suche nach Freiheit und entwarf den demokratischen Konföderalismus als nicht-staatliches politisches System. Sein Hauptwerk ist das fünfbändige *Manifest der demokratischen Zivilisation*. Seine Schriften wurden in mehr als zwanzig Sprachen übersetzt.

Radha D'Souza

Radha D'Souza ist eine kritische Wissenschaftlerin, Aktivistin für soziale Gerechtigkeit, Anwältin und Autorin, die in Indien, Neuseeland und Großbritannien gelebt und gearbeitet hat. Derzeit lehrt sie Rechtswissenschaften an der University of Westminster. Sie hat mit demokratischen Menschenrechtsbewegungen, Gewerkschaften und Anti-Globalisierungsbewegungen zusammengearbeitet. Radha hat ausführlich zu einer Reihe von Themen und Fragen der sozialen und globalen Gerechtigkeit geschrieben und veröffentlicht. Ihr kürzlich erschienenes Buch *What's Wrong With Rights? Social Movements, Law and Liberal Imaginations* (Pluto, 2018) untersucht zum ersten Mal die Transformationen im Regime der internationalen Rechte in Bezug auf die Transformationen im Imperialismus nach dem Zweiten Weltkrieg.

Bibliografie

Eine Liste der vom Autor verwendeten Literatur ist unter http://ocalan-books.com/#/bibliography abrufbar.
Eine Bibliografie dieses Bandes und weitere Materialien zum Buch finden sich auf
http://ocalanbooks.com/#/book/die-kapitalistische-zivilisation

Abdullah Öcalans Gefängnisschriften

Aktuelle deutschsprachige Ausgaben

Zur Lösung der kurdischen Frage – Visionen einer demokratischen Republik (2000)
Plädoyer für den freien Menschen (2005)
Urfa – Segen und Fluch einer Stadt (2008)
Jenseits von Staat, Macht und Gewalt (2010)
Die Roadmap für Verhandlungen (2013)
Gilgameschs Erben – Vom sumerischen Priesterstaat zur demokratischen Zivilisation, Band 1 (2018)
Gilgameschs Erben – Vom sumerischen Priesterstaat zur demokratischen Zivilisation, Band 2 (2018)
Manifest der demokratischen Zivilisation
- Band 1: Zivilisation und Wahrheit – Maskierte Götter und verhüllte Könige (2019)
- Band 2: Die kapitalistische Zivilisation – Unmaskierte Götter und nackte Könige (2019)

Noch nicht auf Deutsch erschienen

Manifest der demokratischen Zivilisation
- Band 3: *Özgürlük Sosyolojisi* (türkisch 2009)
- Band 4: *Ortadoğu'da Uygarlık Krizi ve Demokratik Uygarlık Çözümü* (türkisch 2010)
- Band 5: *Kürt Sorunu ve Demokratik Ulus Çözümü* (türkisch 2012)

Broschüren mit Auszügen aus den Gefängnisschriften
Krieg und Frieden in Kurdistan (2008)
Demokratischer Konföderalismus (2012)
Befreiung des Lebens: Die Revolution der Frau (2014)
Demokratische Nation (2018)

Mehr Informationen und PDF-Ausgaben auf ocalanbooks.com

Abdullah Öcalan Mitte der 1990er Jahre in den Ruinen von Palmyra.